Über dieses Buch

Den Namen Pestalozzi kennt jeder, denn der 1746 geborene Schweizer hatte als von Rousseau angeregter Pädagoge und Sozialreformer eminente Wirkung. Doch es gibt noch eine andere Seite des Johann Heinrich Pestalozzi: als Fabeldichter ist er erst noch zu entdecken.
Fast 200 Jahre nach der Erstveröffentlichung der Fabeln erscheint die erste vollständige Taschenbuchausgabe, ediert nach der kritischen Ausgabe von 1946. Anders als der berühmte Fabeldichter La Fontaine bringt unser Verfasser nicht nur Tiere, sondern geradezu alles Sichtbare – vom Kieselstein bis zur Armbrust, von der Sonne bis zum Eisen, von der Blume bis zum König – zum »Sprechen«. Insgesamt sind es 237 vergnüglich zu lesende Kürzestgeschichten, die Pestalozzi mit kurzen pädagogischen Anmerkungen versah, um Denkanstöße zu geben: »Die Brücke sagte zum Weg: ›Was Schönes an dir ist, bin ich.‹ ›Kann sein‹, erwiderte der Weg, ›aber wenn du abgetragen oder weggeschwemmt wirst, bleibe ich und warte ruhig, bis man dich wieder macht.‹« Pestalozzi selbst nannte diese 1797 erstmals erschienenen Texte ›Figuren‹, und in der Tat markieren sie den Wendepunkt von der Fabel, einer Sinn tragenden literarischen Form, zur Parabel, einer nach Sinn fragenden Form. Der Leser selbst ist gefordert. Geistreiche Metaphern und witzige Pointen sowie unerwartet aktuelle gesellschaftskritische und ökologische Ansätze garantieren eine anregende Lektüre.

Literatur · Philosophie · Wissenschaft

Johann Heinrich Pestalozzi
Fabeln

Figuren zu meinem ABC-Buch
oder
zu den Anfangsgründen meines Denkens

Mit einem Nachwort herausgegeben
von
Josef Billen

Deutscher Taschenbuch Verlag

Vollständige Ausgabe.
Mit einem Nachwort herausgegeben
von Josef Billen.

Originalausgabe
November 1993
Deutscher Taschenbuch Verlag GmbH & Co. KG,
München

Umschlagtypographie: Celestino Piatti
Umschlagbild: Max Bartholl
Gesamtherstellung: C. H. Beck'sche Buchdruckerei,
Nördlingen
Printed in Germany · ISBN 3-423-02323-6

Früher oder später, aber immer gewiß wird sich die Natur an allem Tun der Menschen rächen, das wider sie selbst ist.

Vorrede zu der neuen Ausgabe dieser Bögen

Es war in den Tagen der annähernden französischen Revolution und in den ersten Spuren der Gefahren, die ihr Einfluß auf die Schweiz haben könnte, daß meine Volks-, Vaterlands- und Freiheitsliebe mich unwiderstehlich hinriß, diese Bögen zu schreiben. Sie tragen auch als ein bestimmtes Resultat meiner, durch den Eindruck dieser Epoche belebten Einbildungskraft auf der einen Seite das Gepräge des Einflusses dieses Zeitpunkts auf die Augenblicksdarstellung meiner Ansichten über die wesentlichen Fundamente unserer sozietätischen Verhältnisse sichtbar an sich, auf der andern Seite aber sind viele derselben hinwieder eben so sehr ein vollgültiges Zeugnis meines tiefen, innern Gefühls von der in diesem Zeitpunkt sichtbar gewordenen, allgemeinen Abschwächung der wesentlichen Fundamente, auf welchen der alte Segenszustand des Schweizerlands ruhete, als auch von meiner damals eben so lebhaften Überzeugung von der Gefahr, die in unserm Vaterlande jeder Versuch, diese alten Fundamente unsers bürgerlichen Wohlstands durch die Teilnahme an den sich damals organisierenden Volksbewegungen und den ihnen zum Grunde liegenden Ansprachen auf mehr oder minder direkte Volksgewalt auf unser Vaterland haben mußte.

Der Irrtum und die unpsychologische Taktlosigkeit, die der Gang dieser Weltepoche von Anfang an bezeichnete, stand mir damals schon lebhaft vor Augen; und man kann sich auch nicht wohl stärker und offener darüber aussprechen, als dieses einerseits mit klaren und bestimmten Worten in *einigen* dieser figürlichen Darstellungen geschieht, und als es anderseits aus dem Geist *aller* offen herausfällt. Sie alle erklären den Fundamentalirrtum dieses Zeitpunkts, den selbstsüchtig belebten Anspruch an Volksgewalt, als dem Wohl und Segen des Menschengeschlechts und seiner Bestimmung wesentlich entgegenstehend. Ich habe desnahen dieses Denkmal meiner in diesem Zeitpunkte so sehr belebten Ansichten so viel als unverändert stehen lassen, wie es damals aus meiner Feder floß. Indessen konnte ich mir doch nicht verhehlen, daß meine hie und da durch Zeit und Ort etwas unbestimmte und beschränkte Belebung meiner diesfälligen Ansichten, besonders in der bildlichen Gestalt, in der sie dargestellt worden, gegenwärtig einiger Mißdeutungen fähig sei und im Zusammenhang mit Gesichtspunkten, die ganz nicht die meinigen sind, und mit Tatsachen ins Aug' gefaßt werden könnte, die in den Jahren zwischen 1780 und 1790, in welchen diese Bögen geschrieben worden, noch gar nicht geschehen sind. Ich habe desnahen, ohne demjenigen im geringsten vorgreifen zu wollen, was ein jeder beim Lesen dieser Schrift gerne selber denkt, dennoch gut gefunden, in dieser neuen Ausgabe hie und da einen Wink zu geben, in welcher Ausdehnung oder in welcher Beschränkung ich meine Figuren selber ins Aug' gefaßt habe.

Zu diesem Endzwecke, und auch damit diejenigen meiner Leser, die in diesen Figuren gar nichts zu denken finden möchten, wenigstens auf eine, wenn auch einseitige Ansicht dessen, was sich dabei denken läßt, hingeführt werden, habe ich gut gefunden, fast einer jeden dieser Figuren nach dem Zeichen * einen meist ganz kleinen Zusatz beizufügen, der den Leser wenigstens von einer Seite auf das Wesentliche des Gesichtspunkts, den ich bei jeder Figur selber im Auge hatte, aufmerksam zu machen geeignet ist. Ich glaube auch dadurch, daß ich die tierischen Ansichten und Ansprüche der Menschennatur, in welcher großen oder kleinen Tiergestalt sie zum Vorschein kommen, *allgemein* als dem Heil des Menschengeschlechts und seiner hohen Bestimmung entgegenwirkend, erklärt und so viel mir bewußt ist, diesen Gesichtspunkt in keiner einzigen dieser Figuren aus dem Auge gelassen, von der Rechtlichkeit meines Zeitalters fordern und von seiner Billigkeit erwarten zu dürfen, daß ich diesfalls in keiner derselben wesentlich mißverstanden und als ein Mensch angesehn werde, der durch bürgerliche Verirrungen den frommen, reinen, heiligen Sinn der Menschlichkeit in sich selber verhärtet und sogar mit Bewußtsein das Seinige dazu beizutragen gesucht, diesen guten, frommen Sinn der Menschennatur zum Dienst vorübergehender Zeitverirrungen in seinen Mitbürgern selber zu schwächen und zu verderben.

1.
Der Menschenmaler

Er stand da – sie drängten sich um ihn her, und einer sagte: »Du bist also unser Maler geworden? Du hättest wahrlich besser getan, uns unsre Schuhe zu flicken.«

Er antwortete ihnen: »Ich hätte sie euch geflickt, ich hätte für euch Steine getragen, ich hätte für euch Wasser geschöpft, ich wäre für euch gestorben, aber ihr wolltet meiner nicht, und es blieb mir in der gezwungenen Leerheit meines zertretenen Daseins nichts übrig, als malen zu lernen.«

★

Als ich diese erste Figur zu meinem ABC-Buch einem Manne vorlas, der es recht wohl versteht, die Welt, wie sie wirklich ist, zu gebrauchen, und denn auch hinwieder sich von ihr gebrauchen zu lassen, sagte er zu mir: »So, so, Sie wollen also ein Menschenmaler werden; es braucht viel, sehr viel, dieses Handwerk mit Erfolg zu treiben.«

Ich erwiderte: »Ich werde in keinem Falle mehr oder etwas anders von ihnen malerisch darzustellen suchen, als ich bei ihnen und an ihnen wirklich gesehn.«

Er: »Sagen Sie lieber: als was ich von ihnen wirklich gesehn zu haben glaube.«

Ich: »Warum meinen Sie, daß ich nicht sagen dürfe, das was ich bei ihnen wirklich gesehn?«

Er: »Weil Sie das, was Sie gesehn, mit Mißmut ins Aug' gefaßt; und wer etwas mit Mißmut ansieht, sieht es nicht, wie es ist, sondern wie es ihm in seiner Stimmung ins Aug' fällt.«

Ich: »Aber warum glauben Sie, daß ich alles mit Mißmut ins Aug' gefaßt habe?«

Er: »Wie Sie es selber sagen.« –

Ich stutzte und er fuhr fort: »Kann man stärker den Mißmut seiner Seele ausdrücken, als wenn man von seinen nächsten Umgebungen sagt: ›Ich hätte euch eure Schuhe geflickt, ich hätte für euch Steine getragen, ich wäre für euch gestorben, aber ihr habt meiner nichts wollen.‹ Wahrlich, wer so redet, der kann nicht wollen, daß man dem Colorit seiner Farben ganz traue.«

Ich war betroffen, und weiß gar nicht mehr, was ich ihm geantwortet. Aber jetzt, da ich diese Figuren fast nach vierzig Jahren noch einmal ins Aug' fasse, finde ich, der Mann, der wie damals auch jetzt über vieles gar nicht wie ich dachte, aber die Welt und die Menschen besser als ich kannte, habe in seinem Urteil, ich habe die Menschen in diesem Zeitpunkt mit Mißmut ins Aug' gefaßt, nicht ganz unrecht gehabt, und ich müsse bei jeder dieser Figuren mich selbst fragen: Habe ich die Gegenstände, die ich dabei im Aug' gehabt, richtig angesehn? und hinwieder, sehe ich sie jetzt mit unbefangenen Augen an?

Ich glaube zwar nicht, daß ich meine Ansichten über vieles merklich geändert; ich bin vielmehr überzeugt, daß ich die meisten Gegenstände des Menschenlebens heute noch wie damals mit kindlicher Unbefangenheit ins Aug' fasse. Doch darf ich auch nicht denken, so alt geworden zu sein, ohne daß viele meiner Ansichten in mir selbst einige Veränderungen erlitten. Es liegt in der Menschennatur und es ist unausweichlich, der Mensch *verstärkt* und *verfeinert* innert einer solchen großen Epoche die *Wahrheit* seiner Ansichten und besonders seiner Lieblingsansichten fühlbar, oder er *verhärtet* sich in dem *Irrtum* derselben ebensosehr.

2.
Der Raupenfänger

Sie flog vor ihm als Schmetterling einher. Er jagte ihr durch Feld und Flur nach; aber das Volk, das die Erde baute, klagte, er verderbe ihm mit seinem Tun sein Gras und sein Korn.

Sie kroch vor ihm auf dem wachsenden Kohlstocke, auf dem blättervollen Baume und an der grünenden Hecke; er haschte sie wieder; – aber sie starb in seiner Hand und er warf sie als ein faulendes Aas weg.

Jetzt hing sie am sich entblätternden Baume und an den kahlen Wänden des Hauses – er haschte sie noch einmal und wartet jetzt, bis ihre tote Larve für ihn sicher zum Leben erwacht.

⋆

Wenn du die Wahrheit suchst, so jage ihr nicht nach, hasche nicht nach ihr, warte ihrer in Liebe, Ruhe und Geduld. Tust du dieses, sie kommt selbst zu dir; sie klopft an deiner Türe an und will Wohnung bei dir machen; besonders aber jag' ihr nicht nach, wenn sie vor dir in den Lüften schwebt und von dir wegfliegt. Jagst du ihr dann nach, so zertrittest du mit deinen Jagdsprüngen nach ihr Segenswahrheiten, die du schon im Besitz hast, und die dir ohne alles Maß mehr wert sind, als die, denen du nachjagst. Am allerwenigsten reiße die Wahrheit, wenn sie vor deinen Augen, zu deinen Füßen gedeiht, mit hartem, frevelm Gewalt von dem Platze weg, auf dem sie Nahrung findet, um sie, ohne Rücksicht auf ihre Nahrung, hinzutragen, wo es dich gelüstet. Tust du dieses, so wird sie in deiner Hand zum stinkenden Aas. Nur allein, wenn du der Wahrheit, in welchem Zustand sie auch vor dir steht, wäre es auch in einer tot scheinenden Hülle, mit Ruhe, Geduld und Liebe wartest, bis sie für dich sich zum Leben entfaltet, nur dann wird die Wahrheit, die du suchst, heilige, segnende Wahrheit, nur dann wird sie für dich wirkliche Wahrheit sein.

3.
Der Regentropfen

Die Erde sagte zu ihm: »Wer bist du?« Er antwortete: »Ich erscheine in meiner Geburtsstadt als das nichtigste aller verachteten Wesen, ich stehe auf dem Boden als Nebel, in den Höhen trage ich die Farbe des Elends; – aber von ihrem Verderben entzündet, durchblitze ich mich selber im Lichtglanz. Die tote Straße und den unbesäten Acker verwandle ich in Kot; aber ich segne die Saaten des Landes – und wenn mich die kalten windigen Höhen der Oberwelt ergreifen und drängen, so falle ich als verhärteter Stein und als verheerender Guß aus den Wolken.«

⋆

Also – was des Segens empfänglich, das segnet der Regentropfen, was aber an sich selbst in seinem Zustand eines Segens nicht empfänglich, das segnet er nicht, er kann es in dem Zustand, in dem es ist, nicht segnen, und was den Keim des Verderbens in sich selbst trägt, dessen Verderben erhöht er durch eben die Kraft, durch die er das, was des Segens empfänglich, segnet.

4.
Der Kiesel und der Fels

»Was nützt es, daß du dein Haupt über die Wellen empor hebst? Du hältst seinen Lauf doch nicht auf.« – Also sagten neidische Kiesel, die der Strom fortrollte, zum Felsen, der in den Wellen stehenblieb.

Aber der Fels antwortete ihnen: »Ich liebe das Stehenbleiben, auch wenn ich nichts nütze.« Und ein Kranich, der auf dem Fels stand, rief lächelnd in die Fluten hinab zu den rollenden Steinen: »Wenn euch der Strom einmal an den Felsen anlegt und ihr dann selber zum Liegenbleiben kommt, so werdet auch ihr nicht mehr sagen, daß er nichts nütze.«

★

Wer Kraft hat, gefällt sich in seiner Kraft, auch wenn sie ihm für den Augenblick nichts nützt. Er läßt sich auch lieber von einem Vogel, der für seine Ruhe und Sicherheit auf ihm absitzt, eine Lobrede auf seine Kraft machen, als daß er sie selber macht.

5.
Der Berg und die Ebene

Der Berg sagte zur Ebene: »Ich bin höher als du.«

»Kann sein«, erwiderte die Ebene; »aber ich bin alles, und du bist nur eine Ausnahme von mir.«

★

Der Teil wäre immer so gerne mehr als das Ganze; das Zufällige erhebt sich so gerne über das Wesentliche; alles Gemeine spricht so gerne die Eigentümlichkeit des Vorzüglichen an; der Dachziegel selber scheint sich in seiner Höhe weit mehr zu fühlen als die Quaderstücke, auf denen die Mauern seines Hauses ruhen. Auch das Menschengeschlecht wirft allgemein auf die Ausnahmen der Dinge eine weit größere Aufmerksamkeit als auf das, was diese Dinge in der Regel allgemein sind. Das geht so weit, daß man gewöhnlich in den Anstalten für Blinde und Taubstumme einen sehr großen psychologischen Takt in ihren Unterrichtsweisen angewandt findet und allgemein als notwendig anerkannt, indessen man in gewohnten Volksschulen kaum daran denkt, daß für den Unterricht gemeiner Kinder, die alle fünf Sinne in der Ordnung haben, auch so ein psychologischer Takt in ihrer Unterrichtsweise notwendig wäre.

6.
SEE UND FLUSS

»Ich ruhe in ewiger Klarheit und Stille in meinem unveränderlichen Selbst.« – »Und ich fließe in ewiger Freiheit ins Weltmeer.« –

Also streiten sich See und Fluß miteinander. Die Toren! Der See dankt die Klarheit und Ruhe seines Wassers den Flüssen und Bächen, die in wilden, trüben Wirbeln in sein Bett hineinströmen; und Fluß und Bach neigen sich in aller Unruhe ihres Laufes, und mit allem Kot, den sie mit sich führen, zu der Ruhe und dem Gleichgewicht, in dem sich der See in stiller, klarer Reinheit spiegelt.

⋆

Die Selbstsucht der Menschennatur rühmt sich in allen Verhältnissen jeder Kraft und jedes Vorzugs, die sie in sich selbst fühlt, und ist grenzenlos unaufmerksam auf die Mittel und Ursachen, durch welche ihr diese Kräfte und Vorzüge eigen geworden.

Die tote Natur ist unfühlend, und die lebendige, insofern ihr Leben der Selbstsucht des Fleisches und des Bluts ausgeht, ist es auf eine Art noch weit mehr.

7.
Das Meer und alle Wasser der Erde

»Ich umfasse das All der Welten, ich wohne im Unergründlichen, und eure Wasser alle fließen in meinen Schoß« – also sagte das Meer zu allen Wassern der Erde.

Diese antworteten ihm: »Aber eben darum, weil du alles Gift, alle Salze und alles Verderben der Erde in dir selber gesammelt, bist du auch unermeßlich oder unergründlich in dir selber verdorben.«

Die Fische des Meeres und des Landes nahmen Teil an diesem Streit. Der Walfisch und die zahllosen Bewohner des Abgrundes erwiderten: »Unser Wasser ist nicht verdorben; das Salz ist die Würze des Wassers, und wir werden darin groß und stark und mehren uns und füllen die Meere, und im unermeßlichen Schlamm unsers Abgrunds wächst uns unermeßliche Nahrung; ihr aber bleibet Zwerge und eurer sind nur wenige.«

Die Fische des süßen Wassers erwiderten: »Nur unser Wasser ist rein; wir allein sind reine Fische. Wir brauchen keine unermeßlichen Sümpfe zu unserer Nahrung und im Schlamm unserer Ufer leben nur Krebse, Schlangen und Kröten.«

8.
Schwamm und Gras

Der Schwamm sagte zum Gras: »Ich schieße in einem Augenblick auf, indessen du einen ganzen Sommer durch wachsen mußt, um zu werden, was ich in einem Augenblick bin.« –

»Es ist wahr«, erwiderte das Gras, »ehe ich etwas wert bin, kann dein ewiger Unwert hundertmal entstehen und hundertmal wieder vergehen.«

★

Das schnell Enstehende und schnell Vergehende der tausendfältig wechselnden Treibhausresultate unsrer Zeitverkünstlungserscheinungen verhält sich zu dem Unwandelbaren, Ewigbleibenden, der wahren Entfaltungsmittel der Kräfte und Anlagen der Menschennatur wie der elende Schwamm, der auf dem Misthaufen in einer Nacht entsteht und in der andern wieder vergeht, zu allen Pflanzen der Erde, die zu ihrem Wachstum Jahre brauchen.

9.
Sonne und Mond

Wenn der Mond sich verdunkelt, so ist er dann nur, wie er in sich selbst ist, und du achtest es nicht; aber wenn die Sonne in einen Schatten fällt, so verdunkelt sich das Licht, das in ihrer Natur selbst liegt, und deine ganze Aufmerksamkeit wird auf den Schatten gerichtet, der auf sie fällt.

*

Bei dem gemeinen Menschen achtest du es nicht viel, wenn du schon etwas Schwaches und Gemeines von ihm hörest, aber wenn dir von einem Menschen, den du hoch achtest, plötzlich eine Schwäche und ein Fehler auffällt, so vergissest du in diesem Augenblick leicht seinen in dir selbst tief gegründeten Wert und siehst und fühlst jetzt nur die vorübergehende Blöße, die er sich in diesem Augenblick gegeben; und wahrlich, je kleiner du selbst bist, desto größer scheint dir diese Augenblicksschwäche des Mannes.

10.
Noch einmal Sonne und Mond

Das Mondlicht ist entlehnt – es ist ewig kalt, niemals sich selbst gleich, und wenn es hell scheint, so ist es gewiß Nacht.

Die Sonne hat ihren Strahl in sich selbst, sie ist ewig warm, ewig sich selbst gleich, und wenn sie scheint, so ist es gewiß Tag.

★

Viele Dinge, die die Menschen Wahrheit heißen, sind eben so ewig kalt und niemals sich selbst gleich; je größeres Gewicht der Mensch einer solchen Scheinwahrheit gibt, desto mehr lebt er in der Finsternis.

Die Wahrheit, die nicht Schein-, sondern wirkliche Wahrheit ist und das Menschengeschlecht segnet, hat den Strahl ihres lebendigen Seins in sich selbst. Sie ist ewig warm; sie ist ewig sich selbst gleich; wo sie strahlet, ist es gewiß Tag, und je mehr der Mensch ihr in sich selbst Gewicht gibt, je mehr lebt er im Licht.

11.
Der Strahl und der Graswurm

»Die Menschen klagen so viel über mich, und ich nage doch nur an einem armseligen Blatt; du hingegen verbrennest Häuser und Dörfer.« Also sagte der Graswurm zum schrecklichen Strahl.

»Kleiner Heuchler!« donnerte ihm dieser herunter, »du verheerst mit stillem Blätterfressen weit mehr als ich mit meiner lauten gewaltigen Kraft.«

★

Unbemerkte, aber in die Fundamente des häuslichen Wohls des niedern Volks tief eingreifende Landesübel, von denen du oft jahrelang keinen öffentlichen Laut hörest, wirken gemeiniglich weit verderblicher als einzelne Verheerungen und Schrecknisse, von denen die Jahrbücher aller Länder voll sind.

12.

Der Sturm und die Schneeflocke

Der Sturm brach hie und dort einen Ast von den Bäumen, aber da er nachließ, fiel ohne ein Lüftchen ein Schnee, dessen kleine Flocken tausend Äste von den Bäumen brachen, gegen einen, den der Sturm abriß.

*

Es ist ein altes Sprichwort: Stille Wasser fressen auch Grund. Darum verachte die klein scheinende Kraft nicht; der Regentropfen, der von der Rinne fällt, durchlöchert den Felsen.

13.

Das Himmelblau und die Wolken

Ein Bauernkind verachtete die Wolken und sagte zum Vater: »Wenn sie nur auch den schönen blauen Himmel nie mehr bedeckten!« Der Vater antwortete ihm: »Armes Kind! Was hast du vom schönen Himmelblau? Die grauen Wolken sind für uns der segnende Himmel.«

*

Wenn ich Scharen glänzender Müßiggänger, die als fruges consumere nati in Gold und Seide doch erstrotzen, und neben ihnen einen Kirchgang in Zwillich gekleideter Landarbeiter vorbeigehen sehe, so denke ich an dieses Himmelblau und an dieses Wolkengrau.

14. Die brennbare Erde

»Diese Erde ist außerordentlich fett«, sagte ein Mann, der sie fühlte.

Aber einer, der sie kannte, antwortete: »Sie ist so fett, daß wenn ein Funken darein fällt, so frißt sie sich selbst auf.«

★

Europas mäßige Fruchtbarkeit ist dem Menschengeschlechte unendlich mehr wert als Asiens schwülstiger Reichtum; und die mäßige Wohlhabenheit des Landeigentümers und Landbauers auf dem Kontinent ist der Menschennatur unendlich angemessener und dem Menschengeschlechte unendlich segensreicher, als der schwülstige Reichtum der englischen Millionärs dem eigentumslosen englischen Volk ist.

15. Die wasserreiche Erde

»Dieses Tal muß gesegnet sein«, sagte ein Mann, da er eine Menge Quellen vom nahen Berge in dasselbe hinabfließen sah.

Aber ein Mann, der im Tal wohnte, antwortete: »Es sind der Quellen zu viel da, sie machen die Ebene zum Sumpf.«

★

So werden oft einzelne, an sich unbedeutend kleine Punkte des Landes durch unverhältnismäßige Quellen des Reichtums, die in sie hineinfließen, zu einem unfruchtbaren Sumpf, indessen die größten Bezirke dieses Landes, denen diese Quellen zum Segen werden könnten, aus Mangel an Wasser zu dürren Angern werden, auf denen keine fetten Stiere, sondern nur magere Schafe unbefriedigende Nahrung finden.

16.
Die Brücke und der Weg

Die Brücke sagte zum Weg: »Was Schönes an dir ist, bin ich.«

»Kann sein«, erwiderte der Weg, »aber wenn du abgetragen oder weggeschwemmet wirst, bleibe ich und warte ruhig bis man dich wieder macht.«

*

So sagte ein Mann, der in einer Hauptstadt Bürger war: »Im ganzen Reiche sieht man nicht so viel Schönes und Rares, als in der kleinsten Gasse unserer Stadt.« Ihm antwortete ein Mann, der kein Spießbürger dieser Stadt war: »Aber wenn deine Stadt nicht mehr unsere Hauptstadt ist, so bleibet jeder Winkel im Lande doch wenigstens, was er vorher war, nur deine Stadt allein nicht.«

17.
Der gebrochene Marmor

Als die Menschen weither kamen, um die Schönheit eines gebrochenen Stückes Marmor zu sehen, sagte der Fels, von dem er gebrochen war, zu ihm: »Elendes Nichts, du lagst in meinem Bauche wie die Ameise in ihrem Haufen, was brüstest du dich?« – Der Marmor antwortete: »Ich brüstete mich auch nicht, so lange ich darin lag; ich brüste mich nur, seitdem ich aus demselben heraus bin.«

★

Die unermeßlichsten Schätze, die in der Erde verborgen, sind wie ein Licht unter dem Viertel, und haben nur insoweit einen Wert, als sie aus den Tiefen, in denen sie begraben liegen, zutage gefördert und ans Licht gebracht werden; so ist auch eine kleine Kraft, die im Volk entfaltet, zur Reifung gebracht und zutag gefördert wird, dem Lande mehr wert, als unendlich größere Kräfte, die unentwickelt im Volk nur noch schlummern.

18.
Die Quelle und der Berg

»Wenn die Menschen mein Inwendiges kennten, so würden sie den elenden Schweiß, der aus meinem Kote fließet, nicht verehren.« Also sagte der Berg, da die Menschen einer Quelle an seinem Fuße opferten.

Die Quelle aber antwortete ihm: »Sie verehren mich nur, weil ich zu ihnen herauskomme und mit meiner Segenskraft lebendig über ihr Land herfließend, mich in jeden Winkel hindränge, dessen Boden ich befeuchtend, fruchtbar zu machen geeignet bin.«

★

Aller Staatsreichtum, der nicht so segnend im Lande herumfließend an den Haustüren der Bürger anklopft, ihnen sein Dasein verkündet und seine Kraft in ihre Hand legt, ist für die Bürger gar nicht und für den Staat nur halb da.

19.
Die Entstehung der Berge

Die Erde wunderte sich einmal, wie die Berge sich auf ihr haben bilden können.

Diese antworteten ihr, es geschah nur durch die Verhärtung dessen, was du schon selbst bist.

⋆

Die Verhärtung der Bestandteile der Erde erzeugt viele Höhen und Größen, aber je höher die Erde als Berg dasteht, je unfruchtbarer werden auch ihre Gipfel; und wo ihre obersten Höhen im eiskalten Dunstkreise mit ewigem Schnee bedeckt stehen, da wächst weder Laub noch Gras mehr.

20.
Ebenisten- und Naturstärke

»Mein Meister setzt die Pracht meiner Teile so gut zusammen, als die Natur das tote Wesen deiner Fasern« – also sagte eine künstliche Ebenistenarbeit zu einem einfachen Schreinerschrank. Aber da sie beide an einen feuchten Ort hingestellt wurden, löste sich die Ebenistenarbeit ganz auf, und der alte Schrank blieb in der unverkünstelten Einfachheit seiner Naturkraft, was er vorher war.

⋆

Die Zeitverkünstlung, deren schimmernder Trug aus der Kraftlosigkeit ihrer Teile hervorgeht, löst sich wie diese Ebenistenarbeit in die Nichtigkeit ihrer schwachen Bestandteile auf, sobald Tage und Stunden erscheinen, die zur Prüfung ihrer Kräfte wie die Stunden des Trübsals zur Prüfung der menschlichen Weisheit und Frömmigkeit geeignet sind.

21.
Der Vogelsang

Wenn Leander durch einen Wald ging, in welchem Vogelsang war, sagte er: »Hier ist ein milder Himmel!«, und wenn er auf den Bäumen keine Singvögel antraf, so sagte er: »Hier wehen die Nordwinde!«

★

Das ist wohl wahr, aber der Reisende würde sich doch irren, der die frohen Menschen allgemein in dem milden, von Weihrauch duftenden Dunstkreis des Innern der Zimmer in hohen Palästen suchte und glaubte, wo Arme in Wind und Regen, in Hitze und Frost arbeiten müssen, da sei das Menschengeschlecht allgemein niedergeschlagen und traurig.

22.
Das Feuer und das Eisen

Das Feuer sagte zum Eisen: »Ich bin dein rechtmäßiger Herr.«

Das Eisen antwortete: »Ich kenne deine Gewalt über mich, aber ich achte sie nie weniger für rechtmäßig, als wenn du mich schmelzest.«

Diese Antwort mißfiel der hochfahrenden Flamme; sie kneisterte, rauchte und sprach: »Der mich schuf, gab mir meine Gewalt über dich.«

Das Eisen erwiderte: »Es sind indessen doch nur Menschenhände, die mich in die Esse und in den Tiegel legen.«

Ein Prachtgeländer von Eisen, das dieses Gespräch hörte, erwiderte: »Ich lobe mir das Feuer, das mich schmelzt, ich lobe mir die Zange, die mich in die Esse legt und die Menschenhand, die mich schmiedet, sonst wäre ich noch elendes Erz, deren es Berge voll hat und auf das niemand achtet.«

*

So verschieden sind die Ansichten über den nämlichen Gegenstand, wenn sie von verschiedenen Standpunkten ins Aug' gefaßt werden.

23.
Handlangerwert

Zangen, Hammer und Feile sagten zu allem Eisen: »Unser Herr, der Schmied, waffnet seine Rechte mit uns, wenn er euch schmiedet.«

Alles Eisen schwieg – nur ein altes Hufeisen antwortete: »Ich habe einmal einen König sagen gehört, er verachte unter den Menschen niemand so sehr als diejenigen, die er sich an die Hand dingen müsse, um die andern durch sie zu packen, zu hämmern und zu feilen.«

*

Es ist der Menschennatur unwürdig, ihre Kräfte mißbrauchen zu lassen; aber es ist ihrer noch unwürdiger, sie zu mißbrauchen.

24.
Die Anbetung des Teufels

Als einst das Feuer einen Wald stärker als gewöhnlich brandschatzte, sagte ein alter erschrockener Stock zu den übriggebliebenen Tannen: »Ich habe einst gehört, die Menschen beten den Teufel an, und dann tue er ihnen nichts. Wie wäre es, wenn wir das Feuer anbeteten, vielleicht wäre es auch dankbar wie der Teufel.«

Dieser Vorschlag gefiel den furchtsamen Tannen, aber das Feuer war nicht dankbar; es kneisterte von nun an vor Hohnlächeln noch lauter, wenn es die dummen Tannen verzehrte, und forderte jetzt nebst seinem alten Feuerrecht noch als ein Altarrecht einen ewigbrennenden Holzstoß, zum Dienst der ihm versprochenen Anbetung.

25.
Der Zyklopenschutz

In der Zyklopenzeit dachte ein Schwächling: ich will mich seinem Schutz anbefehlen, er tut mir dann nichts.

»Das ist wohlgetan«, sagte der Zyklop, »nimm jetzt nur diesen Faden in die Hand, und ich will dich daran leiten, wo du links oder rechts gehen mußt.«

Dieses Mitgehen mit dem einäugigen Großen erschreckte den Schwächling; er zitterte am ganzen Leibe, doch er nahm den Faden in die Hand, aber schon morgens sagte der Zyklop: »Dieser Faden könnte brechen«, und bot ihm dafür eine Schnur in die Hand.

Wenige Tage darauf sagte ihm der Riese: »Der Faden und die Schnur waren nur für die Probezeit, für die Zukunft mußt du dieses Schutzseil in die Hand nehmen und mir schwören, dasselbe weder bei Tage noch bei Nacht aus den Händen fallen zu lassen.«

Totenblaß schwur jetzt der Mensch, was nicht möglich war, zu halten. Das Seil fiel ihm bald aus den Händen, und er eilte nur nicht, es von dem Boden, auf den es hinfiel, aufzuheben.

Darüber zürnte der Wütrich und sagte: »Das ist Untreue und Meineid, dem muß man vorbeugen.« Mit dem knüttelte er ihm das Schutzseil um beide Hände. Also gebunden seufzte der Mann: »Selig sind die, die er ohne Schutz frißt«, und nagte dann einmal eine Nacht durch mit den Zähnen an diesem Schutzseile und wollte es durchfressen, aber das Ungeheuer erwachte, ehe er los war, und band ihm jetzt das gefürchtete Seil um den kitzlichen Hals mit ernster Bedrohung des schrecklichen Zuknüpfens beim ersten Fehler wider den heiligen Schutz.

26.
Zwei Füllen

Zwei Füllen, die sich in Wuchs und Bildung wie ein Ei dem andern glichen, fielen in ungleiche Hände. Das eine kaufte ein Bauer und gewöhnte es, ohne Rücksicht auf die Veredlung seiner Natur, zum niedern Dienste am Pflug und an den Karren; das andere fiel in die Hand eines Bereiters. Dieser bauete die Kunst seines Dienstes auf die Veredlung seiner Natur, d. i. auf die Erhaltung und Ausbildung seiner Feinheit, seiner Kraft, seines Muts. Es ward ein edles Geschöpf, indessen das andere alle Spuren seiner edlern Natur an sich selber verlor.

★

Väter und Mütter! Wenn eure Kinder weder an eurer, noch an der Hand derer, denen ihr sie übergebet, Reiz und Mittel zur Ausbildung ihrer Anlagen finden, so sind diese Kräfte für sie in dem Grad umsonst, als sie groß sind, und die edlern Anlagen der Menschennatur sind ihnen sogar in dem Grad gefährlich und verderblich, als sie groß sind.

27.

Die zwei Bären

Ein Bärenführer führte zwei Bären im Lande herum. Der eine davon war schon ausgewachsen, als er ihn in einer Grube fing, und es brauchte viele Wochen lang große Prügelgewalt, ehe er sich daran gewöhnen wollte, auf zwei Beinen zu stehn und nach der Trommel zu tanzen. Doch endlich und endlich ward er ein abgerichteter Tanzbär.

Den zweiten hatte er von einem Jäger bekommen, der ihn noch ganz jung aus seinem Neste genommen. Dieser lernte das Auf-zwei-Beinen-Stehen und Nach-der-Trommel-Tanzen so viel als von sich selbst. Er stand nicht nur sogleich auf seinen zwei Beinen, wenn der Meister ihm von ferne einen Bissen Fleisch zeigte, er gewöhnte sich sogar daran, sobald der Meister nur um den Weg war, sogleich stundenlang auf seinen zwei Hinterfüßen vor ihm stehen zu bleiben, und so mit ihm herumzugehen. Dadurch gewöhnte er sich aber auch das Auf-allen-Vieren-Gehen endlich ganz ab. Er ging, wie der Orang-Utan, den ganzen Tag mit einem Stocke in der Tatze seinem Meister nach, wo er immer zum Tanz ihn hinführte.

So einen Tanzbären hatte die Gegend noch nie gesehn. Wenn er in ein Dorf kam, so liefen alle Bauren aus ihren Häusern, der Schulmeister ließ sogar die Kinder aus der Schule, um den Wunderbären zu sehen. Das schien für den Bärenführer ein großes Glück. Er gewann mehr als noch je ein Polack mit seinen Tanzbären gewonnen.

Die Bauern fütterten ihm seine zwei Tiere umsonst; aber der Meister machte keinen guten Gebrauch von seinem Glücke; er übersoff und überfraß sich jetzt alle Tage; damit schwächte er sich nur, bekam geschwollene Beine, und als er einst mit seinem Bären besoffen über einen Steg mußte, glitschte ihm sein Fuß aus; er fiel in den

Bach und verwundete sich tödlich am Kopfe. Beide Bären sprangen ihm nach, rissen ihn aus dem Wasser und leckten seine Wunden. Aber es half nichts. Er starb unter ihrer Sorgfalt.

Jetzt hatten die armen Tiere keinen Meister, keine Speise, den Hunger im Leibe und die Schnörren im Maulkorb, so daß, wenn sie auch im Hunger den toten Meister hätten fressen wollen, es ihnen nicht möglich gewesen wäre.

Sie versuchten zwar mit ihren Klauen ihre Körbe vom Maul zu reißen; aber sie verwundeten nur ihre Schnörren und brachten die Körbe nicht los.

Nun ertönte ihr Geheul weit und breit durch die waldige Einöde und lockte endlich einige ihrer freien Waldbrüder zu ihnen. Diese nahmen ihre Not zu Herzen und bissen ihnen mit ihren Bärenzähnen die Eisengitter entzwei, hinter denen die armen Tiere ohne diese Hülfe hätten verhungern müssen.

Darauf gaben sie ihnen zu verstehn, sie müssen mit ihnen in die Tiefe des Waldes, wo sie Honig und Wildbret finden werden. Aber als der eine dieser Tanzbären mit der Vordertatze einen Stock vom Boden aufnahm und so wie ein Mensch auf den Hinterbeinen ihnen in den Wald folgte, sahen sie dieses Gaukelwunder von einem Bären mit großem Erstaunen an, und einer sagte zu dem andern: »Nein, solche widersinnige Kunstnarren hätten wir doch nicht geglaubt, daß Tiere von unserer Kraft und von unserer Art werden könnten, wenn sie unter Menschenhände geraten. –

Die armen Tanzbären konnten, so sehr sie hungerten, nur nicht mehr wie die Waldbären zu ihrem Fraß hinlaufen.

Diese mußten ihnen alle Augenblicke warten, damit sie ihnen nachkommen konnten. Aber als sie endlich zu einem Honigbaum gelangten, machten sie sich mit einem Eifer hinter den Fraß, daß ein Waldbär zum andern sagte: »Sie können doch auch noch wie wir fressen.« – »Aber mit dem Fressen*suchen* wird es schwer halten«, erwiderte der andere. – Der erste aber meinte, sie werden die Mühe, Fressen suchen zu müssen, gar nicht lange haben. Er sagte: »Sie können ja nicht gehen, der erste Jäger, der in den Wald kommt, schießt sie nieder.«

Indessen lernte der eine Tanzbär, der in der Jugend im Wald aufgewachsen, allmählich doch wieder schneller laufen und sich hie und da etwas Fleisch erjagen; aber der andere lief ihm und jedem andern Bären, der an einem Fraß nagte, nach und meinte, daß ihm jeder Bär aus Mitleiden etwas von dem, was er selber gerne fraß, zuwerfen müsse.

Das geschah auch zuzeiten. Aber alle Bären verachteten ihn und hießen ihn nur den Bärenbettler oder den Menschenaffen.

Er hatte ein elendes Leben. Indessen geschah auch, was einer der Waldbären voraussagte. Sein Elend dauerte nicht lange. Der erste Jäger, der in diesem Wald auf die Bärenjagd ausging, kam ihm bald auf die Spur und schoß ihn nieder.

⋆

Unsere Zeitverkünstlung macht Tausende und Tausende durch ihre Erziehung zu solchen armseligen, der sittlichen, geistigen und selbst physischen Kräfte ihrer Selbsterhaltung und Selbstversorgung ganz mangelnden Menschenbettlern und Menschenaffen. Man schießt sie zwar in unserer Mitte nicht nieder, wie es dem armen Tanzbären im Wald begegnet; aber sie sind wie er auch unter uns lästige Bettler.

Doch sie haben in unserer Mitte nicht allenthalben üble Zeit. Die verkünstelte Welt hat allgemein Mitleiden mit ihnen; und sie muß wohl; die armen, verkünstelten Schwächlinge haben ja keine andern als die allgemeinen Zeitfehler, die auch vielseitig denjenigen, die ihnen Mitleiden bezeugen, nicht fremd sind und die, obwohl sie in Überfluß und Gemächlichkeit leben, in vielen Rücksichten verkünstelte Schwächlinge, wie sie sind, und durch ihr Leben die Quellen der Erschlaffung, die die Armen unter ihnen elend machen, täglich mehr vermehren und verstärken.

28.
Die Flamme und die Kerze

»Ich schäme mich immer, wenn ich mich so nahe bei dir erblicke« – also sagte die Flamme zur Kerze. Diese antwortete: »Ich glaubte bisher, du schämest dich, wenn ich vergehe, indem du dann allemal selber erlöschest.«

»Törichter Schmutz!« erwiderte die Flamme: »Ich glänze freilich nur so lange ich dich fresse, aber ich schäme mich, daß man es sieht.«

29.
Das ewige Licht

Als die sklavischen Menschen das Feuer anbeteten, wollten sie ihm auch die Schamröte ersparen und hingen das ewige Licht in ihren Tempeln in eine Höhe, in der das Volk nur seinen Glanz, nicht seinen Schmutz sehen konnte.

*

Man erzählt noch, daß den Mesmern jahrhundertelang zur heiligen Pflicht gemacht wurde, die Lampe des ewigen Lichts nur in der Mitternachtsstunde mit Öl anzufüllen und keinen Tropfen davon auf den Boden fallen zu lassen, damit ja keinem Baurenweib in der Kirche der Sinn daran kommen möchte, das Licht, das in der Höhe des Tempels leuchtet, nähre sich von so elendem Schmutz.

30.
Ein mit grosser Kunst verfälschter Wein

Ein mit großer Kunst verfälschter Wein sagte zu einem Glas unverfälschten: »Ich bin mehr wert als du.«

Dieser erwiderte: »Ich vergleiche mich nicht mit dir; was ich wert bin, verdanke ich mir selbst; was man für dich zahlt, dankst du deiner Kunstschlechtheit, mit der man deine Naturschlechtheit äußerlich unscheinbar macht, aber innerlich verdoppelt.«

★

Würde sich doch dieses Handwerk, die Naturschlechtheit einer Sache mit dem Zusatz einer Kunstschlechtheit noch zu verdoppeln, nur auf die Weine und auf die Kellergeschäfte beschränken; aber diese Kunst dehnt sich auf Gegenstände von der höchsten Wichtigkeit und von der höchsten Würde aus, die unglücklicherweise in Hände von Menschen fallen, welche also durch Beimischung des Schlechten zum Schlechten allem Schwachen vielseitig einen Trugschein des Starken, und allem Bösen einen Trugschein des Guten beizufügen verstehn.

31.
Das inwendige Toben

»Ich verachte jedermann, der inwendig tobet«, sagte *Lebon*.

Milo erwiderte: »Schweig' doch mit dieser Lehre, bis du deine Lieblings-Bouteille geleert hast.« – *Lebon* öffnete eben eine Bouteille Champagnerwein.

★

Wer den Reiz zum Toben nicht in sich selber und um sich selber zu entfernen vermag, dem schaue ich zweimal in die Augen, wenn er zu mir sagt, er verachte jeden, der wirklich tobet.

32.
Die Philosophie des Auerhahns

Als man den Auerhahn fragte, woher alle Übel im Tierreiche entspringen, antwortete er: »Sie kommen nur daher, weil sich die unvernünftigen Geschöpfe alle einbilden, das Recht, sich zu sträußen und zu kollern, welches der große Jupiter unserm Geschlechte ausschließend verliehen, sei ein allgemeines Tierrecht.«

*

Ich möchte fast glauben, der Auerhahn habe zweierlei Arten von Menschen gekannt, von denen die einen sich einbilden, das Recht, sich zu sträußen und zu kollern, sei ein ausschließliches Recht der privilegierten Stände, die andern aber, es sei ein allgemeines Menschen-, es sei ein Freiheitsrecht.

33.
Der Heerochs

Der Heerochs war alt; seine Hörner waren abgestoßen; sein dicker Kragen hing nicht mehr am breiten, mächtigen Nacken; sein Fußtritt schwankte bei jedem Schritte, und Berg und Tal erschallten nicht mehr von seinem mächtigen Brummen.

Kühe und Stiere gehen ihren Weg, wie wenn sie niemand führte, und jedes Kalb meint, es sei so wohl und so gut zum künftigen Heerochs erkohren als jedes andere. Es ist keine Ordnung mehr auf dem Berge, und es wird keine geben, bis unter der Heerde wieder ein Machtstier erscheinen wird, dem Kühe und Kälber von selbst folgen, wo er nur hingeht.

*

Ohne Erneuerung der Naturkraft erhaltet sich keine Ordnung unter den Tieren, noch viel weniger unter den durch Verkünstlung entnervten und abgeschwächten Menschen.

34.
Der alte Turm

Ein alter Turm drohete seinen Einsturz; täglich fielen Ziegel und Steine von ihm herab.

Mißmutig, daß er den schlechten Zustand seines alten Turmes nicht mehr vor Fremden verbergen könne, ließ sein armseliger, spießbürgerlicher Bewohner alle Abende, was den Tag über von ihm herabfiel, wieder zusammenlesen und an den Rand einer Nebenmauer anlegen.

Ein Nachbar, der es sah, sagte zu ihm: »Das wird dem Umsturz deines Turmes nicht vorbeugen.« – Er antwortete: »Ich weiß es wohl, aber ich muß doch einmal den Boden von dem reinigen, was von ihm herabfällt.« Der Nachbar aber erwiderte noch einmal: »Das wird dem Turme nichts helfen.«

Er: »Ich weiß auch das wohl, aber schweig' doch und plage mich nicht mit solchen Bemerkungen über mein Elend. Ich bin zufrieden, wenn es nur niemand sieht.«

Jetzt schwieg der Nachbar, aber sah ihn mitleidig an. Dieser verstand den Blick und sagte noch: »Ich bin zuletzt zufrieden, wenn ich nur machen kann, daß ich selber meine, es sehe mein Elend niemand.«

*

Fraget mich nicht, wer der Besitzer dieses alten Turmes sei, wenn ihr ihm auch schon ein Almosen geben wolltet – ich darf es euch nicht sagen.

35.
Die goldene Mittelstrasse

»Von meinen Mittieren kleben einige an dem Boden, andere versteigen sich in die Lüfte; ich aber will die goldne Mittelstraße halten« – also sprach der Affe Mimike, und betrat die Erde nicht mehr; er verstieg sich auch nicht in die Wolken; aber er brachte sich mit einem Affensprung von einem Aste auf den andern.

⋆

Auch die Fledermaus meinte, sie gehe die goldene Mittelstraße zwischen den Vögeln und Säugetieren; aber Affen und Fledermäuse sind nicht geeignet, sie zu betreten; nur Ruhe und Kraft vermag es, sich auf ihr zu erhalten, Unruhe und Kraftlosigkeit führen in jedem Fall von ihr ab.

36.
Der Ursprung der Glocken

Als der Schlüßler des Himmels die Christuslehre zum tönenden Erze und zum Schemel seiner Füße gemacht, goß er von einem Teil seines Erzes für seinen Schemeldienst klingende Schellen.

⋆

Seitdem rufen beim Mangel des lebendigen Geistes, der jeden einzelnen Christen mit der Christusgemeinde als einen Bruder vereinigt, in allen Ecken und Enden große Glocken auf hohen Türmen den Nachkommen der geist-, kraft- und tatvollen Christen zu, sich zu versammeln, um noch die Worte des Glaubens und der Liebe zu hören, deren innern Geist und Kraft sie so vielseitig verlassen.

37.
Das Hahnengeschrei

Meister *Erdwust:* »Warum krähet der Hahn allemal, ehe du aufstehest?«

Knecht *Frohmuth:* »Damit ich noch einen Augenblick als ein Mensch denken könne, ehe ich als ein Vieh arbeiten muß.«

*

Dieser Meister Erdwust sagte auch einmal zu seinem Knecht, es sei mit dem Ruhetag, den man den Sonntag heiße, eine bloße Narrheit, wir haben ja in der Woche sieben Ruhenächte.

38.
Der Toren Recht

Du sagst, es lohnt sich nicht der Mühe, abzuwiegen, wer im Streite zwischen zwei Toren und Schalken das größte Recht habe.

Es ist vielleicht wahr; doch das ist auch wahr; der schwächere Tor, wenn er von dem stärkern gedrückt wird, und der schwächere Schalk, wenn er von dem stärkern geneckt wird, hat auch bei dem Weisesten einen gerechten Anspruch an ein wohlwollendes Verhör.

*

Die Kaltsinnigkeit, mit der viele Leute das Wort: *»Es lohnt sich der Mühe nicht«* – so leicht aussprechen, ist gar oft der Ausdruck einer großen, innern Herzenshärte; den wahren Zusammenhang dieses Worts mit der Herzenshärte der Menschen zu verbergen, möchten oft viele Leute, die gar nicht träge sind, dieses Wort als ein bloßes Wort ihrer Trägheit passieren lassen.

39.
Das Trinkglas und der silberne Becher

Das zerbrechliche Trinkglas sagte zum silbernen Becher: »Seitdem die Menschen mich kennen, trinken sie nicht mehr aus dir, also ist klar, daß ich ihnen mehr wert bin als du.«

Der Becher antwortete: »Ich lasse dich das gerne sagen, denn ich sehe täglich von meiner Ruhstelle hinunter, wie leicht du brichst und wie leicht man dich, wenn du gebrochen, als unnützes Zeug, wenn du gleich noch Glas bist, wegwirft.«

*

So sagte ein Schwächling im Hofglanz zu einem anmaßungslosen, aber festen Landedelmann: »Ein Leben, wie das deinige, hat in meinen Augen keinen Wert.«

Darüber antwortete ihm der Landedelmann: »Das lasse ich dich gern sagen; selbst mein Ahnherr war schon lange gewohnt, sich in den Zeitungen zu merken, wie das Hofleben, dem du allein einen Wert gibst, die Mauern der Schlösser untergräbt, in denen wir schon Jahrhunderte gelebt und noch gerne viele Jahrhunderte leben möchten.«

40.
Der Stern mit der Rute

Gott schuf! – Millionen Welten wirbelten in neuen Sphären; Sonnensysteme flossen in einem ewigen neuen Gang, wie Regentropfen in einer Rinne, nur ein kleiner Mond wollte stehen bleiben, wo er stand.

Da warf ihn der Engel der Schöpfung aus dem Kreislauf der Welten und gebot ihm: »Wandle du ewig in unermeßlichem Dunkel einen elenden Quergang, nie werde ein Mensch auf deinen Flächen geboren. Wenn du der Sonne dich näherst, so leide in dir selbst marternde Pein, und wenn du den vollendeten Welten erscheinest, so zeige dich ihnen als Irrwisch.« Jetzt geht der elende Erdball ewig seinen verworfenen Gang, nie wird ein Mensch auf seinen Flächen geboren; wenn er der Sonne sich nähert, so leidet er in sich selbst marternde Pein, und wenn er den bessern Welten erscheint, so geschieht es nicht anders als mit der feurigen Rute, mit der er die elenden Halbwesen züchtigt, die im ewigen Quergang empfinden, daß ihr Mond beim Vorschritte aller Welten hat stehen bleiben wollen, wo er damals stand.

41.
Der Krötentrost

Ein Land ward zum Sumpf, alles, was darin lebte, mußte sterben, Kröten und Würmer wandelten einzig auf ihm herum; nur auf einem Felsen lag noch ein Reh und ein Schaf, jammernd des Todes erwartend.

Eine Kröte, die sich unten im Sumpf blähete, quakte zu den leidenden Tieren hinauf: »Was jammert ihr so!

sterbet in Gottes Namen, warum seid ihr nicht Kröten geworden?«

⋆

»Kommt doch in unsere Stadt und wohnet bei uns«, sagte einst ein Bürger einer Stadt, die ganz ominos Krotenburg hieß, zu einem Bauern, der ihm klagte, es sei so viel Not und so viel Armut in ihrem Dorf, und man könne mit allem Fleiß und aller Arbeitsamkeit kaum das liebe Brot erwerben.

»Nun, wie habet ihr es denn in eurer Stadt?« erwiderte der magere Bauer. Der fette Bürger antwortete: »Die Herren auf unserm Rathaus haben einen Gemeindsäckel, der so reich ist, daß sie jedem dummen Jungen und jedem Pflastertreter, der Bürger ist, eine Pfrund geben können, und unser Spital hat so viel Einkünfte, daß er die ganze Stadt mit Wein, Fleisch und Brot versorgen könnte, und er muß es tun, sobald ein Bürger nur um eine Armenpfrund anhaltet.« Und der magere Bauer antwortete dem dicken Bürger: »Ich möchte bei allem dem doch nicht Bürger in eurer Krotenburg sein.« – »Warum? warum?« fragte der Bürger. Der Bauer aber schwieg und sagte ihm den Grund nicht, der darin bestand: Die Bürger von Krotenburg waren weit und breit in der ganzen Nachbarschaft als die dümmsten und anmaßlichsten Tröpfe bekannt, die auf Gottes Erdboden herumgehen.

42.
Die aufgeopferten Steine

Große Quadersteine, die unter ein sinkendes Schloß gebracht wurden, klagten der Mauer, daß sie ihr also aufgeopfert würden.

Doch ehe noch diese antworten konnte, schrien die Hoffartssteine der Fenster und Türen: »Wir sind die

Prachtsteine des Hauses, und wir wollen, daß man euch unter uns in den Sumpf lege. Was braucht es weiter? Wir wollen es also.« – Aber die Mauer selber war billiger. Sobald sie vor dem Gebrüll der Prachtsteine zu Rede kommen konnte, sagte sie zu den in Sumpf und Kot versenkten Quadersteinen: »Liebe aufgeopferte Steine! Ich werde niemals vergessen, daß ihr, um mich vor dem Umsturze zu retten, unter den Boden gebracht worden seid, und daß ich, so lange ich stehe, auf euch ruhen muß; indessen die Hoffartssteine nur an meinem Rand kleben.«

Diese Antwort freute die aufgeopferten Steine; sie hatten sie nicht erwartet und antworteten: »Wenn nur die Hoffartssteine, die nur deine Löcher ausfüllen und selber nichts tragen, mit ihrem *wir wollen, wir wollen,* das Maul hielten.« Die Mauer oder vielmehr das ganze Schloß erwiderte ihnen: »Ich höre ihr anmaßungsvolles Brüllen selber nicht gerne, aber ich vermag es nicht, sie schweigen zu machen.«

Sie setzte hinzu: »Es ist, so lange die Welt steht, kaum irgendeiner Kraft gelungen, dem Maulbrauchen der schwachen Eitelkeit Meister zu werden.«

★

Das war übrigens noch eine Mauer von alter Art. Es gibt jetzt Mauren, und zwar hohe, große Mauren, die von ihren Hoffartssteinen so umschlungen und so verblendwerket werden, daß sie selber zu glauben scheinen, sie seien nur zur Unterstützung und zum Behufe ihrer Hoffartssteine da und zu gar keinem andern Zwecke so hoch aufgetürmt worden.

43.
Aufmerksamkeiten

Graf *Frickhart* sagte von Bürger *Frohmann:* »Dieser Mensch hat auch gar keine Aufmerksamkeit, weder für das Interesse meines Standes, noch für die Gefühle, die demselben eigen sind.«

Darauf antwortete Graf *Ellwich:* »Das kommt nur daher, weil du weder für die Interessen, die seinem Herzen, noch für die Gefühle, die seiner Natur eigen sind, die geringste Aufmerksamkeit hast.«

»Aber meinst du«, erwiderte *Frickhart,* »es sei an mir, mit dergleichen Aufmerksamkeiten den Anfang zu machen?«

Ellwich mußte lachen, kehrte sich um und sagte zu sich selber: »Wie er ist, hat er ganz recht, je schwächer ein Tropf ist, je mehr muß er aus lieber Not Aufmerksamkeiten auf seine Erbärmlichkeiten fordern.« Dieser *Frickhart* war ein Schwächling, wo ihn die Haut anrührt; und bei solchen Leuten muß jeder kraftvolle Mann mit jeder Art von Aufmerksamkeit auf Erbärmlichkeiten notwendig den Anfang machen, wenn ihm etwas daran liegt, daß der andere es hintennach auch tue.

44.
Nur noch jetzt nicht

Die Woge schwoll, es war keine Rettung für das Dorf, als den Damm im Park zu durchschneiden und ihn mit allen seinen Rebhühnern, Rehen und Hasen den Wellen preiszugeben.

Das Volk bat. »Nur noch jetzt nicht«, erwiderte der Junker. Die Gefahr ward dringender. Das Volk kniete und bat: »Wir sind mit Haus und Hof, mit Weib und Kind verloren, wenn Sie den Damm nicht durchschneiden lassen.«

Aber der Junker liebte das Vieh im Park und kannte das Volk im Dorfe kaum. Darum schien ihm auch ihre Bitte eine sträfliche Unaufmerksamkeit auf den Parkschaden, den ihm die Durchbrechung des Damms zuziehen müßte. Er hielt deswegen auch ihr Knien für eine unanständige Zudringlichkeit, schüttelte den Kopf darob und sprach ernst und unwillig: *»Nur noch jetzt nicht«* – und noch einmal: *»Nur noch jetzt nicht«* war auf seinen Lippen, als der Damm brach, und Land und Park und Rebhühner und Menschen miteinander verschlang.

★

Der verhärtete Welt- und Tiersinn erkennt die Zeit und Stunde nicht, die zu seinem Heil und Frieden dient, und wenn ein altes Sprüchwort heißt –

45.
Die Affenbeichte

»Dieser Ochs weidet so ruhig, indessen wir, die wir doch von einem vornehmern Geschlecht sind, uns so unruhig herumtreiben müssen.«

Also sagte ein Affe zu seiner Gemahlin, da ein Ochs unter seinem Baum ruhig Gras fraß.

Diese antwortete: »Wir sind freilich von einem vornehmern Geschlechte, aber auch unendlich mehr Affen als vornehm.«

★

Ich kannte einen Mann, der vom ganzen Menschengeschlechte sagte, es sei ein imitatorum servum pecus, und die Beichte dieses Affenweibs scheint ihm ganz recht zu geben; indessen ist in jedem Fall das Vornehmtun so im höchsten Grad gemeiner Tiere, wie die Affen sind, das Lächerlichste, aber auch das Drückendste in allen Formen, in denen die Armseligkeit dieses Tuns erscheint.

46.
Was der Affe bei der Schlange gelernt hat

Ein junger Affe studierte lange und konnte nicht ergründen, was Bescheidenheit sei. Endlich sah er eine Schlange auf dem Bauche kriechen und sagte zu seiner Mutter: »So ohne Hände und Füße sich durch die Welt zu winden, das wird wohl Bescheidenheit sein.«

*

Der gute Junge wußte nicht, wie leicht und wie hoch die Schlange ihren Kopf in die Höhe heben, und wie sie ihren Leib zu einem Kamelrücken machen kann, wenn sie sich auf die Kraftsprünge vorbereitet, mit denen sie nicht bloß schwache Affen, sondern auch starke Tiere mörderisch anfällt, um den Demutsbauch ihres kriechenden Leibes vollzustopfen. Glaube doch niemand, daß, wer Gift hinter seinem Zahn hat und sich bei seinem Kriechen gerne und leicht unsichtbar macht, demütig sei.

47.
Der Hunde Bescheidenheit

Als einst der Löwe dem Hunde das Zeugnis gab: »Ich habe ihn immer bescheiden gefunden«, antwortete ein armer Esel: »Er mag wohl bescheiden sein, aber er ist es gewiß nicht gegen einen armen Esel.«

Als ich dem Schneider *Mixli* sagte, Junker *Großaug* sei ein guter Herr – antwortete er mir ebenso: »Er mag wohl ein guter Herr sein, aber gewiß nicht gegen einen armen Schneider.«

*

Es ist ein eigenes Ding mit diesem Zeugnis der Bescheidenheit, das sich ein Hund von einem Löwen geben läßt. Ich denke kaum, daß irgendein Tier mit einer guten Nase einem solchen Zeugnis einen großen Glauben beimessen werde. Einmal unter den Menschen würde man allgemein einem solchen Bescheidenheitszeugnis eher glauben, wenn es von einem Schwachen und Armen einem Reichen und Starken, als wenn es von einem Reichen und Starken einem Schwachen und Armen gegeben würde.

48.
Der Plünderer und das Klostergut

Als ein Plünderer den Abt *Wyler* fragte, wozu der Klosterreichtum im Lande diene? antwortete ihm dieser: »Es ist am Ende doch immer gut, daß auch jemand der Letzte seie, den ihr plündert.«

Und als ich einen Bauern fragte, wozu ein Steinhaufen diene, der vor seinem Haus lag, antwortete er mir: »Wird er mir weniger dienen, weil ich jetzt noch nicht weiß, wozu ich ihn brauche?«

*

Die Sparpfennige der Alten waren eine gute Sache, aber wir kennen sie nicht mehr. Wie diese ihre Kraft anwandten, Sparpfennige zu besitzen, verwenden wir sie auf die Kunst, Schulden zu machen, und auf Ausgaben, die uns dazu nötigen, ohne im geringsten einen Realwert auf unsere Befriedigung zu haben.

49.
Der Tor, der Feuer sucht

Er las jede Kohle vom Boden und jeden erloschenen Docht vom Tische auf; damit verhütete er freilich keine Feuersbrunst, aber er machte sich täglich garstige, schmutzige Hände.

★

Die Furcht ist ein böser Ratgeber, und es ist ein Glück, wenn die Verirrungen, zu denen sie die Menschen hinführt, ihnen, wie diesem Toren, nur schmutzige Hände machen.

50.
Der Schiffer ohne seinesgleichen

Ha, wie er auf seinem Meere fährt! Es ist mit tausend Klippen besäet, er segelt, wie wenn sie nicht wären. Auch der Sturm ist ihm nichts, er tanzt zwischen seinen Wellen wie ein Jüngling im Kreise hüpfender Mädchen. Er steuert zur Lust um den gewaltigen Wirbel. Er fährt beim Querwind gerade und beim geraden in die Quere. Er tut auf seinem Meere was er will. Er ist weit und breit der Schiffer ohne seinesgleichen.

Dennoch bittet sein Schiffsvolk alle Tage: »Lieber Gott! Gib uns einen Führer, der weniger geschickt ist.« – Und gestern fluchte sein ältester Bootsknecht: »Es ist bei Gott besser, auch einmal zu ersaufen, als immer und immer nur zu rudern und zu klettern.«

★

Dieses rohe Wort des wilden Bootsknechts hat doch etwas Wahrheit. Dem sinnlichen, tierischen Menschen behagt das »einmal auch sterben« besser als immer und immer zu leben, um für nichts und aber nichts immer nur geplagt und gequält zu werden.

51.
Der Tor, der Feuer löscht

Er roch um Mitternacht Feuer, stand plötzlich auf und fand das Feuer auf dem Herde in vollen Flammen und eine glühende Kohle im Stroh, das nahe am brennenden Herd lag. Er löschte das Feuer auf dem Herde mit Geräusch, und trat die glühende Kohle, um das Feuer zu löschen, mit seinen Schuhen noch tiefer ins Stroh, das dann nach einer Stunde in Flammen ausbrach und das Haus vollends verzehrte.

52.
Der Kutscher, wie es deren viele gibt

»Ich will es durchsetzen und den Wagen auf diesem und keinem andern Wege an seine Stelle bringen« – also spricht Nilson und fährt eine Weile zwischen Wand und Wellen einher. Er drängt sich fest an den Felsen; aber die Pferde sind wund und der Wagen leidet Not. Doch es geht. Jetzt muß er schwenken, der entscheidende Augenblick ist da, es geht nicht; der Wagen muß zu tief in den Strom, ich sehe es, es geht nicht; ich sehe es, bei Gott, er schwenkt nicht einmal gut; der Wagen ist hin – und er – tut, was gut ist und frommt, um nicht zu ertrinken.

*

Was sollte er anders? Der Wagen war ja nicht sein, er war ja nur Kutscher und hatte einen guten Herrn. Er ging so naß als er aus den Wellen kam, heim; sein Herr hatte Mitleiden mit ihm, und er bekam seinen Abschied, wie viele, die als Staatskutscher mit ihren Staatswagen stark und frech einherfahren und lange durchsetzen, aber am Ende überschwenken und dennoch oft nicht einmal ihren Abschied begehren müssen.

53.
Stoffels Brunnen

Als des eiteln armen *Stoffels* Hausbrunnen beinahe abstund, befahl er seinem Knecht: »Wenn niemand um den Weg ist, so stopfe die Röhre, wenn aber ein Fremder durch den Hof geht, so lasse sie laufen.«

Der Knecht antwortete: »Damit wird der Brunnen immer schlechter, und ich kann weder zur rechten Zeit tränken noch zur rechten Zeit schöpfen.«

Der Meister erwiderte: »Ich will für einmal alles lieber, als daß mein Herr Nachbar merke, daß mein Brunnen schlecht ist.«

*

Man sollte nicht glauben, wie viele solche eitle Gimpel es in unsrer Zeit gibt.

Ganz neulich sagte in meiner Gegenwart eine solche Gimpelmutter zu ihrem Kinde: »Mach' doch in allem, was du tust, daß es auch eine Art hat.« – »Aber wie muß ich das machen?« fragte das Kind. Die Mutter erwiderte: »Ich will es dir sagen; in allem was du tust, mußt du immer darauf sehen, daß niemand merke, was du damit suchest, und dir niemand ansehe, was du dabei denkest.«

Das verstand ein Hummel vom Dorfe vortrefflich; er sagte auch seinem Vertrauten es gerade heraus: Wenn er einen Burschen, den er hasse, auf der Mücke habe, und ihn sicher zu Grunde richten wolle, so sei er Jahr und Tag freundlicher mit ihm, als mit keinem andern im Dorfe.

54.
Löwe und Reh

Der Löwe meinte, das Reh sollte in jedem Falle stille stehen, wenn er rufe.

Aber das Reh antwortete ihm: »Der große Jupiter hat das meinem Herzen verboten, wie dir das Gras fressen.«

★

Jupiter hatte sehr recht; sonst würde es gewiß dahin kommen, daß auch die Mäuse den Katzen still stehen müßten, wenn sie nur miauten.

55.
Rossfliege und Horniss

Die Roßfliege wollte den Rang vor der Wespe; damit sie ihn bekomme, ging sie zu der Horniss in Dienst und leckte dieser den Angel im Leibe, der ihr zu Zeiten wehe tut.

★

Es macht mich nichts so sehr lachen, als wenn ich solche Roßfliegen sehe, die sich im Dienste einen höhern Rang zum Nachteil kraftvollerer Männer, die diesen Rang verdient haben, durch Niederträchtigkeit zu erschleichen gewußt. Ich kann nicht verhehlen, die Roßfliege und ihr Verdienst um die Horniss kommt mir in diesem Fall dann immer in Sinn.

56.
Kauz und Adler

Als die Vögel einen Kauzen aushöhnten, sagte ihnen ein zuschauender Mensch: »Dem Adler, dem Adler solltet ihr euren Unwillen also zeigen!«

Die Vögel erwiderten: »Wir wissen wohl, daß der Adler viele von uns frißt; aber wir verspotten den Kauzen nicht, weil er uns frißt, sondern weil er wie ein Narr Augen macht, wenn er uns anschaut.«

⋆

Die Vögel hatten Recht. Es kann jemandem, der weiß, was die Augen im Menschenkopf bedeuten sollen, nichts Widrigers sein, als von jemand mit Nachteulenaugen angeguckt zu werden.

57.
Gauch und Käfer

Ein schwarzer Käfer warf dem Gauch vor, er stinke. Aber dieser antwortete ihm: »Ich bin doch schöner als du, und wenn mich einer gesehen hat, so bedarf er eben nicht noch an mir zu riechen.«

⋆

Es sind sehr viele Menschen, denen es wie diesem Gauch behagen würde, wenn man das, was sie sind und tun, nicht mit allen fünf Sinnen beachten dürfte, sondern selbiges mit einem einzigen, und zwar mit dem gesetzlich dafür Bestimmten tun müßte.

58.
Löwenschwäche, Stierenart und Fuchsenlist

König Löwe wollte einmal allein brüllen und verbot allem Vieh und namentlich den Stieren, jemals einen Laut, der dem seinigen gleich scheinen könnte, von sich hören zu lassen.

Aber es war den Stieren nicht möglich, den alten Laut ihres Rachens zu unterdrücken; wo sie immer glaubten, der Löwe sei nicht um den Weg, da brüllten sie forthin, wie sie von Alter her taten und wie es ihre Natur mitbringt.

Darüber zürnte der Löwe; er faßte ein Paar der stärksten beim Horn und warf sie in eine dunkle Grube.

Aber als die Gefangenen heilig versprachen, nicht mehr zu brüllen, hatte der Löwe Mitleiden mit ihnen und wollte sie loslassen. Aber der Fuchs mißriet ihm das und sagte: »Du kannst den Stieren das Brüllen unmöglich ganz abgewöhnen, ohne sie durch das Entsetzen deiner Standhaftigkeit überall stumm zu machen.«

Der Fuchs hatte diese Worte kaum ausgesprochen, so erwachte in der milder gewordenen Seele des Löwen der alte, böse Sinn der blinden Regierungsstandhaftigkeit, den Fuchsenseelen ihm schon in seiner Unmündigkeit eingeflößt haben. Und die armen Stiere mußten im Gefolge dieser bösen Regierungsstandhaftigkeit im Loch verrecken.

★

Es ist ewig schade, wenn brauchbare Tiere um solcher, von Füchsen herkommenden, Einflüsterungen in Löchern verrecken müssen.

59.

Der Richter in der Sache seines eigenen Bratens

»Warum frissest du mich nicht ohne diese Marter?« Also sagte ein Käfer zur Dornelster, die ihn an der Hecke gespießt bratete. Diese antwortete ihm: »Was kann ich dafür, daß du ein rohes und verderbtes Fleisch hast? Und bin ich schuld daran, daß du mir besser schmeckst, wenn du gebraten bist, als wenn ich dich roh fresse.« Sie setzte hinzu: »Es ist mir, wenn ich dich brate, gar oft noch recht leid, daß ich so lange warten muß, bis ich dich fressen kann.«

Ein Zeisig, der auch in der Hecke hüpfte, sagte zu ihr: »Du könntest ihn ja töten und dann hernach braten.« Aber die Elster erwiderte: »Was macht mir das, wenn er zappelt, so lange ich warten muß.«

⋆

Das Menschenverderben, zu der das Raffinement der Kochkunst unserer Zeit vorzüglich gehört, ist unmenschlich; aber daß dieses böse Raffinement auch ins Tierreich eingegriffen und ein Vogelherz in dem Grad verhärtet, als ich sehe, daß es bei dieser Elster der Fall ist, das hätte ich doch nicht gedacht.

60.

Der Gutsherr und sein Erblehnsträger

»Auch du bist von dem Geist der ungenügsamen Zeit angesteckt, du hast dein Lehen wie unter meinem Ahnherrn und bist nicht zufrieden« – also sagte ein Gutsherr zu seinem Lehnträger. Dieser antwortete: »Euer Gnaden verzeihen, man ist mir freilich die Erbpacht auf den Fuß schuldig, wie meine Vorfahren dieselbe besaßen, aber ich genieße dieselbe bei weitem nicht also.« – »Wie das?«

fragte der Graf, und der Lehenträger erwiderte: »Euer Ahnherr ließ meinen Vorfahren das Gut anspruchslos ohne Herrenprunk und ohne Eitelkeitsfratzen als ein Baurengut anbauen, und Korn und Wein auf das Höchste treiben, davon hatte die Erbpacht die Hälfte; Euer Großvater legte den großen Schloßgarten, den neuen Lindenplatz und den Fischteich an; so viel ging von Korn und Weinbau ab. Euer Vater schlug den Hasenberg zur Jagd ein; das ging wieder von Korn und Weinbau ab, und Euer Gnaden fordern jetzt sieben Äcker zu Schattengängen und Grienwegen, diese werden wieder von Korn und Weinbau abgehen; wie können Sie also sagen, ich genieße das Lehen, wie meine Vorfahren unter Eueren Ahnherren? Nein, gnädiger Herr! Die immer steigende Eitelkeit des herrschaftlichen Tons macht es geradezu unmöglich, daß sich irgendein Rechtsverhältnis zwischen der Herrschaft und den Untergebenen rein erhalte.«

Der Graf war ein edler Mann; er schlug dem Pächter auf die Schulter und sagte: »Ich danke dir, daß du mir die Wahrheit gesagt hast; ich glaubte, du seiest vom Geist der ungenügsamen Zeit angesteckt, aber du hast mir gezeigt, daß ich es selber bin.«

*

Ich weiß, tausend Edelleute fühlen und denken im Innersten ihres Herzen ebenso menschenfreundlich als dieser, aber es ist ein Unglück, daß es in den Häusern der meisten seit ihrer Väterzeiten zur Übung geworden, mit ihren Lehenleuten nicht von Angesicht zu Angesicht, sondern bloß durch Mittelspersonen zu reden. Wahrlich das von Angesicht zu Angesicht einander sehen und von Mund zu Mund miteinander reden, ist zur gegenseitigen Erkenntnis der Wahrheit so wie zu gegenseitiger Belebung der Menschlichkeit und Liebe notwendig. Aber hierfür sollte der Große den Kleinen suchen, der Kleine darf den Großen nicht immer suchen, und wenn er es tun will und tun muß, so ist er selten so glücklich, ihn zu finden.

Der Mittelmann, der als Amtmann gewohnt ist und seinen Vorteil dabei findet, an seiner Statt mit dem Erbherrn zu reden, findet in jedem Falle Mittel und Gelegenheit, den armen Dienstmann daran zu hindern und ihm das Glück und den Segen zu rauben, den ihm das Recht, mit seiner Herrschaft von Angesicht zu Angesicht reden zu können, gewähren würde.

61.
Hirschenhorn

Ein Mensch, der noch wenig Tiere gesehen hatte, kam plötzlich in einen Tiergarten und staunte über die Pracht der zahmen und wilden Geschöpfe; aber das Horn des Hirsches ging ihm über alles, er sagte zum Wärter: »Die Natur hat dieses Tier gewiß zum König der Tiere bestimmt.« »Warum meinst du das?« fragte ihn der Wärter. Der Neuling im Tierreich antwortete: »Sein mächtiges Horn zeugt von unermeßlicher Kraft.« – »O nein«, erwiderte der Wärter, »es ist nur ein schwülstiger Auswuchs seiner mittelmäßigen Kraft.«

Neuling: »Ich hielt es für eine Naturkrone, die alle Tiere als das über sein Haupt emporstrebende Zeichen seiner allgemeinen innern Kraft anerkennen und respektieren müssen.«

Der Wärter erwiderte: »Die Kraft der Hirsche liegt wesentlich in ihren Beinen, und diese brauchen sie vorzüglich zum Fliehen, wenn sie auch nur einen kleinen Hund bellen hören.«

*

Ein alter Soldat, der diese Erzählung über das Hirschenhorn und die Hirschenkraft hörte, sagte darüber: »Ich kenne ein Leibregiment, das auf der Parade sich auch in seiner Kleidung, aber auch in der Schlacht im Fliehen auszeichnete, wie der Hirsch mit seinem Horn und mit seinen Beinen.«

62.
Die undankbare Henne

»Fresse ich dich, so bin ich morgen wieder nüchtern, lasse ich dich leben, so legst du mir täglich ein Ei« – also sprach Reinecke, der schlaueste der Füchse, da er eine Henne gefangen; er raufte ihr nur das Gefieder aus den Flügeln, und zeichnete sie ein wenig mit einem Biß am Beine; dann ließ er sie leben und fütterte sie reichlich; aber es war der Henne nicht wohl beim Futter des Fuchsen; sie legte wenig Eier, brütete keine Jungen, und hing täglich den Kopf; ihre federlosen Flügel machten sie traurig, und der Biß am Beine machte sie hinken. Ein Esel, der in der Freiheit herumging und die Henne also im Fuchshofe den Kopf hängen sah, sagte zu ihr: »Y-ah-y-ah, du bist doch ein unglückliches und undankbares Geschöpf, daß du so wenig Zutrauen zeigest zu deinem Wohltäter und väterlichen Erhalter! Y-ah-y-ah, es ist auf der ganzen Erde nicht möglich, daß ein Fuchs edelmütiger an einer gefangenen Henne handle, als Reinecke an dir tut.« – Die Henne erwiderte: »Ich glaube wohl, jeder Esel, den ein Fuchs in seiner Hofstatt wie dieser mich fütterte, würde gar wohl damit zufrieden sein, ich aber bin kein Esel; ich möchte jährlich gerne eine Schar Junge auferziehen und lasse meine Eier mir nicht gern alle Morgen im Nest auffressen.«

*

Die Henne hatte wahrlich recht, und ein Esel ist ganz sicher kein guter Richter über die Dankbarkeit, die eine

Henne dem Fuchs, der sie in der Gefangenschaft füttert, schuldig ist.

63.
Die reiche Quelle

»Glück auf!« sagte der Berggott, und die Quelle war zehnfach reicher; aber sie sollte forthin durch die Röhre laufen, die für das zehnfach schwächere Wasser gemacht war.

Das konnte sie nicht, und sagte zu ihrem Meister: »Mache mir jetzt eine größere Röhre.«

Dieser antwortete: »Bist du nicht vergnügt mit deinem Reichtume, warum willst du jetzt noch eine Röhre?«

Die Brunnquelle erwiderte: »Ich will eine, damit sich mein Wasser nicht unnütz verschütte.«

Aber der Meister schalt sie, und sagte: »Ich kenne dich als ein ungenügsames, unruhiges, immer weitergreifendes Wesen, aber darum mußt du dich auch mit deiner alten Röhre behelfen.« – Jetzt behilft sie sich wirklich damit, aber sie verschüttet nun auch neun Zehnteile ihres Wassers, und um sie her ist ein ewiger Kot.

*

Toren sind's, die dem Volk in einem Lande großen Reichtum und großen Überfluß wünschen, in welchem die Bildungsmittel, durch die es allein zu dem Willen und zu der Kraft, einen guten Gebrauch von seinem Überflusse zu machen, erhoben werden kann, allgemein mangeln.

64.
Das Veilchen und die Stinkblume

Als man Hansen fragte, warum er das Veilchen auf den Mist werfe und hingegen gelbe Stinkblumen in seinen Garten pflanze, antwortete er: »Es sieht ja das elende Veilchen kein Mensch, meine gelbe Blumen aber scheinen in alle Gassen.«

★

Als ich den Schulmeister in ... fragte, warum er ein Kind, das mir beim ersten Augenblick als eine dumme Gans in die Augen fiel, als das erste obenan setze, antwortete er: »Es kann wirklich das alles vollkommen, was ich kann.« Und auf die Frage, warum er ein anderes, das mir sehr lebendig vorkam, untenan setze, und warum es Tränen in den Augen habe, antwortete er mir wieder: »Es ist ein Unglück mit diesem Kinde, ich verstehe nicht, was es meint, und es begreift nicht, was ich ihm erkläre.« Er setzte noch hinzu: »Die ganze Kirchhöre bewundert das erste, und dieses geschickte Kind hat mir selber gesagt, das andere Kind werde noch ein Narr werden. Es ist auch kein Kind in der Schule, das dieses nicht glaubt.« Ich schüttelte den Kopf. Der Schulmeister, der dieses sah, sagte darnach: »Wenn ich es brav strafe und zu Schanden mache, so kann ich, wills Gott, auch noch etwas in es hineinbringen.«

65.
Der Esel, der vom Fuchs herkommt

Ein Esel bat einen Schäfer um ein Nachtlager. Dieser erlaubte es ihm gern, aber sein Hund beroch den Esel und fand, daß er eben von einem Fuchs herkomme; da schlug ihm der Schäfer das Nachtlager ab.

★

Wo Füchse um den Weg sind, da muß man keine Esel zu Ratgebern wählen, Haushunde mit guten Nasen sind in diesem Falle brauchbarer.

66.
Der Luchs

Der Luchs rühmte sich vor allen Tieren seiner mittelmäßigen Kraft und seines starken Auges.

Ein Mann, der es hörte, antwortete ihm: »Du hast nur zu viel Aug' für deine mittelmäßige Kraft.« Der Luchs glaubte das nicht und sagte: »Mein starkes Auge ist bestimmt, das, was ich bei der Mittelmäßigkeit meiner sonstigen Kraft vorzüglich bedarf, zu ersetzen.«

*

Der Mann staunte einen Augenblick ob dieser Antwort und sagte dann: »Ich fühle, du sagst eine große Tierwahrheit; aber für die Menschen ist das Gleichgewicht der Kräfte der Probestein der Zuverlässigkeit jeder einzelnen derselben.«

67.
Der Nebelmacher

Ein Sylve gab ihm das Geheimnis, sich in einen undurchdringlichen Nebel einzuhüllen.

Also ging er unter seinen Mitbürgern einher, aber sein Geheimnis kam ihm aus; man hieß ihn allgemein den Nebelwandler.

Das machte ihn nicht betroffen; er behauptete kühn, der Nebel sei nur in den Köpfen seiner Mitbürger, die träumen sich Schatten um ihn her, indessen er im Licht wandle, das sie mit ihren dicken Köpfen nicht zu erkennen vermögen.

Mit dieser Kühnheit brachte er es mit Zeit und Geduld endlich dahin, daß seine Mitbürger jetzt allgemein glauben, die Kunst des Nebelmachens gehöre zu den Weisheits- und Kraftmitteln seines Amtes, und auch sie können nur dadurch auf den Standpunkt einer höhern Aufklärung gelangen, wenn sie an der Kunst des Nebelmachens, so viel es ihnen immer möglich, auch Mitanteil nehmen.

★

Ein Mann, der die Geistesbildung des Volkes in einem hohen Grade fürchtete und sogar bei der Herzens- und Berufsbildung es mit der Goldwaage abgemessen wünschte, wie weit man beim Volk darin gehen dürfe, redete doch allen bösen Künsten des Nebelmachens das Wort, ob es gleich ihm manchmal selber darob angst ward, das immer vorschreitende Raffinement an den Künsten des Nebelmachens könnte am Ende auf eine gefährliche Art auf die Beförderung der Volksaufklärung, die er so sehr fürchtete, einwirken.

68.
O du heilige Einfalt

»O du heilige Einfalt!« – sagte Huß, da ein schwacher, alter Bauer noch eine Bürde zu dem Scheiterhaufen, auf dem er verbrannt werden sollte, hinzutrug; und auch ich sage oft: »Die Einfalt ist heilig«; aber wenn ich den Fisch an jedem Angel anbeißen, wenn ich die Henne vor dem Fuchsloch scharren, wenn ich die Kühe für den Küher melken, und das Schaf für den Metzger fett machen sehe, so lobe ich mir den Mann, der das Wort: »Seid einfältig wie die Tauben« an das zweite: »Seid klug wie die Schlangen«, angeknüpft und beide unzertrennlich miteinander verbunden.

69.

Die alte Mauer und das Bürgerhaus

Eine alte Mauer verachtete das Bürgerhaus, das man auf sie baute und sagte zu ihm: »Ich stand ehemals unter einem Schlosse.« Das Haus antwortete ihr: »Das ist wohl wahr, aber es ist auch wahr, daß die Überreste deiner zerfallenen Hoheit mich, wie ich jetzt bin, inwendig und auswendig verunstalten und für meine Bewohner ein ewiges Hindernis in allem dem sind, was sie jetzt als ihnen bequem und angenehm suchen.

*

Das Altertum war freilich in wesentlichen Rücksichten erhaben und groß, aber alles Irdische und Menschliche, wenn es auch noch so erhaben und groß ist, zerfällt mit der Zeit, und alles, was einmal bis zur Unbrauchbarkeit zerfallen, dürfen wir, wenn es auch ehemals noch so groß und noch so erhaben gewesen, nicht mehr in seiner zerstörten Gestalt, wir dürfen es dann nur noch in dem ewig lebendigen Geist seiner innern Würde und Größe zurückwünschen und zu erhalten suchen.

70.

Der Löwe, die Schlange und der Teufel

Der Löwe stritt einst mit der Schlange, wer von beiden eines höhern Geschlechts seie. Der Löwe sagte: »Der große Jupiter schuf mir hinter meinem Rachen eine sorgenfreie Brust.« Die Schlange antwortete: »Und mir gab er eine Kraft zu töten, die keinen Schein hat, und eine Wohnung, zu welcher niemand kommen kann.« – Der Teufel hörte ihr Gespräch und sagte zu sich selber: »Bei meiner Hölle, wenn die Kräfte, die in diesen zwei Tieren liegen, in einem einzeln vereinigt wären, ich hätte vor diesem fast so viel als nichts zum voraus.«

Ein Mann, der dieses Gespräch hörte, sagte: »Wenn der Teufel diese doppelte Tierkraft unter den Menschen gesucht hätte, so hätte er sie hie und da ganz gewiß vereinigt gefunden.« Er setzte dann noch hinzu: »Aber gnade Gott einem jeden Menschen, der unter die Hände einer dieser vereinigt gedoppelten Tierkraft zu fallen das Unglück hat.«

71.
Das Gras unter der Eiche

Das Gras unter einer Eiche sagte einst zu seinem stolzen Obdach: »Ich gedeihe in Feld und Wiesen nirgends so schlecht als unter dir.«

Sein Baum antwortete ihm: »Darum bist du auch Eichengras, und es geht dich gar nichts an, wie das Feld- und Wiesengras aussieht.«

»Nun doch«, sagte das Eichengras: »Wenn einmal der Bauer dich umhaut, so kann er dann, wenn er will, mich doch auch zu Feld- und Wiesengras machen.«

Die Eiche aber meinte, es habe noch nie ein Bauer eine hohe Eiche darum niedergehauen, damit das Gras, das unter ihrem Schatten serbte, fettes, hohes und blühendes Wiesengras werde. Die Eiche mag im allgemeinen recht haben, doch könnte es auch Ausnahmen geben; es könnte Umstände geben, daß dem Bauer fettes grünendes Gras mehr dienen könnte und sogar, daß er es weit mehr notwendig hätte, als den größten eichenen Klotz.

72.
Wieder die Eiche und das Gras

Gleich morgens sagte die Eiche zu ihrem Bodengras: »Du bist undankbar, daß du den Segen meiner Herbstblätter, die ich alle Jahre wie ein Winterkleid auf dich lege, nicht anerkennst.«

Aber das Gras antwortete ihr: »Du nimmst mir mit Stamm und Gipfel mein Recht an Sonne, Tau und Regen, und mit deinen Wurzeln meinen Anspruch an die Nahrung des Bodens, in welchem ich stehe; laß jetzt das genug sein, und plaudere mir nicht noch von dem Almosen des Winterkleides, das du um deiner Wurzeln willen auf mein Elend zu legen genötigt bist.«

*

So, so, die Eiche wollte noch Dankbarkeit von dem Grase, das unter ihrem Schatten zu serben gezwungen war. Diese Anmaßung ist fast so stark als die Anmaßung des Deis von Algier, der von seinen Sklaven noch fordert, sie sollen bei dem Unrecht, das sie in der Sklaverei leiden, ihm dennoch für den Schutz danken, den sie dadurch genießen, daß sie die Luft *seines* Reichs einatmen und sich an der Sonne *seines* Reichs wärmen dürfen.

73.
Noch einmal die grosse, harte Eiche

Da sich das Bodengras also mit Scheingründen nicht beruhigen ließ, sträubte der Baum seine Äste gegen den Himmel und sagte zu Sonne, Tau und Regen: »Ich muß jetzt noch schuld sein, daß ihr dem Bettlergras nicht alles tut, was es gerne hätte!«

Dennoch schien Sonne, Tau und Regen über diesen Gegenstand nicht mit ihr gleich zu denken. Die Sonne, die in ihrer Himmelshöhe dem großen Jupiter näher stand, dachte nicht daran, daß etwas auf Erden anders sein sollte, als er es gemacht hatte. Aber der milde Tau und der nasse Regen schienen fast sich untereinander in Zweifel zu fragen, warum doch Jupiter die Eiche so groß und Millionen Gräser so klein geschaffen. Aber der hohe Jupiter donnerte jetzt, den milden Tau und den nassen Regen zu belehren, vom hohen Himmel hinunter. Alles Gras der Erde, das Kleingras eben wie das Großgras, ist gleicher Natur. Wenn es tiefe Wurzeln schlägt und wohl genährt ist, wird es schwülstig, anmaßlich und eine Schmarotzerpflanze gegen sein Nebengras, eben wie die Eiche gegen das Bodengras, das unter seinem Schatten wächst, dieses auch ist.

74.
Der veraltete Kuhfelsen

Die Zeit hatte den Felsen, unter welchem die Herde Jahrhunderte bei Sonnenschein und Regen sich schützte, mürbe gemacht.

Jetzt fallen täglich Steine von ihm hinab auf die weidenden Stiere und Kühe, darum scheuen diese jetzt allgemein den ihnen ehemals freilich lieblichen Ruheplatz.

Aber der alte Hirt, der nur am linken Ohr hört und am rechten Auge blind ist, meint, die Herde sei von bösen Leuten verzaubert und die Kühe und Stiere scheuen den ihnen ehemals so lieben Ruheplatz nur darum, weil sie von Leuten, die ihm übel wollen, dafür bearbeitet worden seien.

*

Es ist schlimm, wenn solche alten Schutzfelsen von Kühen und Stieren mürben und faulen, aber noch schlimmer ist es, wenn dergleichen Kuhhirten so blind werden, daß sie das Mürbewerden derselben nicht mehr sehen, und so taub, daß sie die auf Kühe und Kälber herabfallenden Steine nicht mehr hören.

75.
Zwo Weiden

Die eine war gut, aber des Tages kränkten grinsende Affen die weidenden Tiere, und des Nachts lauerten braune Füchse auf ihr Leben.

Die andere war mager und schlecht, aber kein Affe kränkte die weidenden Tiere, und kein Wolf und kein Fuchs lauerte auf ihr Leben.

Als die Schafe beides erfahren, baten sie den Hirten: »Lieber Vater! Führ uns doch nie mehr auf diese fette Weide, wenn wir sicher und ungekränkt sein können, so wollen wir wahrlich lieber ein wenig hungern, als unter Unsicherheit und Kränkung uns täglich vollfressen.«

*

Heil dem Volke, das von Armut und Reichtum Erfahrungen gemacht hat, die dieser Schaferfahrung gleichen; und tausendmal Heil dem Hirten, der die Herzenssprache aller guten Schafe, die diese Erfahrung ausdrückt, würdiget.

76.
Der unglückliche, verirrte Mensch

»Ich wollte lieber sieben Tage und sieben Nächte zu Fuße gehen, als noch einmal also eine Nacht auf einem Schiff fahren«, sagte Lebon, da er einmal in einem Marktschiffe zwischen Waren und Vieh eingepackt, sich krumm und lahm lag.

Darüber zürnte der Schiffmann und sagte zu allen Schiffleuten im Lande, Lebon sei ein allgemeiner Lästerer der Seefahrer und erlaube sich, wenn er ein Schiff betrete, Reden und Taten, die nicht nur in einem jeden Schiffe Unordnung veranlassen, sondern auch dabei den Zorn der Götter dahin reizen müssen, daß ein ganzes Schiff um seinetwillen mit Maus und Mann in den Abgrund versinken könnte.

Die ganze Zunft der schiffahrenden Brüder kreuzigt und segnet sich nun ob dem unglücklichen verruchten Menschen, dem Lebon, und wo er von nun an ein Schiff betreten wollte, da war allenthalben nur eine Sprache: vor einem Menschen, wie du bist, muß man sich auf dem trocknen Boden hüten, geschweige auf dem gefährlichen Wasser.

*

Die Folgen eines in Gegenwart schwacher und böser Menschen ausgesprochenen, unvorsichtigen Wortes führen oft unglaublich weit. Ein Satan von Menschen, der das wohl wußte und zu Zeiten teuflisch benutzte, sagte in einem Augenblick, der mir ewig unvergeßlich sein wird, zu jemand in meiner Gegenwart: »Wenn du einen Menschen auf den Tod hassest und ihn, es mag kosten, was es will, zu Grund richten willst, so passe ihm, wenn es sein muß, Jahr und Tag auf, bis er, sei es auch im hintersten Winkel seines Hauses, etwas geredt oder getan hat, dessen er sich schämen müßte, wenn es ihm auskäme.« Er setzte hinzu: »Es ist kein Mensch, dem nicht mit Zeit und Gelegenheit so etwas entwischt«, und sagte dann weiter: »Bist du so glücklich, es ausgeforscht und ihn darob ertappt zu haben, so bist du deines Feindes Meister, du kannst ihn von nun an an diesem Faden hinbringen, wo du ihn nur immer hinführen willst. Je bräver und gutmütiger er sonst ist, je mehr wird er sich fürchten und tun, was du in der Welt willst, damit ihm seine Schande nicht auskomme.«

77.
Der Stein aus der Höhe

»Ein kleiner Stein, der aus der Höhe mir auf den Kopf fällt, kann mich töten, indessen ich einen hundertfach schwerern, der auf dem Boden liegt, spielend auf meiner Hand trage.« Das antwortete Edwich dem Hummel, der ihm zumutete, er solle ein drohendes Wort eines bösen und gefährlichen Mannes, der aber dabei beeidigt und ein Vorgesetzter war, aufnehmen, wie wenn ein anderer gemeiner Nachbar es zu ihm gesagt hätte.

*

Edwich konnte diesen Rat sich um so weniger gefallen lassen, weil der Hummel auch ein schlechter Mann, auch beeidigt und auch Vorgesetzter war. Sonst möchte ich es auch mit den Drohworten eines Großen oder eines Großsprechers nicht eben so schwer aufnehmen, ich fürchtete in jedem Falle das Stillschweigen eines Großen, der mich haßt, weit mehr als seine lauten, bösen Worte.

78.
Hühner, Adler und Mäuse

Die Hühner rühmten ihr Gesicht und sagten selber zum Adler: »Auch das kleinste Korn liegt heiter vor unsern Augen.« – »Arme Hühner!« erwiderte dieser, »das erste Kennzeichen eines guten Gesichts ist dieses, von allem dem nichts zu sehen, was euch in die Augen fällt.« – Also sagten auch die Maulwürfe: »Die schreckliche Sonne ist der Tod alles Lichts, und es ist nur unter dem Boden recht heiter.« – Alle Mäuse gaben ihnen Beifall, und eine jede betet täglich zum großen Jupiter: »Bewahre uns vor dem Blendwerk der Sonne und erhalte uns das milde Licht unserer Löcher von nun an bis in Ewigkeit.«

*

Die vielerlei Arten von Menschen, die bei der Nacht und bei dem Nebel, der sie umhüllt, mit Blendlaternen herumgehn und dabei glauben, ihre Blendlaternen seien helles Sonnenlicht, kommen zu Zeiten auch in den Fall dieser Maulwürfe und Fledermäuse.

79.
Bach und Garten

Ein Bach, der die Wiesen des Dorfs wässerte, machte die Grienwege im Schloßgarten kotig, darum ließ ihn die Herrschaft abgraben.

Jetzt macht er freilich keine Ecke der Spaziergänge im Schloßparke mehr kotig, aber er wässert auch die dürren Triften mehrerer herrschaftlicher Dörfer nicht mehr, die er vorher Jahrhunderte segnend befeuchtete.

⋆

Der Zeitgeist unserer Tage oder vielmehr die Verkünstlungsmaßregeln in der Leitung der Segensquellen des Landes trocknen gegenwärtig oft die wesentlichen Fundamente eines daurenden bleibenden Volkswohlstands mit unbegreiflich gedankenlosen Maßregeln, die gewöhnlich in ihren Folgen *den Mann,* dessen übermäßige Sinnlichkeits-, Gemächlichkeits- und Auszeichnungslust sie kitzeln sollte, selber in einem hohen Grad mißmutig und mit sich selber unzufrieden machen.

80.
Die verdorbene Strasse

»Ich werde noch rasend, daß ich meinen Fuß alle Augenblicke an diese Steine anstoße« – also fluchte Kunz, da er mit Heinz über eine ehemals mit großen Steinen bepflasterte, aber jetzt ganz verdorbene und aufgelöste Straße ging. »Was magst du so fluchen«, erwiderte Heinz, »es ist allenthalben so, wo die Fundamente einer alten Sache aufgelöst sind, da kommen dem Wanderer die losgewordenen Steine zwischen die Füße.«

Kunz: »Das ist wohl so; aber es wäre indessen doch möglich, die Steine von der Straße wegzuschaffen.«

Heinz: »Damit aber wäre sie denn doch noch nicht in der Ordnung.«

Kunz: »Meinetwegen; wenn ich nur *heute* meine Hühneraugen nicht alle Augenblicke daran anstoßen müßte.«

Heinz: »Aber ich habe keine Hühneraugen und mag es gar wohl leiden, daß der Wanderer täglich und anhaltend ad hominem erinnert werde, daß die Straße nicht in der Ordnung ist; ich möchte sogar auch wünschen, daß bestimmt die Leute, die beauftragt sind, sie wieder herzustellen und das Geld dazu schon im Beutel mit sich herumtragen, genötigt wären, diese Straße zu wandern und mit großen Hühneraugen an alle Steine anstoßen würden.«

*

Des Heinzen Wunsch ist sicher nicht aus der Luft gegriffen. Es wäre gewiß allgemein zu wünschen, daß die Folgen der aufgelösten Fundamente aller öffentlichen Ordnung und alles öffentlichen Segens bestimmt denjenigen Personen zum schmerzhaften Anstoß zwischen die Füße kommen würden, die zu ihrer Erhaltung und allfälligen Wiederherstellung beauftragt und oft durch noch größere Fehler an der Auflösung ihrer Fundamente selbst schuld sind.

81.
Der alte Bär auf der Tanne

»Nun, wann willst du uns einst ins Honigland führen?« sagte eine Schar junger Bären zu einem alten.

Dieser erwiderte: »Das will ich gleich tun, aber vorher sollt ihr noch sehn und erkennen, was ich für ein Bär bin. Seht diese Tanne; so weit sie geschunden ist, haben sie vorher schon andere Bären erklommen, ich aber will ihren obersten Gipfel erklimmen.«

Also sprach er und kletterte die hohe Tanne hinan. So weit sie geschunden war, ging es wie nichts, aber da er höher kam, schwankte der Baum mit jedem Schritte mehr auf beide Seiten. Doch er strengte sich an und klammerte die wunden Tatzen in den schwankenden Baum. So ging es langsam, doch eine Weile immer höher hinan. Aber jetzt weht der Sturm; der Bär bohrt seine blutenden Klauen mit äußerster Kraft in den schwankenden Baum. Also überlebt er den Sturm, aber seine Kraft ist dahin; er kann die eingebohrten Klauen nicht mehr aus dem erklimmten Holze herausbringen; er fühlt, daß sein Leben dahin ist und ruft von seiner Höhe hinab den jammernden Jungen: »Meine große Tat ist mein Tod; ich führe euch nicht ins Honigland, aber das seht ihr und das könnt ihr zeugen, daß ich auf dieser Tanne als der allerhöchste Bär v. . . bin.«

*

Ich hätte nicht geglaubt, daß alte Bären solche große menschliche Schwachheiten haben könnten; aber ein wildes, ohne Unglück überstandenes Kraft- und Gewaltsleben führt, scheint es, auch alte Bären in ihren letzten Tagen zu Narrheiten, die denen gleich sind, deren sich oft alte Menschen schuldig machen, welche durch ihr Leben mehr scheinen wollten, als sie wirklich waren.

82.
Zwei Schäfer

Der eine hütete die Schafe mit einem Hunde, der ohne Not keinen Laut gab, aber stark war und Wolf und Fuchs bis in ihre Höhlen verfolgte.

Der andere hütete sie mit einem, der, wenn sein Meister flötete, ihm tanzte, und wenn er schlief, unter der Herde herumsprang, und die Zucht und Unzucht aller ihrer Ecken und Winkeln auskundschaftete.

Das war freilich für die Kurzweile und die Trägheit des Schäfers gut ausgedacht; aber die Herde hielt diesen Hund für ihren Teufel, und Fuchs und Wolf sagten untereinander: »Wir haben auf hundert Stunden weit keinen bessern Freund als diesen Hund.«

*

So habe ich oft Bauern in den Schenkhäusern von ihren Vorgesetzten, die viel und oft in das Oberamt laufen und daselbst an den Gaukeleien der Schloßdienstleute teilnehmen und nebenbei, was in allen Häusern im Dorf getan und geredt wird, ins Schloß tragen, sagen gehört, sie seien wahre Dorfteufel. Hingegen freut es sie, und sie danken Gott für jeden Vorgesetzten, der ohne Not und ohne Befehl nie ins Oberamt läuft und hingegen den ganzen Tag stille seinen Dienst abwartet und in jeder Not und Gefahr, die dem Dorfe oder jedem von ihnen aufstoßt, mit Rat und Tat für sie bei der Hecke und zu Hause ist.

83.
Der Tolenmacher Toffel

Toffel erbte den sumpfigen Riedhof und besserte denselben durch *Tolen*machen sehr wesentlich.

Aber da er den Hof nun ausgedolet und trockengelegt hatte, zeigte er sich als ein ungeschickter Anbauer des von ihm gebesserten Landes.

Er lebte und starb indessen im Wahn, Tolenmachen sei die einzige wichtige Arbeit im Feldbau.

*

Die Kunst, Vorbereitungsarbeiten für irgendeinen Zweck zu machen, ist immer von der Kunst, diese Vorbereitungsarbeiten für den endlichen Zweck seines Gegenstandes wohl zu benutzen, unendlich verschieden.

Die Möglichkeit des guten Anbaues des Riedhofs foderte ganz andere Kenntnisse und Fertigkeiten als diejenigen, zu denen sich der gute Stoffel in seinem Leben durch Tolenmachen tüchtig gemacht hat.

84.
Von Zäunen mit faulem Holze und von schlechten Dorfvorgesetzten

»Man zäunt hie und da auf den Bergen mit starkem gutem Holze, weil man daselbst solches im Überfluß hat; im Tal aber, wo es hie und da selten ist, zäunen arme Leute gar oft mit schwachem, schlechtem und oft halbfaulem Holze.« Das antwortete mir ein Bauer, als ich ihn fragte, warum sein Junker so schlechte Burschen in seinem Dorfe zu Vorgesetzten mache. Ich erwiderte ihm: »Aber wozu dient denn ein Zaun, wenn sein Holz faul ist?« Er antwortete: »Die Sache hat dennoch mehr Vorteile als man glaubt; denn erstlich versieht ein solcher

Zaun, was ein guter, so lange kein Stier sein Horn daran stößt und kein Wind bläst. Zweitens: und was dumm unter dem Vieh ist, ahnet nicht einmal, daß das Zaunholz faul ist, wenn es nur dasteht; und endlich glauben die faulen Zaunstöcke, so lange sie immer noch stehen, sie seien gutes Holz, und dieser Glaube an sich selbst macht ihnen Freude.«

Ich antwortete ihm: »Und so meinst du, denke ich, der Junker mache solche schlechten Burschen zu Vorgesetzten, weil er keine bessern habe, und die meisten Bauern merken nicht einmal, ob sie schlecht oder gut seien.« Er erwiderte: »Das ist sicher, ein schlechter Zaun ist immer besser als gar keiner. Das meiste und beste Weidvieh probiert ihn nicht einmal und weidet in seinen Grenzen so ruhig, als wenn er der beste wäre.«

*

Und so ist es auch bei den Menschen; denn man hat die Mittel der öffentlichen Ordnung notwendig und gerne, auch wenn sie nur halb gut sind, und auch der schlechteste Bursche, wenn er in einem Dorfe Vorgesetzter oder in einer Stadt Ratsherr wird, meint von der Stunde an, er sei ein ganz vorzüglicher Mensch, und dieser Glaube an sich selbst macht auch wirklich, daß mancher in seinem Amte und durch dasselbe etwas mehr und etwas besser wird, als er ohne seine Stelle nie geworden wäre.

85.
Die Waage und der Trottbaum

»Auch die weisesten Männer wissen nicht eigentlich, was zwischen Freiheit und Sklaverei für ein Unterschied ist« – also sprach Magister Kleinschmied zum Bauer Stoffel. Dieser antwortete ihm: »Es ist dann doch schlimm, wenn euere weisen Leute nicht mehr eigentlich wissen, was zwischen einer Waage und einem Trottbaum für ein Unterschied ist.«

Magister: »Was meinst du mit dieser Vergleichung?«

Stoffel: »Was ich damit meine? Ich meine, der Mensch sei frei, wenn sein Richter für ihn die Waage brauchen muß; und er sei ein Sklave, wenn er wider ihn den Trottbaum brauchen darf.«

Magister: »Das sind nur Vergleichungen, aber omne simile claudicat – wenn man den Begriff irgendeines Wortes wahrhaft ergründen will, so muß man denselben auflösen und gleichsam anatomieren.«

Der *Stoffel* aber schüttelte den Kopf ob dem Worte anatomieren und sagte: »Man muß ja einen Menschen und ein Tier zuerst totmachen, ehe man ihn anatomieren kann, und ich fürchte, es könnte mit dem Begriff der Freiheit auch so gehen, wenn man das Wort, das diesen Begriff ausdrückt, zuerst auch anatomieren müßte, ehe man zur Erkenntnis seiner Wahrheit gelangen möchte.«

Magister: »Die Erforschung des Freiheitsbegriffs muß in jedem Falle ganz unabhängend von dem Besitz derselben ins Auge gefaßt werden; die Erkenntnis der Freiheit ist die Sache des innern Wesentlichen der Menschennatur, der Besitz der Freiheit aber ist nur die Sache der äußern menschlichen Verhältnisse oder Umstände.«

Stoffel: »Ich verstehe diesen Unterschied nicht, aber das Totmachen der Tiere und Menschen, ehe man sie anatomieren kann, macht unwillkürlich den Gedanken in mir rege, es möchte beim Anatomieren des Freiheitbegriffs so ein etwelches Totmachen des Gegenstandes, den dieser Begriff bezeichnet, vorhergehen müssen. Ich muß dir gestehen: trotz deines omne simile claudicat scheint mir in dieser Rücksicht das Waagerecht unendlich mehr wert als dein Anatomieren.«

Magister: »Ich muß dir das zugut halten; du hast keine Metaphysik studiert und mußt dich also mit der materiellen Erkenntnis der Gegenstände begnügen, weil du es nicht vermagst, dich zu den höhern geistigen Ansichten derselben zu erheben.

86.
Das Inwendige des Hügels

Ein Narr sah einen grasreichen Hügel und dachte: Unter diesem Grase muß bis in die unterste Tiefe lauter gute Erde liegen; aber ein Mann, der den Hügel in seiner Tiefe kannte, führte ihn an eine Stelle, da er das Inwendige desselben sah, das lauter Grien war.

⋆

Die Erdenhügel, wenn sie in ihrer Oberfläche auch noch so grasreich sind, haben fast immer so harte und unfruchtbare Felsen und Steinhaufen zum Grunde liegend; und die menschlichen Höhen, zu denen sich unser Geist und unser Herz emporschwingt, finden in unserm Fleisch und in unserm Blute immer eine Grundlage der Schlechtheit und Verderbtheit, die mit dem toten unfruchtbaren Grien, das dem grasigen Hügel zum Grunde lag, große Ähnlichkeit haben.

Und auch die äußern Höhen der Macht und Ehre haben bei aller Menschlichkeit und Würde, in der sie oft dastehen, allenthalben die harten und unfruchtbaren Felsen des Verderbens der Menschennatur zu ihrer sehr belebten Unterlage, darum ist aber auch in den höchsten Verhältnissen der Menschennatur die große Regel anwendbar: Wachet und betet, auf daß ihr nicht in Versuchung eingeht; der Geist ist willig, aber das Fleisch ist schwach.

87.
Der unbekannte Ausweg

»Wir sind doch unglücklich, daß aus unserm Tale kein Ausweg stattfindet« – also jammerten Schafe und Kühe in einer eingeschlossenen Bergweide. Ein Reh, das ihre Klagen hörte, sagte zu ihnen: »Es hat freilich Auswege aus eurer Weide, aber Hirt und Metzger werden sie euch nicht zeigen, und um sie selber zu finden, muß man weder Kuh noch Schaf sein.«

★

Der Eigentümer des Berges, der die Äußerung des Rehes an seine Kühe und Schafe hörte, sagte darüber: »Dieses Reh scheint eine bestimmte Neigung zu haben, eine böse Aufklärung unter mein Vieh zu bringen; meine Kühe und Schafe haben gar kein Recht, einen andern Ausweg aus ihrer Weide zu suchen als denjenigen, durch den sie meine Knechte in meinen Stall oder in meine Metzge zu führen gewohnt sind und Befehl haben.«

88.
Des Hansen Rock

»Beim lebendigen *Gott!* In diesem Kleide kann es keinem Menschen wohl sein« – also sagte Jost, da er Hansen in einem Rocke sah, in welchem er wie in einem Sack steckte. – »Schweig doch, Jost!« erwiderte Hans, »unter allen Formen von Kleidern ist diese die einzige, die mir anpaßt.«

Jost: »Das ist nicht möglich, dein Kleid paßt auf keine Menschenform, und du wirst doch ein Mensch sein.«

Hans: »Ich muß dir eben mein Geheimnis entdecken. Ich darf von meinem ganzen Leibe nichts hervorgucken lassen als meinen Kopf.«

Jost: »Warum doch das?«
Hans: »Alles übrige daran ist elend und krumm.«

*

Ich weiß nicht, was ich von dem Kopf des Hansen denken soll. Wenn er seinem Leibe in gar nichts gleichsieht, so gehört er nicht auf denselben. Es ist aber unmöglich, daß er ihm in nichts, in gar nichts gleich gewesen: er muß das Gepräge seines Krummseins und seines Elends auf irgendeine Weise auch an sich getragen haben.

89.
Stoffel und seine Uhr

»Wenn du gehest, so schleifst du dich aus; wenn ich dich aufziehe, so kannst du zerspringen« – also sprach Stoffel, der blinde Erbe der Uhr, und machte nach reifem Bedenken der Sache ihr endlich das Urteil: »Steh still – und meinethalben verroste.«

*

Es gehen tausendmal mehr Kräfte der Menschennatur dadurch verloren, daß man sie stillstehen und ungebraucht verrosten läßt, als dadurch, daß man sie durch überspannte Anstrengung in sich selber zersprengt oder durch langen, anhaltenden Gebrauch abschleift und durch Ermüdung unbrauchbar macht.

Indessen ist Stoffels Wort »meinethalben verroste« eine eigentliche Schwachheitsäußerung unsers Zeitgeistes, der in jedem Anstrengung ansprechenden Fall lieber den Knoten zerschneidet als ihn aufzulösen versucht und im Dunkeln immer lieber das Kind mit dem Bad ausschüttet, als vorher aus der Stube herausgeht, ein Licht anzündet und nachsieht, was sich eigentlich im Züber befinde, ehe man ihn mit Fug und Recht zum Fenster hinausschütten darf.

90.
Graf Albo

Graf Albo hielt seinem jungen Verwandten jahrelang widerrechtlich ein Erbgut zurück, das er ihm herauszugeben schuldig war. Da er aber hörte, daß er sich darüber beklage, rief er seinen Sekretär und alle Bedienten zusammen und befahl ihnen, den jungen Herrn in allen Stücken ehrerbietig zu bedienen. – Aber ich bin überzeugt, dieser Befehl des Grafen, der in seinem Wesen das Gepräge der tiefsten Verhöhnung des Rechts ist, hat den jungen Edelmann mehr empört, als die Hinterhaltung seines Erbguts dieses je zu tun vermögend war.

91.
Nero

Ein Bürger von Rom spritzte Nero, da er durch die Gassen der Stadt fuhr, von seinem Fenster herunter Wasser an die Nase.

Der erzürnte Unmensch ließ darauf alle Spritzen in Rom zugrunde richten und zündete ein paar Gassen der Stadt an, um zu sehen, ob während der Brunst sich etwa eine gegen seinen Befehl dem Staate vorenthaltene Spritze hervorzeige.

*

Der Bürger hätte das Ihm-an-die-Nase-Spritzen wohl bleiben lassen können; wäre er ein gemeiner Bauer und nicht ein Herr und Bürger oder gar ein Patrizier von Rom gewesen, so hätte er das Sprichwort gekannt: es ist nicht gut, mit großen Herren Kirschen zu essen, sie werfen einem gar leicht die Stiele ins Gesicht. – Doch es gibt gottlob auch wenige Nero in der Welt, aber Gefühle, die sich seiner Gewalttätigkeit nähern, gibt es viele, und unter Heiden und Türken sind Greuelszenen dieser Art möglich, und was ihnen in christlichen Landen auch nur von ferne sich nähern zu können scheinen würde, das geht aus Heidenseelen und aus Heidengeist hervor und ist bei einer auch schwachen christlichen Polizei in keinen Formen und Gestalten nur denkbar und möglich.

92.
Die Linde und der König

Als ein König einsam unter seiner Linde an ihren Gipfel emporstaunte, sagte er zu sich selbst: »Wenn meine Untertanen auch an mir hingen wie deine Blätter an dir!«

Die Linde antwortete ihm: »Ich treibe den Saft meines Stammes mit weit mehr Gewalt in meine Blätter, als ich denselben auch von ihnen in mich selbst zurücksauge.«

Der König war von der Antwort betroffen, aber mit höchstem innerem Edelmut sagte er nach einer Weile zu sich selbst: »Ach, könnte ich das auch tun, könnte ich das auch sagen!« – Er fühlte tief, daß das Wesen des Heiligtums der königlichen Gewalt in dieser Kraft bestehe, und sagte dann ferner zu sich selbst: »Ich wollte einen Finger von der Hand geben, ich fände den Mann, der mir in Treue und Würde sagen könnte, was ich für diesen Zweck zu tun imstande sein könnte.«

93.
Noch einmal die Linde und der König

Ein andermal, da er unter eben dieser Linde das Spiel ihrer kleinen Äste, Zweige und Blätter in den Lüften sah, sagte er wieder: »Auch diesen Spielraum kann ich meinen Untertanen nicht gestatten.«

Die Linde erwiderte: »Ich kann es nur darum, weil meine größern Äste, durch welche ich die Segenskräfte meiner Wurzel in die Zweige und Blätter hineintreibe, in diesem ihrem Dienst auf meinem Stamme unbeweglich stillestehen müssen.

★

Ohne das feste Stillstehn und ohne den gesunden Zustand der großen, zwischen Stamm und Zweigen stehenden Äste sind alle Segenskräfte des Baumes gelähmt, wenn seine Wurzel auch noch so rein und noch so gesund ist und die Segenskräfte der *Erde,* in der sie steht, mit noch so viel Kraft in ihren gewaltigen Stamm und ihre Linde hinauftritt.

94.
Faule Eichen und junge Tannen

»Du hast die Pracht und die Zierde aller unserer Nachkommen niedergemacht« – also sagten alte und hohe, aber schon faule Eichen, da sie in ihrem Falle junge Bäume zu Tausenden niederschlugen, zum Bauer, der sie umhieb. Aber die übergebliebenen unbeschädigten Tannen und Eichen trösteten ihn und sagten: »Das Elend, welches ihr Fall über uns verbreitet, ist viel kleiner als dasjenige, welches ihr Leben über uns verhängte; denn wir werden von nun an sicher aufhören, die elenden Serblinge zu sein, welche wir um ihretwillen immer waren und in diesem Augenblicke durch die Zerstörung, die die Erfahrung unter uns gebracht hat, noch mehr als je scheinen.

*

Man muß ein gegenwärtiges, wenn auch großes Übel, das die Quellen bleibender und immer wieder kommender Übel von Grund auf aufhebt, in jedem Falle mit Geduld tragen, und mitten, indem man das Augenblicksunglück der Gegenwart mit warmer Teilnahme zu Herzen nimmt, darf man sich dennoch der Segensfolgen desselben ebenso von Herzen freuen und selbige mit edler, fester und reiner Kraft zu befördern suchen. Aber hingegen darf man nie junge, kraftvolle, gesunde Eichen aus Selbstsucht als faulende, den Tod in sich selbst tragende und keinen Segen, sondern nur Schaden bringende Bäume behandeln. Es ist ein großes Ding in der Welt, die Zeichen der Zeit richtig zu erkennen.

95.
Das Recht der Heuerlinge

Einst beklagten sich die Heuerlinge, sie werden in einer Bucht mehr als in keiner andern von den Hechten verfolgt. – Hierüber erkannte ein alter Hecht, der in der Bucht der Fische Richter war: »Die Beklagten sollen, ihren Fehler zu büßen, alljährlich zwei Heuerlinge zu Hechten werden lassen.«

*

Ich darf keine Anmerkung zu dieser Fabel machen; sie ist seiner Zeit an einem mir lieben Ort nur gar zu wohl verstanden worden, aber ohne Folgen. Ich hätte es von mir selber denken sollen und habe es auch gedacht, aber mit dem Zusatz: Wenn man einer segensreichen Wahrheit auch *heute* keinen Eingang verschaffen könne, so müsse man um deswillen gar nicht aufhören darnach zu streben, sondern nur desto eifriger daran arbeiten, ihr auf *morgen* Eingang zu verschaffen.

96.
Die Erfahrung, wie sie ein Narr braucht

Da der Sturm auf einem Hofe viele junge Bäume entzweibrach, kam ein Narr, sah sie liegen und sagte zu sich selber: »Ich möchte für mein Leben keinen Hof, auf welchem junge Bäume stehen.«

★

Ein Hauseigentümer war einst von seinem Hausmann beleidigt, seitdem mietete er das Haus nicht mehr aus und sagte jedermann, er wolle es lieber stehen lassen als jemals wieder einen Menschen, der ihn beleidigen oder ihm schaden könnte, darein aufnehmen. Es gibt so viele Menschen, die bei der größten Unaufmerksamkeit und Gedankenlosigkeit über das Wesentliche und Bleibende der Dinge dem Zufälligen und Vorübergehenden derselben ein Gewicht und einen Wert geben, der sich gar oft bei ihnen bis zu einer fixen Idee erhöht; daher sich auch die Erfahrung bestätigt, daß der größte Teil der Menschen in gewissen einzelnen Gegenständen gar nicht den gewohnten Grad ihrer Vernunft und Überlegung zeigen, sondern darin wie eigentliche Narren befangen sind und handeln.

97.
Noch einmal die Erfahrung, wie sie ein Narr braucht

An einem Bache gediehen die Saarbachen, und die Eichen serbten; daraus schlossen die Uferbewohner dieses Baches, die Saarbachen seien eine vorzüglich gute und die Eichen eine vorzüglich schlechte Holzart.

★

Ich kenne Schulmeister, die ob ihren Schulkindern, Geistliche, die ob ihren Pfarrkindern und Beamtete, die ob ihren Amtsangehörigen in Rücksicht auf die innern Fundamente ihres Werts, ihrer Talente und ihrer Brauchbarkeit ebensosehr verirren, als diese Dorfleute über den gegenseitigen Wert der Saarbachen und der Eichen verirrt sind.

98.
Das Storchenland

Ein Reisender verirrte sich in ein abgelegenes Tal, darin er keine Stimme hörte als quakende Frösche; er konnte nicht weiter, alles war Sumpf. Doch ehe er zurückging, fragte er noch einen Frosch, warum hierzulande alles quake. – Der Frosch erwiderte: »Unser glückliches Land ist wie kein anderes bis auf seine hintersten Winkel für unsern Dei organisiert. – »Und wer ist denn euer Dei?« sagte der Fremde. Der Frosch antwortete: »Der Storch.«

★

Der Mensch wunderte sich, daß die Frösche ihr Leben unter ihrem Dei, dem Storchen, glücklich finden könnten. Er hatte Unrecht, die Frösche haben so wenig als jedes andere Tier auf der Welt eine Menschenseele; die tierischen Gefühle sind gar nicht menschliche Gefühle; es macht dem Gesamthaufen dieser Tierart gar nichts, wenn alle Augenblicke ein Bruder oder eine Schwester von ihnen vom Storchen gefressen wird; sie hüpfen und quaken und singen fort, wie wenn gar nichts begegnet wäre.

99.
Die jauchzende Hölle

Als Mephistopheles das Elend des Indus – Jahrtausende sind schon seitdem verflossen – durch blutige Fehden auf's höchste gebracht hatte, sprach er zur jauchzenden Hölle: »Ich habe am Ganges alles teuflisch getrennt, jetzt will ich alles noch teuflischer wieder vereinigen. Ich fahre in die bauchredenden Pfaffen des sonnengeweiheten Landes und spreche aus ihrem Munde zum erschrockenen Volk: ›Vereiniget euch, Menschen! Jeder Gewaltige ist ein Lama, er ist der Herr, er tue was ihm wohlgefällt. Ihr andern! Vollbringet ihr nur *seinen* Willen.‹ Dann fahre ich in meine gesalbeten Lamas und blase in ihre Eingeweide *meinen* Willen, daß sie auf ihren Stühlen durch meine Verstellung und durch mein Entsetzen regieren und den hohen Völkern am Ganges mit Verachtung zubrüllen: ›Was wir wollen ist recht. Wenn aber jemand von euch andern eine Bitte an uns hat, der bleibe dem göttergleichen Sohn der Sonne dreißig Schritte vom Leibe. Er werfe sich genau in dieser Entfernung zur Erde, lege seine Hand unter seinen Bauch, halte die am Boden gestreckten Beine fest nebeneinander, bete dann zum obersten Lama ein Gebet für alle Lamas am Indus. Dann grüße er den göttergleichen Sohn der Sonne in dieser Stellung dreimal mit Emporhebung seines Kopfs, und dreimal wälze er diesen wieder in Staub. Dann trage er in fünfunddreißig gemessenen Worten sein Anliegen vor, und wenn er sich hierin in keinem Wort und in keiner Silbe verfehlt hat, so wollen wir, wenn wir es gut finden, seiner Bitte halber mit unserer Gnade über ihn walten.‹

Also, Fürsten der Hölle! Sollen Serblinge von Menschen Jahrtausende die hohen Völker des Indus beherrschen; dann aber wird auch das Wort meines Herzens erfüllt und das serbende Elend des Ganges größer sein als sein blutendes je war.«

100.

Das Rachenrecht und seine Folgen

Die Hyäne war bei dem Löwen wegen ihres Überdranges gegen die Tiere verklagt; aber der Löwe getraute sich, aus Furcht, dem Gewaltsrecht seines eigenen Rachens zu nahe zu treten, nicht, den Tieren gegen sie Recht zu verschaffen. –

Vom Löwengericht also abgewiesen, jammerten diese, daß kein Recht mehr im Löwenlande stattfinde.

Aber ein Ritter, der in der Nähe wohnte und Weiden in dem Löwenlande hatte, sagte zu seinem Vieh: »Narren sind, die sich einbilden, daß Tiere Tiere beschränken, aber traut ihr auf mich.« – Damit umgürtete er sein Schwert und tötete zur Sicherheit seiner Kühe, Stiere und Schafe beides, den Löwen und die Hyäne.

Ein Einsiedler, der in der Nähe Gott und die Natur verehrte, lobte den Schöpfer aller Kreaturen und sagte: »Die Gewalt des Tierrechts auf Erden findet nur in der höhern Gewalt des Menschenrechts ihr Ziel.«

Aber alle Tiere, deren Rachen das Blut liebt, sprachen untereinander: »Kann auch in unserm Lande etwas Bedenklicheres geschehen, als daß Löwen und Hyänen um elender Kühe und Schafe willen sollen getötet werden?«

*

Ich lobe meinen Ritter, der den schwachen Tieren gegen die Gewalttätigkeit der Starken Hülfe schaffte, aber ich möchte den Einsiedler, der Gott dafür lobte und den Löwen- und Hyänenmord in seinem Geist mit dem Menschenrecht in Verbindung brachte, aufmerksam machen, daß auf dem wahren Menschenrecht keine Art von Blutschuld liegt, und daß das Schwert dem Menschengeschlecht ewig nicht zu seinem wahren Recht hilft. Das Menschenrecht in seiner heiligen Reinheit geht ewig nur aus der Wahrheit in der Liebe hervor, und ewig ist es eine göttliche Weisung des wahren Wegs, sein Recht unter den Menschen zu suchen. Stecke dein Schwert in die Scheide; denn alle, die das Schwert brauchen, werden mit dem Schwert umkommen.

101.
Sprüchwörterfolgen

»Es ist doch traurig, daß man beim Fuhrwesen so oft, auch wider seinen Willen und gegen sein Herz, hart sein muß« – also sagte ein gutmütiger Fuhrmann allemal, wenn er einen überladenen Karren mit Gewalt forttreiben mußte, und nach und nach ward ihm dieses Wort so geläufig wie ein: »Gott grüß' euch, und Gott behüt' euch!« Er dachte am Ende, wenn er es brauchte, gar nichts mehr dabei; aber das hatte für die Karrenrosse und für die Jochochsen allgemein die verderblichsten Folgen; denn es ward unter den Fuhrleuten zum Sprüchwort, und ein jeder Troßbube, wenn er auch noch so arg mit dem Zugvieh umgeht, antwortet dir jetzt auf der Stelle: »Es ist in Gottesnamen nicht anders möglich, man muß beim Fuhrwesen auch wider sein Herz und wider seinen Willen gar oft hart sein und hart werden.«

*

Dieses mit großer Gedankenlosigkeit gebrauchte Wort: »Man muß in der Welt oft auch wider seinen Willen hart sein« – ist gar nicht allein im Kreise der Fuhrleute und ähnlicher, niederer Menschenklassen gebräuchlich, man hört es in höhern Verhältnissen ebensooft und ebenso allgemein. Ich führe nur *ein* Beispiel an.

Ein Ratsherr, der in seiner Vaterstadt allgemein als ein gutmütiger und guttätiger Mensch bekannt war, sagte auch einmal bei dem Urteil eines Verbrechers eben also: »Seine Strafe ist hart, aber man kann nicht anders, man muß in Gottesnamen zu Zeiten in solchen Fällen etwas hart sein!« – Das war einigen hartherzigen und leidenschaftlichen Regierungsgliedern dieser Ratstube ein angemessenes Wort. Wenn sie einen Mitbürger, den sie haßten, auf das Unbilligste und Niederträchtigste behandelten, so hatten sie dasselbe immer im Mund und wiederholten es sogar in allen Stadtgassen und bei allen Frau Basen immer als das Wort dieses menschenfreundlichen und respektablen Amtsbruders. Und so gehts mit vielen Sprüchwörtern, die zuerst aus Unschuld und reiner Liebe hervorgehen, aber gar oft im Mund derer, die sie ihnen nachsprechen, in satanische Worte der Lieblosigkeit und Hartherzigkeit ausarten. Und von dieser Seite darf man das Sprüchwort »Eine Tat, die ein Mensch tut, ist nicht mehr die nämliche, wenn sie ein andrer tut« – auch in das zweite umwandeln: »Ein Wort, das ein Mensch redet, ist nicht mehr das nämliche, wenn es ein anderer ausspricht.«

102.
Das Erdbeben, ein Traum

Ich saß am Rain; unter mir trübte sich ein Bach und wirbelte, wie wenn große Quellen in seiner Tiefe hervorsprudelten. Aber so wie er sich trübte, so heiterte er wieder, und wie seine Wirbel emporsprudelten, so zerflossen sie in ihm selbst, und die Erde unter mir bewegte sich nur leicht.

Aber jenseits des Baches sah ich einen felsigten Hügel, wie eine Griengrube gespalten, aus seinem Schlund glühenden Sand auswerfen, und in die Ebene um ihn her sich wie das Meer, das der Sturm treibt, in Wellen bewegen.

Ich stand von meinem Sitz auf, ging jenseits des Baches, um die zerrissene Erde und den gespaltenen Hügel näher zu sehen, aber plötzlich bedeckte mich der glühende Sand, den er auswarf. Da erwachte ich und dachte mir folgende Lehre:

Gieße über den Brennpunkt des Aufruhrs segnendes Wasser. – Decke ihn nie mit der Last der harten fühllosen Gewalt. – Und wenn es an deinem Rain still ist, so stehe nicht von deinem Sitze auf, um zu sehen, wie es jenseits des Baches brennt.

103.
Bajazet und sein König

»Wenn ich den Stein nicht zu Pulver verstoße, so finde ich sein Gold nicht« – also sagte Bajazet zu seinem König.

Dieser antwortete ihm: »Und wenn du es getan hast, so brauchst du das Gold, um wieder Steine zu kaufen.«

Hermes, der beiden zuhörte, sagte: »Ich verstehe weder Bajazets Goldmachen noch Bajazets Steinekaufen, aber unter meiner Hand wird jeder Stein Gold wert, indem ich ihn mit schonendem Meißel zum Ebenbild der Götter und der Menschen erhebe.«

*

Unsere, die Menschennatur mißkennende und in ihr wie in einem fremden Gebiet, oft gar wie in einem eroberten

Lande herumtappende Zeit erschöpft jeden Brunnen des Volkssegens und kauft denn, wenn einer erschöpft ist, immer wieder einen neuen, erschöpft ihn auch wieder mit gleicher Schnelligkeit und geht so immer weiter im Erschöpfen und Wiederkaufen des neu zu Erschöpfenden. Aber wo wird das enden?

Die Not wird uns am Ende wieder dahin führen, daß wir in der schöpferischen Kraft des *Hermes* Hülfsmittel, sowohl gegen unsere diesfällige Erschöpfungs- als gegen unsere diesfällige Kaufkünste suchen müssen; und Hermes wird sie uns in eben den Mitteln zeigen, durch welche unsere Alten diese Brunnen wahrlich bis zum Überfüllen voll zu machen imstande waren.

104.
Wallo und ein anderer Bajazet

Als Wallo die Stände seines Reichs nicht, wie er wollte, unterjochen konnte, sagte ihm ein christkirchlicher Bajazet: »Wenn du einen Pfahl nicht in den Boden zu bringen vermagst, so lässest du den *Bätz* auf ihn fallen; wenn du einen Stein nicht aus seinem Nest zu heben vermagst, so unterlegst du ihm das Hebeisen, und wenn du ihn in die Luft emporbringen willst, so fassest du ihn mit dem krummen eingreifenden Kranen.«

Wallo verstand Bajazet und brauchte, seine Stände zu unterjochen, von nun an Leute, deren Gemütsstimmung und Geisteskräfte mit der Schlagkraft des Bätzen, mit der Emporhebungsgewalt des Hebeisens, und mit dem krummen Stachel des eingreifenden Kranen gar nicht im Widerspruch waren.

*

Mann, wer du bist, wenn deine Zwecke tief aus deiner tierischen Selbstsucht hervorgehen, so muß du, um sie zu erreichen, Mittel brauchen, in denen Kräfte liegen, die denjenigen des Bätzen, des Hebeisens und des Kranen gleich sind. Aber auch dann bist du deines Zieles noch nicht allemal sicher. Die größte Gewalt der Schlagkraft, der stärkste Hebel der Emporhebungskraft und die mächtigsten Krümmungen tief eingreifender Verfänglichkeiten und Gefährden reichen doch nicht immer dahin, die Begierden der unersättlichen Selbstsucht zu befriedigen.

105.
Das kranke Bäumchen

Sein Vater hatte es gepflanzet – es wuchs mit ihm auf, es liebte es wie eine Schwester und wartete seiner wie seiner Kaninchen und seiner Schäfchen.

Aber das Bäumchen war krank; täglich welkten seine Blätter. Das gute Kind jammerte; riß ihm täglich die welkenden Blätter von seinen Zweigen und goß dann auch täglich gutes, nährendes Wasser auf seine Wurzeln.

Aber einmal neigte das leidende Bäumchen seinen Gipfel gegen das liebende Kind und sagte zu ihm: »Mein Verderben liegt in meinen Wurzeln, wenn du mir da hilfst, so werden meine Blätter von selbst wieder grünen.«

Da grub das Kind unter das Bäumchen und fand ein Mäusenest unter seinen Wurzeln.

*

Wo das Volk serbt und leidet, da sucht nur ein Tor ihm dadurch zu helfen, daß er die äußern Zeichen seines Elendes den Augen oberflächlicher Beobachter entrückt. Wer nicht Tor ist, der gräbt in jedem Fall, wo er das Volk leiden sieht, den Mäusen nach, die ihre Nester gerne ins Dunkle unter den Boden eingraben und ungesehen an den zarten Wurzeln des Volkssegens nagen und sie verderben.

106.
Die frierenden Kinder

Der Tag war schön, die Kinder waren leicht bekleidet, aber es war kalt, und Lise, die neben ihrer Gouvernante saß, sagte zu ihr: »Deck' mich doch, und nimm mich auf deinen Schoß.« – Die Gouvernante antwortete: »Was denkst du auch? In der Kirche dich auf den Schoß nehmen? Ich müßte mich ja schämen. Dulde dich, andere Leute müssen ja auch frieren.«

Emma saß zwischen Mutter und Tante. Diese sahen, ehe es sich beklagte, daß es friere, hüllten es von beiden Seiten in ihr Gewand und nahmen links und rechts seine beiden Ärmchen in ihre Pelze.

Mit dem Wonneblick eines Engels sah das Kind, die ganze Kirche durch, an die wärmende Mutter und Tante hinauf, und eilte dann an ihrer Hand, wie eine Rose blühend, zum Vater; indessen das andere, sobald es heim kam, sich zu Bette legen mußte. Da es starb, machte Nilson der harten stolzen Gouvernante Vorwürfe; aber sie antwortete ihm: »Man muß in allen Stücken Festigkeit und Energie zeigen; wenn auch schon einzelne Übel daraus entstehen, so ist es doch immer das Beste.«

Nilson erwidert: »Du hast mit deiner Energie das Kind getötet.«

Darüber antwortete die Gouvernante nichts, sie kehrte sich aber um und sagte zu sich selber: »Was macht das, wenn es darauf ankömmt, Grundsätze zu erhalten, die für das Menschengeschlecht die einzigen guten sind.«

107.
Die Schaubhütlerin und das Samenkorn

»Ich bin doch unglücklich, daß ich in deine und nicht in eines Bauern Hand falle« – also sagte das Samenkorn zu einer Schaubhütlerin, die selbiges eben in ihren Acker säen wollte.

Die Schaubhütlerin antwortete: »Es wird dir ja gleich sein, ob du in meinem oder eines Bauren Acker wächsest und keimest.«

Das Samenkorn erwiderte: »Siehe, wenn der Bauer mich in seinen Acker wirft, so falle ich freilich, wie bei dir, von seiner Hand gesäet unter seine Schollen; aber er läßt mich auswachsen und reif werden, du aber säest mich aus, um mich zu verderben, ehe ich zum Gebären meiner Frucht reif bin.«

Die Schaubhütlerin war eben schwanger, Tränen fielen auf ihre Wangen.

Sie küßte das Korn in ihrer Hand, und sagte: »Falle ruhig, von mir gesäet, in dein Grab! Ich schneide dich nicht wieder, bis du zum Gebären deiner Frucht reif sein wirst.«

108.
Eine Tanne, die der Stolz tötet

Sie rang ihr Leben hindurch, die höchste unter allen Tannen zu werden. Nun war sie es – und war jetzt zufrieden; aber da sie hörte, die Tannen auf dem Libanon seien höher als sie, so wollte sie auch so hoch wachsen als diese.

Umsonst sagte ihr alles, was Freund war, sie stehe nicht in Libanons Boden und nicht an Libanons Sonne.

»Was eine Tanne werden, was eine Tanne scheinen kann, das will auch ich werden, das will auch ich scheinen« – also sprach sie, und trieb diesen Sommer über eine neue Krone und starke Schößlinge in allen Ästen.

Das ganze Dorf ging hinaus, die Wundertanne zu sehen, die in ihrem Alter noch also Schößlinge trieb.

Aber ein alter Hirt sagte zum gaffenden Volk: »Der Tod wird sie auch bald und vor allen andern heimsuchen.«

*

Der Ritterstand des europäischen Weltteils hatte sich vor Jahrhunderten in Übereinstimmung mit allem dem, was in unserm Weltteile der Ausbildung von *Kraft, Würde, Selbständigkeit* und *Gemeingeist* wesentlich eigen ist, allgemein zu einer Höhe erhoben, wie die Welt kaum je einen Stand sich zu dieser Höhe erheben gesehn; als aber die Jerusalemsritter unsers Weltteils bei ihren Jerusalemszügen sich von dem Schimmer der in einer Stunde unnatürlich steifen und in der andern unnatürlich lockern, asiatischen Magnaten und Halb- und Viertelsmagnaten blenden ließen, und sich in unserm Weltteil auch zu dieser Mischung der Steifigkeit und Lockerheit der asiatischen Großen erheben wollten, so bahnten sie sich wahrlich in verschiedenen Richtungen den Weg zu einem Zustand, dessenthalben ihnen schon damals ein kluger Mann ihres Zeitalters hätte prophezeien können, was der alte Hirt der stolzen Tanne prophezeite, die auf Europas magerm Boden und an Europas kühlerer Sonne glaubte, auch das scheinen und werden zu können, was eine Tanne auf Libanons Höhen, in Libanons Boden und an Libanons Sonne werden kann.

109.
Der Bauer und die Eiche

Der Bauer sagte zur Eiche: »Der Boden, den du um dich her verödest, schadet mir mehr, als du wert bist.«

»Du kannst ihn ja«, erwiderte die Eiche, »wenn es dir darauf ankömmt, mit kleinem Gesträuch bepflanzen.«

Aber der Bauer antwortete: »Ich fahre besser, wenn ich dich umhaue und den Boden um dich her ganz mit Gras oder gleichstämmigen Holze ansäe.«

★

So leicht nimmt es doch nicht jeder Bauer auf mit dem Umhauen eines Eichbaums. Hart Holz ist gut Holz, man bezahlt es oft sehr teuer; ein Mann, der viele Eichen hat, ist ein reicher Mann, und was alle Jahre wächst und alle Jahre wieder vergeht, wird auch gar oft schnell und in jedem Falle leichtsinniger verbraucht, als was Jahrhunderte fordert, um es besitzen zu können; und überall tut man wohl, wenn man sich zehnmal besinnt, ehe man irgend etwas recht Großes, tief Eingewurzeltes und Feststehendes umhaut oder niederreißt.

110.
Der Ursprung des Blutdursts

»Warum tut sie auch das?« fragte ein Kind seinen Vater, da es eine Katze mit ihrer gefangenen Maus spielen sah.

»Ich weiß es nicht«, antwortete dieser, »aber ich denke, mit der ersten Blutschuld kömmt auch die Lust zum Spielen mit Blut – in die Seelen von Katzen.«

★

Es ist eine Erfahrungssache; der Mensch, der an Ort und Stelle aufgewachsen, wo man viel schlachtet, metzget und tötet, wenn er auch sonst ein guter Mensch ist, gewöhnt sich ans Töten. Er wird allmählig auch bei grellen Erscheinungen des Blutvergießens gleichgültig. Ist er aber ein unedler leidenschaftlicher Mensch, so geht seine Gleichgültigkeit beim Blutvergießen gar leicht in eine Lust am Blutvergießen, in Blutgierigkeit hinüber.

III.
Was ist der Mensch? – Blatt oder Stamm?

Mißmutig über den Tod seiner Erschlagenen, neigte ein siegender König sein Haupt gegen den Boden. Ein Schmeichler, der merkte, was den Fürsten drückte, zeigte ihm zahllose am Boden liegende Blätter unter einer Linde, bei der sie eben standen, und fragte den König: »Werden diese nicht wieder wachsen?«

Das empörte einen edlen Mann, der neben ihm stand. Dieser führte den König in den Dickicht des Waldes, zeigte ihm tausend vom Sturme niedergestürzte Tannen und sagte zu ihm: »Werden denn diese auch wieder wachsen?«

★

Nein, nein, der Mensch im Staate ist für den Fürsten durchaus nicht nur ein Blatt am Baume, das jeden Herbst abfällt und jeden Frühling wiederkommt; nein, nein, er ist im Staate und für den Fürsten ein sittlich, geistig, bürgerlich und religiös selbständiges Wesen, das die Staatsgesetzgebung in der Wahrheit seines reinen, göttlich gegebenen Wesens mit heiligem Ernste als solches zu erkennen und zu sichern heilig verpflichtet ist.

112.
Alte Zeit, gute Zeit

»Die Alten machten alles ohne Wirtschaft. Ich wollte aus einer solchen Eiche zwölf Ruhbänke machen, die ebenso dienen« – sagte Schaffner Christoph zu seinem Herrn, der eben auf einer Eiche saß, die sein Ahnherr zu einem Ruhbanke vor sein Schloß legen ließ.

»Nun, so nimm eine solche Eiche«, antwortete sein Herr, »und mache zwölf solche Ruhbänke daraus.« – Der Schaffner tat es; aber die Ruhbänke sind schon alle wieder verfault, und des Großvaters Eiche liegt noch unversehrt da und wird in hundert Jahren bei späten Enkeln noch unversehrt daliegen.

113.
Die Unverschämtheit des unbrauchbaren Mannes

»Wie darfst du dich auch neben mir zeigen?« sagte ein unbrauchbarer Mahlstein zu einem abgeschliffenen alten, der neben ihm lag.

Dieser antwortete ihm: »Wir sind jetzt freilich beide unbrauchbar; aber ich, weil ich ausgebraucht bin, und du, weil man dich nie gebraucht hat und nie brauchen kann.«

★

Friedrich der Große ließ sich alle Jahre die Liste von allen pensionierten Staatsdienern vorlegen, und von allen mußte bemerkt werden, was sie noch tun.

Einmal fand er von einem, dem die Behörde nicht gewogen gewesen zu sein schien, diese Frage mit den Worten beantwortet: »Er tut nichts.«

Friedrich, der ihn kannte, schrieb einfach daneben: »Er hat getan.«

114.
Die Armbrust und der Degen

Der edle Kraftmann liebte seines Großvaters Armbrust, die mit Gold und Perlenmutter geziert, vortrefflich gearbeitet, aber stark und schwer war, für sein Leben; aber sein Sohnssohn, der böse Augen hatte und an den Händen etwas zitterte, hieß es eine bäurische Waffe und sagte, ein Degen mit einer weißen Scheide, die sich zu den weißen seidenen Strümpfen schicke, stehe einem Patrizier besser an als die köstlichste, schönste Armbrust.

*

Ein Freund, dem ich diese Stelle las, sagte: »Es nimmt mich nur wunder, daß dieser Liebhaber des Degens in der weißen Scheide nicht noch hinzusetzte, ein Patrizier sollte sich schämen, das Wort Armbrust auch nur in den Mund zu nehmen; es habe ja einmal ein unruhiger Bauer seinen Landvogt damit erschossen.«

115.
Das ungleiche Obdach

Ein Bauer baute sich unter dem Schutze einer eisernen Nagelflüe ein Haus.

Dieses stand Jahrhunderte unter seinem Obdache.

Ein anderer bauete sich das seine an den Fuß eines Sandfelsen; aber dieses war bald unter dem Schutte seines Obdaches begraben.

*

Wenn du auch Schutz nötig hast, so suche keinen, ehe du ihn geprüft. Scheinstärke ist oft Schwäche; darum sieh dem Manne in jedem Falle steif ins Gesicht, der zu dir sagt, er wolle dich auf seine Schultern nehmen und über einen reißenden Bach tragen.

116.
Das unauslöschliche Gleichheitsgefühl

Ein Hirt nährte seine Schafe in einem magern Tal sparsam, aber alle gleich, und die Tiere waren dennoch allgemein zufrieden.

Jetzt aber füttert er ein Dutzend Lieblingsschafe mit ausgezeichnetem Überflusse. Nun ist die ganze Herde unzufrieden, und gar viele unter den Schafen tötet der Ärger.

*

Die Ansprüche der Menschennatur sind im allgemeinen leicht zu befriedigen, aber die Verweigerung des Rechts an diese Ansprüche verdoppelt die Lebendigkeit derselben und macht aus den Bedürfnissen der Natur Ansprüche der Einbildungskraft und der Leidenschaften, deren Gewaltsamkeit alle Ruhe und allen Segen unsers Geschlechts untergrabt und zernichtet. Das geht so weit, daß unter hundert Fällen des Selbstmords kaum einer ist, der nicht Ansprüche der Einbildungskraft, die sich zu Ansprüchen der Leidenschaft erhoben, zu seinem Grund hat.

117.
Das Schuhmass der Gleichheit

Ein Zwerg sagte zum Riesen: »Ich habe mit dir gleiches Recht.« – Der Riese erwiderte: »Freund! das ist wahr; aber du kannst in meinen Schuhen nicht gehen.«

*

Das sollte man dem Dorfvogt antworten, der eine Stadtpolizei auf seinem Dorfe haben möchte, und dem Stadtburgermeister, der eine Macht vor seinem Rathaus und vor dem Stadttor, auf Kosten der Stadt, in fürstlicher Parade aufziehen zu machen gelüstete.

118.

Das Katzenseelenmachen

Ein Bauer sagte zu mir, sein Nachbar Stoffel habe ein Schaf und eine Kuh, die dir Augen machen wie Katzen. Da bat ich den Bauer, mich den Stoffel kennen zu lernen und sagte: »Ein Mensch, der Katzenseelen in die Unschuld hineinbringen kann, verdient und findet in der ganzen Welt Aufmerksamkeit. Und das ist gar recht, aber Zutrauen muß man ihm nicht schenken.«

»Aber warum möchtest du diesen Stoffel kennen?« erwiderte mir der Bauer. Ich antwortete ihm: »Damit ich einen jeden Menschen, der ihm auch nur ein wenig gleich sieht, wie die Pest fliehen könne.«

Er: »Ich will dich morgen zu ihm führen; denn er ist wirklich ein Mann, den man wie die Pest fliehen muß.«

Ich: »Warum das?«

Er: »Er kann aus einer Engelsseele, die in seine Klauen fällt, einen Satan machen, eben wie in einen guten Schafskopf Katzenaugen hineinbringen.«

119.

Der gefrorne See

»Eine so gute Straße ist auf der ganzen Erde keine« – sagte ein Fuhrmann, da er über einen gefrornen See fuhr. – Aber dieser antwortete: »Wenn ich wieder aufgefroren bin, so bin ich denn noch unendlich mehr wert. Des

Fuhrmanns Lob gründet sich auf meinen Tod, ich bin aber lieber lebend und für Fuhrleute unbrauchbar.«

★

Oh, wie recht hat dieser See. Wie unendlich mehr ist er in dem Zustande seines offenen Lebens wert, in dem ihn alle Winde bewegen, als im Zustande seines Gefrorenseins, in welchem er, wie eine Karrenstraße, zum Dienst roher Fuhrleute und Viehtreiber Lastwagen über sich fahren und Viehherden über sich treiben lassen muß.

120.
Der Schöppe Plumb

Der Schöppe Plumb ging heute, wie täglich, berauscht aus der Schenke und traf auf dem Wege den Schneider Klein an, der auch so berauscht heimging. – Das konnte der Schöppe nicht leiden; er entrüstete sich und sagte zu seinem Büttel: »Büttel, stell' mich an die Wand und führ' den Schneider Klein ins Gefängnis *nach den Rechten der Stadt,* pag. 71 in den Satzungen.« – Der Büttel tat, was ihm der Schöppe befohlen, und führte den Bürger ins Gefängnis *nach den Rechten der Stadt.* – Dann kam er wieder und führte den Schöppen zu seiner Frau *nach den Freiheiten der nämlichen Stadt.*

★

Je kleiner und kleinstädtischer der Bürgerstand eines Ortes organisiert ist, desto größer und bis zur Lächerlichkeit auffallend ist in Zeiten, in denen die sittlichen und rechtlichen Fundamente des bürgerlichen Wohlstandes und seines sittlichen und häuslichen Kraftzustandes untergraben sind, der Unterschied zwischen den Rechten und Schuldigkeiten der gemeinen Bürger und den Privilegien und Ausnahmsübungen ihrer Schöppen, Richter und aller derjenigen Personen, an deren Händen der schmutzige Abgang des Einnehmens und Ausgebens ihrer Stadtrevenüen vorzüglich klebt und von deren Privatselbstsucht alles Kunstmanöverieren für die wachsende Vergrößerung dieser Revenüen und die Organisation ihres Gebrauches, sowie die Bestimmung der Hände, durch welche dieser Gebrauch gehen soll, allgemein abhängt.

121.
Die mürben Stricke

Sie waren alle mürbe, aber er malte sie alle schwarz, grau und violettblau.

Das half nichts, die grauen, die blauen, die gelben und grünen zerrissen wie vorhin, und Hans, der Knecht, sagte zu seinem Meister, der seine faulen Stricke also malen ließ: »Ich kann mit diesem Fuhrwerk nicht mehr fahren.«

»Mach du nur«, erwiderte der Meister, »daß die Pferde immer alle gleich ziehen und keines mehr als das andre angestrengt werde.«

Der Knecht antwortete: »Wenn ich schon gegen deine Pferde gerecht bin, deine Stricke sind um deswillen nicht desto weniger faul, und wenn sie reißen, so wird der Wagen trotz aller meiner Gerechtigkeit und trotz allem deinem Schwarz, Grau und Violettblau doch stillestehen.«

*

Anstreicherkünste machen keine alten Wände neu und keine faulen Stricke stark. Wo die wahren Kraftmittel des Rechts faul sind, da vermögen alle Prunkmittel und Prunkformen der Scheingerechtigkeit es nicht, das Äußerliche des Gerechtigkeitkarrens ins Gleis der Unschuld hinzubringen, in der er allein das Volk zu segnen vermag.

122.
Der seltene Pfirsich

Ein Bauer hörte, daß im Schloßgarten seiner Herrschaft ein seltener, köstlicher Pfirsich wachse, und ruhete nicht, bis er einen Stein von dieser Frucht hatte.

Da er so glücklich war, setzte er ihn eilend in den Boden; aber an einem schattichten, windichten Ort. Nun fällt seine Frucht ihm alle Jahre unreif vom Baume, indessen glaubt er doch, er esse alle Jahre den seltenen Pfirsich, der an seines Herrn warmen, windstillen Geländer köstlich ausreift.

★

Auch von den Konstitutionskernen darf man nicht glauben, man könne sie so mit roher Hand vom Boden auflesen und in jeden Boden hineinsetzen, wo man nur immer will. O nein, o nein, dergleichen Kerne wachsen nicht in jedem Boden, und sie zu versetzen, daß sie wachsen, gedeihen und reifen, ist eine weit größere Kunst, als sie vom Boden aufzulesen.

123.
Die Feldmusik

Trommel: »Ich verkündige das Recht und die Ordnung des Kolbens.«

Pfeife: »Damit die Menschen ihr Entsetzen ertragen, pfeife ich zwischenhinein Lieder des Leichtsinns.«

Pauke: »Ich verkündige das Recht und die Ordnung des Bügels.«

Trompete: »Ich übertreffe im schmetternden Ruf zu den Freuden des Leichtsinns die Pfeife – wie die Pauke die Trommel und der Hufschlag den Fußtritt.«

★

Ein frommer Bauer, der einen Soldaten diesen Wettstreit der Feldmusik erzählen hörte, sagte dem jungen Krieger: »Ich lobe mir meine Kirchenglocke und wollte hundert Messen dafür lesen lassen. Ich könnte machen, daß diese Glocke das Feldgeschrei der Trommeln, Pauken und Pfeifen so überschreien würde, daß man auf hundert und ein Jahr keine von ihnen mehr hören würde.«

124.

Die unheilbarste aller Krankheiten, das schleichende Mittelmässigkeitsfieber

Ein Tannenwald in seinem besten Jugendwuchs sagte zu sich selbst: »Solange ich jung bin, bricht mich jeder Knabe ab, wenn ich alt bin, so haut mich mein Bauer um. Also will ich immer bleiben, was ich jetzt bin.«

Die armen Tannen dachten nicht, daß sie sich dadurch zur unheilbarsten aller Krankheiten, zum Mittelmäßigkeitsfieber verdammt hatten.

*

Alle unsere Kräfte haben in sich selbst einen Trieb, sich immer mehr zu entfalten und stärker und brauchbarer zu werden; das Stillstehen dieses Triebs ist die Quelle des Zurückschreitens aller unserer Kräfte und der damit verbundenen Krankheit des Mittelmäßigkeitsfiebers, dieses unendlichen Versinkens unserer selbst in uns selbst. Dieses äußerste Versinken in dieses tiefe Verderben der Menschennatur fängt gewöhnlich mit einer großen Gleichgültigkeit auf Gegenstände an, die die Aufmerksamkeit und das Intresse jedes gesund belebten Menschen ansprechen; der Mensch in diesem Zustande äußert sich gewöhnlich in einem solchen Falle mit den Worten: »Es ist nichts daran gelegen – es ist mir nichts daran gelegen.« – Wer immer dieses Wort auf eine auffallende

Art im Munde führt, von dem kannst du sicher glauben, er ist in einem hohen Grad von dieser Krankheit, die das Heilige aller Kräfte der Menschennatur in uns selber tötet, ergriffen.

125.
Das Spatzenschiessen

Als die diebischen Spatzen in Altnau einst vorzüglich viele Früchte verderbten, ergriffen einige schlaue Jagdleute, die schon längst den Tauben im Dorf gern zu Leibe gegangen wären, den Anlaß, die Bauern daselbst zu bereden, jedermann zu erlauben, alle Vögel ohne Unterschied zu erschießen.

Aber diese Erlaubnis war kaum gegeben, so redeten die lüsternen Jäger hinter Mauern, Scheunen und Hecken mit den untreuen Spatzen ab, ihnen das Leben zu schenken, wenn sie ihnen nur alle Tauben auskundschaften und verraten würden.

*

Jäger sind Leute, die gerne vielerlei Gewild töten, vielerlei Künste brauchen, es zu fangen und gar oft große Geduld ausüben, auf dasselbe zu lauern, und endlich auch gewöhnlich einem großen Braten lieber nachjagen, als einem kleinen; und bei solchen Gesinnungen und Neigungen kommt die menschliche Schwäche leicht dahin, sich zu Unterhandlungen brauchen zu lassen, die ungefähr denen gleich sind, welche die Jäger von Altnau mit den diebischen Spatzen gepflogen.

126.

Ein Amtmann, der blind an dem Bauern ist, den er liebt, und sehend an dem, den er hasst

Der Amtmann Kleinmeyer liebte den Niklas und haßte seinen Bruder. Als aber der erste ein Schelmenstück ausübte, sagte er zum letztern: »Da sieht man jetzt, was *ihr* für Burschen seid.«

Dieser antwortete darauf: »Gnädiger Herr! Wenn *ich* das Schelmenstück begangen hätte, so würden Euer Gnaden nur sagen: ›Da sieht man jetzt, was *du* für ein Bursche bist.‹«

*

In tausend Fällen ist es nicht die Wahrheit oder die Unwahrheit, nicht das Recht oder das Unrecht einer Tatsache, die unser Urteil darüber bestimmt, sondern bloß die Neigung oder die Abneigung, die wir für oder wider die Person haben, die sie getan hat.

127.

Die Welle und das Ufer

Das Ufer sagte zur Welle: »Warum beschädigst du mich?«

Die Welle antwortete: »Die Gewalt meines Stroms wirft mich zu meinem eigenen Verderben an dich hin.«

*

Alle menschliche Kraft, die ohne ihr Wissen und wider ihren Willen der Schwäche, dem Irrtum und der Gewalttätigkeit irgendeiner andern menschlichen Kraft als totes Werkzeug und Mittel dient, ist dieser Welle gleich und kann gegen jedermann, den sie schädigt, mit Recht die gleiche Entschuldigung anbringen.

128.
Der Maurer und sein Junge

»Man kann ja auch große Steine auf die kleinen hinaufsetzen«, sagte ein Maurerknabe zu seinem Meister.

Dieser antwortete: »Ja, aber dazu braucht es Kunst; und es ist immer besser, die kleinen auf die großen zu setzen.«

*

Ein guter Baumeister unterlegt den großen, schweren Fundamentsteinen eines Gebäuds gar oft kleine, wohlgeordnete Kiesel. Hingegen ist es auch eine allgemeine Regel der Baukunst: Das drückende Gewicht der großen Steine muß in jedem Gebäude in dem Grad abnehmen, als die Mauer desselben hoch aufgeführt ist.

129.
Ein Esel und ein Löwenschädel

Ein Esel fand einen solchen. Es schauerte ihm noch vor dem toten Gebiß. Der Schädel, der es sah, sagte ihm spottend: »Siehe da neben mir den großen Elefantenzahn; das ist etwas zum Zittern.«

Aber der Esel antwortete ihm: »Nein, nein, dieser sagt mir nur: ›Tue recht!‹ – du aber sagst mir: ›Ich fresse dich!‹«

*

Ich darf doch wohl fragen: Hat es der Esel richtig getroffen? und ist der Unterschied des Eindrucks, den der Löwenschädel auf ihn machte, ein richtiges Bild des Unterschieds, den der Eindruck der bösen und der guten Gewalt selber in ihren äußern, toten Zeichen auf die Menschennatur allgemein macht?

130.
Der Löwe und sein Ratgeber

»Ich sehe ungerne, daß man immer mehr Hunde in meinen Dienst nimmt« – also sagte ein Löwe, der seinem Ende nahete, zu seinem Vertrauten.

Dieser wußte nicht, was er dem sterbenden Löwen antworten sollte; aber er fühlte tief im Herzen die drükkende Wahrheit: so wie die Löwen unbrauchbar werden, werden die Hunde unentbehrliche Tiere.

131.
Wo wird es sich enden?

Sein Ahnherr traute auf Harnisch und Schwert.

Sein Großvater auf seine Faust.

Sein Vater auf sein Maulbrauchen.

Er auf seinen Federkiel.

Sagt mir! wo wird sich das enden? Worauf wird wohl sein Sohn noch vertrauen?

Es bleibt ihm nichts übrig, als der Strohhalm des Schiffbrüchigen.

Ich kenne ihn. Er hat den Halm schon zum voraus in seiner Rechten, und mit seiner Linken deckt er sein Angesicht mit einer Larve, die auf seines Großvaters Gesicht paßt.

132.
Noch einmal – wo wird es sich enden?

»Sein Urvater baute auf Siegel und Briefe, sein Ahnherr auf die Grundsätze des Rechts, sein Großvater auf Frömmigkeit und Mäßigung, sein Vater auf Schleichwege, er auf das mir nichts und dir nichts der offenen Gewalt.

Wo wird sich das enden?

Es wird wieder zurückkehren von der offenen Gewalt zu Schleichwegen, von den Schleichwegen zur Mäßigung, von der Mäßigung zu Grundsätzen und von Grundsätzen zu Siegel und Briefen.«

So sagte ich; aber mein Freund meinte, es werde gar nicht so kommen. »Die offene Gewalt«, sagte er, »wird ein à tout-Spielen, und selbiges entweder gewinnen oder verlieren.« Ich antwortete ihm: »Dann wünsche ich zu sterben, ehe das eine oder das andere geschehen sein wird.«

*

Ich wiederhole auch hier gerne: Es ist jetzt bald vierzig Jahre, seitdem ich dieses geschrieben, und man hat in dieser Zeit oft und unter verschiedenen Umständen so ein à tout-Spiel, das, wie man meinte, hätte gewonnen werden oder verloren gehn sollen, mit allen seinen grellen Folgen erwartet und gefürchtet; aber es ist gottlob nie ganz gewonnen und nie ganz verloren worden; es wird auch niemals, wenn es je wieder gespielt werden sollte, weder gewonnen werden noch verlorengehn. Die Menschennatur sträubt sich, beides, gleich wider das gänzliche Gewonnenwerden und wider das gänzliche Verlorengehen eines solchen à tout-Spiels. Sie, die Menschennatur, ist ewig, denn sie ist göttlich gegeben; die Lust zum trüglichen Spielen aber mit dem Menschenwohl ist vergänglich; denn sie ist menschlich, und die menschlichen Gedanken und die menschlichen Gelüste, selber die lebendigsten und durch Kaltblütigkeit starken und festen Gelüste, die Gelüste des Ehrgeizes, sind veränderlich. Und wo immer das Verderben des gesellschaftlichen Lebens, nach welcher Richtung dieses auch geschehen sein mag, seinen obersten Gipfel erhalten, da lenkt die Natur von selbst wieder zur Wiederherstellung ihrer selbst. Diese Wahrheit, die die frommen Alten mit dem Worte ausdrückten: »Wo die Not am größten, da ist Gottes

Hülfe am nächsten« – ist in Rücksicht auf gedrückte, leidende Völker ebenso in der Menschennatur begründet und durch die Erfahrung bestätigt, als in den Erfahrungen der Not einzelner, gedrückter, leidender Menschen.

133.
Eis und Eisen

»Du drückst mich eben, wie das Stück Eisen, das neben dir liegt« – also sagte die Erde zu einer Eisscholle, die der Bach auf sie hinwarf.

Diese antwortete: »Ja! Aber beim ersten lieblichen Tag vergehe ich wieder.«

Darauf sagte das Eisen: »Ich vergehe ja auch, wenn die Hitze groß genug ist.«

Aber die Erde erwiderte: »Behüte mich Gott davor, daß sie jemals für mich so groß werde.«

Und der Eisklumpen setzte noch hinzu: »Es ist nicht einmal wahr, daß du jemals vergehst; wenn du auch in der höchsten Glut fließend, wie wallendes Feuer scheinst, so bist du doch Eisen, und wenn du geschmolzen wieder erkaltest, so bist du nur anders geformt.«

*

Das härteste Metall erscheint freilich unter gewissen Umständen als fließendes Wasser, aber seine Natur ist Härte. Welche Feuersgewalt auch für den Augenblick in ihm den Anschein der Zartheit und Weichheit hervorbringt, seine Natur bleibt immer die nämliche; so wie es erkaltet, ist es wieder hartes, unbiegsames Eisen.

134.
Zwei Dorfmeister

»Ich bin heute abermals sterbensmüde, und man ist doch nicht mit mir zufrieden.« Also sagte am Abend eines Gerichtstages ein mühseliger Dorfvogt.

Einer, der das Regieren vortrefflich verstand, antwortete ihm: »Ich hingegen werde nie müde, und man ist doch mit mir zufrieden.«

Der *Mühselige:* »Ich würde dein Geheimnis mit Gold kaufen, wenn es feil wäre.«

Der *Vortreffliche:* »Es ist für dich umsonst feil. Wenn die *Margreth* ihre Rüben kocht, wenn der *Hans* seinen Acker mistet, und der *Heini* seinen Esel tränkt, so pfeife ich mein Lied und denke, das geht dich nichts an!«

Der *Mühselige:* »Und ich einmal meinte, das Dorf müßte zugrunde gehen, wenn ich nicht von *Allem* unterrichtet wäre.«

★

Die geheime Geschichte des Dorfs, in dem beide wohnten, sagt: Der mühselige Dorfvogt habe ein böses Gewissen gehabt und aus Gründen, über die er niemandem gerne Licht gab, so allen Elendigkeiten, die im Dorfe vorgingen, nachgefragt; der andere aber sei ein unschuldiger, braver Mann gewesen, der in allem seinem Tun und Lassen aus reinem Herzen gehandelt und durchaus in keinen Verhältnissen gestanden, die ihn hätten veranlassen können, irgend etwas im Dorfe nachzuforschen, wozu ihn nicht Pflicht, Ehre und Wohlwollen selbst aufgefordert hätten.

135.
Das ungleiche Gefühl eines Pfarrers und eines Bauern über den Schaden, den ein Waldbach ihrem Dorfe tat

»Ich verabscheue diesen Bach von Grund meines Herzens.« Also sagte ein Pfarrer, da ein Waldbach ihm Dorf und Kirche weggeschwemmt hatte.

Ein Bauer antwortete ihm: »Verabscheuen Sie lieber den *Unsinn,* mit dem wir seit zwanzig Jahren versäumt haben, den Bach bei seinem Ursprunge vom Dorfe abzuleiten; und dann auch die *Selbstsucht,* mit der wir die vom Strome zuerst angegriffenen Häuser, auf Gefahr des ganzen Dorfes, nicht haben preisgeben und umreißen wollen.«

Der Pfarrer wandte sich von dem Manne, der ihm das antwortete, weg. Ich aber fragte ihn: »Hat der Mann nicht recht?«

Da sah mich der Pfarrer steif an, schüttelte den Kopf, hob den Zeigefinger in die Höhe und sagte: »Wehe dem Manne, der in der Welt bei irgendeinem Elend und bei irgendeinem Unglück zu sagen wagt, daß er die lebendigen, entfernten Realursachen desselben mehr verabscheue, als seine zufälligen, leblosen und unschuldigen Augenblicksveranlassungen.«

*

Es ist ein Unglück, daß die Menschen so wenig zu den höhern und frühern Ursachen der Unfälle, die ihnen begegnen, hinaufsteigen, aber es ist noch ein größeres Unglück für sie, daß sie es oft nicht dürften, wenn sie es auch noch so gerne wollten.

136.
Eine Dame, zwei Kammerfrauen und ein Justizbeamter

»Meine gnädige Frau steht so oft vor ihrem Portrait und so selten vor ihrem Spiegel« – also sagte eine junge, muntere Kammerfrau zu einer andern, die aber etwas betagt, mißmutig und mit ihrem Stande unzufrieden war.

Diese antwortete ihr: »Schwächlinge und Zieraffen wägen sich immer gerne auf irgendeiner käuflichen Trugwaage der menschlichen Kunst, meiden aber ebenso gerne und ebenso allgemein die unbestechliche Waage der treuen Natur und ihrer göttlichen Kunst.«

Ein Justizbeamter, der ihr Gespräch hörte, sagte zu sich selber: »Wenn ich von der Anhänglichkeit unsrer Zeitmenschen an die bestechliche Waage der menschlichen Kunst und von ihrer Abneigung vor der unbestechlichen Waage der treuen Natur reden höre, so kommt mir der Sinn an ganz andere Menschen und an ganz andere Gegenstände, als an eine solche gnädige Frau, ihren Spiegel und ihr Portrait.«

*

Dieser Justizbeamte muß in den Geschäften seines Tribunals über die Anhänglichkeit an die bestechlichen Waagen der Kunst und über die Ausweichungs- und Beiseitsetzungskünste der Waage der treuen Natur ganz andere und, wie es scheint, interessantere Erfahrungen gemacht haben als diejenige war, die die junge Kammerfrau bei ihrer Meisterin zu machen Gelegenheit gehabt.

137.
Zwei Pferde und die Deichsel

Die Deichsel brach vom Wagen, und die Pferde sprangen wütend mit ihr über Stauden und Stöcke. Da sie aufgefangen wurden, sagte die Deichsel zu ihnen: »Ihr geht sonst so still neben mir euren Weg, warum wütetet ihr jetzt also an meiner Seite?« Die Pferde antworteten: »Solange du selbst am Wagen angekettet als eine tote Stange in dir selbst unbeweglich in Ruhe zwischen uns lagest, so gingen wir freilich auch ruhig an deiner Seite unsern Weg, da du jetzt aber vom Wagen abgerissen selbst ungebunden, in wilden, bösen Sprüngen um unsere Beine herumtanzest, so macht uns das wütend.«

*

Ebenso können Regierungsmaßregeln, die in willkürlichen Sprüngen den Geldsäckel, den Brotkorb, die Ehrliebe und das Rechts- und Sicherheitsbedürfnis eines Volks verletzend angreifen, bei den Menschen die gleiche Wirkung hervorbringen, wie die vom Wagen abgerissene Deichsel, wenn sie in willkürlichen Sprüngen um die Füße der Pferde herumtanzt.

138.
Die verwandelten Schafe

Die Herden des größern Viehs vertrieben die schwächern Schafe aus allen Ebenen bis an die steilen Gebirge.

Dahin verjagt, jammerten sie für ihr Leben; da erbarmte sich Jupiter, der aller Armen Vater ist, ihrer gedrängten Schwäche, schuf ihnen starke Gelenke zum Springen, Hörner, sich in die Felsen zu klammern, und eiserne Schenkelgebeine.

Also ward das wilde Gemsgeschlecht, das in glücklichen Höhen sein Gras findet, erschaffen und lebte Jahrhunderte ferne von den gefürchteten Menschen und Herden.

Aber einst gelüstete ein weibliches Gemstier beides, auf den Bergen und in den Tälern zu leben, und bat um ein Herz, das sich nicht mehr vor Menschen und Herden entsetze.

Jupiter erhörte auch diesen Wunsch und machte sie zur Stammutter der elenden Ziegen.

*

Ich habe einmal gehört, am hohen Indus lebe ein Stamm eines weisen und frommen Volks, dessen Priester alljährlich ein feierliches Gebet vor dem Altare der Sonne verrichten, darin sie ihre Gottheit bitten, daß sie doch von den Bitten der sterblichen Menschen nur selten eine erhöre, und die Geschichte des Volks sagt, daß es seine Ruhe und sein Glück vorzüglich dem Gebet dieser Priester und der Stimmung danke, die ihm dieses Gebet einflößt.

Bemerkung über diese Ansicht heidnischer Priester von dem menschlichen Beten

Ich las diesen Abschnitt zweien Menschen vor, davon der eine ein stilles, christliches, frommes und in einem hohen Grad wohltätiges Leben führte, aber in keiner Rücksicht in der Welt und nicht einmal in seinen nächsten Umgebungen viel von sich reden machte, der andere aber als ein eifriger und renommierter Streiter für das Eigentümliche seiner Glaubensmeinungen weit und breit bekannt und dabei berichtiget war, daß er jedermann, der diese Meinungen nicht in gleichen Silben, Buchstaben und Phrasen wie er ausdrücke, nicht bloß mit entschiedenem Verdacht ins Aug' fasse, sondern ihn vielmehr, wo er immer könne und möge, verunglimpfe, verdächtige und sogar, wo er Gelegenheit dazu finde, ihm Steine in den Weg lege oder auch ins Fenster werfe.

Der erste fand in dieser indischen Erzählung eine große Wahrheit für zweierlei Gattungen von Menschen. Erstlich für diejenigen, die das Gebet als eine Art von Sühnopfer für die Schwachheiten und Sünden, die sie täglich wiederholen und täglich wieder abbitten, ansehen, ohne sich weder heute noch morgen im geringsten zu bemühen, selbige im Ernste abzulegen. Und dann zweitens für diejenigen, welche dasselbe dahin mißbrauchen, den Gelüsten ihrer Selbstsucht und Sinnlichkeit eine Art von heiligem Schein zu geben und sich durch dasselbe im Mittelpunkt ihrer Verirrungen immer mehr zu verstärken und zu verblenden. Der andere aber sagte, er könne nicht anders, er müsse diese Fabel als eine eigentliche Lästerung gegen das Gebet selber ansehen und es sei seine Pflicht, alle seine Gläubigen vor dem satanischen Gift derselben zu warnen. – Ich hörte ihm eine Weile ruhig zu; da er aber seinen Kutteln über diesen Gegenstand auf eine wirklich beleidigende Art Luft zu machen fortfuhr, gefiel es mir auch nicht länger, ihm stillschweigend zuzuhören; ich antwortete ihm: »Lieber, wilder Mensch! Du kennst das Wort nicht, das auch zu dir und deinesgleichen gesagt ist: ›Richtet nicht, auf daß ihr nicht gerichtet werdet; denn mit welchem Maß ihr messet, wird euch wieder gemessen werden.‹«

Ich mußte also sprechen. Die Sache ist wichtig. Religionsverirrungen, die in sinnliche Verhärtungen des Geistes und des Herzens ausarten, sind dadurch geeignet, in die Angelegenheiten des stillen, christlichen Glaubens und der stillen, christlichen Liebe Gleichgültigkeit, Kaltsinn, Lieblosigkeit, Rechthaberei und Streitsucht zu veranlassen und zu nähren und ohne allen Widerspruch als Sachen anzusehen, die dem Geist des wahren Christentums im höchsten Grad entgegenstreben und zu seinem größten Nachteil auf das Menschengeschlecht einwirken.

139.
Gemeingeist und Gemeinkraft

Ein schwatzender Gaukler klagte, es sei so wenig Gemeingeist unter den Menschen.

Ein Bauer, der ihn hörte, antwortete ihm: »Ich fordere von meinem Zugvieh keinen Gemeingeist, ich fordere von ihm nur Gemeinkraft.«

*

Dieses Wort ist im Munde eines Mannes, der mit Vieh umgeht und das Vieh braucht, ganz passend, aber für das Menschengeschlecht ist es bei weitem nicht auf gleiche Weise anwendbar. Gemeinkraft ohne Gemeingeist ist für das Menschengeschlecht keine Menschenkraft, sie ist für dasselbe eine reine, völlig vom menschlichen Geist und vom menschlichen Herzen entblößte Tierkraft; aber wenn man denkt, was es braucht, ein Volk zu *der* menschlichen Kraft zu erheben, die nicht bloß Spielerei des Gemeingeists, sondern wahrer Gemeingeist ist, so muß man in Rücksicht auf die Kunstführung der Völker, die man Politik nennt, auch das Wort anwenden, das uns in religiöser Hinsicht gegeben ist: *Der Geist ist zwar geneigt, aber das Fleisch ist schwach.* Wir können es uns nicht verhehlen; der Geist und Sinn unserer Zeit ist in der Bildung der Gemeinkraft der Völker weit, sehr weit mehr vorgeschritten, als in der Bildung seines Gemeingeists.

140.
Eine Kindsverderberin – und ein Narr

Eine rasende Frau erdrosselte ihr Kind. Ein Mensch, dem verschrobene Lehrer von Kindesbeinen an auch seinen Kopf ebenso verschroben gebildet als der ihrige war, meinte, es geschehe der Mutter Unrecht; es sei wider die Natur, folglich ganz unmöglich, daß eine Mutter ihr Kind auch nur töten wolle, will geschweigen wirklich töte, und fügte denn dieser, wie er meinte, tief aus der Menschennatur herausfallenden Wahrheit noch bei, es sei eine böse Gewohnheit, daß wir alle Übel, die wir leiden, fremden Ursachen, die nicht in uns selbst liegen, zuschreiben.

*

Ich habe in unsern Tagen Leute, die sonst sehr klug sind, diese Meinung, daß es ein großer Irrtum sei, wenn die Menschen Unglück und Übel, die sie leiden, fremden Ursachen, die außer ihnen selbst liegen, zuschreiben, dahin anwenden gehört, man müsse alle Übel und alle Leiden, die ein Volk treffen, von welcher Art sie auch immer seien, nur dem Volk selber zuschreiben.

141.
Die ungleichen Herren

Der eine darf trauen und glauben, der andere muß lauern und fangen; darum liebt der eine das Recht und die friedliche Weisheit, der andere Arglist und derbe Gewalt. Auch leben in den Dörfern des ersten fromme, frohsinnige, glückliche Menschen, in den Dörfern des andern viel freches, verfängliches, mißtrauisches und gewalttätiges Gesindel.

*

Auch sagte ein armer Mann, der sich durchs Land bettelte, einmal zu mir: »Da die Leute in einem Dorfe gutmütig und frohsinnig sind, da suche ich mein Almosen gewöhnlich im Schloß, wo ich sie aber unglücklich und mißmutig finde, da suche ich dasselbe lieber im Pfarrhaus; doch«, setzte er noch hinzu, »gibt es auch Örter, wo in Rücksicht auf die Barmherzigkeit und das Almosen im Schloß und im Pfarrhaus ein Herr ist wie der andere.«

142.
Mauschelhofen

Es war ein gesegnetes Dorf, aber Juden, man sagte mir nicht, ob getaufte oder ungetaufte, nisteten sich ein, wurden reich und das Dorf arm.

Jetzt stehen die Kinder seiner ehmals gesegneten Häuser täglich als Bettler vor den harten Türen der Juden, und die armen Leute müssen in allweg tun, was die Judengasse will.

Neulich wollte sich ein reicher unabhängender Mann im Dorfe einkaufen; das behagte der Judengasse nicht, und der Mann hatte an der Gemeinde, welche aus 83 Bürgern besteht, nicht 7 Stimmen.

So ist es jederzeit, und so lang es so ist, werden die Juden in Mauschelhofen gesegnet und die alten Einwohner Bettler bleiben, bis sie endlich vom Gefühle ihres Elends und ihres Rechts dahingebracht werden, mit der Judengasse nicht mehr als Schuldner und Bettler, sondern als Gemeinde zu reden.

★

Die guten Leute werden das wohl bleiben lassen, mit der Judengasse als Gemeinde zu reden. Wo Juden und Judengenossen einnisten, da ist außer der Judengasse kein Gemeingeist mehr denkbar; und wo in *einer* Gemeinde kein Gemeingeist mehr denkbar ist, da ist auch jede Gemeinde keine wirkliche Gemeinde mehr. Diesem Übel aber sollte freilich mit der größten Sorgfalt vorgebeugt werden. Aber auch dieses geschieht je länger, je weniger. Wo z. E. immer unpsychologisch und unmoralisch organisierte Volkswahlen eingeführt sind, da sind alle Gemeindrechte und die Fundamente aller Segnungen der Gemeinde ein bloßes Spielwerk. Die Gemeinde selber ist im Wesen ihrer Gemeindkraft nicht mehr Gemeinde. Das selbstsüchtige Treiben von Juden und Judengenossen wird durch die Einführung solcher Wahlen zum gesetzlichen Fundament der Staatskunst und der Staatsrechte selber, so wie der Privilegien und Freiheiten der Bürger auf der einen und der Lasten und Bedrängnisse derselben auf der andern Seite.

143.
Ein Fuchs und ein Esel

»Ich freue mich allemal, wenn ich einen unsrer Feinde, Treiber und Mörder hieher bringen sehe und denke, es liegt wieder einer unsrer Feinde bei der Menge derer, die schon tot sind« – also sagte ein Esel auf einem Kirchhofe zum Fuchs. Aber dieser antwortete ihm: »Ich hingegen erschrecke immer bei einem Leichenbegräbnis. Es kommt mir bei einem solchen immer kein Sinn an den einzelnen Menschen, den man ins Grab legt, ich denke nur an die Menge derer, die um dasselbe herumstehn.«

*

Es ist doch gut, daß die Menschengefühle bei einem Begräbnis gewöhnlich weder Fuchsen- noch Eselsgefühle sind.

144.
Der Halbfuchs und der Ganzfuchs

Ein junger Fuchs kam nur mit drei Beinen ins Nest. Seine Mutter jammerte darüber, aber der Vater schalt sie und sagte: »Wir Füchse müssen uns dessen versehen und ruhig sein, wenn unsre Kinder alle also und wenn sie auch gar nicht mehr ins Nest kommen.«

Die Mutter erwiderte: »Auf diese Art wollte ich lieber eine Schafsmutter sein und ein Schafsherz im Leibe tragen.« »Pfui!« sagte der Vater, »ein echter Fuchs muß eher im Fangeisen ersticken, als einen Augenblick anders als ein Fuchs denken.«

Er hatte recht. Wer Fuchs ist, muß es ganz sein, ein Halbfuchs hat um deswillen kein Schafsherz und bekommt darum, weil er ein Halbfuchs ist, in Ewigkeit keines.

★

Es ist jeder Schwächlinge Art, wenn sie nicht Kraft genug haben zu dem, was sie gelüstet, so kommen ihnen schwere Gedanken ins Herz und sie möchten in ihrem Mißmut gar oft, sie hätten andere Kräfte als die, in denen sie sich Schwächlinge fühlen. Das ist gar oft auch der Fall bei Menschen, die notgedrungen ins Feld ziehn, aber am Tage der Schlacht es beinahe gar nicht verbergen können, daß ihnen die Gefahr, auf dem Bett der Ehre zu sterben, große Mühe macht.

145.
Fifi und Hallo

»Wenn der Löwe den Esel ehrt, so haben alle Eseleien einen königlichen Stempel – und wenn er die Hudeln seines Lagers in stinkendes Blut tunkt und dem eingesperrten Hunde also vor den Mund legt, so muß dieser wohl noch froh sein, an ihnen zu nagen.« Das antwortete Hallo, als ihn Fifi fragte, wie es auch möglich sei, daß man Dummheit und Elend dem Volke noch lieb und wert machen könne.

*

Die Sinnlichkeit und die Selbstsucht der Menschennatur sind die unzweifelhaften Quellen aller Volksdummheit und alles Volkselends. Die Menschennatur führt unser Geschlecht an tausend Fäden selber zu diesen Quellen, und der Mensch kennt in seinem sinnlichen Zustand keine größere Lust und keine größere Freude, als sich an diesen Quellen zu erfrischen und zu erquicken. Darum ist auch die Frage, wie es möglich sei, daß man Dummheit und Elend dem Volke noch lieb machen könne, selber eine dumme Frage. Je erniedrigter und im Wesen elender ein Volk ist, desto mehr liebt es einige Gauklerstunden und vergißt im höchsten Elende bei einem Kruge Wein und einem Braten den morndrigen Tag und das Kind in der Wiege, das ihm nicht vor den Augen liegt. Es ist also eine weit wichtigere Frage, wie es möglich sei, zu machen, daß ein verwahrlostes Volk dahin komme, zu wünschen, seiner Dummheit und seines Elends loszuwerden, als wie es möglich sei, daß man ihm Dummheit und Elend liebmachen könne.

146.
Ein Sprachfehler in der Beurteilung der Wolle

Junker *Frickhart* sperrt seine Hunde und seine Schafe in einen Stall. Jetzo heißen alle Käufer seine Wolle Hundswolle. Aber wenn er schon alle seine Hundsfelle verkaufen würde, so würde dennoch niemand sagen, sie seien Schaffelle.

⋆

Man denkt bei Schelt- und Schimpfreden nie eigentlich das, was die Worte, die man ausspricht, gewöhnlich bedeuten. Es kam von den Leuten, die Frickharts Wolle kauften, niemand in den Sinn, daß sie wirklich von seinen Hunden sei, und doch hießen sie sie Hundswolle. So wenig muß und darf man es mit den Worten, die viele Leute reden, genau nehmen. Ich möchte fast sagen, um eines jeden Mannes Worte in ihrem wahren Wert zu schätzen, muß man mit dem Mann selber, eben wie wenn man mit ihm Freundschaft stiften wollte, vorher ein Viertel Salz essen.

147.
Das Menschenvertilgen

Es entstand einst im weiten Reiche der Tiere ein großes Geflüster, sie müßten sich alle miteinander vereinigen, ihre grausamen Feinde, die allmörderischen Menschen, zu vertilgen.

Aber die Elefanten, die Löwen, die Tiger und die Bären wollten nichts mit dieser Vereinigung zu tun haben. Sie sagten: »Wenn uns jemand angreift, so wollen wir uns wehren.«

Die Schlange hingegen klagte über den Mangel an Gemeingeist unter den größern Tieren und bot ganze Haufen Gift an gegen die Menschen, das sie an geheimen Orten verborgen hatte.

Der Fuchs bot alle seine List an.

Der Esel meinte: »Wenn nur ein jedes Tier hartnäckig genug wäre, sich eher zu Tod schlagen zu lassen, als das zu tun, was die Menschen von ihm forderten oder nötig hätten.«

Die Kuh meinte: »Wenn nur ein jedes Tier sich Hörner aufsetzen ließe, wie sie ein Paar auf dem Kopfe trage und dann dem ersten besten Menschen wenigstens eins davon in den Leib hineinstoßen würde, so könnte der Krieg mit den Menschen nicht fehlen.«

Der Affe sagte: »Wenn nur jedes Tier so ein Paar Kletterbeine wie ich hätte, so könnten wir die Menschen ohne Gefahr von den Bäumen herunter mit Steinen zu Tode werfen.«

Das Stärkste aber trugen die Hunde an. Sie meinten, man könnte die Menschen mit dem Maulbrauchen vertilgen und behaupteten, diese ihrem Geschlechte eigene Kraft sei dem Menschen so fürchterlich, daß sich sicher eine Möglichkeit denken lasse, sie alle miteinander zu Tode zu bellen.

*

Es ist wahr, die tierische Natur hat große Mittel gegen das Menschengeschlecht in ihrer Hand, und ich muß gestehen, unter allen schien mir keines nachteiliger als das hündische Maulbrauchen; aber ich begreife auch ganz wohl, daß es die Elefanten, die Tiger und die Löwen unter ihrer Würde finden, an den Vorschlägen von Hunden, Affen und Kühen des Menschenvertilgens halber den mindesten Anteil zu nehmen.

148.

Das hohe Ross und der Zwerg

Ein Zwerg wollte hoch scheinen; dafür setzte er sich auf das höchste Roß, das im Lande war. Ein Bauer, der ihn antraf, glaubte, es sitze ein Kind auf diesem Rosse und sagte zu ihm: »Du hast gewiß keinen Vater daheim, daß man dich auf das höchste Roß setzt. Komm! ich will dir hinunter helfen; du könntest sonst zu Tode fallen.«

Man denke sich jetzt die Augen des Zwergs, aber auch das Lachen des Bauers, da er sah und erkannte, wen er vor sich hatte.

*

Ich mag keinen Zusatz zu dieser Stelle machen.

149.

Meinungen über die beste Welt

Der Hans meinte, man könne nicht sagen, daß diese Welt die beste möglichste sei, solange dem Schafe auf der Weide, der Kuh am Barren und der Henne an der Haustüre vor dem Recht und der Freiheit des Wolfs, des Fuchsen und des Bären bange ist.

Ebenso meinte der Jakob, er könne nicht glauben, daß die Welt die beste möglichste sei, solange der Niggel im Katzfelderschlosse behaupten dürfe, die Kutteln im Leibe seiner Bauern seien sein Eigentum.

Und der Rudolph meinte sogar, die Welt könne nicht die beste möglichste sein, da in seinem Vaterlande so viele Leute mager seien.

Und alle meinten in ihrer Verirrung über die beste Welt, der liebe Gott könnte doch auch wohl machen, daß es allenthalben besser ginge, als es geht.

Ein alter Mann, der das Plappergewäsch hörte, sagte zu ihnen: »Wir müssen das selber tun.«

Die drei Toren verstanden ihn nicht und sagten: »Du lästerst ja.«

Er antwortete ihnen: »Nein, nein, ihr lästert.«

Sie glaubten das nicht, aber fragten doch noch: »Wie meinst du das?«

Er erwiderte: »Ich meine, wenn wir wollen, daß es in der kleinsten Strohhütte, wie in der ganzen Welt, besser gehe als es wirklich geht, so müssen wir das, was wir dazu beitragen können, selber tun. Und ich glaube, ihr lästert, weil ihr meinet, der liebe Gott sollte es für uns und ohne unser Zutun an unsrer Statt tun.«

Und der Mann hatte recht. Die Meinung, Gott solle selber in Rücksicht auf unser zeitliches Wohl für uns das tun, was uns Sünde ist, wenn wir es nicht selbst tun, heißt Gott versucht, und Gott versuchen ist tatsächlich Gott lästern. Das Sprichwort: »Wie sich der Mensch bettet, so liegt er« – ist besonders in Rücksicht auf seine irdischen und zeitlichen Angelegenheiten auch wahr, wenn man es ausspricht: »Wie sich die Welt bettet, so liegt sie – wie sich das Dorf bettet, so liegt es – wie sich jede einzelne Haushaltung bettet, so liegt sie – und wie sich das Vaterland bettet, so liegt es.«

Der Mensch, der es in irgendeinem Verhältnis, in dem er lebt, gerne besser hätte, als er's darin findet, soll vor allem damit anfangen, so viel an ihm ist, das Seine dazu beizutragen, daß es darin besser gehe, und unbedingt als wahr annehmen, es sei Gottes Ordnung, daß es in der Welt, d. h. in allen öffentlichen und Privatverhältnissen des Lebens durchaus nicht besser gehn könne, als die Menschen durch den guten Gebrauch aller Gnaden und Gaben, die er ihnen dazu verliehn, sich selber dazu helfen.

150.
Ein grosses Bedenken

Die drei Plapperer über die Weltordnung und über das, was der liebe Gott darin ändern sollte, waren von den Äußerungen des alten Mannes sehr verwirrt; sie wußten nicht, was sie ihm darüber antworten sollten; nur der Rudolph, der noch der Vernünftigste unter ihnen war, sagte zu ihm: »Aber dein *›wir müssen es selbst tun‹* – hat doch immer ein großes Bedenken.«

Der Alte: »Worin?«

Rudolph: »Ich wollte lieber alle Übel der Welt tragen, als da wohnen, wo ein jeder Narr glauben würde, er müsse allem Übel abhelfen.«

Der Alte: »Aber du würdest doch gerne da wohnen, wo es der Weise wirklich könnte.«

Rudolph: »Ja freilich. Aber wo ist dieser Weise?«

Der Alte: »Nirgend und allenthalben. Nirgend, wo man sein Dasein unterm Schall der Trompeten verkündet, und allenthalben, wo man seinem stillwirkenden Dasein in allen Verhältnissen und Lagen mit christlicher Sorgfalt und Liebe Hand bietet und aufhilft.«

151.
Das Wallen und Weben der Menschen

Der Mensch setzt sich auf den Stuhl der Natur und webt mit seinem Geschlechte ein großes Gewebe.

Einer macht Scharen von Menschen wie eine Hand voll Fäden zur Kette desselben und bildet aus ihnen tote Blumen einer elenden Kunst, indem er die Edelsten seines Geschlechtes zu elenden Nadeln seines Webstuhls erniedriget und sie mit seinem Fußtritte zur ewigen Unbrauchbarkeit abschleift.

Ein anderer nimmt die Fäden seines Gewebes nicht

einmal regelmäßig zur Hand, sondern dreht sie mit zügelloser Gewalt in schrecklicher Verwirrung durcheinander, wie der Seiler nichtigen Kuder, den er zum schlechtesten Stricke dreht.

Einer sitzt in seinem Gewebe, wie die Spinne im Netze ihrer Selbstsucht; er duldet in seinem Gehege kein ihm gleiches Geschöpf. Seine Welt ist ein einziger aus sich selbst gesponnener Faden, in dessen Totengewebe er seine Tage in wilder Selbstsucht durchruht und in ewiger Spannung lebend nichts tut, als lauren, fangen, morden, saugen, und dann das Totengewebe seines Daseins immer wieder aus sich selbst herausspinnen und immer wieder in sich selbst erschaffen.

Also sitzen Spinnenseelen von Menschen im Luftgewebe ihrer Macht.

»Aber Göttin! die du mir zu jedem Gedanken des Herzens ein Bild zeigst, warum zeigst du mir im Wallen und Weben des Menschen nur Bilder seines Unrechts und seiner bösen Gewalt? Göttin! hast du für mich kein Bild seiner geselligen Freiheit und seines gesellschaftlichen Rechts?«

Also bat ich, und die Göttin erschien mir im Lichtglanze des Himmels. Sie hatte in ihrer Rechten einen goldenen Bienenkorb, den eine Sonne umstrahlte, und sie redete mich an: »Liebling des gesellschaftlichen Rechts! du bist dennoch ein Schalk, daß du mich zwingst, dir aus dem goldenen Himmel zu bringen, was du auf deinem Boden täglich vor Augen siehst. Der Korb der geselligen Biene ist das Bild des gesellschaftlichen Menschen, der in seinem Rechte fest sitzt und, in demselben festsitzend, seine Pflicht tut.

Wenn Könige das Menschengeschlecht zusammenzetteln wie eine Hand voll nichtiger Fäden, und die Edelsten unter ihnen zu elenden Nadeln ihres Webstuhls abschleifen, so webt die Biene ohne Blutschuld gegen ihr eigen Geschlecht ein stilles, genußreiches, selbständiges, eigenes Gewebe.

Wenn Tyrannen und Aufrührer das Menschengeschlecht ineinander wirbeln, wie der Seiler nichtigen Kuder, den er zum schlechtesten Stricke dreht, so lebt die Biene, in ihrer millionenfachen Vereinigung, ohne Kunde der Verwirrung des Unrechts und der bösen Gewalt. Und wenn die Spinnenseelen der Macht das Gewebe ihrer Selbstsucht ausdehnen, soweit sie nur können, so schränkt die gesellige Biene das Gewebe ihrer Rechtlichkeit ein, soweit es allen dienlich und recht ist.

Wenn die Mörderin im Sitze ihrer Gewalt, für Unrecht und Raub, frei ist, so ist es die Biene für den Segen, den sie sich selbst gibt.

Ihre Zellen sind innigst verwoben, aber auch haarscharf getrennt, und die Selbständigkeit der einzelnen Bienen ist gesichert, wie die Selbständigkeit des Korbs. Ihr König hat keinen Zutritt, weder zu ihrem Honig noch zu ihrer Brut. Er ist mächtig und sie sind frei: aber sie sind nicht frei, weil er mächtig ist; – er ist mächtig, weil sie frei sind.

Ihr Reich erhält sich gar nicht durch die Ausleerung ihrer Zellen zum Dienste ihrer Führung; es erhält sich durch die Sicherstellung ihrer Selbstkraft, d.i. ihres Honigs und ihrer Brut, und des auf dieser Selbstkraft ruhenden Gemeingeists bei jedem allgemeinen Bedürfnisse.«

152.
Der Geist der menschlichen Entschuldigungen

Das Wasser von Oberwyl floß in die Felder von Niederwyl herab und machte hie und da die Ebenen des Dorfs sumpficht.

Doch die Niederwyler waren fleißige Leute, sie gruben ihre Äcker aus, legten das Land trocken und beklagten sich nicht. Im Gegenteil, sie benutzten jeden Tropfen dieses Wassers zur Aufnahme ihrer Güter.

Aber jetzt leiteten die Oberwyler einen Bach in ihr Dorf. Dieser stürzte nun mit Gewalt in die Ebenen der Niederwyler hinunter und machte sie in ihrer ganzen Weite zum Sumpf. Nun klagten diese. Die Oberwyler aber antworteten: »Wir wollen gerecht sein und unser Wasser in Dämme einschließen.« – Das taten sie auch, und hierauf stürzte das Wasser wirklich nicht mehr in ihre Ebenen hinunter. Es sank von nun an nur noch durch das *Grien* unter dem Boden in sie hinab, aber sie wurden um deswillen nicht weniger täglich zu einem immer größeren Sumpf.

Indessen behaupteten die Oberwyler, sie haben bereits alles getan, was die Niederwyler von Gott und Rechts wegen diesfalls von ihnen fordern können, und es fehle nun an nichts mehr, als daß auch die Niederwyler zu ihrer Rettung das ihrige beitragen, und so, wie ihre Sümpfe zunehmen, ihren Fleiß im Ausgraben derselben verdoppeln.

Die Niederwyler aber wollten von der Tugendvergrößerung, die die Oberwyler um der Sünde willen, die sie sich gegen sie erlaubten, von ihnen forderten, gar nichts hören, sondern klagten immer lauter über das Unrecht, das ihnen geschehe, und schimpften die Oberwyler schlechte, niederträchtige und gewalttätige Leute. Diese aber, die weit die reichern waren, spotteten über diese Klagen und sagten laut: Die, so in der Höhe wohnen, lassen sich von denen, auf die sie herabspeien können, nicht in ihrem Recht kränken. Sie sollen, anstatt beständig nur ihr Maul über das Unglück ihrer Versumpfung aufzutun, nur immer fleißiger ihr Sumpfland ausgraben, mit hinzusetzen, ihre Liederlichkeit sei allein daran Schuld, daß ihre Sümpfe immer mehr zunehmen und ihr Land ebenso, wie sie selber, immer schlechter werde.

Es ist indessen nicht zu leugnen, daß die Niederwyler, seitdem sie von den Oberwylern also behandelt und in ihrem Recht gekränkt worden, auch immer liederlicher und nachlässiger in der Besorgung ihres Landes wurden;

aber es kommt keinem Oberwyler auch nur von ferne in den Sinn, daß sie an dem immer Schlechterwerden der Niederwyler auch nur die mindeste Schuld haben.

*

Es ist traurig, aber es ist wahr; auch sonst gutmütige Menschen werden gar oft dadurch, daß sie lange und anhaltend großes Unrecht leiden müssen, zu mißmutigen, rohen und erbitterten Menschen, und ihre diesfälligen, aus dem Unrechtleiden erzeugten Fehler gehen ebensooft in Vernachlässigung ihrer Pflichten und sogar in Vernachlässigung der ihnen übergebliebenen Mittel der Selbsthülfe und mit einem Worte in ein allgemeines Schlechterwerden über.

Noch trauriger ist es, daß Menschen, die besonders in öffentlichen Verhältnissen dem Armen und Schwachen im Lande am meisten Unrecht tun und ihrem Wohlstand die größten Hindernisse in den Weg legen, so schwer und so selten dahin zu bringen sind, einzusehen, warum das Gesindel und die schlechten Leute im Lande von Tag zu Tag zunehmen und in welchem Grad ihre Irrtümer und Fehler an dem sittlichen und bürgerlichen Versinken der niedern Volksklassen schuldig sind.

153.
Noch einmal der Geist der menschlichen Entschuldigungen

»Dein Gewicht und deine Waage sind falsch; du mußt sie uns ändern.« – Also sprachen erbitterte Käufer zu einem Krämer, der ihnen sonst lieb war.

Dieser antwortete ihnen: »Ich weiß wohl, daß meine Waage eben nicht die richtigste ist und daß mein Gewicht sich etwas abgeschliffen hat; aber ich bin einmal derselben gewohnt, mein Vater und mein Großvater brauchten sie auch, und dann kennen wir ja einander. Ihr wißt, ich bin ein guter Mensch, und es kommt mir nicht darauf an, einem guten Freunde noch eine Handvoll hinzuzutun, wenn er meint, es sei ihm Unrecht geschehen.«

Die Käufer antworteten ihm: »Es ist wahr, du tust das hier und dort einem guten Freunde, der sich ordentlich beklagt. Aber dieses Sichordentlichbeklagen steht in dergleichen Sachen nicht jedermann wohl an, und dann wiegst du ja selten selbst aus, und dein Knecht, der es gewöhnlich für dich tut, gibt nicht nur niemand nichts nach, sondern er fährt im Gegenteil einen jeden, der sich beklagt, an, wie wenn er das größte Unrecht hätte. Indessen steht dieser Mensch bei dir auf einem Fuße, daß du, wenn du auch wolltest, ihn nicht in der Ordnung halten kannst. Es ist also in Gottes Namen das beste, du lässest deine Waage und dein Gewicht ändern, wie recht ist.«

»Das kann jetzt nicht sein! das kann jetzt nicht sein!« antwortete der Mann, »ich gehe nicht aus meiner Ordnung heraus, ich bin dabei noch immer wohl gefahren, und niemand so gar übel.«

⋆

Es fehlt dieser Erzählung an innerer Haltung; sie paßt in allen ihren Äußerungen gar nicht auf die Art und Weise, wie sich gemeine Krämer in solchen Lagen und Verhältnissen benehmen und ausdrücken; es ist einem vielmehr, man höre einen gemeinen Bürger mit seinem kleinstädtischen Ratsherrn über die abgeschliffenen Stadtrechte und Bürgerprivilegien reden und höre dann den Ratsherrn recht stadtbürgerlich freundlich seinen Mitbürger über die Unwichtigkeit dieses Abschleifens der Stadtrechte berichten, die diesfällige Mäßigung seiner Mitratsherren loben, dann aber über die Klage, daß die dienenden Unterbehörden (mit oder ohne Befehl wird nicht berührt) das abgeschliffene Gewicht des bürgerlichen Rechts nicht mit gleicher Mäßigung wie der Stadtrat selber gebrauchen, ganz politisch ausweichend behandeln und mit Stillschweigen übergehen.

154.
Untreue Schafhirten im Sumpflande

Im Lande *** trieben arme und geizige Schäferknechte ihre Herden ins sumpfige Tal, setzten sich da ins Rohr, schnitten Pfeifen, fingen Frösche und trieben Handel.

Wer durch ihr Tal ging, sagte ihnen: »Treibet doch eure Herden ins Trockne, sie gehen im Sumpflande zugrunde.«

Das verdroß die Schäfer im Rohre. Sie sagten untereinander: »Was sich doch fremde Leute anmaßen, über unsere Ordnung zu richten! Wir allein wissen, was uns die Pfeifen, was uns die Frösche und was uns die Schafe eintragen.«

Damit sie aber dennoch auch vor den Fremden in einem guten Lichte zum Vorscheine kommen mochten, antworteten sie diesen: »Wie sollten wir es wagen, mit so kränklichen Herden auf die Berge zu treiben? Wartet, bis unsere Schafe alle wiederhergestellt sind; wir wollen dann gewiß nicht säumen, sie auf gesundere Weiden zu treiben.«

*

Es gibt Staatsleute, die, wenn von unwidersprechlich vorteilhaften Landesverbesserungen, die aber sich mit ihrem selbstsüchtigen Privatinteresse nicht wohl vertragen, die Rede ist, eben wie diese Schäfer im Sumpflande unter sich selber und durch ihre Verbindungen alles tun, was ihnen möglich ist, um diese Verbesserungen zu hintertreiben und das alte Verderben, dem dadurch abgeholfen werden sollte, mit aller Kunst und aller Gewalt festzuhalten und für immer bestehen zu machen; äußerlich aber den Fremden und Einheimischen die laute Versicherung geben, sie wollen diese guten und nützlichen Verbesserungen ganz gewiß bewerkstelligen, sobald die Umstände dafür günstig seien. Aber sie wissen zum voraus, daß diese Umstände nie eintreffen werden, weil es vollkommen in ihrer Hand ist, es zu verhindern.

155.
Von des Hansen Hause und von schwerem Holze

Als *Hansens* Haus einfiel und ihn die Nachbarn fragten: »Warum hast du die großen Eichen, die dein Vater zur Unterstützung des Hauses hauen ließ, ungebraucht liegen lassen?« antwortete er: »Ich habe es in meinem Leben immer gehasset, mit schwerem Holze umzugehn.«

*

Es hassen es so viele Leute und besonders solche, die viel mit leichten Federn zu tun haben, mit schwerem Holze umzugehen und lassen darum hundertmal kraftvolle Hülfsmittel, weil sie für ihre Hände zu schwer sind, ungebraucht liegen. Kraftvolle Männer hingegen lieben, was ihre Kraft anstrengt. Aber alle Schwächlinge lieben es nicht, solche Männer in ihrer Mitte zu haben. Das wird besonders in kleinen und anmaßlichen Städten oft sehr auffallend. Männer, die durch das Bewußtsein ihrer Kraft sich zur Gradsinnigkeit und Freimütigkeit erheben, haben oft unendlich mehr Schwierigkeiten, an solchen Orten etwa eine Ratsherrnstelle zu erhalten, indessen geschmeidige Schwächlinge gar leicht dazu gelangen. Die Wahlherrn strecken an solchen Orten gemeiniglich noch selber beide Hände nach ihnen aus und bitten sie, ihresgleichen zu werden.

156.
Noch einmal der Geist der menschlichen Entschuldigungen

»Herr Amtmann! Herr Amtmann! Die Ruhr herrscht in unsrem Dorfe.« Also sprach Joggli Bohnenblust zum Amtmann in Kilchau.

Aber dieser maß eben Haber. Doch er antwortete dem Bohnenblust: »Nun Joggli! wenn du mich so eifrig an die kranken Leute erinnerst, so sage mir auch, wie soll man ihnen helfen?«

Der Joggli erwiderte: »Das weiß ich nicht.« – Und der Amtmann: »Nun, wenn du das nicht weißt, so nützt es eben nicht viel, daß du dich in dieses Geschäft mischest. Es hat ja für dies, wie für alles, seine eigenen Leute.«

Damit fing der Amtmann wieder an, seine Haberviertel zu zählen.

Der Bohnenblust aber sagte im Heimgehen zu sich selber: »O du gnädiger Gott! Was bringt doch das Habermessen und das Kornmessen den Leuten aus dem Kopf, das sie darin haben sollten.«

*

Das Wort: »Was geht dich das an? Es hat für alles in der Welt seine eigenen Leute« – wenn es in einem Lande zum Modewort der Beamteten wird, ist geeignet, den letzten Funken der Teilnahme an der öffentlichen Landesnot, am öffentlichen Landeswohl und am öffentlichen Landessegen im Herzen der Bürger gänzlich auszulöschen und die Sorgfalt, beides, für diese Not und für diesen Segen mit entschiedener Gleichgültigkeit denen zu überlassen, die dafür angestellt sind.

Es *muß* dahin wirken; denn es ist niemand gerne für das Interesse, das er an der Sache des Vaterlandes und der Menschheit nimmt, mit Wegwerfung und Verachtung bezahlt.

157.
Wie Edwich sein Vaterherz verliert

Edwich war seinen Söhnen ihr Muttergut herauszugeben schuldig, aber er haßte den Gedanken, daß ein Vater seinen Kindern je etwas schuldig sein müsse und behauptete, er als Vater sei diesfalls weder seinen Söhnen, noch irgend jemand in der Welt, sondern nur Gott allein Rechenschaft schuldig. Das führte ihn aber gar weit.

Es machte ihn tief leidenschaftlich gegen seine Söhne und verdarb ihm sein Vaterherz so sehr, daß er den Niederträchtigsten unter ihnen aussuchte, um alle Tage zu vernehmen, was diejenigen, die sich am lautesten beklagt hatten, etwa gegen ihn vorhaben möchten.

Damit brachte er es freilich dahin, daß er bis an sein Ende im Besitze ihres Muttergutes blieb; aber auf dem Todbette gestand er doch seinem Beichtvater, er habe unrecht an seinen Kindern gehandelt und es mache ihm unaussprechliche Mühe, als ein ungerechter Vater ins Grab gehen zu müssen.

*

Edwichs Geschichte machte folgende Gedanken in mir lebendig: 1) Wer sich den blinden Trieben seines Fleisches und seines Blutes überläßt, der wird durch seine Irrtümer und Leidenschaften gefühllos, wie die tote Natur. 2) Wer immer in einer Höhe lebt, daß er seines Benehmens halber gegen die Menschen niemand auf Erden, sondern nur Gott Rechenschaft schuldig ist, für den sollte jede fromme Seele täglich beten, daß er seiner Todesstunde und Gott seines einzigen Richters nicht vergesse. 3) Ein solcher Mensch sollte auch selber unaussprechlich froh sein, in dieser Welt Freunde und Mittel zu finden, die ihn vor Mißschritten in seinem Benehmen gegen seine Mitmenschen, soweit es menschlicherweise möglich ist, sichern könnten. Wahrlich, er sollte zu Gott selber täglich dafür beten.

158.
SPITALORDNUNG*

»Nein! es ist nicht auszustehen, wie man in diesem Hause mit den Menschen umgeht.«

Also sprach eine Schar Spitalbrüder, da ihnen einmal ihr Brei und ihr Trank nicht gut genug war.

Die Hausverwaltung, deren Einkünfte in dem Grade anwuchsen, als die Spitalbrüder schlechter zu essen und zu trinken bekamen, lachte über ihre Klagen und hieß sie eine Hausungebühr, die man nicht ungestraft hingehen lassen könne.

Sie ließ auch einige Spitalbrüder, die sich am meisten darüber beklagten, in ein Loch werfen, wo weder Sonne noch Mond hineinschienen, auch berichtete sie der Behörde, der sie Rechenschaft geben mußte, bei denen sich aber auch ein freundlicher Herr Vetter befand, den Vorfall, mit dem Zusatz, man könne in einem Hause, das mit Lumpen und Bettlern angefüllt sei, keine Ordnung machen, wie in ihrem Rechte stehende Männer eine solche bedürfen und zu fordern befugt sind.

*

Wo an einem Orte in einem Armenhause eine solche Ordnung ist und der Spital oder das Armenhaus zugleich eine Oberaufsicht hat, an die ihre untergeordnete Behörde auf diese Weise einberichten darf, da sollte man in der Kirche öffentlich zu Gott beten, daß er die Armen dieses Orts oder dieser Stadt aus der Hand ihrer Armenpflege erlöse.

* Der Spital ist in verschiedenen Städten ein Versorgungsort nicht bloß für Kranke, sondern auch für Arme und Wahnsinnige.

159.
Das zerrissene Herz

Als ein Hahn ein Küchlein aufs Blut pickte und die Mutter dem Hahn ohne Gegenwehr zusah, entfloh das verwundete Küchlein unter einen Holzstoß und kam nicht mehr hervor; so sehr auch die Henne ihm lockend rief, blieb es doch unbewegt unter dem Holzstoße und starb voll gleichen Entsetzens über das Picken des Vaters und über das Zusehen der Mutter.

★

Wenn Teilnahme und Hülfe mangeln, wo Natur und Pflicht Hülfe gebieten, dann ergreift Entsetzen das verwahrloste Herz. Das ist bei einem Kinde wahr, dem die Eltern in diesem Grade mangeln. Es kann aber auch bei ganzen Menschenhaufen wahr werden; es kann das Herz eines Volks ergreifen, das von denen, die es zu versorgen Pflicht und Eid auf sich haben, so auf eine herzzerreißende Weise verwahrlost, hintangesetzt und gedrückt wird.

160.
Junker Fritz und seine Bauern

»Ich tue doch vieles, um euch glücklich und eures Lebens froh zu machen« – also sagte Junker Fritz zu seinen Bauern in Kohlhofen. »Es ist wahr, es ist wahr, ihr seid ein gütiger Junker. Es geht allemal lustig, wenn ihr um den Weg seid, und wir haben euch vieles zu danken« – also antworteten die Bauern in Kohlhofen fast aus einem Munde.

Nur einer schwieg bei ihrem Danken und sagte: »Gnädiger Herr! darf ich euch etwas fragen?« »Warum das nicht«, antwortete Fritz. Darauf sagte der Bauer: »Ich habe zwei Äcker, der eine ist stark gemistet, aber schlecht gefahren und voller Unkraut; der andere aber ist weniger gemistet, aber *wohl gefahren* und rein von Unkraut. Welcher von beiden glauben jetzt Euer Gnaden wird mir mehr abtragen?« »Natürlich der letzte«, sagte der Junker, »du hast diesem, so viel als du konntest, sein ganzes Recht widerfahren lassen, den andern aber nur gemistet.« »Lieber Junker!« erwiderte der Bauer, »auch wir gedeihen besser, wenn Sie uns unser Recht widerfahren lassen, als wenn Sie uns mit Guttaten – übermisten.«

*

Das Bild dieser zwei so ungleich besorgten Äcker führt weit. So wie der Acker, dem sein ganzes Recht widerfahren ist, gleichsam von selbst gute und reiche Früchte trägt und hinwieder, so wie der andere, der nur übermistet ist, unmöglich viel abtragen kann, weil ihn eingewurzeltes Unkraut und die Härte der Erde daran hindert, so kommt auch der Mensch, der im ganzen Umfang seines Rechts wohl besorgt und gesichert ist, leicht dahin, sich selber wohl versorgen und ebenso leicht Segen und Wohlstand um sich her verbreiten zu können. Aber der Mensch, der im Wesentlichen seiner Bedürfnisse verwahrloset und im Genuß billiger und lange genossener Rechte gestört, gefährdet und beunruhigt wird, kommt dadurch, daß man ihn zuzeiten mit Wohltaten übermistet, d.h., daß man ihm zuzeiten oder noch gar öfters lustige Tage und Sinnlichkeitsgenießungen verschafft, die für seine Lage nicht passen, auf keine Weise dahin, weder sich selbst und die Seinigen wohl versorgen, noch weit weniger Wohlstand, Segen, Weisheit und Tugend um sich her verbreiten zu können.

161.
Er wieder – und ein Geistlicher, wie es viele – und ein Pfarrer, wie es wenige gibt

»Mit Guttaten übermisten«, dieses Wort kränkte den Fritz. Er sagte noch an diesem Abend im Pfarrhaus: »Ich hätte so etwas von diesem Manne doch nicht erwartet.«

»Was wollen Ewr. Gnaden sagen?« antwortete ihm schnell ein junger Vicari, »ein Bauer ist immer ein undankbares Geschöpf, wenn Sie ihm den Finger geben, so wird er die Hand von Ihnen fordern.«

Diese Rede empörte den alten, ehrwürdigen Pfarrer. Er antwortete seinem Vicari: »Junger Mensch! Ihr seid eben der Stadt und der Schule entronnen und verurteilt das Volk, das Ihr nicht kennt. Ich weiß wie Ihr, die Bauern sind undankbar; aber ich weiß auch, warum sie es sind, und an Euch, junger Mensch, ist es, dieses zu studieren, ehe Ihr davon redet.«

Dann wandte er sich an den Junker und sagte: »Gnädiger Herr! Auch Ihnen soll es nichts weniger als gleichgültig sein, hierüber die Wahrheit zu wissen.«

Der Junker erwiderte: »Es ist mir gewiß nicht gleichgültig.« Und dann der Pfarrer: »Lieber Junker! Die Dankbarkeit ist kein Unkraut, das auf jedem Boden gedeiht; sie ist eine zarte, feine Pflanze, die, ebenso blühend als saftvoll, in der harten verdorrten Erde so wenig als im nassen verschwemmten Boden gut fortkömmt; und es ist ein böses Vorurteil meines Zeitalters gewesen, daß man es allgemein für leicht angesehen hat, das Unrecht mit Wohltaten zu verkleistern.

Es geht nicht. Die ersten Gefühle der Menschennatur verbieten dem unrechtleidenden Mann, in solchem Almosen den Ersatz des Rechts zu erkennen, das sein Herz anspricht. Und das Menschengeschlecht – nicht bloß der Bauer, sondern alle Stände, versinken durch den Irrtum dieser öffentlichen Verirrung immer dahin, in ihrer

Obergewalt nichts mehr zu erkennen, als die Alternative *eines bodenlosen Gnadenbrunnens und eines ebenso bodenlosen Ungnadenwirbels*.

Ich weiß zwar wohl und habe es oft gesehen, daß die Gemütsstimmung, welche die Gelüste und die Schrecknisse dieser Alternative hervorbringt, nicht selten zu momentanen Staatsvorteilen benutzt werden und unstreitig oft allerhand Augenblicksgut veranlassen kann, aber ebenso gewiß bin ich, daß sie in Ewigkeit nie eine dankbare Volksstimmung erzeugen.

Lassen Sie mich mehr sagen, Junker! Wo immer Ungerechtigkeit *herrschet,* da hat das Volk, menschlicherweise davon zu reden, keine Tugend, und wo immer das Volk keine Tugend hat, da herrschet Ungerechtigkeit.

Auch ist es hierin gleichviel, die Ungerechtigkeiten des Wohlwollens und die Ungerechtigkeiten der Strenge; die Unpassenheit der Almosenverirrungen sowie die Ungerechtigkeit der Schreckenssysteme sind in ihren Folgen auf die Volkstugend und Volkskraft eine und eben dieselbe Sache.

Volkstugend bildet sich ewig nur durch Volksrecht und die durch dasselbe erzeugte, sittliche Volksberuhigung. Die empörenden Gefühle des Unrechtleidens sind eben wie die schwelgenden Gefühle des Unrechttuns der eigentliche Tod der Gemütsstimmung, die jede Tugend voraussetzt.

Der Bauer ist und kann wie alle andere Stände nur da und nur insoweit dankbar sein, als Lage und Umstände, Recht und Gesetz den Boden seines, wenn auch noch so kleinen Hauses mit der guten Erde bedecken, in welcher diese reine Pflanze zu gedeihen vermag. Aber wo ihm alles das, was er notwendig und wesentlich braucht, das Innere seiner Natur zu veredeln, ganz mangelt; und hingegen alles, was die Menschennatur entwürdigt, um seine arme Hütte herum freien Spielraum findet, da begegnet ihm natürlich, was dem verachteten Bürger, dem armen Edelmann und dem abhänglichen Geistlichen nicht selten hie und da auch begegnet: er wird nämlich zu schlecht, um das ganz zu besitzen, wovon die Dankbarkeit nur ein Teil ist. In diesem Falle wird er Ihnen freilich auch die Hand fordern, wenn Sie ihm den Finger anbieten, und in dieser Stimmung weiß der arme Tropf nie, ob man ihm die Hand oder den Finger oder gar nichts schuldig ist.«

Der Junker umarmte den Pfarrer, da er ausgeredet hatte, und sagte: »Behüt mir Gott die alten Leute! Wo würde ich hinkommen, wenn ich die derben Grundsätze der neuen jungen Welt annehmen würde, wie man sie uns jetzt auftischet.«

162.
Das Pflanzenversetzen

Da der Schloßgarten einer Erbherrschaft, dessen Eigentümer ein nicht gar reicher Hofjunker war, wie es vielen solchen Schloßgärten begegnet, verwilderte und indessen die Gärten der Schloßpächter, Schloßschreiber und Schloßvögte, wie auch dieses unter solchen Umständen sehr oft begegnet, in große Aufnahme gelangten und voll seltener Gewächse und Blumen waren, suchte ein gutmütiger Schloßdiener dem ärgerlichen Unterschied zwischen dem Zustand dieser Gärten und dem Schloßgarten abzuhelfen, und versetzte einige der seltensten und schönsten Pflanzen aus den wohlbesorgten Gärten der Pächter und Schreiber in den verwilderten Garten des Schlosses. Aber sie gediehen gar nicht; sie verdarben noch weit schneller im Unkraut und in der ausgesogenen, harten, vertrockneten Erde des verwilderten Gartens als die Serblinge, die, darin erzeugt und geboren, ihrer magern Nahrung im verwilderten Boden und des Dranges, mit dem das Unkraut das Wachstum ihrer Wurzeln beengte, von Jugend auf gewohnt waren.

*

Es ist nicht gut und führt zu nichts, den *Hoffartszustand* einer zugrundegerichteten Sache oder auch eines zugrundegerichteten Hauses wieder herzustellen, ehe seinem *Notzustand* abgeholfen ist.

Die Hoffart, die in ihrem Wesen dennoch immer ein Auswuchs einer Kraftäußerung ist, spricht, wie alle Kraftäußerungen, die zu irgendeinem gedeihlichen Zweck hinführen sollen, eine ihr beiwohnende Zartheit, und wenn auch nur Scheinzartheit an. Wo diese der Hoffart in irgendeiner ihrer windigen Erscheinungen mangelt, so wird sie, wenn sie auch von einer andern Seite von den höchsten Reizen der Sinnlichkeit belebt ist, der Menschennatur dennoch ekelhaft.

163.
Grossdumm und Kleindumm

Womit soll ich diesen Mann vergleichen? Er ist immer Großdumm.

Ich fand sein Bild auf dem Tore eines deutschen Schlachthauses. Es war ein steinerner Ochs; unter ihm stand die Aufschrift:

»Dieser Ochs war niemals ein Kalb.«

Andere bleiben ewig Kleindumm. Man sollte für sie Kälber in Stein hauen, und unter sie die Aufschrift eingraben:

»Laß sie Methusalems Alter erleben, sie werden nicht einmal Ochsen.«

*

Es ist merkwürdig, wie gewisse Leute im Verständigsein und im Dummsein auf eine Weise immer großartig erscheinen, indessen andere ebenso im Verständigsein und im Dummsein immer kleinlich und zwergartig sich zeigen.

164.
Der Unrat im Fischteich

Der Unrat aus des Grafen von Rothfelden Bergschlosse floß ganz in den Teich und machte nicht selten die Fische darin erkranken; dafür aber hatte der Teichvogt jährlich eine Schweinung derselben zu berechnen. Beiden Übeln abzuhelfen, wollte der Schloßvogt den Unrat vom Teich abgraben. Dagegen protestierte der Teichvogt, weil es möglich sein könnte, daß man ihm dann hernach die jährliche Schweinung der Fische in der Rechnung nicht mehr passieren lassen möchte.

Und die Schloßgerichte erster und zweiter Instanz erkannten hierüber wie folgt: »Da es wirklich an dem sei, daß diese Neuerung einigen nachteiligen Einfluß in die wohl hergebrachten Rechte und Einkünfte eines Schloßbeamten haben konnte und man nebenhin nicht absehen könne, wie weit die verderbliche Neigung, den gewöhnlichen Lauf der Ableitungskanäle alles Unrats abzuändern, besonders in unsern Zeiten noch führen könnte, so finden sie, in devotester Submission unter dem allerhöchsten Willen Serenissimi, für einmal für besser: Der Schloßunrat fließe forthin, wie bisher in – Fischteich.«

165.
Der gute Rat

»Haltet nur eure Nester gut in der Ordnung, so seid ihr so glücklich, als es euer Geschlecht nur immer werden kann.« Also sprachen einmal die großen Vögel zu der Schar der kleinen.

Diese antworteten ihnen: »Was ihr sagt, ist wahr, aber es ist für uns kein Nest in der Ordnung, zu dem ihr leicht kommen könnet; denn ihr esset gerne Eier.«

★

Große Vögel bekommen allenthalben leicht Zugang zu den Nestern der kleinen. War doch schon zu Davids Zeiten ein Mann, der nur ein einziges Schaf hatte, im Fall, daß ihm so ein großer Vogel dasselbe aus seinem Stalle raubte und in den seinigen stellte. Er zog sich dabei freilich eine in unsern Tagen altmodische Strafpredigt zu.

166.
Die Tugend des Todbettes

»Es würde mir das Herz im Rachen erquicken, wenn mir meine Söhne in meine sterbenden Tatzen versprechen würden, daß sie gegen ihre Mittiere nicht so grausam und blutdürstig handeln wollten als ich es, leider! getan habe.«

Also sagte ein sterbender Löwe zu einem Rehbock, der sein Beichtvater war. Dieser, der zum Glück in einer ehrlichen Haut steckte, antwortete ihm: »Hüte dich, die Totentugend deiner jetzigen Stunde zur Lebenstugend deines Geschlechtes machen zu wollen.«

Der Rehbock hatte recht. Eine lebendige Aufmerksamkeit auf das Angstwort des Großvaters hätte die jungen Löwen nur zu Augenblicksheuchlern gemacht; und Löwen, die heucheln und fressen, drücken und schaden mehr, als Löwen, die nur fressen.

★

– Diese Wahrheit ist wichtig –

Heuchelei ist die Mutter aller Entkräftung. Ihre Kinder sind Schwächlinge, und Schwächlinge, die Gewalt haben, sind in jedem Falle drückender und gewalttätiger als gesunde und kraftvolle, wenn auch rohe und harte Männer.

167.
Ulos Gesang

Der Lechstrom unterfraß das Land, das er bespülte, und riß jährlich viele Äcker zu beiden Seiten in seinen Runz.

Ulo besang sein Verderben, aber die reichen Leute, denen das Land, das er den Ufern nahm und in seinen Runz anlegte, zufiel, nannten Ulo einen einseitigen Mann und behaupteten, nicht nur er, sondern auch die Uferbewohner sollen den Schachenvorteil der Reichen bei der Berechnung des Stromschadens auch mit in Anschlag bringen, und trösteten die dadurch leidenden Armen noch damit: das allgemeine Streben des Wassers nach Gleichgewicht mache den Strom allenthalben, wo er anschwelle, auch wieder abfließen, und verhüte dadurch, daß sein Verderben nicht allgemein werden könne.

Ulos Gesang war gefühlvoll. Der Schaden, den der Fluß den unglücklichen Uferbewohnern tat, rührte sein Herz, und jede Zeile seines Liedes ging wieder zum Herz. Aber als er hörte, wie die reichen Leute, denen der Strom das auf beiden Seiten abgerissene Land zuschwemmte von den Armen, denen es genommen war, noch forderten, daß sie den Schaden, der ihnen dadurch zufloß, als eine Wohltat der Natur erkennen und sogar lobpreisen sollten, legte er vor Rührung seines Herzens seine Flöte nieder und konnte sein Lied nicht mehr singen.

⋆

Wenn man sieht, wie Selbstsucht und Sinnlichkeit bei so vielen Reichen ihren Geist geistlos und ihr Gemüt herzlos macht, so möchte man wohl auch fragen: »Kann auch ein Reicher in das Reich Gottes eingehen?« Aber die Menschennatur ist auch im Reichen höher als der Mensch (das Individuum), und das Höhere, Göttliche unsers innern Wesens liegt tiefer in uns, als selber unser Verderben. Was wir durch Gottes Gnade sind und durch sie aus uns selbst machen können, das reinigt, erhöht und veredelt alles, was wir besitzen; es macht den Reichtum, dessen Verderben uns zu Kindern der Welt macht, zu Mitteln der Kindschaft Gottes und alles Menschensegens, der aus ihrer Hand fließt.

Die Tugend des Reichen, das Christentum des Reichen ist, wenn es wahrhaft ist, in dem Grad eine erhabene Tugend, ein erhabenes Christentum, als es sich aus den Fesseln, mit denen der Reichtum die Menschennatur an den Kot der Erde bindet, zu der Freiheit der Kinder Gottes erhebt.

168.
Die Biberegger Liebhaberei

Im Städtchen Biberegg hielt der Stadtschreiber Hochgrün am Schwörtage nach alter Gewohnheit eine Rede von allerlei schönen Dingen, die man in alten Reichsstädten an solchen Tagen einer ehrsamen Bürgerschaft herzuzählen gewohnt ist.

Ein paar Tage darauf prahlte der dicke Bürger Bandtli in der Schenke: »Ja, ja, ihr Herrn! Man muß doch manche Gassen durchlaufen, ehe man eine Reichsstadt findet, die einen Stadtschreiber hat, wie der unsrige ist; seine Rede war ein Meisterstück.« – »Nun, was hat er denn gesagt?« fragte hierauf ein Fremder.

Bandtli erwiderte: »Wenn der Herr ein Reichsbürger wäre, so würde er das nicht fragen; dergleichen Sachen sind Liebhabereien, wie Steine und Muscheln in den

Kabinettern. Ein gemeiner Bürger, wenn er so etwas auch zehnmal hört, kann es weder behalten noch begreifen.«

★

Wo der Stadtgeist, der vor Jahrhunderten durch eine Stadtschreiberrede belebt und erhoben worden, an einem Orte erloschen ist wie das Licht einer abgebrannten Lampe, da kann eine ehrende Bürgerschaft in den schönsten Stadtschreiberreden nichts anders mehr finden und versteht davon wirklich nicht mehr, als was der Bürger Bandtli in seines Stadtschreibers Rede auch fand und darin verstand.

169.
Veraltete Ehre

Der Preis des Wettlaufs war eine Krone, die der Schmied dem siegenden Pferde auf die Haut brannte.

Hiero hat diese Krone erhalten, und er trägt sie nun schon seit zehn Jahren auf steifen, eingerittenen Beinen umher, aber dabei ist er auf sie stolzer als er es war, da er sie verdiente.

★

Es ist traurig, wenn edler Stämme Nachkommen in der Erniedrigung ihrer Schwäche auf Helme, Wappen und Namen stolz sind, die ihre Väter zwar verdient, die aber gegenwärtig ihrer Verdienste halber auf sie so wenig passen, als die Krone Hieros auf seine lahmen Beine.

Noch trauriger, und ich möchte mehr sagen, noch – – ist es, wenn jeder Schwächling im Lande mit einem elenden Stück Geld Helme, Wappen und Namen kaufen kann, die in den guten Zeiten, in denen sie wahre Ehrensache waren, nur durch's Verdienst erworben, dazumal gar nicht um einen schnöden Pfennig feilgeboten wurden.

170.
Milos Fischerordnung

»Auf der ganzen Erde ist keine so gute Ordnung im Fischen«, also sprach *Milos,* da er im Schlafrocke und in der Schlafmütze vor seinem Schlosse angelte.

Ich hörte das, und fragte seine Nachbaren, worin diese vortreffliche Fischerordnung bestehe. Sie antworteten: »In nichts anderm, als daß er auf dem ganzen See das einzige Netz hat und die Fische lieber von den Hechten fressen läßt, als uns auch zu fischen erlaubt.«

★

Ich lebte vielseitig in Umgebungen, wo die Monopolprivilegien zu gemeinen Rechten ganzer Städte, zu Munizipalitätsprivilegien erhoben wurden, die zur Folge hatten, daß jeder einzelne Gemeindbürger eines solchen Orts gleichsam es als ein Geburtsrecht ansah, auch so im Schlafrock und unter den Fenstern in seinem Stadtteich Fische zu fangen. Aber ich habe auch erfahren, daß solche allgemeine Privilegienfischteiche, auch wenn sie im Anfange *fischreich* waren, leicht und oft plötzlich *fischarm* werden können, und daß in den Zeiten, in denen sie noch fischreich sind, gewöhnlich die pfiffigsten solcher Privilegienbürger sich nicht begnügen, den Tag über im Schlafrock und unter ihren Fenstern zu fischen, sondern vielmehr bei Nacht und Nebel den Stadtteich mit großen Netzen ausfischen und für die gefangenen Stadtteichfische eigene Hausteiche graben lassen, in denen sie sich denn auf jeden Fall, wenn der Stadtfischteich auch ausgefischt sein oder gar austrocknen würde, das Fischessen auf Kind und Kindeskinder sicherstellen, indessen sie denn den übrigen Mitbürgern, die am Stadtfischteich mit ihnen teilhatten, es selbst überlassen, wie sie sich beim Mangel des Fischessens, dessen ihre Väter gewohnt waren, Käs und Brot und Erdäpfel zu verschaffen im Stande sein werden.

171.
Verirrungen eines Schaf- und eines Rosshirten

Der Schäfer Hans wollte nicht mehr der Hirt der Schafe, sondern der Hirt der Herde heißen. »Ich muß über die Besorgung der Herde befehlen, aber die Knechte besorgen die Schafe«, also sagte er. Aber die Knechte besorgten sie nicht. Sie sprangen unter der Herde herum, wie Herren-Wächter an einem Markttage unter dem Volke.

Jauch, der Roßhirt, erwiderte: »Der Hans ist ein Narr! freilich muß ein Hirt die einzelnen Tiere besorgen. Man sehe nur, was ich tue.« Und was tat er dann? Er machte alle seine Hengste zu Wallachen, und band jedem weidenden Pferde die Nase mit einem kurzen Stricke an den vordern Fuß.

Also baute der Roßhirt die Erhaltung der Herde auf die Lähmung der Kraft der Tiere, indessen der Schäfer Hans sie auf Knechtentreue baute.

⋆

Ich weiß nicht, welcher Fehler in den Haushaltungen und in Regierungsangelegenheiten der größere ist, der *Hochmut,* der die Ehre der Befehlenden in Stufenfolgen voneinander trennt, daß es, wie eine Mesalliance, eine Schande im Land ist, wenn einer, der auf einer höhern Ehrenstufe steht, ein Geschäft, das einer, der auf einer niedern steht, auch tut, in die Hand nimmt; oder die *Trägheit,* die mit Gewaltsformen die Kräfte, die die

Menschen zu ihrer Nahrung und Erhaltung notwendig haben, in ihnen abschwächt und erlahmet.

Damit die Oberbehörde im Land in den Ruhbettern, die ihr auf der Stufenfolge ihrer Gewalt bereitet sind, ihrer Untergebenen halber so ruhig schlafen könne, als der Roßhirt seiner Pferde halber, deren Nasen er mit einem kurzen Strick an den vordern Fuß band.

172.
Bürgereinfalt und Kabinettsweisheit

Als die Reichsstadt Krautmarkt königlich wurde, befahl die neue Regierung, ein paar Bürgergassen abzutragen, um für ein künftig zu erbauendes Stadthaus genugsam Platz zu finden. Der alte Bürgerrat meinte freilich, es wäre noch Zeit mit dem Abtragen der Bürgergassen, wenn das Geld zum neuen Stadthause wirklich bei der Hand wäre; aber der neue Stadtchef fand, die Umstände fordern auch, unabhängend vom Stadthause, die Abtragung einiger im Wege stehender alter Bürgerhäuser, eben wie die Abtragung einiger im Wege stehender alter Bürgergesinnungen.

*

Es scheint, der neue Stadtchef habe mit seinem Befehl, die Bürgergassen abzutragen, der löblichen Bürgerschaft vorläufig den Puls darüber greifen wollen, wie weit die alten, jetzt nicht mehr passenden Bürgergesinnungen darin schon wirklich abgetragen seien.

173.
Teufelssorgen

Der Kuttenteufel sagte zum Ohnehosenteufel: »Du bringst mich mit deiner Ohnehosenbarbarei um das alte Recht meiner Kuttenbarbarei.«

»Siehst du denn nicht«, antwortete dieser, »daß ich mit dem vorübergehenden Sturme meiner Ohnehosenbarbarei nichts anders treibe und nichts anders suche, als das alte Recht deiner Kuttenbarbarei wieder herzustellen.«

»Sei nicht furchtsam, Kuttenteufel!« sagte der Satan, »ich bin dir Bürge dafür, der Ohnehosenteufel arbeitet für dich und in deinem Dienste.«

★

Ein Bauer, der dem Unwesen der Kutten- und der Ohnehosenbarbarei gleich gram war, sagte spottend: »In unserm Dorfe würde sich kein Mensch wie dieser dumme Teufel darüber zanken; es weiß ja jedermann, daß die Kuttenbrüder von allen Farben keine Hosen tragen.«

174.
Der Schmiedjunge und die Zange

Ein Schmiedjunge traute auf seine eiserne Hand und verachtete die Zange, wie der Junker Wildhans das Evangelium.

Aber einmal verbrannte er sich seine Hand bis aufs Mark; seitdem faßt er auch das kalte Eisen mit der liebgewordenen Zange an; und seitdem Junker Wildhans erfahren hat, daß auch das Volk brennt, faßt er dasselbe, so sehr er das Evangelium forthin verachtet, ebenso mit Kapuzinaden.

★

Es sind schlimme Zeiten für ein Volk, wenn seine edlere Natur an dem glühenden Eisen des Unglaubens bis aufs

Mark verbrennt wird; aber sie sind nicht weniger schlimm, wenn im persönlichen *Unglauben* bis zur höchsten Verstockung verhärtete Männer, die aber ihre Selbstsucht durch den *Volksunglauben* gefährdet achten, demselben jetzt als seine Glaubensführer und Glaubenseiferer mit Kreuz und Fahne, großen Rosenkränzen in den Händen und geweihten Skapulieren unter dem Brusttuch, in feierlichen Umzügen vorhergehen.

175.
Der Löwe und der Tiere Erleuchtung

Seine Tiere wurden immer dümmer. Aber der oberste Kauz behauptete dennoch, der Löwe sei der Tiere Erleuchtung gar nicht entgegen. Er hatte recht.

Er war der Erleuchtung des obersten Kauzen sowie derjenigen vielerlei Dienst- und Gewaltstiere gar nicht entgegen; er trachtete nur zu verhüten, daß die Erleuchtung der niedern und gemeinen Tiergeschlechter den edlern und stärkern Tieren auf keine Weise beschwerlich falle und in den Vorzügen, die ihnen vermög ihrer höhern Natur zukommen, einigen Eintrag tun. Er wollte auf diese Art die Erleuchtung der höhern und der niederern Tiere in gehörige Übereinstimmung bringen.

⋆

Es gibt Versuche, gewisse heterogene Gegenstände miteinander in Übereinstimmung zu bringen, die die gleiche Wirkung hervorbringen wie das Wasser, wenn man das Feuer mit ihm auslöscht, oder das Feuer, wenn man das Wasser durch seine Gewalt ausdünsten macht. Beides geschieht wirklich durch den innigsten Zusammenhang der Naturen von beiden und das tiefste Eindringen der einen in die andere.

176.
Die unglückliche Halbaufklärung

Die Kinder Israels durften unter dem Pharao in ihrer Dienstbarkeit weder das Hebeisen, noch die Winde, noch den Schubkarren gebrauchen. Dieses alles war gegen sie ein gesetzliches Vorrecht der Ägypter.

Aber zu Moses Zeiten fingen die Juden an, sich über das Unrecht und die Torheit dieser ägyptischen Einrichtungen untereinander zu besprechen.

Das hießen die Ägypter eine unglückliche Halbaufklärung, wodurch sich das elende Volk nur die gesetzlichen Schranken seines Standes zur Last machen und sonst nichts gewinnen werde.

Und eine Tradition sagt: »Moses habe den Ägypter eben bei einem Streite über das Recht der Aufklärung, das heißt, über das Recht zum Gebrauch des Hebeisens, der Winde und des Schubkarrens erschlagen.«

⋆

Ich kann diese, mir vor vierzig Jahren wahrlich aus gutem Herzen geflossene Rubrik von den Ansprüchen des Mannes Gottes, Moses, an die wahre Volksaufklärung nicht stehen lassen, ohne mich über diesen Gegenstand, wie er mir jetzt nach so langer Zeit, zwar in gleichen Gesichtspunkten, aber mit etwas mehr Bestimmtheit als damals ins Aug' fällt, zu äußern. Wer Mensch ist und als Mensch zu einem gottesfürchtigen verständigen und in der Liebe tätigen Leben auferzogen werden soll, der hat unumgänglich nötig, in und durch die Erziehung alle menschliche Handbietung und Sorgfalt zu genießen, die zur Erzielung dieses Zweckes erforderlich sind. Offenbar ist das Wesen der wahren Volksaufklärung durch dieses allgemeine Fundament der Bildungsbedürfnisse des Menschengeschlechts bestimmt, und die echte Volksaufklärung, die aus diesem Bedürfnis hervorgeht, führt durch ihr Wesen notwendig zum Beten, Denken und Arbeiten, und zwar zu einem gefühlvollen, herzlichen Beten, zu einem kraftvollen, richtigen Denken, und zu einem verständigen und gewandten Arbeiten, folglich auch zum Einüben aller Fertigkeiten und Kenntnisse, sowie zum Habituelmachen der Anstrengungs-, Ausharrungs- und Überwindungskräfte, welche alles aus den ersten Bedürfnissen der Menschennatur hervorgehende Beten, Denken und Arbeiten anspricht und voraussetzt. Diese Art von Volksaufklärung, die indessen die einzige wahre ist, muß ihrer Natur nach jedermann, dem ein menschliches Herz im Busen schlägt, lieb und wert sein. Jeder Vater und jede Mutter, denen das Wohl ihrer Kinder, und jede Landesbehörde, der das Wohl ihrer Angehörigen am Herzen liegt, kann keine größere Angelegenheit haben, als diese Volksaufklärung in ihrem Kreise mit den Mitteln, die in ihrer Hand sind, zu fördern. Aber das Unglück der Zeit, unsre Verkünstlung, hat den guten Namen ›Volksaufklärung‹ einem Unding gegeben, das im eigentlichen Verstand der bestimmteste Gegensatz aller wahren Aufklärung und das größte Hindernis ist, welches das Verderben der Zeit ihr in den Weg legt. Sie hat ihn, diesen guten Namen, ihrem angebeteten Götzen, der *Halbaufklärung,* gegeben, und diese hat durch die Reize und Umtriebe ihres Verderbens in der Masse der Völker so viel als alles das ausgelöscht, woraus das einzige, wahre Fundament der echten Volksaufklärung, die Vereinigung der Gottesfurcht und Menschenliebe mit den wesentlichen Bildungsmitteln der häuslichen und bürgerlichen Weisheit und Kraft, und der ganze Umfang ihrer Segensfolgen allein hervorzugehen vermag. Diese Halbaufklärung geht aus dem Zeitdrange, viel *Unnützes und Segenloses,* wenn auch nur *oberflächlich und schlecht* zu wissen und zu können, hervor, und sieht mit dem Anspruch der wahren Aufklärung, das was einem jeden Menschen *notwendig und segensreich* ist, wenn auch beschränkt, *recht* zu wissen und *recht* zu können, im entschiedensten Widerspruche; und es ist unstreitig, so wie die Halbaufklärung das kraftvollste Mittel ist, den Segen der wahren Aufklärung im Volke zu zernichten, so ist hinwieder die wahre Aufklärung das wesentliche und kraftvollste Mittel, dem Verderben der Halbaufklärung im Volke Einhalt zu tun. Aus dieser Ansicht geht dann aber auch unstreitig hervor, wer den wesentlichen Bildungsmitteln der wahren Aufklärung entgegenwirkt, der fördert dadurch das Verderben der Halbaufklärung im ganzen Umfange seiner Wirkung. Es geht daraus unstreitig hervor, wer immer die einfachen und reinen Erleichterungsmittel der menschlichen Denk- und Kunstkraft als im allgemeinen für das Volk nicht anwendbar und seiner Erziehung selber nachteilig erklärt, der erklärt auch zugleich die Bildungsmittel der menschlichen Kräfte, durch deren Entfaltung und Belebung der Segenseinfluß des Glaubens und der Liebe allein in tatsächliche Beweise ihrer Reinheit und Wahrheit, in Taten der Liebe, des Erbarmens, in Handlungen der Hülfe und Handbietung, in allen Leiden unsers Geschlechts hinüberzugehen vermag, als im allgemeinen für die Masse des Volks unanwendbar und sogar der Volkserziehung, als solche, nachteilig. Aber kann das ein Mensch, der reinen Herzens ist? Darf das ein Christ, der in Christo alle seine Mitmenschen als seine Brüder erklärt? Nein, er kann, er darf das nicht. Mit der Erklärung, daß die Erleichterungsmittel des richtigen Denkens und des nötigen Kunstfleißes für die Masse des Volks nicht anwendbar und ihr im Gegenteil als nachteilig vorenthalten werden müssen, wäre der Weg zu der Finsternis der ägyptischen Dienstbarkeit ohne Widerrede vollkommen auf gutem Fuße angebahnt. Der Grundsatz, daß die Erleichterungsmittel des richtigen Denkens und des nötigen Könnens dem niedern Volk nur die gesetzlichen Schranken seines Standes zur Last machen und ihm sonst nichts helfen würden, wäre mit dem Grundsatze, daß der Gebrauch des Schubkarrens, des Hebeisens und der Winde bei dem

Volk Israel diese und keine andere Wirkung haben würde, in vollkommener Übereinstimmung. Aber im Christenland wird es, wills Gott! nicht dahin kommen. Wir werden, wills Gott! in Ewigkeit nie keinen Moses nötig haben, der die Kinder Israel aus den bösen Schranken der ägyptischen Finsternis erlöst und sie im gelobten Lande nicht nur zum freien Gebrauche des Hebeisens, des Schubkarrens und der Winde, sondern selber zum freien Gebrauche aller Erleichterungsmittel des richtigen Denkens, des frommen und edlen Forschens in ihrem heiligen Glauben und des verständigen und gebildeten Handels und Wandels im häuslichen und bürgerlichen Leben und zu allen Segnungen hingeführt, die ein freier Spielraum der gebildeten Kräfte unsrer Natur dem Menschengeschlecht allgemein gewährt.

177.
Die Bärenaufklärung

»Da sieht man jetzt, was es mit der Aufklärung für eine herrliche Sache ist; würde man doch alles lassen wie es ist, und den Bär im Walde!« – also sprach Momus, als Petz, der erste der Tanzbären, seinen Führer mit Haut und Haaren fraß.

Aber Momus vergaß, daß der gefressene Bärenführer nicht der Mann war, der den Petz tanzen gelehrt, sondern sein Knecht, den dieser einige Wochen vor seinem Tode in seinen Dienst nahm. Dieser wollte sich das Bärenführerhandwerk bequemlicher machen, als es sein Vorfahrer betrieb. Dafür legte er dem Bären einen weit größern Ring an die Nase, als er vorher trug, prügelte ihn untreulich, da er den ersten murrenden Laut über diese Neuerung im An-der-Nase-Führen gab, und stieß überhaupt alle Tage unvernünftiger gegen die Natur des armen Tieres an, das er an der Kette hatte. Dieses trug es eine ziemliche Zeit geduldig und ging nur mißmutig und kopfhängend hinter dem neuen bösen Meister her; aber da er es einmal in einem Augenblick, in dem es ebenso mißmutig und trübsinnig hinter ihm einherging, mit seiner Kette so stark an der Nase riß, daß es blutete, ward der Bär plötzlich wütend; die ganze Kunstschwäche seiner Sklavengeduld verschwand jetzt in ihm; er fuhr wie ein angeschoßner Waldbär auf den Jäger, der ihn nur halb getroffen, auf seinen Meister und zerriß ihn.

*

Man kann auch die wildesten Tiere zur höchsten Unnatur im Dienstgebrauch ihrer Kräfte hinführen; aber je weiter man diese Verkünstlungsgaukeleien mit ihnen treibt, desto sorgfältiger muß man auch verhüten, daß die Schwachheitsgrimassen, die man ihnen zur andern Natur gemacht, ihrer ursprünglichen Natur nicht plötzlich Platz machen und dadurch Unglücke veranlassen, die auf keine Weise wiedergutgemacht werden können.

178.
Der Wind und der Schiffer

»Wenn ich hinauf will, so wehest du hinab, und wenn ich hinab will, so wehest du hinauf« – also sprach der Schiffer *für gut derb* zum Windegott Aeolus.

»Weißt du was?« erwiderte dieser. »Wenn ich hinabblase, so fahre du hinab, und wenn ich hinaufblase, so fahre du hinauf. Dient dir aber das nicht, und findest du mich dennoch dir entgegen, so arbeite du gegen mich, wie ich gegen dich.«

*

Man kann Naturkräfte nicht mit Geschwatzwerk zurückdrängen, man muß sie mit Fleiß und Arbeit zu überwinden suchen. Kräfte können nur durch Kräfte besiegt werden. Selber der Wind kann nur durch einen andern Wind und durchaus nicht durch eine Theorie vom Winde und noch weniger durch einen Befehl, daß ein anderer Wind wehen solle, besiegt werden.

179.
Meine Angst vor dem Hunde (Ein Traum)

Mit der Kette am Hals, aber nicht angeschlossen, legte der Bullenbeißer Tiran seinen Kopf schmeichelnd auf meinen Schoß; als eben ein Tor aufging und ein Bär aus einer Scheune hervorkam.

Augenblicklich entstand ein Geschrei: »Mit den Hunden an die Ketten!« Man wollte den Bären ohne einen blutigen Kampf mit ihnen zum Tor hinauslocken. Die Knechte liefen auf allen Seiten gegen Sultan, der frei im Hof herumlief. An Tiran, der auf meinem Schoße lag, dachte niemand. Indessen stutzte dieser die Ohren und hielt den Kopf gegen den Bären in die Höhe.

Ich griff schnell an seinen Halsring, und hell wie die Wahrheit lag der Gedanke in meiner Seele, du mußt mit deiner Hand vom Halsring weg das Ende der Kette anfassen und ihn anschließen; aber ich vermochte es nicht, meine Hand war wie am Halsringe des Hundes angestarrt. Entsetzen durchfuhr mich, und ich erwachte am ganzen Leibe bebend.

*

Ich träumte das wirklich, und ein kalter Schweiß triefte wirklich von meiner Stirne herab, als ich erwachte. Auch war der Eindruck, den der Traum auf mich machte, sehr groß. Ich konnte nicht anders, ich mußte zu mir sagen, er ist eine Folge der Umstände, in denen ich lebe.

Es zeigten sich nämlich in dieser Zeit Volksbewegungen in meiner Nähe, die mich beunruhigten. Ich schrieb auch den Traum dieser Unruhe zu. Ich konnte nicht anders, ich mußte zu mir selber sagen: Es hat mir nicht umsonst geträumt, und es muß mir nicht umsonst geträumt haben. Ich mußte mir denken, der Traum solle und wolle mir sagen: Die Gemeinkraft eines Volks, das, aus welcher Ursache es auch immer sei, lebendig zur Selbsthülfe gereizt, leidenschaftlich in Bewegung gerät, sei so schwer vor den äußersten Ausbrüchen der tierischen Verwilderung zu bewahren und an den Ketten der Vernunft und der Ordnung, die diese gebietet, festzuhalten, als es mir im Traum schwer schien, den Bullenbeißer, der mir schmeichelnd auf dem Schoße lag, bei der Erscheinung des Bären an die Kette zu legen, an die ich ihn, vor Angst und Furcht zitternd, anzulegen suchte. Ich mußte mir sagen, träume sich doch niemand unter solchen Umständen, ein sinnlich lebendig bewegtes Volk in die Schranken zu lenken und in den Schranken zu erhalten, die erforderlich sind und dahin wirken, daß die Äußerungen und Ausbrüche des belebten Strebens nach Selbsthülfe nicht das Heilige der Fundamente untergraben, auf denen alle wahren Segensgenießungen des Volks ruhen. Aber diese Erklärung befriedigte mich noch nicht; ich fühlte tief, es brauche hierfür eine Gewaltkraft, die weder in dem Einfluß der Masse des Volks auf seine Individuen, noch von dem Einfluß einzelner Individuen auf die Masse des Volks zu erwarten sind. Ich fühlte tief, daß ich, um über diesen Gegenstand in mir einig zu werden, in mich selbst gehen und die Mittel, wie einem Volke unter diesen Umständen zu helfen sei, in mir selbst suchen müsse. Ich ging in mich selbst und fragte mich: Wenn das tierische Streben nach Selbsthülfe so lebendig in mir gereizt wird wie das bei dem Bullenbeißer, der mir auf dem Schoße lag, als er den wilden Bären plötzlich erblickte, der Fall war, was muß ich denn tun, um nicht der in einem solchen Augenblicke in mir selbst so lebendig belebten, tierischen Selbstsucht zu unterliegen? Ich konnte nicht anders, ich mußte mir antworten: Es sei nur durch den, in mir selbst wahrhaft belebten, göttlichen Glauben und die in mir selbst wahrhaft belebte, göttliche Liebe möglich. Damit aber schien mir auch das Problem völlig aufgelöst, wie es möglich sei, ein Volk vor den Ausbrüchen der Rohheit, welche die Reize der sinnlich belebten Gemeinkraft im Streben nach Selbsthülfe im Menschen allgemein erzeugen, zu bewahren. Es war mir vollkommen heiter, daß dieses nur durch Mittel geschehen könne, welche auf der einen Seite der Erscheinung dieser Reize, auf der andern der Empfänglichkeit des Volks, von ihnen verführt zu werden, zum voraus vorbeugen. Es war mir vollkommen heiter, dieses sei nur durch psychologische, tief in das Wesen der Menschennatur eingreifende Mittel der wahren Veredlung des Menschengeschlechts, es sei nur durch eine, von dem einzelnen Falle eines solchen Empörungsaugenblicks ganz unabhängend ins Aug' gefaßte Bildung des Volks zu einer allgemeinen, durch Gottesfurcht gereinigten und geheiligten Menschenliebe zu erreichen möglich.

180.
Der Hirt und das Schaf

»Dieser Zustand ist unleidentlich«, sagte ein Schaf, da es aus einer reinen Herde in eine angesteckte versetzt wurde.

Der Hirt antwortete ihm: »Ich will dich gerne besonders versorgen, aber sage doch den andern Schafen nicht, daß du ihren Zustand unerträglich findest.«

Hierauf erwiderte das Schaf: »Wenn ich ein eigensüchtiger Hund wäre, so würde mir deine Antwort behagen, da ich aber ein Schaf bin, so finde ich sie abscheulich.«

Hirt: »Gutes Tier! Überlege es doch, die Herde fühlt ja nicht einmal, daß ihr etwas fehlt.«

Schaf: »Wenn ich auch keinen Grund hätte, der Herde ihre Gefahr nicht zu verhehlen, so wäre mir dieser genug, daß sie dieselbe nicht einmal kennt.«

Hirt: »Deine Grundsätze sind der Herde selber verderblich.«

Schaf: »Vielleicht; aber sicher nur, insoweit du ein schlechter Hirt bist.«

Hirt: »Du tust mir unrecht; ich bin um deswillen, was ich dir anbiete, gewiß kein schlechter Hirt. Hundert andere Tiere würden mir dafür danken.«

Schaf: »Das weiß ich wohl; aber es gibt auch hundert Tiere, denen das Herz im Leibe gar nicht ob allem dem zittert, was mir das meinige zittern macht.«

*

Auch unter den Menschen sind die Urteile und Meinungen über Privilegien und Ausnahmgesetze sehr ungleich. Was diesfalls einigen derselben das Herz im Leibe zittern macht, finden andere sehr rechtmäßig oder wenigstens in Rücksicht auf seinen Schaden unbedeutend.

181.
Der Zankapfel

Affenkinder baten ihren Vater um einige Äpfel aus dem Vorrate, den er vor ihnen verborgen hatte. Er antwortete ihnen: »Ihr seid mir lieb, aber der große Jupiter hat euch Hände und Füße gegeben wie mir, also seht, wie ihr selbst Äpfel findet.« – Indessen warf er ihnen einen, aber nur einen dar.

Sie zerrissen sich ob demselben alle miteinander die Haut.

*

Das sind böse Tiere, diese Affenkinder, daß sie einander ob diesem Apfel so herumzausen, aber ich frage mich doch, warum sind sie so böse Tiere? und muß mir antworten: Sie sind es nur, weil ihr Vater ein Affe und ein Narr ist; wäre er das nicht, so würde er gewußt haben, daß wenn man Zankäpfel selber unter die Menschen wirft, dieses ein Mittel ist, sie ganz gewiß zu viel schlechtern Menschen zu machen, als sie ohne diese ihnen zugeworfenen Äpfel gewiß nicht geworden wären.

Es freute indessen den alten Affen, zu sehen, wie sich seine Jungen darüber zerkratzten. In seiner Affenseele, in der er sich keine andere Tierkraft als eine Affenkraft zu denken vermochte, stellte er sich vor, indem sie sich also dafür zerkratzen, stärken sie sich die Kräfte, die sie nötig haben, sich in Zukunft auch selber Äpfel und was sie sonst alles bedürfen, zu verschaffen, wodurch denn auch die Gründe, weiter für sie zu sorgen, von selbst wegfallen werden.

182.
Ein alter Elefant

Er war eben nicht der Klügste aus seinem Geschlechte, aber er bekam dennoch wegen der Ordnung, die er unter den Tieren eines kleinen Bezirks hatte, einen so guten Namen, daß ihn die Tiere eines großen Landes baten: »Werde unser König.«

Er wollte im Anfange nicht und sagte: »Ich will bei meinen alten Tieren leben und sterben.« – Aber auch diese baten ihn und sagten: »Nimm die Ehre an und werde ein König.«

Er tat es endlich, aber die Folge davon war, die Tiere des alten Bezirks verloren einen Führer, mit dem sie zufrieden waren, und die Tiere des großen Landes bekamen einen, mit dem sie unzufrieden werden mußten.

Das alte Tier war zu kleinlich für ein Königreich, aber

durch sein Königreich zugleich auch unfähig, seinen alten Forst so ordentlich und sorgfältig zu verwalten, als er es vorher getan.

⋆

Das Sprichwort ist sehr wahr: »Man muß einen alten Baum nicht leicht versetzen – tut man es, so sterben hunderte gegen einen, der sich dabei beim Leben erhaltet.« Mit dem alte Menschen aus ihrem gewohnten Lebensgange wegzunehmen und sie in einen andern zu versetzen ist es das nämliche. Man stellt das Gute, das sie sich durch ihr Leben eingeübt und jetzt wohl können, still und macht ihnen etwas Gutes zur Pflicht, das sie sich erst jetzt einüben sollten und nicht mehr wohl einüben können. Der Fehler ist auffallend, obgleich die Übung an vielen Orten ziemlich allgemein ist, auf gute Pfründe gewöhnlich sehr alte Pfarrer hinzuschicken. Wahrlich, das Bleiben bei den Seinigen, bis der Tod uns scheidet, ist in tausend Verhältnissen des Lebens eine heilige Sache. Der Pfenning ist nirgends mehr wert, als wo er geschlagen worden, und das ist noch am meisten von einem alten, abgeschliffenen Pfenning wahr. Auch schwache Menschen von wenig Anlagen kommen in Sachen, die sie durch ihr Leben immer betrieben, zu einer Art von Gewandtheit und Vollendung; sie werden aber durch ihr Alter in eben dem Grad zu allem dem, was sie durch ihr Leben nie betrieben, unfähiger.

183.

Der Streit über die Elle, das Pfund und den Eimer

Im Lande ⋆⋆⋆ war noch weder Elle, noch Maß, noch Gewicht eingerichtet. Das bloße Augenmaß bestimmte allen Verkehr, und wer kein gutes hatte, der irrte sich täglich.

Diesem Übel abzuhelfen, riet ein Mann, der die Auswelt gesehen hatte, dem Volke an, Maß und Gewicht im Lande einzuführen. Aber die Leute, die ein gutes Augenmaß hatten, beschwerten sich darüber und sagten untereinander: »Sollen wir es dulden, daß uns dadurch alle Vorteile entrissen werden, die uns das Übergewicht unsrer Naturgaben, unsers Fleißes und unsrer Erfahrungen bisher zugesichert haben, und soll zugleich auch der Reiz des Selbstdenkens und Selbstforschens durch dergleichen Kunststücke, um der Dummheit und der Trägheit willen, also unter uns vermindert werden?«

Alles Volk gab ihnen Beifall. »Unsere Alten hatten ja auch weder Pfund, noch Elle, noch Eimer, und doch gings besser als jetzt«, also sagte die blinde Menge. Einige Schlauen setzten hinzu, und das Volk sprach ihnen nach:

»Wenn von der Hülfe und Sorgfalt, die man den Armen und Schwachen im Lande schuldig sein mag, die Rede ist, so ist ein freundliches Wort *von einem gutmütigen Menschen, der ein scharfes Auge hat,* für dergleichen Leute unendlich mehr wert als alle diese Kunststücke, die man ihnen ja auch verfälschen kann.«

*

In der alten, treuen, frommen, unverfänglichen Zeit waren die Gesetze in den meisten Ländern vielseitig unbestimmt und die Willkür der Richter sehr groß. Aber diese waren im allgemeinen einfach, fromm und treu, eben wie das Volk. Sie waren im allgemeinen Freunde des Volks, Volksmänner, ohne Falschheit und ohne verfängliche Kunstumtriebe. Aber da die Zeiten sich änderten und eine verfängliche Gerechtigkeitskunst im Lande allgemein wurde, wie der nasse Boden beim anhaltenden Regen, fühlte jedermann, der seinen Kopf und sein Herz am rechten Fleck hatte, die Notwendigkeit, die für die Unschuld der Vorzeit passenden Landesgesetze in solche, die für die Verfänglichkeit der gegenwärtigen Zeit passen, zu umwandeln. Aber es ging mit diesem Umwandlungsprojekte ebenso wie mit dem Projekte, Elle, Maß und Gewicht im Lande einzuführen, wo sie vorher nicht eingeführt waren. Jedermann im Land, dem die Unbestimmtheit der Gesetze dazu diente, seinen Beutel zu füllen und seine Leidenschaften zu befriedigen, tat, was er immer konnte, die Einführung dieses Projekts zu verhüten, eben wie jedermann im Lande *** seinen Beutel damit spicken konnte, daß weder Elle, noch Maß, noch Gewicht darin eingeführt waren, auch alles tat, diese Einführung zu verhüten.

184.
Heidensorgen

Da einst die blinden Heiden in *** zur Erkenntnis des einigen wahren Gottes gelangen wollten, jammerten die meisten alten Leute, was doch ihrem Lande für ein großes Unglück bevorstehe, und sogar diejenigen von ihnen, die den Unsinn ihres alten Molochdienstes ganz bekannten, behaupteten dennoch, die unglücklichen, neuerungssüchtigen Menschen werden sich mit ihrem neuen Gotte und mit aller seiner Wahrheit doch den Felsen ihres Heils, die Stützen ihres häuslichen Glücks untergraben, und Mord und Raub und Brand werde die unfehlbare Folge dieses so unglücklich einreißenden Aufklärungsfiebers sein.

Diesen ängstlichen Alten antwortete die mutvollere Jugend: »Ha! Wenn wir schon aufhören werden, den Moloch zu verehren, so werden wir um deswillen doch nicht uns auch die Hälse abschneiden müssen.«

»Ja! ja!« sagten die ängstlichen Alten, »so dachten wir auch, da wir noch jung waren, und so denken alle guten Menschen, bis sie durch Alter und Erfahrung zur Überzeugung gelangt sind, daß das von irgendeiner Molochsfurcht entledigte menschliche Herz nicht anders kann, als zu Raub, Mord und Brand hinlenken.«

Die jungen Leute erwiderten: »Es ist freilich wahr, wenn man irgendeinen Moloch verabschiedet, so muß man in diesem, wie in jedem Falle, wo die Menschen durch Umstände gereizt werden könnten, das Kind mit dem Bade auszuschütten, die Gelüste nach bürgerlicher Verwilderung durch gute Gesetze zu verhüten trachten.«

»O du allmächtiger Moloch! Was müssen wir noch erleben«, erwiderten die Alten, »ihr wolltet also euere Glaubensschwärmereien noch mit Bürgersschwärmereien übertünchen. Aber ihr werdet wohl erfahren, wohin das führt; ohne den Moloch und ohne seinen feurigen Ofen sind alle bürgerlichen Gesetze nur Täuschung, Schein und eitles Blendwerk.«

Die muntere Jugend erwiderte: »Solange ihr den Moloch verehrt und seine Unmenschlichkeiten euer höchstes Gesetz und die oberste Richtschnur eures Fühlens, Denkens und Handelns sind, so dürft ihr nicht von guten bürgerlichen Gesetzen reden; ihr habt keine und könnet keine haben, die euch ihrer Zwecke halber sicherstellen. Bei seinem Dienste sind alle bürgerlichen Gesetze für euch Spinnengewebe, durch die jeder Käfer, der auch nur so groß als eine Bohne ist, durchschlüpft und in denen nur völlig gewichtlose Fliegen hangen bleiben. Ihr redet also von dem, was gute Gesetze im Lande leisten können, wie die Blinden von den Farben, und könnet durchaus nicht wissen, was eine gute, mit der Menschennatur wahrhaft übereinstimmende Gesetzgebung wirken würde, wenn sie einmal da wäre.«

⋆

Diese Heidensorgen betreffen einen Punkt, den freilich die alten Molochsdiener zu schwer, aber auch die jungen ganz gewiß zu leicht ins Aug' gefaßt haben. Die Äußerungen dieser jungen Heiden könnten in unsern Tagen

Mißverständnisse erzeugen. Es kann zwar gegenwärtig in unserm Weltteil nicht mehr vom Übergang der Völker von einer Heidenreligion zur christlichen, wohl aber vom Übergang eines christlichen Volks von den Glaubensmeinungen einer christlichen Partei zu denjenigen einer andern die Rede sein; indessen ist die Sache eines jeden Übergangs von religiösen Meinungen zu andern in jedem Falle eine sehr kitzliche Sache, und das noch in dem Grad, als er auf der einen Seite ernstlich gemeint, auf der andern Seite menschlich, künstlich und lebendig betrieben wird.

Man muß seinen Boden um sich her wohl kennen, wenn man es wagen will, irgendeiner menschlichen Betriebsamkeit für die öffentliche Änderung religiöser Meinungen unter dem Schilde eines heiligen Eifers für allein seligmachende Glaubenswahrheiten teilzunehmen und ihnen das Wort zu reden. Das innere Wesen des wahren Glaubens, der das Herz des Menschen reinigt und ihm göttliche Kraft zu allem Göttlichen verleiht, ist eine Kraft, die über den Schall und den Ton menschlicher Meinungen, Ausdrücke und Wortfügungen unendlich erhaben, auch von aller Wortdeutlichkeit und Erklärungsbestimmtheit ganz unabhängend die Menschennatur im ganzen Umfang ihrer Kräfte sie heiligend ergreift. Als Meinung, als menschlich bestimmte, als menschlich gemodelte, gesiebte und dekretierte Wahrheit, ist jede religiöse Ansicht nur eine tote Schale des innern Wesens der Religion, des wahren Glaubens. Und es ist nur die innere Reinheit der göttlichen Gewalt, mit der die Menschennatur im ganzen Umfang ihrer Kräfte für das innere Wesen irgendeiner menschlich ausgesprochenen Glaubenswahrheit ergriffen wird, wodurch ihr diese Glaubenswahrheit individualiter zum Fundament seines wahren, ihn wirklich seligmachenden Glaubens wird. Aber in diesem Falle wird dem, durch seinen Glauben wahrhaft veredelten Menschen freilich auch die menschliche Schale, in der ihm das innere Wesen seines Glaubens von

Jugend auf beigebracht und zu einem heiligen, göttlichen und göttlich wahren Wesen eingeübt worden, an sich selbst heilig und in ihm selbst in der Ansicht ihres Heiligtums unverletzlich. Ein solcher Mensch denkt sich das heilige Fundament seiner innern Veredlung in jedem Fall in den ihm menschlich gegebenen Namen, Wortfügungen und Bildern seiner kirchlichen Glaubenslehren im innigsten Zusammenhange. Es ist desnahen offenbar, mit welcher Schonung und Zartheit auch die Irrtümer jeder von Jugend auf dem Menschen beigebrachten, religiösen Meinung, d.i. auch die Flecken der Schale, mit der ihr inneres, segnendes Wesen dem Menschen menschlich in die Hand gelegt worden, behandelt werden muß. Wahrlich, es ist in dieser Rücksicht ein großes Wort: »Wehe dem, der Ärgernis gibt.« – Und ich muß aufrichtig sagen, es liegt in der Ansicht der alten Molochsdiener, die in Rücksicht auf den Übergang aus dem Heidentum zu einer wahren, aber ihnen noch nicht durch die Erfahrung bekannten Religion zur Vorsicht mahnen, ein achtungsvolles Fundament, das weitaus mehr psychologischen Takt verrät, als der schonungslose, und ich möchte beinahe sagen, unchristliche Worteifer, mit dem diese heidnische Jugend ihren menschlichen Mut zu ihrem Übergang ausgedrückt hat und ihm das Wort redet.

185.
Der Streit einer Bande

»Nein! Die Hälfte unsers Raubs lassen wir dir nicht mehr, und bei Sachen, wo Leib und Leben darauf stehen, mußt du mit uns zu Rate gehen.«

Also sprach einst eine Räuberbande zu ihrem Führer.

Dieser antwortete kalt und entschlossen: »Tut was ihr wollt, aber wenn ihr mir die Mittel entzieht, alles, was uns dienen kann, auszukundschaften und zu veranstalten, so seht denn, was ihr forthin zu teilen haben werdet; und mich mit euch zu beraten über das, was uns einträglich werden soll, heißt in meinen Augen eben so viel als machen, daß uns alles fehlschlage, was uns einträglich werden könnte; wenn es aber euch nicht mehr behagt, euch von eurem Führer meistern zu lassen, so seht denn, ob es euch besser behage, euch vom Henker meistern zu lassen.«

Seine Kameraden erwiderten: »Etwas folgen wollen wir auch, aber zu viel ist zu viel; du treibst Recht und Ordnung bei uns über alle Maßen.«

»Nichts! Nichts!« antwortete dieser, »wenn ich unter euch bleiben soll, so muß alles forthin sein und bestehen, wie es jetzt ist; ich tue es nicht anders, und den ersten, der sich widersetzt, schieße ich vor den Kopf.«

»Was? Was?« riefen die andern, »wenn's Schießen gilt, so können wir auch schießen, und unser sind viel.« – Doch sie schossen nicht, und der Chef schoß auch nicht; aber alles ging unzufrieden auseinander, und Nerin, der im Walde aufgewachsen, noch keine Ordnung und kein Recht in der Welt kannte als die Ordnung und das Recht ihrer Bande, schlich sich einsam ins Gebüsche, staunte über sein Leben, und sagte endlich zu sich selbst: »Unser Handwerk muß wohl selber nichts taugen, da wir uns über die Art, dasselbe zu treiben, so schwer vereinigen können.«

Ein Philosoph, der zufälligerweise auf seinem Spaziergange dahin verirrte, hörte den unschuldigen Dieb, und rief ihm durch den Strauch zu: »Rem acu tetigisti! Ihr könnt euch über das Treiben eures Handwerks eben darum nicht vergleichen, weil es nichts taugt.«

Lachend antwortete ihm *Nerin:* »Wenn du so Bescheid weißest, so sag mir zugleich auch, was müssen wir denn tun?« Diese Frage machte den Philosophen einen Augenblick verlegen, doch er besann sich und rief ihm zurück: »Ihr müßt, denke ich, aufhören unrecht tun und lernen recht tun.«

»Und ich denke«, erwiderte der Dieb, »unsere Bande wird das weder können noch wollen.«

Der Philosoph: »Ich sagte es auch nicht der Bande, ich sage es dir.«

Diese Auszeichnung freute den *Nerin*. Er trat aus dem Gebüsche hervor und sagte zu dem Philosophen: »Höre! Ich habe längst gewünscht, einen Menschen zu finden, der glauben könnte, ich sei auch einer.«

»Du hast einen gefunden«, antwortete dieser. *Nerin* setzte sich zu ihm hin, und der Philosoph fand in ihm eine Reinheit des Herzens, einen Glauben an sich selbst, eine Anhänglichkeit an jeden Zug der Gutmütigkeit, eine Aufmerksamkeit auf jede Äußerung von Wahrheit und Recht und einen Tiefblick ins menschliche Herz, den er im bürgerlichen Leben selten gefunden hatte.

Nach einer Stunde warf sich der wilde Jüngling, mit einer Zähre im Auge, in die Arme des weisen Bürgers, und sie blieben von dieser Stunde an ungetrennte Freunde.

*

Ich kann bei dieser Rubrik mich nicht enthalten, die Bemerkung zu wiederholen, die beinahe allgemein anerkannt, aber auch ebenso allgemein ohne große, gute Folgen als wahr anerkannt wird, daß nämlich aus Mangel von genügsamer Sorgfalt für die innere Veredlung der wesentlichsten bürgerlichen Einrichtungen zahllose gute Kräfte der Menschennatur verlorengehen, und selber erhabene Kräfte, die beim tiefern Eingreifen der bürgerlichen Einrichtungen in die wesentlichen Fundamente der Veredlung unsers Geschlechts dem Vaterlande zu hohem Segen gedeihn könnten, demselben beim Mangel höherer Sorgfalt in diesen Einrichtungen zum Fluch werden.

186.

Herr Frommann und ein Zuchthäusler (Keine Fabel, sondern eine Wahrheit)

Herr Frommann, ein wohlhabender Mann, dessen Haus schon vom Vater und Großvater her mitten im Genuß aller Bequemlichkeiten des Lebens ein stilles, frommes und exemplarisches Leben führte, und jedermann, insonderheit die in seinen Umgebungen lebenden Armen, mit trefflichen Worten zu einem ebenso frommen, exemplarischen Leben aufzumuntern gewohnt war, kam vor einiger Zeit auch mit einem Mann in Bekanntschaft, dessen Gesichtsbildung ihm außerordentlich auffiel, und suchte, obgleich er wußte, daß er vor kurzem aus dem Zuchthaus entlassen wurde, sich öfters mit ihm in dem Geist, wie er mit jedermann tat, zu unterhalten. Einmal aber sagte er in aller Herzensgutmütigkeit zu ihm, er könne nicht begreifen, wie so viele arme Leute alle Jahre ins Zuchthaus und an den Karren kommen. Der Zuchthäusler antwortete ihm: »Herr Frommann, die armen Leute haben eine Natur wie die Reichen, und sie kommen gar oft für Handlungen ins Zuchthaus und an den Karren, die, wenn sie ihnen im großen und allgemeinen gelungen wären, sie in den Stand setzen würden, ebenso bequem, fromm zu sein und exemplarisch zu leben, als es die Reichen gar leicht können.«

Der Frommann, über diese Antwort betroffen, schwieg einen Augenblick; der Zuchthäusler aber fuhr sogleich fort: »Herr Frommann, die armen Leute suchen durch sehr viele Handlungen, die sie also ins Unglück bringen, bestimmt nichts anders als Mittel zu den Bequemlichkeiten und Behaglichkeiten, die sich die Reichen bei allem ihrem frommen, exemplarischen Leben keinen Augenblick ermangeln lassen. Dazu kommt denn auch, daß diese Armen auf der einen Seite von der Wiege an auf alle Weise dazu gereizt werden, nach diesen Bequemlichkeiten zu gelüsten und als das einzige Gute, das ihnen in ihrem Leben als wünschbar vor die Augen gestellet wird, anzusehen, indessen sie auf der andern Seite bis ans Grab ohne alle Bildungsmittel und ohne alle Gelegenheit gelassen werden, durch welche es ihnen möglich werden könnte, sich irgend etwas Bedeutendes und Befriedigendes davon mit Fug und Recht zu erwerben.«

Herr Frommann meinte, die christlichen Ermahnungen zu einem guten und frommen Leben, die diese Leute doch immer von allen Seiten erhalten, und die auch er nie ermangle, allen Armen, die in seinen Umgebungen wohnen, zu erteilen, sollten doch mehr fruchten, als es wirklich geschehe. Der Zuchthäusler meinte das nicht; er erwiderte ihm, er sollte selber begreifen, wie wenig solche leere Ermahnungsworte, die von Leuten herkommen, die bei ihrem exemplarischen Leben alle Kommlichkeiten und Gemächlichkeiten, die sie nur wünschen, genießen, und sich von dieser Seite nie nichts versagen, auf Leute wirken können, die die gleichen Bedürfnisse und Gelüste mit ihnen teilen, aber dabei auf keine Weise Mittel, Bildung und Handbietung finden, wodurch es ihnen möglich würde, ihre Sinnlichkeit auch nur auf eine die ersten Ansprüche der Menschennatur genugtuende Art rechtmäßig zu befriedigen.

Herr Frommann ging betroffen von dem Manne weg. Er wagte es nicht, dem Zuchthäusler den Eindruck zu gestehen, den die Ansichten dieses Gegenstandes auf ihn gemacht hatten. Aber er war groß und mußte es sein, denn Frommann war ein ehrlicher Mann und kannte die diesfällige Schwäche vieler Menschen in seinen Umgebungen, auf welche die Bemerkungen des Zuchthäuslers vollkommen paßten.

Er fühlte tief, daß solche zudringliche Predigten vom Frommsein, Rechttun und exemplarischen Leben aus dem Munde von Menschen, die durch den Genuß aller Bequemlichkeiten des Lebens alle Anstrengungskraft im Denken, alle Ausharrungskraft im Arbeiten, alle Aufopferungskraft im Lieben, alle Zuverlässigkeitskraft in Treue, Glauben und Zutrauen in sich selber verloren, auf solche arme, unglückliche und in allen Rücksichten unbeholfene Menschen keinen sie wirklich bildenden und dadurch ihnen real dienenden Eindruck machen können. Der Grund, warum tausend also hintangesetzte und verwahrloste Menschen Verbrecher werden, geht wesentlich davon aus, daß ihnen Bildung, Gelegenheit und Aufmunterung zu allem dem fehlt, was sie eigentlich lernen können und sein sollten, um mit Erfolg von den Reizen und Gelüsten ab- und zurückgehalten zu werden, die sie zu den Verbrechen hinleiten, durch welche sie unglücklich werden können; und es sind in der Welt Gottes keine Menschen in dem Grad unfähig, auf solche Menschen einen, in dieser Rücksicht sie kraftvoll bildenden Einfluß zu haben als solche, im Sessel des Glücks und aller Bequemlichkeit behaglich sitzende Tugendprediger. Selbst aller sittlichen, geistigen und physischen Anstrengungen ungewandt, sind sie unfähig, diesen Unglücklichen das zu geben, was sie bedürfen; sie haben es selbst nicht, und sind darum durchaus unfähig, solchen Menschen den Kopf zu einem kraftvollen Denken und zu einem gewandten und angestrengten Arbeiten hinzulenken. Darum scheitern auch ihre Bemühungen, das Gemüt dieser Leute zu der wahren Kraft des Glaubens und der Liebe zu erheben, die allein fähig sind, das Denken und Arbeiten dem Menschen und besonders dem armen Menschen zum wahren Segen zu machen.

Doch ich weiß nicht, wie es kommt, noch hat keine meiner Figuren mich, ich weiß nicht ob ich sagen soll, aus dem Geist oder aus der Form meines Buchs hinausgeführt. Es sollte nur winken, es sollte nur anregen und beleben. Jetzt scheint es fast, ich wolle recht haben, und Rechthaberei, selber auch nur der Schein von Rechthaberei, ist etwas, dem ich in diesem Buche ausweichen soll. Aber der Gegenstand ist mir zu wichtig. Ich will und muß dahin trachten, ihn, soviel mir möglich ist, überzeugend klar zu machen.

Es ist wahr, ich will es, ich muß es. Mein Gegenstand ist keine Fabel, er ist eine Wahrheit. Er ist eine große, weit eingreifende Zeitwahrheit. Die Nichtigkeit der Bestrebungen schwacher, bloß gutmütiger Menschen in ihren Bestrebungen gegen das Zeitverderben in ihrem ganzen Umfang ins klare zu setzen, ist dringend notwendig. Man darf nichts versäumen, was diesfalls einiges Licht zu geben und einige Kräfte zu wecken geeignet ist. Aber indem man das tut, muß man zugleich auch die Bemühungen des Zeitgeists, dem rohen Verderben des Volks, durch welches die Folgen seiner Verwahrlosung zu Quellen seiner Verworfenheit gesteigert werden, wenn diese Bemühungen ansich und einzeln auch noch so schwach und segenslos wären, mit der höchsten Schonung behandeln. Die Schwäche der diesfälligen Zeitgutmütigkeit muß gestärkt und nichts weniger als mit Unaufmerksamkeit behandelt oder gar der Verachtung preisgegeben werden. Man muß ihrenthalben das große Wort der Weisheit ins Auge fassen: »Du mußt das zerklebte Rohr nicht zerbrechen und den glimmenden Docht nicht auslöschen.« – Diese Ansicht ist besonders auf die gegenwärtigen Zeitbewegungen der Welt zur Förderung eines sittlich religiösen Vorschrittes von der größten Wichtigkeit; denn wenn wir dieselbe auch wegen ihrer, nichts weniger als allgemein aus der Fülle sittlicher und religiöser Kraft hervorgehenden, sondern vielseitig auch aus einer vom Mangel dieser höhern Kraft herrührenden Belebung der Einbildungskraft und des ihr immer beiwohnenden, sinnlichen Wortwesens nichts weniger als mit allgemeiner Befriedigung ins Auge fassen können, so müssen wir denn doch bedenken, daß das Zeitverderben wenigstens diesen Bestrebungen vorherging, die Fehler der sinnlichen Belebung unsrer Einbildungskraft und unsers Wortwesens nur in andern, und zwar der Menschennatur noch weit gefährlichern Gestaltungen schon in sich selbst trug und daß der Übergang von dem Verderben der exaltierten Einbildungskraft und seines Wortwesens, in dem wir uns irreligiös und unsittlich sehr lebendig bewegten, in den sittlich religiösen, bessern Zustand, dem wir jetzt entgegenstreben zu wollen scheinen, sich nicht wohl anders gestalten könnte, als dieses wirklich geschehn.

Indem wir aber dieses im ganzen Umfange anerkennen, und aller Schonung, die wir unter diesen Umständen den Beschränkungen und Schwachheiten der diesfälligen Zeitbestrebung schuldig sind, mit Gewissenhaftigkeit Rechnung tragen sollen, können wir auf der andern Seite uns auch nicht verhehlen, wie notwendig es ist, daß jeder Vorschritt wahrer, religiöser Gesinnungen das wirkliche Dasein und die sorgfältige Benutzung des ganzen Umfangs aller sittlichen, geistigen und physischen Bildungsmittel, durch welche die Anstrengungs- und Aufopferungskraft für Wahrheit und Liebe, für Gott und Menschen auch menschlicherweise unserm Geschlechte eingeübt und habituell gemacht werden kann, voraussetzt.

187.
Der Tiere Gerechtigkeitspflege

Der Löwe zerreißt das beklagte Tier, denn in seinem Rachen steht geschrieben: »Es ist des Todes schuldig.«

Um die Wahrheit von dem Beklagten zu ergründen, schlägt ihm der Stier seinen Farrenschwanz über den Rücken.

Der Hund sucht sein Bekenntnis durch die Beängstigungen des Bellens und die Qualen des Beißens zu erzwingen.

Der Affe fragt das beklagte Tier auch, aber wie ein Affe, und wenn er dann mit seinen Affenfragen nichts herausbringt, so wird er wild und nimmt zu den Maßregeln des Hunds und des Stiers seine Zuflucht.

Der Elefant hingegen fragt dasselbe, aber auf eine Weise, daß er es, wenn es sich im dritten Verhör nicht selbst verstrickt hat, mit Sicherheit aus seinem Gehege lassen kann.

★

Auch hierin zeigt sich die Wahrheit, daß die tierische Menschennatur alle Schwächen und Einseitigkeiten aller Tierarten in sich selber vereinige und im einzelnen Menschen in den Eigenheiten aller Tierarten und darin in allen Gestalten, von den Kräften des Löwen bis zu den Schwächen des Faultiers und der Mäusegeschlechter hinunter, Beispiele aufstelle, die mit den Schwächen und Eigenheiten der verschiedenen Tiere die auffallendste Ähnlichkeit haben.

188.
Die Affengerechtigkeit

Der Thron des Tierreichs fiel einmal auch den Affen anheim. In diesem Zeitpunkte redeten einige Hauptaffen miteinander ab, sie wollten in keinem Falle eine Ungerechtigkeit an sich kommen lassen. Die armen Tiere, es kam ihnen nicht einmal in Sinn, daß sie vermög' ihrer Natur nicht anders können, als verstellte, heuchlerische, naschende und beißende Tiere zu Handlangern ihrer Gerechtigkeit anzustellen.

★

Im Affenreich als Affen regieren und keine Ungerechtigkeit an sich kommen zu lassen, kann nur Affen in Sinn kommen. Die Ungerechtigkeit fließt so notwendig aus ihrer Natur, wie der Bach aus seiner Quelle; das ist so wahr, daß man bestimmt sagen darf: »Die Erscheinung der hellen Mittagssonne in der Mitternachtsstunde wäre kein größeres Wunder, als die Erscheinung der Gerechtigkeit im Affenreiche.« Und dann kommt diesfalls noch eine Betrachtung: Wer in irgendeinem Geschäfte schlechte Handlanger anstellen *muß*, dessen Sache ist zum voraus als verloren anzusehn, und da auch der niederste Handlanger, soweit der Wirkungskreis seines Auftrags hinlangt, als Stellvertreter seines Kommittenten angesehn werden muß, so ist offenbar, daß die Affengerechtigkeit im Affenreiche in allen Mitteln und Maßregeln, die von ihr bis auf den Einfluß des niedersten Handlangers ihrer Gerechtigkeitsmuhmereien ausgehn, nicht anders als affenartig, d. i. nicht anders als so sein könne, wie sie aus dem Fleisch und Blut unruhiger, verstellter, heuchlerischer, naschender und beißender Tiere hervorzugehn vermag.

189.
Die Gerechtigkeit im Waaghause

»Die Waage muß innestehen«, sagte ein Mann, der immer mehr auf eine nie sinkende Schale auflegte.

Ein Armer, dem er nahm, was er der Schale auflegte, grämte sich. Aber der Waagmeister fuhr ihn rauh an und sagte: »Du siehst ja, daß die Waage nicht innesteht, und ich muß doch mit Gerechtigkeit wägen.«

»Ja, wenn du das willst«, erwiderte der Arme, »so mußt du zuerst von der andern Schale mit Gerechtigkeit wegnehmen, was mit Unrecht drauf liegt.«

★

Ich sage nicht, der Mensch, wie er sein sollte und sein könnte, sondern nur der Mensch, wie er ist, wie er allgemein vor unsern Augen dasteht, legt sich nie von selbst und von freien Stücken eine Last auf, und der Mensch, der Gewalt hat, fühlt in sich selbst und in seiner Gewalt große, entscheidende Reize, Lasten, die er tragen sollte, dem aufzuladen, über den er Gewalt hat. Der Reiche sieht im Reichen sich selbst; daher liegen auch in ihm, vermög' seines Reichtums, entschiedene Reize, wo es ums Belasten zu tun ist, nicht den Reichen, sondern den Armen zu belasten. Nicht der Mensch, wie er in dem Haufen dasteht, nur der Edle, der gewöhnlich außer dem Haufen allein steht, aber darum auch selten Gewalt hat, nur der Edle, wenn er Gewalt hat, belastet den Reichen und entlastet den Armen; und nur innig belebte Gottesfurcht und Menschenliebe ist geeignet, den Sinn der Gerechtigkeit zu der christlichen und wahrhaft bürgerlichen Höhe zu erheben, in welcher der Arme, ich will nicht sagen, im Verhältnis zu seinen Kräften, wie es der Reiche nach den seinigen sein sollte, ich sage nur, auf eine dem allgemeinen Wohl wahrhaft zuträgliche und die wesentlichsten und vorzüglichsten innern Kräfte des Staates wahrhaft äufnende Art belastet ist.

190.
Die Spinnengerechtigkeit

Auch die Spinne wollte einst gerecht sein und sagte der Besenfrau, welche alle Wochen einmal ihr Haus in den Staub legte, sie sei gewiß kein so böses Geschöpf, als man sie allgemein dafür halte; es sei freilich wahr, sie empfinde nicht alles immer richtig, was an den äußersten Spitzen ihrer langen Spindelgebeine vorgehe, und wenn sie zuzeiten genötigt sei, ein unglückliches Tier wegen Frevel und Unruhe, so selbiges in ihrer verfassungsmäßigen Existenz anrichte, zu ihrem Haupt bringen zu lassen, so sei sie ganz unschuldig, wenn ihre gefühllosen Fingerspitzen ein solches Tier etwa zu hart in die Klauen fassen.

*

Die große Kunstgewalt zum Morden, die der Spinne einwohnt, fiel mir auf. Es wunderte mich zum Erstaunen, wie dieses elende Tierchen dahin gekommen, im Mittelpunkt eines für sie mit so viel Kunst organisierten Mördersitzes zu wohnen und gleichsam einen zum Dienst ihres Lauerns und Mordens geschaffenen Weltkreis um sich her zu besitzen, den sie dennoch im Falle seiner Verletzung und sogar im Falle seiner gänzlichen Zerstörung aus sich selbst wieder herzustellen imstande ist. Doch es fiel mir bald auf, daß, je kleiner das Tier ist, das vom Morden lebt, desto mehr bedarf es der tierischen Kunst, dieser großen Dienstmagd des tierischen Lauerns, Fangens und Mordens zu seiner tierischen Erhaltung; und in diesem Gesichtspunkt war mir ganz heiter, daß das elende Tierchen, die kleine Spinne, eine so ganze Kunstwelt zu ihrem Dienst notwendig hat. Sie müßte ja ohne diese Kunstwelt, die ihr zu allen Bedürfnissen ihres Lauerns, Fangens und Mordens dienend die Hand bietet, wahrlich verrecken oder betteln gehn.

Die Sache der Spinne schien mir jetzt vollkommen gerechtfertigt oder wenigstens erklärt. Indessen möchte ich doch um alles in der Welt kein Faden ihres Gewebes sein, noch viel weniger ein Spinnenbein, das sie nach allen Richtungen zu ihrem Fraße hinträgt und unglückliche, gefangene Tierchen zu ihrem Haupt bringt und ihr vors Maul legt.

191.

Die Baukunst in Nollingen und ein Hansmichel, der sie beurteilt

Ehemals stand Nollingen auf festem Boden; aber der Runz des Lechstromes nahm seine Richtung gegen die Mauern der Stadt und untergrub sie. Natürlich ward der

Boden unter den untergrabenen Mauern und Häusern der Stadt locker; indessen bauten die Herren von Nollingen forthin auf den weichenden Grund und unterstützen und verblenden jetzt seit Menschengedenken ihre sinkenden Mauern auf alle erdenkliche Weise. Auch sind sie hierin so weit gekommen, daß es wirklich wahr ist, was sie von sich rühmen: man könne in der Welt die zerrissenen Mauern nirgends besser flicken, verblenden und unterstützen, als in Nollingen.

Aber ein Hansmichel, der die Kunst der Blendwerke in der Nothülfe verachtete und glaubte, man müsse der Not selbst und ihren Ursachen abhelfen, trug den Bürgern von Nollingen an, ihnen über die Baukunst Vorlesungen zu halten. Die Herren von Nollingen glaubten zwar, diese Kunst sei in ihrer Stadt zu der größten Vollkommenheit gebracht und sie habe also keine solche Vorlesungen nötig; doch wollten sie gerne hören, was ihnen der Hansmichel etwa von neuen Künsten und Ausflicken, Verblenden und Unterstützen von zerrissenen Mauern erzählen möchte, freilich alles dieses in der zuversichtlichen Hoffnung, daß er den diesfälligen Baukenntnissen eines hochpreislichen Stadtrates und den Bauwerken der löblichen Stadt volle Gerechtigkeit widerfahren lassen werde.

Aber als er in seiner ersten Vorlesung über die Flick- und Verblendungskünste des Bauwesens überhaupt und über die Unpassenheit ihrer Maßregeln gegen den Lechstrom sein Gespötte trieb und Maßregeln gegen sein Eingreifen anriet, von denen kein Mitglied des wohlweisen Stadtrates vorher auch nur ein Wort reden gehört, wurden sie aufs äußerste entrüstet, verboten dem Hansmichel bei hoher Strafe und Ungnade, weder öffentlich, noch viel weniger in Privathäusern weitere Vorlesungen über diesen Gegenstand zu halten. Auch forderten sie, die Ehre eines wohlweisen Rates und einer löblichen Stadt zu retten, alle Baumeister der Stadt auf, die Irrtümer dieses Neulings in der Baukunst und die Untunlichkeit aller seiner Vorschläge in ein helles Licht zu setzen und versprachen dem Baumeister, der diese Aufgabe am besten vollbringen würde, eine Belohnung, die größer war, als man je einem Bürger, der sich um das Vaterland und die Stadt verdient gemacht, erteilt hat.

★

Es herrscht an kleinen Örtern, die Rechte und Privilegien haben, die nur durch große Mittel und große Männer mit Würde souteniert werden können, fast allgemein immer ein *Kleingeist* im *Großtun,* der den Mangel an *Großgeist* im *Kleinsein* oft bis zur Lächerlichkeit auffallen macht.

An solchen Orten schlägt hie und da das Herz der wohlgebornen Stadtbehörden für keine Angelegenheit der Stadt so stark, ich möchte fast sagen, so fieberisch stark, als wo es eine Eitelkeitsfarce betrifft, die in ihrer Ausführung nur darum nicht immer öffentliches Gespött veranlaßt, weil sie gewöhnlich niemand sieht als die Herren selber.

Wer klein ist, sollte immer klein tun, und man sollte allen Kindern einschärfen: Tut doch immer klein, so lange ihr klein seid; wenn ihr groß tut, so lange ihr klein seid, so gefahrt ihr, daß man von euch sage, ihr habet euere Unschuld wie die Herren von Nollingen verloren.

192.
Die Fressordnung im Hühnerstalle

Eine Hühnermagd fütterte alles Gefieder aus einem Troge. Die Starken hatten es gut; aber die Schwachen, Kranken und Jungen kamen täglich zu kurz und wurden gedrückt und zertreten.

Das ging einem alten Hahn, der schon einmal auf dem

Todbette gelegen hatte, ans Herz. Da nach dem Mittagsmahle wieder eine junge Ente vor dem Troge tot lag, redete er die Häupter und die ganze Gemeinde im Hühnerstalle also an:

»Edle, gefiederte, zweibeinige Tiere! Wir sind doch alle von einem schuldlosen Geschlechte und handeln auf keine Weise wie die großen Bösewichter, die Katzen und die abscheulichen Marder, welche alles Geflügel essen und selbst der heiligen Eier nicht schonen, noch das geweihete Blut scheuen; darum – ich weiß es, der Jammer geht euch allen zu Herzen, den die Frau Reichsvögtin unsers Gemeinwesens über unsre Armen und Schwachen verhängt, ich weiß es, ihr wollt alle lieber mit Gerechtigkeit fressen als diesem Jammer länger zusehen.«

Aber die Hühner und Gänse verstanden gar nicht, was das sei, mit Gerechtigkeit fressen.

Der alte Hahn machte es ihnen begreiflich und sagte: »Es lasse ein jeder von uns sich seinen Schnabel messen, und je nachdem dieser groß ist, bestimme man ihm sein Freßrecht. Dann wechsle täglich ein Hahn und eine Gans in der Freßstunde als Hüter. Der Hahn hüte den Gänsen und Enten, und die Gans hüte den Hähnen und Hühnern. Wer denn im Fressen nicht bei seinem Schnabelrecht bleibt, den strafen sie mit rechtlichem Picken am Kopfe und Rupfen am Halse.«

Wer bisher in der Freßstunde zu kurz kam, der stimmte von Herzen zu der Meinung des Hahns. Anders wars mit den Häuptern und Vorstehern der Hühnergemeinde. Diese fanden die Sache in ihrer Weisheit bedenklich. Doch endlich auf Fürsprache des alten, geliebten Mithahns willigten auch sie darein, mit einem solchen Gerechtigkeitsfressen auf ein Jahr hin und auf Zusehen eine Probe zu machen.

Also war die Meinung des alten Hahns insoweit im Hühnerstalle zum Gesetze gemacht.

Aber die Hähne und Gänse übten das Gesetz aus wie

Hähne und Gänse. Sie taten sämtlich ein Auge zu, wenn die Stärkern fraßen, und es blieb den Schwachen und Kleinen täglich weniger übrig, wenn die Ordnung des Fressens an sie kam, und dieses wenige ward ihnen noch durch dieses neue Gerechtigkeitspicken und Gerechtigkeitsrupfen unerträglich verbittert. Auch starben bei diesem Gerechtigkeitselend weit mehr Hühner und Gänse als bei dem Freiheitselend der Vorzeit in der Freßstunde umkamen.

Zum Glücke dauerte das neue Unglück im Hühnerstalle nur bis zur Lichtmesse, wo dann eine neue Hühnermagd eintrat und alsobald die einzige Gerechtigkeit, die im Hühnerstalle möglich war, einführte: indem sie die stärkern Tiere einsperrte, wenn sie den Schwachen ihr Fressen vorstellte.

193.
Das Zutrauen der Tiere

Die Löwen schenken ihr Zutrauen dem entschlossenen Tiger, dem bedächtlichen Bären, dem schwachen, aber listigen Fuchs, dem weitsehenden Luchs und selbst dem Oppositionschef ihrer Rachengelüste, dem hohen, menschlichen Elefanten.

Der Stier schenkt dasselbe der gutmütigen Kuh und dem ihn fütternden, aber auch anjochenden Knechte.

Das wiehernde Pferd schenkt es dem Manne, der die Lust zum Reiten mit ihm teilt und es damit bei seinem Reiten nie plagt, als um in ihm selber die Lust des Reitens durch die Kunst desselben zu erhöhn.

Der Esel hat den Widerspruch gegen das Zutrauen in seinen hintern Beinen, mit denen er gegen jedermann, der ihm von hinten zu nahe kommt, ohne zu wissen wer es ist, ausschlägt.

Der Hund schenkt sein Zutrauen im echten, niedrigen,

aber so ziemlich allgemeinen Geist des unedlern Dienstlebens jedermann, der ihn füttert.

Der Fuchs buhlet bei allen Tieren, die er zu fressen gelüstet, um Zutrauen. Er aber schenkt das seinige niemand als seinen Nestfüchsen.

Und die Schlange verbirgt sich unter den Boden, weil sie weiß, daß ihr auf der Welt von allem, was lebt, niemand traut, und sie hinwieder ebenfalls das nämliche gegen alles, was auf Erden lebt, tut. Wenn sie sich aber aus der Höhle, in die sie sich verbirgt, hervorläßt, so flieht auch alles vor ihr; sie aber hält dannzumal den Kopf in die Höhe und lauert, ob noch irgendein Tier ihr so nahe stehn geblieben, daß sie es mit einem Sprunge erhaschen und töten könne.

⋆

Es ist ein eigenes Ding um das Zutrauen. Die Tiere verirren weit weniger darin als die Menschen. Die ersten gehen nur auf Tatsachen, sie bauen darin nur auf Anschauung und Erfahrungen; die Menschen gehen darin zu oft auf Halbe- und Viertelserfahrungen und bauen auf ihre Neigung zum Glauben an Treue und Unschuld des Herzens träumerisch ihr Zutrauen; dann aber stoßen sie auch oft damit ihre Köpfe so hart an, daß sie ihr Zutrauen nicht nur in dem, worin es unrichtig begründet, sondern auch in dem, worin es wohl begründet war, verlieren. Unglücklicher aber kann nicht leicht jemand sein, als Menschen es werden, die in ihrem Zutrauen so leichtgläubig sind, daß sie, sobald sie an einem Menschen etwas Gutes, das sie anspricht, sehen, sogleich glauben, er sei überall gut, und in diesem Vertrauen sich gar leicht in die Arme eines jeden werfen. Solche Menschen machen oft Erfahrungen, die ihnen das Wort »Verflucht ist, wer auf Menschen traut« – auf eine Weise erklären, daß ich meinem ärgsten Feinde nicht wünschen dürfte, daß ihm dieser Spruch also erklärt würde.

194.
Milka und Emma

Milka: »Liebe Emma! Sie ist doch immer unsre Mutter.«

Emma: »Ich weiß es.«

Milka: »Wenn wir ihre Schande auskommen lassen, so wird jedermann von uns sagen, wir seien unnatürliche Kinder.«

Emma: »Das, was jedermann darüber sagen möchte, ist doch nicht die Hauptsache. Die Hauptsache ist, ob wir forthin lügen, betrügen und zu einem Unrecht nach dem andern Hand bieten dürfen, damit sie sich ihrer Schandtaten ewig nie schämen müsse.«

Milka schweigt, staunt, verhüllt ihr Angesicht und Emma fährt fort: »Du weißt, wo unser Tun hinlangt; wenn wir ihre Schande verbergen wollen, so dürfen wir alles, alles tun, damit sie sich ewig nie schämen müsse; und was wird daraus erfolgen, wenn sie sich ewig nie schämt?«

Jetzt rollen heiße Tränen der Milka über die Wangen; aber sie sagt: »Nein, nein, wir dürfen nicht alles tun, damit sie sich nie schämen müsse.«

*

Ich habe in meinem Leben mehrere Male eitle Stadträte behaupten gehört, man sollte alle Papiere, welche eine schlechte Handlung ihres Stadtrates oder irgendeines seiner bedeutenden Mitglieder unwidersprechlich dokumentieren würden, in den Archiven zernichten und ihre Offenkundigkeit für alle Ewigkeit unmöglich machen. Er setzte hinzu, jedes vorzügliche Glied des Stadtrates sei, wie jedes Haupt der Stadt, als ein Vater des Vaterlands anzusehn, und man müsse alles tun, einem solchen Mitglied gehörenden Respekt, ganz unabhängend von seinem Verdienst oder Nichtverdienst, nach seinem Tode ebenso wie bei seinem Leben unverletzt zu erhalten. Und so wie die gute Milka meinte, man müsse alles tun, um die Schande ihrer Mutter zu verbergen, und zu ihrer Schwester sagte, wenn sie es nicht tun würden, so würde jedermann von ihnen sagen, sie seien unnatürliche Kinder – so meinten diese Regierungsglieder auch einstimmig, sie müssen die auf ihr Rathaus oder auch nur auf ein bedeutendes Familienglied ihrer Ratstube fallende Schande auf alle nur mögliche Weise vor der Welt und vor der Nachwelt zu verbergen suchen. Ich hörte auch einen von ihnen, eben wie die Milka, mit Bestimmtheit aussprechen: »Wenn wir das nicht täten, und irgendeine Schande, die wir verhüten könnten, auf unsere Ratstube oder auf eines unserer Mitglieder fallen lassen würden, so würde die Welt und die Nachwelt von uns sagen, wir seien unnatürliche Ratsherren.« – Man kann zwar diesen Herren ebenso triftige Gründe gegen ihre Meinung anbringen, als die verständige Emma ihrer Schwester gegen die ihrige angebracht hat; aber ich glaube nicht, daß viele von ihnen, die darauf antragen, durch Entfernung von Papieren, die ihre Schande dokumentieren, sich ewig nie schämen zu müssen, durch ähnliche Gründe wie Milka zum Weinen gebracht werden möchten.

Wo man die Frage aufwerfen kann: darf man in irgendeinem Verhältnis des häuslichen oder des bürgerlichen Lebens Schandtaten fortdauern machen und fortdauern lassen, damit man denen, die sie begangen, die Schamröte ersparen könne? D.i. darf man die moralische Kraft wider das Laster der Aufmerksamkeit auf die Personen, die dasselbe begehn, unterordnen? Da ist diese Kraft gegen das Laster im innern Wesen ihrer psychologischen Begründung untergraben. Das Heilige der gesetzlichen Staatskraft gegen die Verbrechen der Bürger wird zu einem Traumbild und zu einem Popanz. Das ist sie und mehr nicht, wo sie der richterlichen Aufmerksamkeit auf die Personen, welche diese Laster begehen, untergeordnet dasteht. Wie weit das führt, ist heiter. Es verhärtet die Zartheit des Pflichtgefühls der Menschennatur an Ort und Stelle, wo die Menschheit derselben am meisten bedarf. Es bringt Männer, die die Stütze der Unschuld und der Schwäche sein sollten, dahin, daß sie in Fällen, wo ihre Gerechtigkeitskraft am stärksten angesprochen wird, das Wort der Milka: »Nein, nein, wir dürfen das nicht« – nicht mit ihrem Gefühl und mit ihren Tränen aussprechen.

195.
Die Lobrede des Maulbrauchens und der Frechheit vom Mephistopheles

Die Fürsten der Hölle beklagten sich einmal in ihrem gemeinen Rat, es gehe im Reiche der Lügen und des Unrechts nicht wie es sollte vorwärts. Die Gewaltsmittel, welche die Diener der Hölle wider ihre Erzfeinde, die Wahrheit, die Liebe und das Recht gebrauchen, verfehlen ganz ihre Zwecke. Die Zeugen der Wahrheit, die Helden der Liebe, die Opfer des Rechts leiden ihre Marter umsonst. Je mehr man die Feinde der Hölle verfolge, je mehr scheine sie Anhänger zu gewinnen. Eine Weile stand die Hölle von dieser Antwort betroffen. Dann stand aber Mephistopheles auf und sagte zur versammelten Hölle: »Es ist wahr, unsere Diener verstehen es nicht, unser Reich unter den Menschen zu fördern. Sie sollten den Erbfeind unsers Reiches, die *Wahrheit* und die *Liebe,* nicht nur mit Feuer und Schwert, sie sollten ihn weit mehr mit Maulbrauchen verfolgen. Sie müssen besser lernen, den Menschen mit leeren Worten Staub in die Augen zu werfen, und die Sache des Unrechts, als wäre sie die Sache des Rechts, die Sache der Lügen, als wäre sie die Sache der Wahrheit zu plädieren und demonstrieren, das Krumme gerade, und das Gerade krumm zu machen und jedem Gegner das Wort der Wahrheit, fast ehe er es ausgesprochen, im Munde zu verdrehen, sie müssen lernen, die Äußerungen von Gutmütigkeit, Wohlwollen und Liebe als die Sache menschlicher Erbärmlichkeiten und Schwächen, mit denen man nur Mitleid haben müsse, in die Augen fallen zu machen. Nur auf diesem Wege geht es in der Welt, wie sie jetzt ist, für uns vorwärts wie es soll; dazu aber braucht es wahre Teufelskräfte; Leute, die uns jetzt wahrhaft dienen können, dürfen durchaus nicht alle Menschenschwächen in sich selber vereinigt tragen, wie viele dieser Toren, die uns gerne dienen möchten, zu glauben scheinen. Wir müssen unter den Schwächlingen des Menschengeschlechts die Frechsten, die wir finden können, in unsern Dienst bringen. Frechheit im Maulbrauchen mit Schlauheit im Stillschweigen und Geheimnismacherei verbunden, kann uns allein zu der Siegeskrone helfen, für die wir einst mit dem Himmelskönige selber Krieg führten, und jetzt noch mit den Schwächlingen des Menschengeschlechts gegen die Brosamen von Liebe und Wahrheit, die von unserm feindseligen Himmel auf ihre arme Erde herabfallen, ein Nebenwerk von Kleinkrieg zu führen genötigt sind. Die einzige Kraft unsrer Feinde auf Erden liegt in diesen Brosamen von Liebe und Wahrheit, die ihnen vom Himmel zugefallen; aber dieses Geschenk liegt in den Händen von großen Schwächlingen, gegen die wir nichts anders und nichts mehr als Frechheit im Maulbrauchen bedürfen. Wer frech ist, zudringlich und schlau, der arbeitet in unserm Dienste. Welche Farbe, welche Meinung und welchen Glauben jeder unserer diesfälligen Diener und Handlanger auch habe, macht uns gar nichts; wenn er nur also teuflisch frech ist, so haben wir alles, was wir von ihm bedürfen. Wir können die Frechheit nicht genug loben. Lieblosigkeit, Rechtlosigkeit, Hartherzigkeit und ein eingewurzelter Lügengeist sind der Frechheit angeboren und von ihr unzertrennlich. Und das ist ja alles, was wir bedürfen, um unsern Kampf gegen das Himmelsgeschenk von Wahrheit und Liebe unter den Schwächlingen von Menschen siegend zum Ziele zu führen.«

Die ganze Hölle jubelte dem Mephistopheles Beifall entgegen, und der Fürst der Hölle sprach das Wort aus, so muß es sein, so muß es geschehen, unser Reich muß unter den Schwächlingen des Menschengeschlechts nicht durch Henkersgewalt, es muß mit Maulbrauchen und Frechheit geäufnet werden.

Die ganze Hölle horchte, und alle Teufel gehorchten.

196.
Der Junker Milichius

Seine Bauern besaßen einen Weg in den Berg als ein Dorfrecht, und er hatte den Mitgenuß des Wegs als ein Bauernrecht. Aber er verwandelte sein Bauernrecht in ein Schloßrecht und verbot dann seinen Bauern den Mitgenuß des Schloßwegs.

Sie machten Vorstellungen dagegen; aber es ward ihnen durch die Kanzlei bedeutet: was von Seite Sr. Wohlgeboren zu erkennen und zu verordnen beliebt und geruht worden, dabei habe es sein endliches Bewenden. Um ihnen aber sein anderweitiges hohes und geneigtes Wohlwollen zu bescheinen, erlaubte er ihrem Dorfe ein neues Schenkhaus.

*

Wenn der Bauer, der einzig mit den Guttaten des Junker Fritzen, von dem oben die Rede war, nicht zufrieden, ihm antwortete: »Wir gedeihen besser, wenn Sie uns unser Recht widerfahren lassen, als wenn Sie uns mit Guttaten übermisten« – jetzt dagewesen wäre, er hätte dem Junker Milichius für das neue Schenkhaus gewiß auch nicht gedankt, sondern das liebe, alte Wegrecht der neuen Schenke weit vorgezogen, ob man gleich in unsern Tagen immer mehr in der Übung hat, alle Dörfer mit Schenkhäusern und vielerlei Arten von Freiheiten für dieselben ebenso zu übermisten.

197.
Eben dieser Junker Milichius

Auf seinem Gute Hertenstein mußte jeden zwanzigsten Tag aus jedem Hause ein Mann und ein Weib Frondienste tun.

Ihre Arbeit war vormals Heuen, Emden, Ernten und Herbsten. Dennoch gab schon damals jeder ehrenfeste Dorfmann einem paar armen Leuten den Taglohn und ließ sie für sich fronen.

Unter Milichius aber mußten sie die Treppen und Böden im Schlosse waschen und in den Höfen das Gras zwischen den Steinen herauskratzen. Natürlich scheute sich dessen ein jeder. Wer immer konnte, bezahlte den Frontag und kam nicht selbst.

Aber Milichius hieß das Bauernunfug. Er sprach und befahl, es müsse mehr eine Gleichheit im Dienste sein. »Die reichen Dienstleute müssen mir, wie die armen, am Boden kratzen.«

Wenn du Ehre im Leibe hast, so fühlst du, wie das wehe tat.

Aber der Junker lachte, und das Gesindel, das schon lange den Boden gekratzt hatte, fand es gar lustig, daß die hoffärtigen Reichen mit ihnen den Boden kratzen mußten.

Indessen gewöhnt sich der Mensch an alles. So wehe es tat, die reichen Dienstleute lernten jetzt, was die armen schon konnten.

Aber so wie die ersten mit dem Gesindel vermischt schamlos wurden, also wurde das Gesindel mit jenen vermischt, frech.

Sein Lachen über die Gleichheit im Dienste verwandelte sich allmählich in ein Geflüster über die Gleichheit im Rechte, und bald fragten die Leute auf allen Vieren sich ohne Umschweif untereinander: »Wenn wird die Reihe auch an ihn kommen?«

Ein schwarzes Buch sagt, die neuen Wörter Freiheit und Gleichheit seien also von der schrecklichen Dienstgleichheit erzeugt und von Leuten auf allen Vieren ausgeheckt worden.

Es muß auch etwas hieran wahr sein, sonst hätten sie nicht so viel Übel in der Welt veranlassen können und so viele gelehrt, auf allen Vieren am Boden kratzen, die sich dessen noch weit weniger gewohnt waren, als die reichen Dienstleute des Junkers Milichius.

*

Auch der niederste, ärmste Mensch hat in seinem Innersten ein Ehrgefühl, dessen Verletzung ihn, wenn er ein guter Mensch ist, zu Tränen, und wenn er ein böser ist, zur Wut bringt. Wer klug ist und gerne Ruhe um sich her hat, der hütet sich in jedem Fall ebensosehr, das Ehrgefühl der Niedern im Land zu verletzen, als auch die Unklugen gewohnt sind und gewöhnt werden, es bei den Reichen und Großen im Land zu schonen.

198.
Der Steg ohne Lehnen

Eben dieser Milichius machte seinen Bauern ihren Kirchsteg über den Dorfbach wieder zurechte. Aber nicht wie ihn die Alten besessen hatten; denn vormals war er von breiten Eichen, jetzt machte er ihn von schmalen Tannen.

Doch das hätte noch angehen können; aber er machte ihn ohne Lehnen, und die Bauern konnten nun nicht mehr, wie sie es vorhin getan hatten, an den Sonntagen und oft auch an den Werktagen, auf ihn hingelehnt, den Fischen und Fröschen zusehen und miteinander plaudern.

Das tat ihnen wehe. Einige Tage flüsterten sie dies und

das untereinander. Die einen sagten: »Es ist vor Gott und Menschen nicht recht, wie man mit uns umgehet.« Andere: »Wer bei Nacht und Nebel über den Steg geht, der gefahret in den Bach zu fallen und beim großen Wasser zu ertrinken.« Wieder andere: »Ja! ja! Wir sind mit ihm an Leib und Seel versorget. Wenn dann einer ertrinkt, so macht er noch auf Kosten der Erben ein Visum repertum.«

So wurmte es vier oder fünf Tage in den Köpfen der Bauern. Am sechsten fluchten sie, er sei ihnen einen Steg schuldig, wie ihn ihre Vorfahren besessen hatten; und bald setzten sie hinzu: »Wenn einer von uns den Steg, wie er jetzt ist, mit einem Fuße betritt, so ist er nicht wert, daß er auf den Kirchhof zu den ehrlichen Alten ins Grab kömmt.« Und damit keiner ein Mameluk sein und ihn doch betreten könne, so warfen sie selbst ihn an diesem Abend in den Bach.

Indessen war es Samstag; sie sollten morgen zur Kirche, und hatten keinen andern Weg als über den Steg. Was war jetzt zu machen? Sie rieten, da das Wasser jetzt klein sei, so wollten sie durchwaten. Gesagt, getan! Am Sonntag des Morgens setzten sich Männer und Weiber am Reihen vor den Bach, zogen Schuhe und Strümpfe ab und wateten durch.

Aber es war in Jupiters gaukelnder hoher Versammlung beschlossen, und eine Hexe hatte es den sterblichen Menschen verkündet: »Der Steg ohne Lehnen solle Milichius Bauern einen traurigen, drangvollen Tag bereiten; dann aber werde Milichius, von einem Prädikanten erweckt, sich ihrer endlich erbarmen und ihnen am Plauderstege des heiligen Sonntags wieder eine Lehne erschaffen.« – Was die Hexe den sterblichen Menschen verkündete, das ist auch alles erfüllet.

Milichius' Bauern kamen naß und erfroren zur Kirche. Der Pfarrer predigte lang und hatte zu taufen. Aber das war nur der Anfang der Schmerzen.

Wie in den Tagen der Sündflut, also regnete es heute in

den Gebirgen, und der Bach ward während der Predigt zum Strome. Man denke sich das Entsetzen der lieben Gemeinde, die jetzt jenseits des Bachs war und nicht mehr durchwaten konnte. Freilich war noch eine Schloßbrücke neben dem Stege: aber sie war beschlossen, sie war die Brücke des Junkers Milichius und nicht die Brücke des Volks.

Indessen baten die Leute, die Männer zogen die Hüte ab, die Töchter neigten sich; eisgraue Männer, schwangere Frauen und unmündige Kinder stellten sich voran, und rangen die Hände, der Siegrist und der Schulmeister knieten vor Demut in den Kot.

Doch ist es leichter, daß ein Kamel durch eine Nadelöhre eingehe, als daß Menschen von höherm Stand, die sich einmal bis zu den ekeln Gefühlen des Gesindellebens erniedrigt, den Kot von sich waschen, in dem sie sich täglich herumwühlen. Man muß von solchen Milichiusseelen bestimmt fragen: kann auch ein Mohr seine Haut und ein Panther seine Flecken ändern?

Es ekelt mir. Ich sehe den Junker in seinem Prachtzimmer hoch auflachen über den Glücksstreich, der ihm mit diesem Regen begegnet. Ich sehe selber den Pfarrer hinter seinem Vorhange über die Trübsale seiner Gemeinde am Bache Kedron seinen Mutwillen treiben, und Milichius scheut sich gar nicht, seine Freude darüber zu bezeugen, daß die armen Leute bei diesem Anlasse alle ihre Sonntags- und Hoffartskleider zugrund richten werden.

Meine Muse! Trage mich wieder aus dem glänzenden Zimmer der niedrigen Herrschaft, zum armen, lieben, fehlenden Volke.

Die guten Leute mußten jetzt zwei Stunden weit über Stauden und Stöcke, durch Sumpf und Dornen einen Heimweg suchen, den sie noch nie betreten hatten.

Als sie heimkamen, vergaßen sie eine Weile ihren Jammer und suchten nur den warmen Ofen und ihre Mittagssuppe. Während dem Essen gestanden sich auch viele, sie hätten besser getan, über den Steg ohne Lehnen zu gehen, als zu rebellieren.

Aber sowie sie wieder erwärmet waren, so wurden sie wütender als je und redeten selbst über den Pfarrer so heftige Worte, daß der Siegrist noch an diesem Abende und fast außer Atem ins Pfarrhaus kam und dem Wohlehrwürdigen sagte: »Herr Pfarrer! Herr Pfarrer! Ihr gefahret, weiß Gott! um alle eure Akzidenzien zu kommen, wenn ihr den Junker nicht dahin bringet, den Bauern einen Steg und eine Lehne zu machen, wie ihn die Alten gemacht haben.«

Auf einen solchen Bericht wird ein jeder Milichius-Pfarrer ein Volksmann. Auch unserer wards. Er eilte schnell zum Junker, um ihn für seine Bauern um einen Steg mit zwei Lehnen zu bitten. Aber dieser lachte ihm unter die Nase und sagte: »Ihr als ein geistlicher, frommer Herr solltet von Amts wegen und ex officio glauben, der liebe Gott habe gestern nur um deswillen in den Gebirgen so regnen lassen, damit dieses Gesindel also unter meinen Fenstern zuschanden werde, wie ihr gesehen habt, daß es zuschanden worden ist.«

Der Pfarrer säumete nicht, ihro Gnaden mit dem gewöhnlichen Weidspruche hierüber sein christliches Dienst- und Amtskompliment zu machen, lenkte dann aber bald ein und kam wieder mit der Bitte für seine Bauern. Das empörte den Junker. Er hieß seine Bitte eine Narrenforderung und sagte, er solle sich schämen, ihm im Ernste mit so etwas zu kommen.

Aber der Pfarrer kannte die Bauern und wollte eine Lehne. Er ging also um einen Schritt weiter, und wie einst der große *Christoffel* das Stadttor auf seine Schultern nahm und über den Bach trug, also nahm er jetzt seinen heiligen Amtsmut auf seine Schultern und sagte dem Edelvesten, Gestrengen, er solle sich doch bedenken, wenn etwan eine schwangere Frau oder ein unschuldiges Kind aus Mangel an Lehnen in den Bach fallen und ertrinken sollte, so könnte die böse Welt . . . damit hielt er stille und setzte dann noch leise, wie eine Schnecke geht, hinzu, er müsse ihm sagen, ein Zufall von dieser Art könnte ihm bei den fortdauernden Diffikultäten mit seinen Dörfern selbst bei den allerhöchsten Gerichten in *** nachteilig sein.

Wenn du ein Schaf oder einen Rehbock gesehen, das das Messer im Halse hat, so hast du die Augen gesehen, die der Junker Milichius machte.

Aber der Pfarrer kannte dieses Augenmachen und wußte, daß es nichts anders bedeute, als daß er sich zum Nachgeben gezwungen fühle. Er war also zum voraus der Resolution sicher, die dann nach dem Mittagsessen erfolgte und dahin ging: »Herr Pfarrer! Euch zu Gefallen will ich ihnen *eine* Lehne an dem Stege machen lassen; aber versteht mich wohl, nur *eine,* und nur auf der *linken Seite*. Hingegen, das schwör' ich Euch bei der alten Ewigkeit meines Hauses und bei der unveräußerlichen Ehre meines Degens: von *zwo* Lehnen oder von *einer* Lehne auf der *rechten Seite* des Steges soll in Ewigkeit keine Rede sein.« – Der Pfarrer wollte nicht mehr. Er gab also in den Ausdrücken der tiefsten Ehrfurcht nach, eilte dann aber zu seinen Bauern und erzählte ihnen noch diesen Abend, was für ein Mann er sei und was für ein Pfarrer- und Ritterstück er für sie ausgerichtet habe.

Nun ist alles in der Ordnung. Die Bauern gehen zufrieden über den Steg mit der halben Lehne. Der Pfarrer kriegt seine Akzidenzien wie vorhin, und die Kinder und die Schwangeren, die Betrunkenen und die Alten halten sich in Gottes Namen an der linken Seite des Steges, weil sie es an der rechten nicht können.

199.
Ein Klub im Tierreiche

»Zwischen Himmel und Erde sind keine verfluchtere Vögel«, sprach König Rulph, der stärkste der Geier, da ihn eine Schar von Dohlen durch das ganze Krauchtal verfolgte.

Alle Geier fanden, wie Rulph, es wäre gut, wenn kein solcher Mittelstand wäre zwischen den Vögeln. Aber sie glaubten alle, seine Vertilgung sei unmöglich.

Nur der staatskluge Rulph, der unter seinem Gefieder eine Fuchsseele verbarg, erhob sich über den Kreis dessen, was gewöhnlich gefiederte Wesen für möglich finden können, und faßte den für eine Vogelseele bewundernswürdigen Gedanken, das ganze Geschlecht der frechen Dohlen und Krähen zu vertilgen.

Aber wie das machen, das sagte er freilich niemand. Nur einmal entrann ihm das Wort: »Was die Könige nicht vermögen, das müssen die Bettler vollbringen.«

Doch schon an diesem Abend sah man den Erzvater der Kauze im Geheimsitz des Königs, und bald darauf predigte das Dienstgeschlecht der Kauze auf allen geweiheten Ästen gegen alle Vereinigungen der Vögelgeschlechter, vorzüglich aber gegen diejenigen der Dohlen und Krähen, und hoben ein großes Geschrei an, wie der hohe und erhabene Jupiter nicht mehr anders könne, als seiner Langmut endlich ein Ende zu machen und alle Vögel mit schrecklichem Ernst zu vertilgen, weil sie in ihrer Bosheit so weit gekommen, sich nicht mehr zu begnügen, wie dieses auch vorhin geschehen, einzeln und unter gehöriger Anführung zu sündigen, sondern sich jetzt auf eine unerhörte Weise zu ganzen Geschlechtern vereinigten, um die unnatürlichsten Taten mit eigener Gewalt auf die schrecklichste und strafbarste Weise zu vollbringen und durchzusetzen erfrechen. Sie predigten mit großem, sonderbarem Ernst, wie alle Arten von Vereinigungen unter den Vögeln zu gar nichts Gutem und Nützlichem führen, wie solche ganz einzig von dem höchsten Verderben des Vogelherzens und der darin lebenden, ewigen Gelüste nach allem, was dem geistlichen und weltlichen Vögelrecht entgegen sei, herrühre; und wie dergleichen sträfliche Vereinigungen den betrogenen Vögeln in ihrem Innersten das gute und edle Gefühl ihrer natürlichen Schwäche und Ohnmacht rauben und sie dagegen frech, übermütig und gewalttätig machen; wie besonders die Dohlen sich ohne Scheu und Scham täglich mehr an der Hoheit der mächtigsten Vögel vergreifen und auch den friedlichen Geschlechtern der Vögel zum Trotz, was diese in ihren unschuldigen Seelen verabscheuen, vollbringen und täglich auf die mächtigsten Geier und Weihen eine Lustjagd nach der andern anstellen. Sie predigten ferner, wie die schändlichen Dohlen auch den Brotrechten der gemeinen, schwächern und kleinern Vögel auf die sträflichste Weise zu nahe treten, indem sie auf allen Misthäufen und auf allen neu gedüngten Äckern alle eingemachte Früchte, die beste Nahrung der Vögel, ihnen also in Haufen vereinigt vor dem Schnabel wegschnappen, endlich bezeugten sie noch, die Dohlen seien von den Göttern verflucht und von jeher mit der Farbe des Unglücks bezeichnet gewesen, und schlossen dann von ihren geweiheten Ästen herab dahin, man könnte weder Tugend noch Recht unter seinen Fittigen tragen, wenn man es auf irgendeine Art mit der Dohlenpartei halten wollte.

Die dummen Vögelhorden glaubten, und hoben ein großes Geschrei an, sie wollten alle Dohlen vertilgen.

Viele Tauben wurden auch gegen die armen Dohlen aufgebracht, daß sie auf die höchsten Gebirge hinflogen, ihnen ihre Eier, die sie in den Klippen und Felsritzen verborgen, aufzupicken und zu verderben. Aber so wie die guten Vögel die Dohlen vertilgten, so gediehen die Geier, und endlich merkten die dummen Vögel doch an ihren leeren Nestern, daß sie übel getan hatten, den Mittelstand vertilgen zu wollen, den die Natur ihnen zum Schutz gegen die Geier erschaffen hatte.

Seit dieser Zeit aber herrscht auch ein ewiger Haß zwischen den friedlichen Vögeln und dem Kauzengeschlechte, das sie also verführt, zu Gunsten ihrer Tyrannen ihre frommen und friedlichen Schutzherren vertilgen zu wollen.

★

Ich muß über die Darstellung dieses Traums aus dem Tierreiche sagen, sie ist vor mehr als dreißig Jahren geschrieben worden, und veranlaßt mich jetzo, folgendes beizufügen: Die Erhaltung und das Wohlbefinden der größern Anzahl der Tiergeschlechte hängt vielseitig von der ihnen innwohnenden und mit großem Reize belebten Kraft, sich untereinander zu beschädigen, zu bekriegen und zu vertilgen, ab. Offenbar aber liegt diesem wesentlichen Fundamente der tierischen Selbsterhaltung ein entschiedener, der tierischen Natur innwohnender Mangel an Menschlichkeit, der dann seiner Natur nach auch einen ebenso mit vielen Sinnlichkeitsreizen unterstützten Hang zur Unmenschlichkeit sowohl vorausgesetzt als zur Folge hat, zugrunde.

Bei dem Menschengeschlecht ist dieses geradezu umgekehrt, seine Selbsterhaltung und der ganze Umfang der Beförderungs- und Sicherungsmittel seines Wohlstandes hängt unbedingt und wesentlich von dem seiner Natur innwohnenden Sinn der Menschlichkeit und von der Unterdrückung des in unserm Fleisch und Blut eben wie im Fleisch und Blut der Tiere liegenden sinnlichen Reize zur Unmenschlichkeit, das ist von der Unterdrükkung der tierischen Neigung einander zu beschädigen, zu bekriegen und zu vertilgen, ab. So wie die Tiere durch die Befriedigung ihres Unmenschlichkeitstriebs sich erhalten, sicherstellen und befriedigen, so richtet der Mensch durch die Befriedigung dieses tierischen Unmenschlichkeitstriebes sich selbst zugrunde.

Was immer der Mensch von sinnlicher Selbstsucht und tierischer Gewalttätigkeit getrieben zum Nachteil, zur Minderung des Wohlstandes seines Nebenmenschen, zu dessen Schwächung, Erniedrigung und Vertilgung tut, schwächt und entwürdigt er sich selbst und mit ihm den guten Zustand aller seiner Umgebungen, das ist seines Geschlechts in dem ganzen Umfang, in dem er auf dasselbe eingewirkt und Einfluß hat und von demselben berührt wird.

Diese Ansicht wird noch von einer andern Seite ganz klar.

Der Mensch wird nicht wie das Tier zu dem, was er sein und werden soll geboren, er wird, was er werden soll, nicht von sich selbst, er wird es nur durch die Erhebung seiner Natur zur Wahrheit und Liebe.

Diese Erhebung aber setzt wesentlich die Ausbildung des ganzen Umfangs der Kräfte voraus, durch die sich unsere Menschlichkeit ausspricht, das ist, durch die wir den innerlich belebten, gereinigten und geheiligten Sinn derselben äußerlich in göttlichen Taten der Liebe, der Selbstverleugnung und der Aufopferungskraft unserer selbst für Wahrheit, Recht und Menschensegen darzustellen vermögen.

Diese Ausbildung des Geschlechts sowohl in Rücksicht der inneren Reinheit als der äußeren Fertigkeiten, deren Vereinigung das wirkliche Leben mit Wahrheit und Liebe allein möglich macht, geht indessen durchaus nicht aus der Massabildung unsers Geschlechts, es geht wesentlich aus der Individualbildung des einzelnen Menschen als solchen hervor. Die Anmerkung dieser Wahrheit ist in Rücksicht auf die Bildung unsers Geschlechts und in Rücksicht auf die Ansicht und Beurteilung des ganzen Umfangs ihrer Mittel von der höchsten Wichtigkeit, und es ist notwendig, die Wahrheit dieses Grundsatzes in ihren psychologischen Ursachen und Folgen, in ihrem ganzen Umfang, in ihrer ganzen Tiefe und in aller Vielseitigkeit seiner Anwendungsmittel, Anwendungskräfte und Anwendungspflichten ins Auge zu fassen. Es ist klar, wie weit diese Ansicht hinführt. Ich beschränke mich aber hierin auf den einzigen Gesichtspunkt, zu dem mir die Darstellung des Tierklubs Veranlassung gibt.

Die Ausbildung der Gemeinkraft mehrerer vereinigter Menschen führt durch ihr Wesen vorzüglich überwiegend zu der Stärkung der Kräfte, die wir mit dem Tiere gemein haben, und es ist unstreitig, daß die vorzügliche und einseitige Verstärkung der diesfälligen Kräfte die höhern Anlagen der Menschennatur schwächt und hingegen den entgegengesetzten niedern, tierischen Kräften überwiegende sinnliche Reize, Nahrung und Spielraum verschafft und dadurch die Fundamente, auf denen das eigentümliche und wesentliche Heil unsers Geschlechts ruht, untergräbt und in unserm Innersten auslöscht. Man kann durchaus nicht in Abrede sein, daß das lebhafte Gefühl der Gemeinkraft unseres Geschlechts, wie es sich durch die Zusammenstellung von vielen ausspricht, der Reinerhaltung des Selbstgefühls der menschlichen Schwäche im hohen Grade nachteilig ist, und daß es dadurch die zur Ausbildung der Menschlichkeit so wesentlichen Eigenschaften, der Demut, der Teilnahme, der Bescheidenheit, der Geduld und des Mitleidens gegen die Schwächern und Hülfsbedürftigen im innersten Heiligtum unserer Natur unter beinahe allgemein eintretenden Umständen zu schwächen und zu untergraben geeignet ist.

So wie der Sinn der Menschlichkeit, der von Liebe und Vertrauen ausgeht, vom Gefühl der Schwäche des einzelnstehenden Menschen unterstützt und in seiner ursprünglichen Natürlichkeit und Reinheit erhalten wird, so wird hingegen dieser reine, unschuldige Sinn der Menschlichkeit mit dem ganzen Umfang seiner Segensfolgen durch jede Art des Zusammenstehens der Menge untergraben, geschwächt und im Heiligtum seines innern Wesens gestört.

Das Wahre, Heilige der Menschenbildung geht im Wesen aller seiner Mittel von der *Einheit* der Menschennatur aus und bewährt seine Wahrheit und Kraft ebenso wesentlich im ganzen Umfang seiner Resultate durch seinen Einfluß auf die Erhaltung, Stärkung und Belebung dieser *Einheit.* Sie, diese Basis der Harmonie unsrer Kräfte, ist indessen für jeden Menschen die Sache seiner Individualität. Wo auch nur zwei beieinander stehen, da ist, so weit sie zusammenstehen, diese Einheit nicht mehr in ihrer individuellen Reinheit da, sie ist in Zweiheit hinübergegangen und steht in ihr also gebrochen und geteilt da; sowie mehrere zusammenstehen, geht sie in Dreiheit, Vierheit und endlich in Vielheit hinüber. Mit jeder Vermehrung der also verbundenen Menschen, mit jeder Ausdehnung ihrer Vielheit vermehrt sich das Übergewicht der Bedürfnisse und Neigungen, die aus der Massa der Vielheit ihres Zusammenstehens hervorgehen und durch sie erzeugt und veranlaßt werden, auf Gefahr und zum Nachteil dessen, was die Menschheit als Individuum zu solider Begründung ihres Wohlstandes allgemein und einzeln bedarf.

Soweit ist es gewiß, daß das Heilige der menschlichen Individualveredlung und aller seiner Mittel durch die Folgen ihrer sinnlichen und physischen Vereinigung, durch den Einfluß, den die Massabedürfnisse und die Massaneigungen vermöge der Menschennatur allgemein auf den esprit du corps der Vereinigten unausweichlich haben und haben müssen, geschwächt und gefährdet wird, und zwar in jedem Fall in dem Grade, als das Gefühl der sinnlichen Massabedürfnisse und der sinnlichen Massaneigungen und Massakräfte noch in den Verhältnissen und Umständen der vereinigten Menschen durch große, sinnliche Reize und Mittel unterstützt, belebt und erhöht wird.

Aus allem diesem folgt offenbar, daß das tierische Rechtsgefühl der Dohlen, sich gegen den Feind ihres Lebens, ihrer Jungen und ihrer Eier, gegen den Geier, zu vereinigen und so vereinigt auf Tod und Leben Jagd auf ihn zu machen, kein Beispiel ist, aus welchem ein Recht des Menschengeschlechts, sich ebenso gewaltsam gegen irgendeinen Feind, den die Menschen zu besiegen nicht vermöchten, zu vereinigen, herleiten läßt.

Das Menschenrecht darf durchaus weder durch die rechtlose Gewalttätigkeit der Stärkern gegen die Schwächern, noch durch die rechtlose Vereinigung der Schwächern gegen die Gewalttätigkeit der Stärkern gesucht, betrieben und erzielt werden.

Das reine, heilige, von Gott selbst in die Seele der Menschennatur gelegte Gefühl des wahren Menschenrechts schließt die tierische Vereinigungslust der Schwächern gegen die Stärkern, das Dohlen- und Krähenrecht gegen die Geier, beim Menschengeschlecht aber sowohl aus, als es auch kein gesetzloses Gewaltsrecht des Stärkern gegen den Schwächern, kein Recht menschlicher Geier gegen menschliche Dohlen als ein menschliches, will geschweigen, als ein göttliches Recht anerkennt.

Aus der Wahrheit und Reinheit der Menschennatur und aus dem Bedürfnisse seines wirklichen Wohlstandes geht so wenig ein äußerliches Vereinigungsrecht des Schwächern gegen den Stärkern als ein Gewalttätigkeitsrecht des Stärkern gegen den Schwächern hervor; der Anspruch an beides ist in seinem Wesen ein Anspruch gegen die heiligsten Fundamente des öffentlichen und Individualwohlstandes unsers Geschlechts.

Was immer der Mensch einzeln oder vereiniget, von sinnlicher Selbstsucht und tierischer Gewalttätigkeit getrieben, zum Nachteil, zur Minderung des Wohlstandes seines Nebenmenschen, zu seiner Schwächung, Erniedrigung und Vertilgung tut, dadurch untergräbt er die Fundamente seines eigenen Wohlstandes, seiner Selbständigkeit und seiner Veredlung.

Die Massagewalt irgendeiner Art vereinigter Menschenhaufen, die nicht auf die vorhergehende und gesicherte Individualveredlung der Kräfte unsrer Natur gebauet ist, ist in jedem Fall eine den Wohlstand und Segen unseres Geschlechts gefährdende Gewalt.

Ich fasse die erhabenste Vereinigung, die je auf Erden stattfand, die christliche Vereinigung ins Auge. Selbst die Glieder dieser Vereinigung, selbst die Bekenner der göttlichen Lehre des Erlösers dürfen zur Beförderung ihrer heiligen Zwecke nicht auf die Gewaltskräfte ihrer menschlichen Vereinigung bauen. Sie dürfen den Erfolg ihres äußern Einflusses zur Beförderung des Christentums nur von der Veredlung ihrer Individualkräfte in Wahrheit und Liebe erwarten. Das Christentum selber ist nur durch den Individualgebrauch aller seiner Segensmittel in seinem Wesen eine wahre, unsichtbare Kirche; sie ist auch nur durch die Unsichtbarkeit ihres heiligen, innern Wesens, nur durch das Heiligtum des Segens ihres Individualeinflusses auf die Veredlung des Menschengeschlechtes eine wahre, christliche Kirche, das ist eine geistige, unsichtbare Vereinigung der wahren Nachfolger Christi.

Aber wo finde ich sie, diese unsichtbare, christliche Kirche? Sie ist nirgends und allenthalben, sie steht nirgends in Massa vereinigt der Welt sichtbar vor Augen, aber sie steht in jedem einzelnen Individuum, der ein wahrer Christ ist, unsichtbar der Welt, ihre Umgebungen heiligend und segnend wirklich da. Als äußerliche Vereinigung von Menschen, als Gemeinkraft, als Volkskraft, als Resultat der äußern Vereinigung von vielen ist sie *nirgends;* als Resultat der göttlichen Mittel, die die Menschennatur in ihren Individuen reiniget, heiliget und segnet, ist sie *allenthalben;* aber die Welt, als Welt, erkennt sie nicht; wo die Welt sie sucht, ist sie nicht da; sie ist in keiner Art von Verbindungen da, die aus den Bedürfnissen der Massavereinigung irgendeines Standes hervorgeht.

Fasse ich den Adelstand, den Bürger-, den Bauern-, den Handwerks-, den Kaufmannsstand, fasse ich den Stand der verschiedenen Regierungsbehörden, fasse ich den christlichen und sogar den Klosterstand ins Auge, so finde ich allenthalben zum Dienst ihrer in der äußern Vereinigung der Stände und in den bestehenden Mitteln ihrer Organisation große und sehr belebte Reize zum Übergewicht ihrer Massaneigungen und ihrer Massaansprüche über die Ansprüche der individuellen Existenz ihrer Glieder, und dadurch über das heilige, innere Fundament aller unser Geschlecht wahrhaft segnenden, äußeren menschlichen Verbindungen und Vereinigungen; ich finde in ihnen allenthalben den Keim des Widerspruchs gegen das reine Leben in Wahrheit und Liebe, dieser wesentlichen, göttlichen Eigenheit des wahren Christentums.

Jede gesellschaftliche Massavereinigung, die auf irgendeine Art die sinnliche Neigung eines Standes zu fördern, zu befriedigen, zu erhöhen und zu sichern geeignet ist, ist insoweit durch ihre äußere menschliche Organisation dem hohen und reinen innern Sinne des Christentums entgegen. Sie hat, wenn auch noch so versteckt, den bösen Sinn der tierischen Natur und mit ihm den Keim des Krieges aller gegen alle, den Keim der Neigung, den Sinnlichkeitsgenießungen der Glieder seines Standes ohne reine menschliche selbstsuchtlose Rücksicht auf Wahrheit und Liebe ein Genüge zu leisten, in sich selbst, und führt in jeder Abteilung der Stände die Glieder derselben zu einem esprit du corps, welcher sie bald das honorificum, bald das utile ihres Stands als oberstes Gesetz desselben und die Ansprüche ihrer Nebenmenschen aus andern Ständen und andern Verhältnissen als ihr untergeordnet anzusehen verleitet. Das ist so wahr, daß jeder armselige Handwerkspfuscher die Vorteile seines Handwerks und die Rechte seiner Zunftinnung zum Nachteil seiner ganzen Vaterstadt und seines lieben Wohnorts mit eben dem esprit du corps behaupten wird, als der sich in Vereinigung aller, auch der höhern Stände in Rücksicht auf das utile und honorificum jedes Standes gleich laut, gleich lebendig und gleich selbstsüchtig ausspricht. Die Täuschung, in der die Welt über das Unrecht des Übergewichts der Massaansprüche vereinigter Menschen und Stände und des esprit du corps ihrer Selbstsucht über das Heilige, Ewige und sich selbst immer Gleiche der reinen Ansprüche in der Individualität der Glieder aller menschlichen Vereinigungen lebt, ist unermeßlich groß, und das Unterliegen des Menschengeschlechts unter dieselben so viel als allgemein, es hängt mit den Sinnlichkeitsgenießungen und Sinnlichkeitsansprüchen in allen Ständen zusammen und wird durch die Verstärkung und Verhärtung dieser Ansprüche, die aus den Massavereinigungen des gesellschaftlichen Zustandes entspringen, immer größer und dem heiligen Übergewicht unserer geistigen und sittlichen Anlagen über die Ansprüche unserer Sinnlichkeit immermehr allgemein nachteilig.

Je ausgedehnter jede menschliche Vereinigung ist, die zur Beförderung der Sinnlichkeitsneigungen und Sinnlichkeitsgenießungen große Reize und Mittel in sich selbst trägt, desto mehr vermehrt sich auch die innere, geistige und sittliche Schwäche der Menschennatur, sowohl im einzelnen Mitglied der Vereinigung, als in der Massa, in der sie vereinigt dasteht.

Der böse Sinn der Selbstsucht unserer Natur und sein mächtiger Einfluß auf die Abschwächung und das Verderben unserer edlern Anlagen steht schon selber in jedem Individuum unsers Geschlechts isoliert und an sich fest, und wenn er dann noch durch das sinnliche Interesse irgendeines Standes und seines esprit du corps gereizt, belebt, gestärkt und vergiftet wird, so ist seine Wirkung auf das Verderben unsers Geschlechts doppelt groß und doppelt entschieden. So heiter ist es, daß die Massavereinigung irgendeines Standes nur insoweit als dem Menschengeschlecht wohltätig und wahrhaft zum Segen gereichend angesehen werden kann, als die Glieder dieser Vereinigung das Leben in der Wahrheit und Liebe höher achten als den ganzen Umfang der Sinnlichkeitsgenießungen, die ihnen ihre Standesverbindungen und Ansprüche gewähren können. Ebenso heiter ist, daß die Massavereinigung irgendeines Menschenhaufens ganz gewiß in dem Grade als dem Menschengeschlecht nachteilig und wesentlich zum Verderben gereichend angesehen werden muß, als die Glieder dieser Vereinigung die Sinnlichkeitsansprüche und die Sinnlichkeitsgenießungen, die ihnen ihre Standesverbindung zu verschaffen, zu versichern und zu erhöhen geeignet sind, höher achten als das Leben in der Wahrheit und in der Liebe.

Es ist also offenbar, daß das Segnende alles Zusammenstehens der Menschenhaufen, das Segnende aller bürgerlichen Vereinigungen, das veredelte Dasein der Glieder dieser Vereinigung als ihr notwendig vorhergehend oder wenigstens beiwohnend voraussetzt, und daß die Mittel, welche gegen jede Art des gesellschaftlichen Verderbens als real wirksam angesehen werden können, durch keine Art von sinnlich belebten Volksbewegungen und Volksvereinigungen ausgehen können. Ich habe mich vielleicht zu weitläufig über den Zusammenhang, den man in der Darstellung dieser Tierklubs mit klubistischen Menschen und Volksvereinigungen finden könnte, aufgehalten; aber es war mir wichtig, daß meine Ansichten über diesen Gegenstand nicht mißverstanden werden, und aus den gleichen Gründen muß ich auch darüber, daß das Krähengeschlecht als ein Mittelstand zwischen den mörderischen Gewaltsvögeln und zwischen den sanften Hühnergeschlechtern und Singvögeln dargestellt wird, einige Bemerkungen hinwerfen.

Es hat unter den Tiergeschlechtern durchaus keinen eigentlichen Mittelstand; sie scheiden sich ihrer Natur nach in Tiere, die fressen, und in Tiere, die gefressen werden, davon die letzten schwächern allgemein dennoch mit einigen Verteidigungskräften und einigen Ausweichungsmitteln, die andern aber mit Angriffskräften und Überlistungsmitteln versehen sind. Zwischen beiden aber ist kein Mittelstand, der zur Beförderung des

Wohlstandes, beides, der Schwächern und der Stärkern geeignet wäre, auch nur denkbar.

Unter den Menschen hingegen ist ein Mittelstand zwischen den Mächtigen und Schwachen, zwischen den Großen und Kleinen nicht nur denkbar, er ist ein wesentliches Bedürfnis des gesellschaftlichen Zustandes, das vorzüglichste Mittel der Bildung, Erhaltung und Sicherung des allgemeinen Spielraumes und der allgemeinen Belebung der sittlichen, geistigen und Kunstkräfte, von denen alle wahren Segnungen des Menschengeschlechts und mit ihnen die wahren Quellen des öffentlichen, allgemeinen und des Privatwohlstandes unsers Geschlechts ausgehen; aber dieser Mittelstand kann und darf in keinem Lande in einem Personale gesucht werden, das im Dienst der Macht stehend das Übergewicht des Spielraums seiner Sinnlichkeitsgenießungen und damit auch des Spielraums seiner Leidenschaften diesem Dienststand zu verdanken hat; er darf aber auch nicht in einem Personale gesucht werden, von dem man nur von ferne vermuten könnte, daß es in seinen Umständen und Lagen Ursache und Neigung, und in seinen Anlagen und Kräften Mittel suchen und finden möchte, im Dienst des Volkes und im Einfluß auf die Meinungen, Ansprüche, Verbindungen und Bewegungen desselben Mittel und Wege zu einem ähnlichen Übergewicht des Spielraums seiner Sinnlichkeitsgenießungen und seiner Leidenschaften zu gelangen. Nein! der Mittelstand des Volkes darf weder in einem Personale gesucht werden, das in den schon erworbenen Mitteln der Sinnlichkeitsgenießungen der Possidenti von alters her bis zur Abschwächung seiner selbst und seiner wesentlichen Kräfte zu schwelgen gewohnt war, noch in einem, das in seiner Lage Reize finden und Mittel suchen möchte, im Dienst des Volks den nämlichen Spielraum, den die Possidenti in dem Dienststand der Macht schon von alters her genossen haben, sich durch ihren Einfluß auf das Volk, seine Meinungen und Ansprüche zu verschaffen und dieselben dann hinwieder, eben wie die andern, zur Abschwächung ihrer selbst, ihrer Kräfte und ihrer Mittel schwelgend zu mißbrauchen. Nein! Der Mittelstand des Volks, dieser Mittelpunkt der schöpferischen Kraft aller wahren gesellschaftlichen Volkssegnungen muß in einem Personale gesucht und anerkannt werden, das sowohl von dem Kraftdienststand der Macht unabhängend, als von dem Traumdienststand des Volks ungeblendet durch die belebtesten Interesse seiner Realverhältnisse an die Einsichten, Kräfte, Fertigkeiten und Tugenden des Privatlebens und der häuslichen Selbständigkeit gleichsam angebunden und durch seinen Lebensgang diese Einsichten, Kräfte und Fertigkeiten durch Erfahrung und Benutzung sich einzuüben und habituell zu machen in seinem täglichen Leben Reize, Spielraum, Gelegenheit und Bildung findet und genießt; er muß in einem Personale gesucht und anerkannt werden, das die innern Fundamente des öffentlichen Wohlstandes, die Bildungsmittel der häuslichen Kräfte unsers Geschlechts und die Sicherheit der häuslichen Beruhigung durch eigene Erfahrung erkennen und mit auffallender Kraft benutzen gelernt hat; er muß durch Männer erzielt werden, die als persönlich redende Beispiele dastehen, welche auffallend beweisen, durch was für Mittel die Kräfte des Landes, für deren Mißbrauch und Zerstörung die sinnliche Selbstsucht des Menschengeschlechts, sobald sie einmal da sind und zur Benutzung vorliegen, allgemein reizt, wirklich erworben und gleichsam aus dem Nichts erschaffen werden können. Er, dieser Mittelstand, der als die schöpferische Kraft alles wahren Landessegens und aller guten Landeskräfte anzusehen ist, muß in einem Personale gesucht werden, das Kräfte und Mittel in sich selbst trägt, als diese schöpferische Segenskraft im Lande selber dazustehen, d. h. durch irgendeine Art tatsächlicher Erwerbskräfte und Erwerbstätigkeit auf das Wachstum des Landessegens und seiner Erquickungs- und Beruhigungsmittel mit auffallendem Erfolg einzuwirken und nicht aus einem, das als fruges consumere nati dasteht, noch weniger aus einem, das sich sichtbar dahin drängt, eben dieses zu werden.

200.
Die Katzengerechtigkeit

»Wo wir uns nur zeigen, da heißt es: ›Hier sind die untreuen, diebischen Katzen!‹ Könnten wir nicht auch zu Futter und Mahl kommen, ohne diesen bösen Namen?«

Also sprach neulich eine Katzenschar, da ein paar von ihnen über der Tat ertappt, mit wundem Felle ihrer Strafe entronnen. Eine fette Schoßkatze antwortete ihnen: »Kinder! Schmeichelt den Menschen, und sie werden euch füttern wie mich die Tante, die mir alle Sorge des Stehlens und alle Mühe des Mausens mit ihrem eignen Brot und mit ihrem eignen Braten erspart.«

»Das hilft nur«, sagte eine arme, magere, »wenn man ein Fell hat, das dem lüsternen Manntier gefällt, oder sonst so glücklich ist, eine Katzentante zu finden, wie du eine hast.«

»Ja! Ja! Die Schoßkatzen haben gut reden«, schrien jetzt alle magern Katzen, »wir andere mögen lange miauen, es bringt uns dafür niemand weder Braten noch Brot.«

Das verdroß die alte Schoßkatze; sie sagte zu ihrer Nachbarin: »Das Bettelvolk ist allenthalben gleich, es läßt sich nie raten; wenn sie Verstand hätten, so würden sie doch an meinem Sessel und an meinem Tische merken, daß ich es wohl verstanden habe, mich durch die Welt zu ziehen.« – Mit dem schlich sie sich fort. Darauf sagte die alte, arme magere, die aber auch nur auf eine andere Art als die Schoßkatze einen verdrehten Kopf voll der dünnsten, träumerischen Einbildungen hatte, zu ihren magern Gespielen: »Ärgert euch nicht! Sie meint es nicht böse, aber das Sesselsitzen macht alle Katzen zu

Narren. Mich hat es nicht verderbt; mein mageres Fell zeuget, daß ich alles Katzenelend selbst erfahren und selbst getragen habe.

Ich weiß also aus sichern, eigenen Erfahrungen nicht bloß, wo es uns fehlt, sondern auch noch, wo es uns in Zukunft fehlen wird.

Auf diese Erfahrungen gestützt, glaube ich, es sei ein einziges Mittel zu unserer Errettung übrig. Wir müssen uns nämlich mit den Mäusen vergleichen, daß sie uns Futter und Mahl selbst zusammentragen und wir hingegen sie dann auch nicht mehr fressen.«

Erstaunt stand die Katzenschar da. Der Vorschlag schien ihr eine wesentliche Neuerung gegen die uralte Verfassung der Welt und gegen die ursprünglichen Naturansprüche und Gewaltsrechte ihres Standes.

Doch allmählich wurden sie mit dem Gedanken an eine solche Vereinigung vertrauter und fingen an, ihn allerdings mit dem Geist der Zeit und der Umstände übereinstimmend zu finden. Er gefiel vorzüglich den Armen und Magern. Von den Jungen und Starken hingegen sagten einige: »Die so allenthalben zusammengetragene Mäusespeise kann uns nicht dienen, und es ist uns ewige Schande, also an der Mäuse Kost zu kommen und von ihnen das Gnadenbrot zu essen.«

Andere hingegen behaupteten: »Diese Ehrenbedenklichkeiten gegen Mäuse sind weit unter uns, und jetzo gar zur Unzeit. Was uns Tiere bringen, die wir fressen könnten, kann uns in Ewigkeit keine Schande sein.«

Eine arme, magere, die diese Ehrenbedenklichkeiten auch zur Unzeit angebracht fand, sagte annoch: »Glaubet mir, ich habe es erfahren, Mäusespeisen sind Leckerbissen, und wenn sie es auch nicht wären, so bedenket, wenn wir uns forthin ohne eine Nachhülfe, bloß mit Mäusefleisch erhalten wollen, so müssen diese Tiere, sie können nicht anders, nach und nach aussterben, und dann wird das hartherzige Manntier, das uns nicht ferner brauchen kann, uns zu Tausenden zu Tode schlagen.«

Vor diesem Gedanken entsetzten sich alle Katzen, und hoch schwoll jetzt in ihrem Herzen der Wunsch, mit Mäusebrot versorget, ein ehrliches und gerechtes Auskommen zu haben, und die Mäuse dann nicht mehr zu fressen.

Diese wurden also versammelt; die mürben Katzen gaben ihnen Geleitsbriefe, und ein katzenfeindlicher Dogge war ihnen für das Worthalten der untreuen Mäuserinnen Gewährmann.

Indessen hatten es die schlauen Tiere durch Hoffnungen, die sie bei einigen Mäusen erregten, beim einzuführenden Katzentribut als Kommissäres angestellt zu werden, dahin gebracht, daß ihre Gesandtschaft mit großen Ehren empfangen und mit einer feierlichen Anrede bekomplimentiert wurde, deren Auszug den Akten beigefügt ist.

Sobald die Komplimentiermaus ausgeredet hatte, so trat dann der Katzengesandte mit gemessenem Schritte hervor, stellte sich ganz bescheiden an die Seite seines Gewährmannes, dankte vorläufig für den freundlichen, ehrenhaften Empfang, und versicherte darauf von aller Katzen wegen, ihr jetzt lebendes Geschlecht sei mit dem Geiste der Zeit unendlich vorgeschritten und habe selbiges an der Liebe, die nunmehr alle Tiergeschlechter zur Gerechtigkeit, zur Mäßigung und zur Sittlichkeit zu zeigen anfangen, sein größtes Wohlgefallen, sie wünschen auch nichts mehr und nichts sehnlicher, als das goldene Zeitalter, in welchem alle Tiere friedlich untereinander lebten, wieder herzustellen und besonders schickliche Mittel ausfindig zu machen, den alten Zwist, der zwischen ihrem gewaltigen und starken Geschlechte und dem gutmütigen, bescheidenen, aber schwächern Mäusegeschlecht seit der Erschaffung der Welt unglücklicherweise obgewaltet hat, wenn es immer möglich wäre, ein beförderliches und glückliches Ende zu machen; sie seien auch ihrerseits fest entschlossen, das Mäusegeschlecht von nun an nicht mehr als ein ihnen mit Leib und Blut zu dienender Fraß, sondern als ein mit ihnen freiwillig und rechtlich verbundenes Volk anzusehen und zu betrachten; hoffen dann aber, daß die Mäuse hierin ihren Edelmut ganz erkennen und auch ihrerseits alles dasjenige tun werden, was unumgänglich erfordert werde, eine so glückliche Vereinigung des gegenseitigen Interesses beider Geschlechter zustandezubringen.

Darauf ließ sie von der Spitzmaus, welche die Feder führte, das weitläufige Projekt dieser ewigen Vereinigung ablesen; und nachdem dieses geschehen war, sagte sie dann noch mit katzenfreundlichen Worten: »Es ist ja nur eine ganz unbedeutende Kleinigkeit, was die mächtigen und edelmütigen Katzen von euch zu fordern geruhen, und ihr könnet jetzo, was ihr nie hattet hoffen dürfen, Sicherheit, Leben und häusliche Ruhe mit unglaublich kleinen Dienstleistungen erkaufen.«

Aber kaum hatte sie ausgeredet, so trat eine Maus, deren Kühnheit sie zum Sprecher ihres Geschlechts machte, auf und sagte: »Brüder und Schwestern! Bisher fing uns doch nur das Manntier mit Speck; laßt uns nicht dahin versinken, selbst am Katzenspeck anzubeißen und uns durch Verräter aus unserer Mitte und ihre freche Beredsamkeit selbst dahin verführen, uns, unsere Kinder und Nachkommen zu ewigen Katzenknechten zu machen. Die Natur«, fuhr sie fort, »hat uns gelehrt, unser Heil in unsern Löchern zu suchen und es unserm Herzen verboten, dasselbe jemals von Katzengunst und Katzengnade zu erwarten.«

Das war allen guten Mäusen wie aus dem Herzen geredet; sie flohen in ihre Löcher, und was auch die Komplimentiermaus immer tat, es zu verhüten, so konnte sie die Mäuse nicht mehr zum Stehenbleiben bringen und die deputierte Katze mußte mit dem Bericht zurück; wenn sie leben wollen, so müssen sie sich forthin allen Beschwerden des Laurens, allen Mühseligkeiten des Mausens und allen Gefahren des Stehlens unterziehen. Die unnatürlichen und verstockten Maustiere seien ganz unmöglich dahin zu bringen, ihnen aus freiem Willen ein ehrliches und gerechtes Auskommen zu versichern.

Das hatten die stolzen Katzen nicht erwartet; sie glaubten im Gegenteil, die Mäuse würden alles in der Welt tun, um sich von ihrem Blutrecht loszukaufen. Da es aber also nicht geschah, schrien sie aus einem Munde: »Es ist nichts daran gelegen, wir wollen es ihnen jetzo schon machen.« Doch miaute noch eine zwischen hinein: »Es ist verflucht, daß wir mit diesem unvorsichtigen Antrage unsern ganzen Katzenstand kompromittiert haben, aber wenn ich dabei gewesen wäre, so wäre es gewiß nicht geschehen.«

201.

Auszug aus der Anrede der T. T. Maus, welche von aller Mäuse wegen die T. T. Katzengesandtschaft bekomplimentiert hat

Sie teilte ihre Rede in Quis? Quem? Ad quem? das ist, Wer? Wen? Zu wem? ab und sagte dann: »Es fragt sich also erstlich: Quis? Wer sendet in dem wichtigen Zeitpunkt einer allgemeinen Gärung im Tierreiche ihre hohe Gesandtschaft an unser Geschlecht? Dies ist das erhabene königliche Katzengeschlecht, das von dem sich veränderten Geist der Zeit, in seiner hohen Seele durchdrungen, uns nicht ferner nur im schrecklichen Munde und zwischen den Zähnen vor seine Audienz zu tragen gesinnt ist, sondern vielmehr geruhet, an uns, wie wenn wir seinesgleichen wären, seine hohe Gesandtschaft abzusenden.

Es frägt sich dann ferner: Quem? Wen sendet dieses hohe königliche Geschlecht an uns? Und dieses ist der Hochgeborne, gnädige Kater, Kater Mameliski, dessen hohes Geschlecht aus der Arche Noä entsprungen, in Syrien und Ägypten mit Löwen und Leoparden verschwägert und in Europa seit undenklichen Zeiten bei allen Katzenfürsten in Gnade gestanden hat, und also auch die wichtigsten Stellen in Kirche und Staat verwaltet.

Endlich frägt es sich: Ad quem? Zu wem sendet das hohe Katzengeschlecht den Hochgebornen Kater, Kater Mameliski? Und auch dieses ist kein unrühmliches Geschlecht. Auch unter uns haben von jeher Helden gelebt, die sich mit unglaublichem Mute, selbst am hellen Tage, ihren Feinden vor Augen stellten; noch weit mehr aber Weise, die uns die künstlichsten Schleichwege zu unsrer Errettung und zu unsrer Erhaltung gelehrt haben.

Endlich könnte man noch fragen: Quare? Das ist: Warum sendet das königliche Katzengeschlecht in der Person des erlauchten Katers seinen Gesandten an uns? Dieses wäre aber ganz augenscheinlich dem Gegenstande vorgegriffen, den wir aus dem beredten Munde Sr. Exzellenz, den ich in aller Mäuse Namen und mit wahrer Mäusebescheidenheit zu begleiten die Ehre habe, in aller Ehrfurcht zu vernehmen uns eigentlich versammelt haben.

Es bleibt uns also nichts übrig, als zum voraus uns mit allem Zutrauen der freudigen Hoffnung zu überlassen, von Seite der königlichen Katzen Vorschläge zu erhalten, die auf Gerechtigkeit und Billigkeit gegründet, die dankbare Anerkennung unseres Geschlechts für uns und unsere Nachkommen erfordern werden.«

*

Diese Katzenvorschläge an die Mäuse, wenn man die Angelegenheiten der Katzen an die Mäusegeschlechter mit den Angelegenheiten des Menschengeschlechts vergleichen darf, sind ein eigentliches Bild der Unnatur, in welche die Schwächlinge des Menschengeschlechts durch die Folgen des Verkünstlungsraffinements unsers Zivilisationsverderbens versunken, und so heiter es aus der Ansicht, die der Darstellung des Tierklubs zum Grunde liegt, hervorgeht, daß der Mensch seine Selbsterhaltung und den ganzen Umfang seines Wohlstands nur durch das Übergewicht des sittlichen und geistigen Wesens unserer innern Natur über seine äußern und tierischen Ansprüche zu erzielen, zu befördern und zu erhalten vermag, und so gewiß es ist, daß das Übergewicht seiner sinnlichen Ansprüche den wahren Wohlstand unsers Geschlechts in allen seinen Fundamenten gefährdet und untergräbt und den Krieg aller gegen alle im Menschengeschlecht in dem Grade mehr nährt, belebt und erhaltet, in dem er den Resultaten der sinnlichen Selbstsucht unsers Verderbens in allen Standes-, Berufs-, Kunst-, Gewerbs- und Gewaltsvereinigungen mehr oder minder großen Spielraum verschafft; so gewiß es hinwieder ist, daß das Übergewicht unsers sittlichen und geistigen Wesens über unser sinnliches Verderben alle Fundamente unserer Selbsterhaltung und alle Mittel der Stärkung und Veredlung unserer Kräfte und Verhältnisse stärkt, belebt, erhaltet und dadurch unsrer sinnlichen Neigung zum Krieg aller gegen alle im innersten Heiligtum unsrer Natur selbst entgegenwirkt und durch Begründung des innern Friedens unsrer selbst mit uns selbst uns mit unserm ganzen Geschlecht versöhnt; so unstreitig ist es hingegen, daß die Welt nicht in diesem Frieden lebt, daß der Krieg aller gegen alle, in jeder Form der menschlichen Vereinigung, welche äußere Gestaltung sie auch immer haben mag, vom Anfang der Welt bis auf diese Stunde fortdauert und bis ans Ende der Welt fortdauern wird.

Es kann nicht anders sein, die Welt in allen ihren Verbindungen und allen ihren Gestaltungen liegt im argen. Der Krieg aller gegen alle ist das Erbteil unsers Geschlechts. Aber die Art, wie er geführt wird, ist so verschieden als die Gestaltung der äußern Verhältnisse der Welt, die ihn veranlassen, nähren und unterhalten. Er wird in rohen, barbarischen Zeiten sichtbar roh und barbarisch geführt. In zivilisierten, auch ebenso wie in rohen, kulturlosen Zeiten geht er zwar aus dem gleichen barbarischen, in seinem endlichen Resultat zur Unmenschlichkeit hinlenkenden Sinne unsers tierischen Verderbens hervor und ist in seinen Ursachen und Wirkungen in beiden Verhältnissen innerlich durchaus sich selbst gleich, äußerlich aber verliert er, auch im tiefsten Verderben des zivilisierten Zustands, den *grellen Schein* seines das Göttliche unsrer Natur vergiftenden Wesens, aber wahrlich nur auf Gefahr der Verstärkung seines unsichtbaren, innern Gifts selber. Dieses erzeugt seiner Natur nach in seinem Verhältnis und in seinen Umgebungen einen Verkünstlungszustand, dessen Natur unser Geschlecht in sittlicher und geistiger Hinsicht immer mehr abschwächt und entkräftet und dadurch den Krieg aller gegen alle in seinen verschiedenen Erscheinungen nicht so fast blutig, als auf Abschwächung und Entkräftung einwirkend, in die Augen fallen macht. Je weiter indessen in einem Lande ein Volk in diesem Abschwächungs- und Entkräftungszustand vorschreitet, je mehr führt es dasselbe dahin, daß es bald keine größere Angelegenheit kennt, als das Verderben seines innern Wesens zu übertünchen und zu verblenden und mitten im wachsenden Gift seiner Unmenschlichkeit bei allen, auch bei den stärksten Schritten seines fortdauernd immer mehr belebten Kriegs aller gegen alle, einen blendenden Schein der Neigung zum Frieden und selber zu einer alle Pflichten der Menschlichkeit anerkennenden Kultur vor sich zu tragen.

In diesem Zustand gefährdet der Krieg aller gegen alle unser Geschlecht in Rücksicht auf die steigende Minderung aller wahren Fundamente der menschlichen Kultur sowie auf die steigende Abschwächung des innern Heiligtums aller gesellschaftlichen Verhältnisse und ihrer Segnungen in einem gleichwachsenden Verhältnis. In allen diesen Rücksichten wird er in seinem Einfluß auf die Untergrabung aller sittlichen, geistigen, häuslichen und bürgerlichen Fundamente des menschlichen Wohlstands in allen Ständen immer verfänglicher, und das innere

Heiligtum des gesellschaftlichen Zustandes im allgemeinen weit gefährdender, als er es in rohen, barbarischen Zeiten durchaus nicht in dieser Allgemeinheit und Ausdehnung werden könnte. Die rohesten Zeiten sind wenigstens in christlichen Staaten soviel als allgemein, mit einem, wenn auch der Erkenntnis- und Kunstmittel halber beschränkten Gemeingeist und einer dadurch erzeugten, innern, gleichartigen Gemeinkraft belebt, deren Einfachheit und Unverschrobenheit die allgemeine Abschwächung der Kräfte der Menschennatur, die ein hoher Grad des Verkünstlungsverderbens unsers Geschlechts notwendig mit sich führt, unmöglich und undenkbar macht, geradezu ausschließt.

Desnahen ist die Verschiedenheit im höchsten Grade merkwürdig, die in der Art der Volksbewegungen zur Selbsthülfe in den Epochen ihres mehr oder minder rohen und in denjenigen ihres mehr oder minder raffinierten Verkünstlungszustands stattfindet; in dem ersten gehen die Bewegungen der Völker zur Selbsthülfe und Empörung gewöhnlich von Gewalttaten wirklich schreiender Unmenschlichkeiten, von Verweigerung des gesetzlichen Rechts, vom Gefühle kränkender Verletzungen wirklich besitzender Privilegien, von warmer Teilnahme an dem Unrechtleiden gekränkter und mißhandelter Menschen, besonders solcher, die öffentliche Achtung und allgemeines Vertrauen im Lande besitzen, hervor; auch sind sie, diese Volksbewegungen zur Selbsthülfe, in einer solchen Epoche vielseitig mit heißen Tränen der Wehmut und Demut begleitet und erscheinen in diesem Falle immer als Resultate des Gemeingeistes und der Gemeinkraft des Volks mit großer gradsinniger Entschiedenheit, so wie sie sich mit mutvoller, freiwilliger Hingebung des Volks zur Darbietung seines Hab und Guts, seines Leibes und Lebens, seines Guts und Bluts, für Weib und Kind, zum Schutz seines Haussegens und des Vaterlands äußern. In den raffinierten Epochen unsers Verkünstlungsverderbens hingegen ist dieses gar nicht der Fall, und wenn man auch nicht behaupten kann, daß die Volksbewegungen zur Selbsthülfe in solchen Epochen allein und einzig aus den natürlichen Folgen des bestehenden Abschwächungszustands und Verkünstlungsverderbens aller Stände hervorgehen, so ist doch unwidersprechlich, daß sie in denselben allgemein mit den belebtesten Folgen dieser Abschwächung innig verwoben sind und das Gepräge der Unnatur des Verkünstlungsverderbens ihrer Epochen und alle seine Folgen allgemein an sich tragen und auffallend als Äußerung einer allgemeinen und rasend gereizten Begierlichkeit, zu ernten, wo man nicht gesät, erscheinen und von, im höchsten Grad sinnlich belebten Gelüsten, auf der faulen Haut zu liegen und mit aufrechtem Rücken herumzugehn, herrühren; und so wie die Geschichte und die Erfahrungen beweisen, daß die Volksbewegungen zur Selbsthülfe in rohen Epochen, soviel als allgemein von einer warmen Teilnahme am wirklichen Leiden des Volks ausgehen und gemeiniglich mit heißen Tränen der Wehmut und Demut begleitet sind, so gehen diese Bewegungen in verkünstelten Zeiten gar oft vom Übermut im Wohlstand, vom Lachen des Hochmuts aus; und wie sie in der ersten Epoche sich als Resultate des Gemeingeistes und der Gemeinkraft mit großer Entschiedenheit und mit mutvoller Darbietung von Hab und Gut, von Leib und Blut, beides, für Weib und Kind und für das Vaterland aussprechen, so sprechen sie sich in den Verkünstlungsepochen als Resultate des Parteigeistes und der Parteikräfte und vielseitig mit zweideutiger Unentschlossenheit, mit Mutlosigkeit im Unglück und mit allen Kleinlichkeitsrücksichten auf das, was jeder einzeln in diesem Volk spielt, zu gewinnen und zu verlieren hat, und mit mehr Rücksicht auf die Erhöhung der sinnlichen Lebensgenießungen ihrer Weiber, ihrer Kinder und ihrer Stände, als auf die allgemeinen Fundamente des häuslichen und bürgerlichen Segens und der häuslichen und bürgerlichen Selbständigkeit aus. Sie sind in solchen

schlug, und des Füchsen mit roten, glühenden Augen im Kreise der fleischfressenden Tiere und aller Vorschläge, die er ihnen machte; und in Rücksicht auf die Gleichheit der Charaktere, die sich in einer solchen aus der Abschwächung aller Stände hervorgehenden Volksbewegung entfalten, mit den sich in dieser Katzen- und Mäuseangelegenheit auszeichnenden Charakteren, und denke namentlich an die fette Schoßkatze, die den magern anriet, wie sie dadurch, daß sie den Menschen schmeicheln, alle zu guten Bissen gelangen können, und dann nebst vielen andern noch an die Spitzmaus, die gerne von den Katzen als Kommissär angestellt werden möchte, und an die künstliche Rede, die sie in quis, quem, ad quem abteilte, hingegen aber das quare gar nicht berührte, sondern den versammelten Mäusen anriet, dasselbe mit vollkommenem Zutrauen aus dem Munde des erlauchten Katers, Katers Mameliski, zu erwarten.

202.

Der grosse Tierkrieg mit seinen Ursachen und Folgen

Die die Erde beherrschenden Löwen versanken einmal durch Jupiters alles verhängenden Willen in Blödsinn, und setzten, von innerer Unfähigkeit des Herrschens erniedriget, die ganze Kraft ihrer kranken und exaltierten Herrschergefühle an den Schein der Sache, deren Wesen ihnen die heiligen Götter geraubt hatten.

Vorher zollte täglich ein Rehbock oder ein anderes vollwichtiges Tier seinem Magen den Naturzoll seines Geschlechts nach des Löwen wirklichem Bedürfnis.

Jetzt aber sollten alle Rehböcke zusammen und alle Geschlechter der Tiere ihrer zerrütteten Einbildungskraft einen ebenso kränkenden und erniedrigenden als unnützen Augendienst leisten.

Die Blödsinnigen hatten alles Gefühl der Natur verloren. Sie bedurften des Regierens, wie hysterische Weiber nervenstärkender Gerüche. Sie fielen vom Gedanken, es nicht mehr regieren zu können, in Ohnmacht. Also im Innersten widernatürlich gestimmt, wollten sie immer und alles regieren und alle Tiere der Erde glauben machen, daß sie sämtlich unfähig seien, sich selbst zu regieren, und nur durch das Wohlgefallen ihres Maulverzerrens, das sie lachen hießen, Tiere werden könnten, wie sie sein sollen und müssen. Auch fanden sie jetzt keinen Gefallen mehr an irgendeinem Dienste der Tiere, als insoweit er wider ihre Natur war.

Ihre Tiger mußten mit Seife gewaschen vor ihnen erscheinen; ihre Wölfe hatten Hofkleider von Lämmerfellen; ihre Bären trugen Maulkörbe und gingen an Stekken; ihre Adler hatten Pfauenschwänze, ihre Geier zwangen den knorrichten Hals in Schwanengestalt; ihre Schlangen gingen auf Stelzen; ihre Kauzen hatten haarlose Köpfe und mußten, ihnen zur Freude, oft am hellen Mittage an der Sonne fliegen; ihre Stiere mußten Bärendienste tun; ihre Kühe wurden für Hunde und ihre Esel für Parden gebraucht, und den Hunden war vielseitig aufgetragen, was sonst die Löwen selbst verrichteten. Auch der hohe Elefant war, wider seine Natur, zum Blutdurst gereizt; und das reine und edle Geschöpf, das sich voll Verachtung von jedem Viehe trennt, an dem ein Blutstropfe hängt, das Pferd, atmete am vollen Haberbaren grimmige Kriegslust.

Aber dadurch, daß sie also einem jeden Tiere die Tugend seines Geschlechts raubten, erhielten diese sämtlich die einzige Eigenschaft, darin sie alle zusammenkommen konnten, *sie wurden alle zu Affen,* und erhielten anstatt der verlorenen Tugenden ihrer eigenen Natur die wesentliche Eigenschaft ihres neuen Geschlechts: *die Fehler ihrer Meister zu riechen und mit zitternder Ungeduld zu gelüsten, sich über dieselbe zu erheben.*

Hieraus entstand in ihren verdorbenen Seelen der widernatürliche Wunsch: *»Wir wollen alle miteinander regieren.«* Dieser Wunsch liegt sonst gar nicht in den Seelen der Tiere, aber jetzt sprach ihn ein Einziger aus, und wie ein Blitz war er in den Seelen von Allen.

Allein er erschien in den einen als ein Katzengefühl in Mäuseseelen; in den andern als ein Hundgefühl in erbitterten Schafen. Hier als ein Schlangengewind im ungebändigten Stiere; dort als ein Tigergelust in der kälbergebärenden Kuh; und oft als eine Löwenbegierde im wunden, elenden Esel.

Indessen war die Affenmeinung, *»wir wollen alle miteinander regieren«*, nichts mehr und nichts weniger als eine Kriegserklärung wider die Meinung des Wahnsinnes: *»Wir wollen wie hysterische Weiber und immer und alles regieren.«* Auch standen die krautfressenden Tiere plötzlich und allgemein gegen die fleischfressenden im Aufruhre.

Da sie aber sämtlich zu Affen geworden waren, so standen viele Fleischfresser auf die Seite der Krautfresser und viele Krautfresser auf die Seite der Fleischfresser. Schlangen und Füchse stellten sich auf beiden Seiten voran. Der Krieg war erschrecklich. Weit und breit waren alle Wälder und Berge damit erfüllt.

Selbst in Asiens fetten Weiden erschallte der Ruf der vielsiegenden Krauttiere, und was in diesen Gegenden noch nie erhört worden war, geschah jetzt.

Zahllose Affen riefen, auf ihren Bäumen versammelt, allen Tieren und dem Elefanten selbst, der in ihrem Forste Recht und Gerechtigkeit verwaltete, das neue Krautfressergeschrei zu: *»Wir wollen alle miteinander regieren und zu Felde ziehen wider Tiger und Löwen.«*

Der Elefant tat eine Weile, wie wenn er nichts hörte; aber da sich immer mehr Tiere oben in den Lüften und unten auf dem Boden bei den Affenbäumen versammelten, wollte ihm dieses Geschrei nicht mehr behagen. Er warf seinen Rüssel gegen die Affenbäume auf und sagte: »Ihr elenden Tiere! Esset doch ferner eure Nüsse und

Mandeln und suchet in jeder Gefahr mit euern langen Beinen das Heil über Stauden und Stöcke; aber maßet euch nicht an, die Ruhe meines Forstes zu stören.«

Dann wandte er sich an die andern Tiere und sagte zu ihnen: »Ihr stehet hier nicht unter wahnsinnigen Löwen. Ich schütze euch selbst vor dem Unfuge dieser wilden Höhlenbewohner; ich ehre in eurer Natur einem jeden sein Recht und gönne ihm dieses Recht als seine Freiheit. Was wollet ihr mehr? Wollet ihr unter Füchsen und Schlangen, gegen Löwen und Tiger zu Felde ziehen? Wisset ihr auch, was das ist? Ich stoße meinen Zahn dem Löwen in den Rachen; ich werfe den Tiger mit meinem Rüssel über meinen Rücken; ich bringe den wildesten Stier unter meinen Fuß; ich drücke den Bären mit meinem Bauche an die Wand, bis er dünne ist, aber ich habe mein einziges Kind nicht vor den Stichen der Klapperschlange erretten können, und ich vermag es nicht, mein liebstes Gefieder vor den Schleichwegen der Füchse sicherzustellen. Also seht, was ihr tut! Ich will forthin in meinem Forste Recht und Gerechtigkeit ausüben; aber hinter Schlangen und Füchsen über die Berge laufen und Löwen und Tiger aufsuchen, die nicht wissen, daß wir in der Welt sind, das sind Affengelüste, die in keine Elefantenseele hineinkommen können.« Darauf setzt er noch hinzu: »Die Affen sind von den Göttern verflucht, sie haben eine erschreckliche Krankheit. Es ist ihnen nie wohl; sie wissen nicht, was sie sind, und nicht, was sie wollen. Und da ihr hier unter ihnen lebet, so sollte es, ob Jupiter will! doch nicht so leicht sein, euch selbst zu so armseligen Tieren zu machen, als dieses in dem schlechtern Weltteil nicht sein mag, wo man die Affen weniger kennt und sich also weniger scheut, ihnen zu gleichen.«

Damit schwieg er. Aber das Krautfressergeschrei hatte selbst Asiens feinere Nasen neuerungssüchtig gemacht. Der Elefant sah es, warf seinen Rüssel noch einmal auf und schrie schrecklich: »Was ist das? *Alle miteinander regieren?* Soll ich euch alle miteinander zertreten?«

Das entschied jetzt. Die nahen Hunde krochen, die Affen schwiegen, Asiens Tiere gingen auseinander, und der Elefant naschte wieder an seinem Lotus.

Indessen verbanden sich die fleischfressenden Tiere immer enger und allgemeiner zusammen, und die Zahl der Krautfressenden, die zugrunde ging, ward mit jedem Tage größer und bald unermeßlich.

Da erhob sich im großen Elend dieser Tage ein Kranich und schrie, wie wenn ihn ein Himmlischer stärkte: »Auf! Auf! Ihr Tiere, zum ewigen Frieden!«

Der Adler aber, welcher das Aas liebt, schoß über den Kranich und tötete ihn, und die wegen diesem bedenklichen Vogelgeschrei eigentlich versammelten Seifentiger, Tanzbären, Lämmerwölfe nebst feierlichem Zuzuge, Stelzenschlangen und haarlose Kauzen erklärten einmütig das Kranichgeschrei für gefährlich und zur Unzeit angebracht, und dekretierten hoheitlich und kirchlich: »Krieg ist der Tiere Natur, und es ist uns wohl im Dienste der streitenden Löwen.« Ferner: Bis sich alle Krautfresser zum Ziel gelegt haben würden, dürfe der Gedanke an einen Frieden mit denselben, sowenig als derjenige an ein den Löwen genierendes Tierrecht, in den Krauttieren weder erzeugt noch erhalten werden; es sei vielmehr an dem, daß das zweideutige Gefühl für Wahrheit und Recht, welches etwan besorglich in den Seelen der Kühe, Esel und Schafe rege gemacht worden, selbst mit aller Kunst auf das sorgfältigste und väterlichste erstickt und wo es nicht anders möglich, auch mit dem größten Ernste herausgepeitscht und herausgemetzelt werden müsse.

Auch ließ sich der Apostel der Tiere an dem Faden, an den sich dergleichen Apostel alle anbinden lassen, dahinbringen, alles Unglück dieses Tierkrieges ausschließend den Krautfressergeschlechtern zuzuschreiben und die Lehre des Kranichs, ob sie gleich die alte orthodoxe Lehre seiner heiligen Bücher ist, dennoch in den Bann zu tun: 1. weil selbige von dem unverschämten Vogel nicht in der vorgeschriebenen mystischen Form stilisiert; 2.

weil sie auf einmal gar zu vielen Schafen, Eseln und Kühen zu Ohren gekommen sei; 3. endlich aber und vorzüglich, weil der offenbar ungläubige Elefant und das heterodoxe Pferd ihr öffentlich ihren Beifall bezeugt haben.

Von dieser Zeit an werden alle Kraniche von den Adlern und Geiern verfolgt; der ungläubige Elefant und das zweifelnde Pferd sind den Füchsen und Schlangen zum getreuen Aufsehen empfohlen; gegen die hartnäckigen Esel wird die Schärfe der Rute gebraucht; die neuerungssüchtigen, aber furchtsamen Affen werden mit ihr bedrohet und die Priester der Tiere lehren die Kinder der Kühe und Schafe, selbst auch die armen Hasen und die schuldlosen Rehe mit einer beispiellosen Anstrengung: Der Krieg sei ihre Natur, der Löwendienst, wie er ist, ihre unbedingte Pflicht, und die Lehre der Kraniche, so wie sie von den Kühen, Eseln und Schafen verstanden werde, allerhöchst verdammlich; so wie das freche Reden über den Wahnsinn der Löwen eine todeswürdige Sünde.

Den sämtlichen Kauzenstühlen wurde beförderlich und dringend aufgetragen, von den Löwensünden und Löwenschanden immer nur mit großer Vorsicht und mit gehörigem Respekte zu reden und besonders dem irrigen Wahne, daß selbige so vielen Einfluß auf das Wohl und Weh der übrigen Tiere haben, mit allem Eifer und mit aller Sorgfalt entgegenzuwirken, auch alles nur mögliche zu tun, um unter den Stieren, Kühen und Eseln die beruhigende Überzeugung zu verbreiten, daß sie, unter allen Umständen, an ihrem Verderben einzig und allein selbst schuld seien.

*

Ich füge dieser Rubrik, ungeachtet alles dessen, was ich schon bei mehrern Nummern dieses Buches gesagt habe, nochmal hinzu: Sie ist schon vor mehr als zwanzig Jahren in meiner Vaterstadt, mit Bewilligung ihrer Zensur, gedruckt worden. Ihr Zweck ist offenbar auf mein Vaterland beschränkt und warnend gegen alle Teilnahme an den Volksbewegungen des damaligen Zeitpunkts gerichtet. Der Erfolg des großen Weltbegegnisses entsprach meiner diesfälligen Ansicht auf eine auffallende Weise. Ich mußte indessen in diesem Zeitpunkt mich beschränken, den Gegenstand, der mein Herz bewegte, bloß bildlich zu behandeln, und weiß gar wohl, daß jeder bloß bildlich dargelegte Gegenstand das Gepräg seiner Einseitigkeit in sich selbst trägt, und ob ich gleich nicht fürchten darf, daß das, was ich in diesem Zeitpunkt und in dieser Beschränkung für mein Vaterland gesagt habe, mißverstanden und als Anspielungen auf Begegnisse, die ganz außer meinem Kreise liegen, angedeutet werden könnte, so glaube ich gleichwohl, es sei, wo nicht notwendig, doch dienlich, meine ersten, wahren und innern Ansichten über den Gegenstand, der dieser bildlichen Darstellung zum Grunde liegt, mit einiger Bestimmtheit auszusprechen. Das Menschenrecht, d.i. die Pflicht der Anerkennung des Übergewichts der göttlich gegebenen, hohen und heiligen Ansprüche der innern Menschennatur über die niedern Ansprüche der Selbstsucht unsers sinnlichen, tierischen Verderbens ist an sich selbst unstreitig ein heiliges, göttliches Recht, und seine ehrfurchtsvolle Anerkennung in den menschlichen Organisationen des gesellschaftlichen Zustands und besonders in den christlich zu organisierenden Gemeinheiten dieses Zustands ist ohne allen Widerspruch die Pflicht aller Individuen in allen Ständen desselben. Es geht aus der Natur dieses Rechts selber hervor, daß, wenn es durch eine im Staat gesetzlich autorisiert bestehende Macht mit physischer Gewalt auch noch so sehr verletzt würde, die Entgegensetzung einer andern, physischen Gewalt nicht als ein gesetzlich rechtmäßiges Mittel gegen das Unrecht der herrschenden Gewalt angesehen werden darf. Dieses Entgegensetzen führt in jedem Falle das innere, heilige Wesen aller wahren Segnungen des gesellschaftlichen Zustands in seinen ewigen, unveränderlichen Fundamenten seinem unausweichlichen Verderben entgegen. Nein, das Menschenrecht darf nicht tierisch gesucht, es kann und darf nicht tierisch erhalten, es kann und darf nicht tierisch medziniert, es muß in allen Verhältnissen menschlich gesucht und menschlich erhalten, und auch wenn es verletzt ist, mit Mitteln der Weisheit und Liebe, die aus reinem Herzen hervorgehn, wiederhergestellt werden. Wenn die gesetzliche Macht, von menschlichem Irrtum verleitet, sich selbst und dem Volke Unrecht tut, so kann der dadurch gefährdete und verletzte Segen des gesellschaftlichen Zustands nur durch Mittel wiederhergestellt werden, die an sich geeignet sind, das innere, reine Wesen des gesellschaftlichen Segens, beides, in den Herzen des unrechtleidenden Volkes und in denjenigen der irrenden Mächtigen mit innerer, göttlicher Kraft zu beleben und zu stärken und dadurch die reinen, ewigen Fundamente eines wahrhaft gesellschaftlichen Rechtszustands, so sehr er auch durch den Irrtum und die Schwächen der Macht verletzt worden wäre, durch erneuerte Belebung dieser Fundamente wiederherzustellen und einen Zustand der Dinge herbeizuführen, in welchem die Übel der Gegenwart in jedem Falle gemildert und die Bahn zu diesem bessern, segensvollern Zustand mit der möglichsten Sorgfalt geöffnet werden kann. In der physischen Massa des Volkes und noch weniger in einer ungesetzlichen Bewegung dieser Massa liegt durchaus keine Hülfe gegen das Unrechtleiden desselben, und weder ein göttlich geheiligtes noch ein menschlich rechtlich begründetes Mittel zur Erzielung der reinen Segnungen des gesellschaftlichen Zustands und noch weniger zur Wiederherstellung derselben, wenn sie in einem hohen Grad gefährdet würden; aber in der Individualkraft veredelter, weiser und frommer Menschen aus allen Ständen liegt eine von Gott gesegnete und menschlich rechtlich begründete, allmächtige Kraft gegen das Unrecht menschlicher Herrscher und herrschender Behörden. Ich sage nichts mehr; es ist hier nicht der Ort, diese Ansicht auszuführen; aber auch heute Feind und Verächter des tierischen Volkskriegs, suche ich, wie damals, da ich die Rubrik dieses Tierkriegs in meinem Vaterlande und für dasselbe schrieb, nichts anders, als die Förderung der sittlichen, geistigen und physischen Segenskräfte des Volks in allen Ständen als das wesentliche Fundament alles wahren, wirklichen Nationalsegens und aller von Gott geheiligten, wahren Nationalkräfte in die Augen fallen zu machen und auf der reinen Bahn der wahrhaft rechtlichen Menschlichkeit und des hohen Christentums dahin zu wirken, jeden Keim einer selbstsüchtigen Neigung zum Mißbrauch der Gewalt und zur Unterdrückung der Schwachen im Lande, der in den Menschlichkeiten der Macht liegen möchte, sowie jeden Keim der Frechheit und Gewalttätigkeit, der aus der Verwilderung der verwahrloseten Menge hervorgehn könnte, im Wachstum seines gegenseitigen Verderbens durch reine Belebung der diesem Verderben entgegenstehenden höhern, heiligen Kräfte, Neigungen und Ansichten stillezustellen und in sich selbst zu ersticken. Und indem ich die den guten und edeln Menschen aller Zeiten heiligen Worte der Freiheit und des Rechts durch mein ganzes Leben mit Anhänglichkeit aussprach und bis an mein Grab anhänglich aussprechen werde, erkenne ich die Fundamente alles wahren Volksrechts und aller wahren Volksfreiheit einzig in der Sicherstellung der sittlichen, geistigen und häuslichen Kräfte, in der bürgerlichen Sicherstellung ihrer Bildungsmittel, deren edle und genugtuende Ausbildung jedes Individuum in allen Ständen notwendig hat, um unter seinem Weinstock und Feigenbaum, soweit es Menschen möglich ist, sicher zu ruhn, d. h. in sittlicher, geistiger und häuslicher Selbständigkeit sein zeitliches und ewiges Wohl im Schoß seiner Familie, von keiner bösen Gewalt unrechtlich gehemmt, verwirrt und gekränkt, zu besorgen; und bin zugleich vollkommen überzeugt, daß dieses alles nur durch einen großen, soliden Vorschritt des Erziehungswesens unsrer Zeit erzielt werden kann.

203.
Die Menschengerechtigkeit

Weibel und Schulze wünschten ihm Glück. Der neue Richter antwortete: »Ich will mich einmal nicht bestechen lassen.«

Der Schulze erwiderte: »Das ist recht und wohl getan. Tugend und Rechtschaffenheit sind immer die ersten Stützen des Staats, und hierin wird dem Herrn, er darf es versichert sein, unserseits gewiß niemand etwas in den Weg legen. Aber in die vorläufigen Abreden, die wir in jedem Falle miteinander treffen, wird der Herr doch hoffentlich auch eintreten.«

Der neue Richter wußte gar nicht, was das sagen wollte. Allein der Weibel, der sein alter Schulkamerad war, nahm ihn beiseits und sagte: »Es ist einmal bei uns so, eine Hand wascht die andere, und wenn du es nicht mithalten wolltest, so würde es mit dem Nutzen und mit der Ehre deiner Stelle nicht viel sein.«

Der neue Richter antwortete: »Ich will natürlich aus meiner Stelle auch ziehen, was jeder andere.« – Der Schulze, der bald sah, daß er es näher gab, schlug ihm auf die Achsel und sagte: »Ich sehe schon, der Herr wird als ein freundlicher, braver, neuer Gerichtsbruder das Utile und das Honorificum seiner Stelle sich nicht schmälern lassen, sondern auch, wie unsereiner, dahin trachten, daß das, was wir von unsern Voreltern empfangen haben, auch ungeschmälert auf unsere Nachkommen herabfließe, und dabei darf der Herr nicht aus den Augen lassen, daß die von der Bürgerschaft beschwornen Stadtrechte in Rathausübungen hinübergegangen und als solche seit undenklichen Zeiten Vorzüge der regierenden Familien und der jeweilig von ihnen zugezogenen bürgerlichen Ratsverwandten geworden sind.«

Der neue Richter: »Ich werde mir es zur heiligsten Pflicht machen, diesen, in meiner Stellung, wie ich wohl sehe, höchst wichtigen Gesichtspunkt nie aus den Augen zu verlieren.«

Aber er sah bei dieser Art so verwirrt und betroffen aus, daß der Weibel es merkte und für gut fand, um ihm den Puls darüber noch mehr zu greifen, ihn als seinen alten Schulkameraden und Duzfreund noch einmal auf die Seite zu nehmen und ihm zu sagen: »Es wird dir freilich im Anfange gar nicht alles gefallen, was wir in unsern Abendstunden miteinander verabreden; aber wenn du einmal ein paar Jahre dabeigewesen sein wirst, so wirst du sicher finden, es sei in jedem Falle besser, daß wir uns verabreden und Freunde bleiben, als daß wir uns zanken und Feinde werden.«

»Ja! Ja!« antwortete jetzt der neue Richter, »Streit und Zank ist in jedem Falle immer das allergrößte Übel.«

Aber vom Sich-nicht-bestechen-Lassen und von der Tugend und Rechtschaffenheit als den ersten Stützen des Staats war doch keine Rede mehr.

*

Es ist heiter, der neuerwählte Ratsherr muß nicht aus den alten und auch nicht aus den neueingeweihten Geschlechtern der Ratsfreunde gewesen sein, sonst hätte er in den ersten Tagen seiner Ratsherrnwahl zugunsten der lieben gemeinen Bürgerschaft ein wenig den Oppositionsmann gegen die alte Ratsherrngewohnheit gespielt und dem Sprichwort »Die neuen Besen wischen wohl« ein wenig Ehre zu machen gesucht; aber man sieht schon daraus, daß er den guten Ton der hohen Bürger im Städtchen nicht einmal kannte, da er sich von seinem alten Schulfreunde, dem Weibel, als Ratsherr noch jetzt duzen ließ.

204.
Der allgemeine Tiervorschritt in der Gerechtigkeit

In der Gaukelzeit, in welcher die wilden fleischfressenden Tiere eben wie die krautfressenden allgemein über die Gerechtigkeit untereinander ein großes Maulwaschen hatten, versammelten sich die Fleischfressenden einmal, um sich zu beraten, wie sie sich unter obwaltenden Umständen zu benehmen hätten. In dieser Versammlung riet ihnen der Fuchs, fürohin und in Zukunft niemal mehr ganze Herden von Vieh miteinander anzugreifen; zweitens keine Ställe und keine Wohnungen mehr gewaltsam zu erbrechen; und drittens vorzüglich unter allem Vieh dem verirrten, verlaufenen und unbekannten aufzulauren und sich wo immer möglich mit dem Fraß von Tieren, deren Verschwinden kein großes Aufsehen im Tierreich zu machen geeignet sei, zu begnügen, vor allem aus aber, sich sorgfältig zu hüten, irgendein Tier mörderisch anzufallen, wenn andere Tiere um den Weg sein möchten, die als Zeugen ihrer Tat dem krautfressenden Gesindel im Land ein Geschrei gegen sie machen könnten.

★

Dieser Fuchsenrat hatte höchstwahrscheinlich in dem gleichen Zeitpunkt statt, in welchem eine närrische, träumerische, alte Katze ihrem Geschlechte den Rat gab, die Mäuse nicht mehr zu fressen, sondern sich mit ihnen über ihren notwendigen Unterhalt freundlich zu verstehen. Es war nämlich der noch nicht gar lang verflossene Zeitpunkt, in welchem eine Menge Tiere aus allem Vieh den alten Traum vom goldenen Zeitalter wieder aufwärmten, in welchem alle Tiere auf Erden in frommer Eintracht glücklich nebeneinander lebten, keines das andere fraß, keines vom andern gefressen wurde, in welchem sogar keines das andere drückte und keines vom andern gedrückt wurde; und ich denke, es sei im gleichen Zeitpunkt gewesen, in welchem der alte Hahn im Hühnerstall ein Gerechtigkeitsfressen einführen und jedem fressenden Huhn und jeder fressenden Gans den Schnabel messen lassen wollte.

205.
Die Löwengerechtigkeit

Da also alle Tiere gerecht sein wollten, wollte es der Löwe auch sein und proklamierte in feierlichen Edikten, daß er allerhöchst gerecht sei und daß alles, was in seinem Namen Frevelhaftes und Ungerechtes im Löwenreiche begegne, ohne sein Wissen und wider seinen Willen geschehe, daß er auch gegen dasselbe für sich und in seinem und seiner Erben Namen auf das feierlichste protestiere und insoweit etwas davon im Nahen oder Fernen, ihm und ihnen zum Nachteil und Schaden gereichen möchte, als ungeschehen erkläre und vor allen Gerichten ohne weiteres Eintreten und Nachtreten anderweitiger Umstände als ungeschehen beurteilt, behandelt und erklärt wissen wolle.

*

Der Meister Löwe erscheint hier als der Schöpfer einer Tierkraft, die man bisher weder Engeln noch Menschen zugestand und die selber auch der Teufel noch nie ansprach, nämlich der Kraft, das Geschehene ungeschehen zu machen. Diese Kraft aber steckt auch wirklich nirgend als in der träumerischen Hirnverirrung des alten Löwen. Ewig, solange die Welt steht, ist noch nichts, das geschehen, in seinen Folgen als ungeschehen erschienen, und ewig wird auch nichts, das geschehen, als ungeschehen dastehen; und was die Folgen der Löwenerklärung betrifft, so ist gewiß, daß wer immer in seinem Reiche durch geschehene, jetzt aber als ungeschehen erklärte

Ungerechtigkeiten um Hab und Gut, um Ehre und guten Namen gekommen, der hat den Doktor noch nicht bezahlt, der ihn von den tiefen Wunden der Löwenungerechtigkeit heilte.

206.
Der Fuchs arbeitet gegen das goldene Zeitalter

Wie unter den Menschen, also pflanzet sich auch unter den Tieren, wie oben gesagt, noch immer ein Traum von einem goldenen Zeitalter, in welchem alle Tiere friedlich miteinander lebten, von Geschlecht zu Geschlecht fort. Und in den glücklichsten Tagen des Tierreichs suchten die friedlichen Geschlechter immer dahin, durch Schonung und gegenseitige Ehrliebe einen Schatten dieser goldenen Zeit wieder herzustellen.

Aber die Fleischfressenden sind dem Angedenken dieser glücklichen Tage und vorzüglich dem Schatten derselben, der Ehrliebe, unter dem krautfressenden Volke, alle entgegen. Und als in den neuen Zeiten durch die Ausschweifungen des fleischfressenden Tiervolkes das Gerede über diese goldene Tage unter den Krautfressenden allgemein ward, so gab sich der Fuchs vorzüglich Mühe, die Wirkung dieses Geredes in den Seelen der Tiere zu verderben und hauptsächlich den Begriff der Ehrliebe in ihren Köpfen zu verdrehen. Indessen redete er nichts weniger als geradezu gegen denselben. Er lobte vielmehr, jetzo mehr als je, das Glück der durch die Tugend aller Ehren werten, niedern und gemeinen Krautfressertiere.

Aber er suchte mit rastloser Tätigkeit im Tierreiche den Begriff festzusetzen, die besondern Tiertugenden müssen in jedem Falle einer allgemeinen Reichs- und Landestugend untergeordnet sein, und diese Obertugend im Löwenreiche sei der Löwendienst, und alle Ehre, von welcher Art und Gattung sie immer sei, und welche Art von Verdienst sie im Land auch immer zum Grund haben möge, müsse in jedem Fall dem Rang, den ein jedes Tier im Löwendienst habe, untergeordnet werden.

207.
Der Fuchs arbeitet noch mehr gegen die Ehrliebe

Alles Fuchshütens ungeachtet, geschah es doch einmal, daß ein Löwe in einer goldenen Fürstenstunde den Befehl gab, das Hundegefühl der Ehrlosigkeit in seinem ganzen Reiche auszulöschen.

Man denke sich das Entsetzen der Füchse. Mit Flor behängt und mit rotem glühenden Auge erscheint der Hauptfuchs im Löwenreiche als Sprecher im Kreise der fleischfressenden Tiere. »Laßt einmal«, so sagt er zu ihnen, »einen Schatten eurer Ehre an Schafe, an Kühe, an Esel und Gänse kommen und seht dann, ob euch nicht von allen euren Blutrechten eines nach dem andern entrissen werde.«

»Die Natur«, sprach er weiter, »hat den Blut- und den Ehrdurst im Innersten unsers Rachens zusammengefügt, und wenn euere Unvorsichtigkeit sie in den Begriffen der Tiere, die ihr, seitdem die Welt steht, zu fressen in tatsächlichem Recht steht, trennen läßt, so seht dann, wie ihr euch erhaltet. Der Fall ist dringend, die ganze Ordnung im Tierreiche, alle unsere Vorzüge, selbst die Erhaltung unsers Lebens steht auf dem Spiel, und unsere alte Löwentreue verpflichtet uns jetzt sogar, selbst seinem Befehle entgegen zu handeln, indem wir in Fällen, wo er sein eigenes Geschlecht preisgibt, mehr zur Treue gegen dieses als zum Gehorsam gegen ihn verpflichtet sind.«

Die versammelten Tiere fanden die Sache, wie der Fuchs, dringend und beschlossen, man müsse den Löwen allgemein und von Reichswegen bearbeiten, und wenn dieses nicht helfe, sich wieder versammeln; aber es half.

Der Löwe war bald zur Erkenntnis seiner Löwensünde und dahin gebracht, daß er dem Fuchs, der ihn vorzüglich und ex officio bearbeitete, ganz reumütig gestand, er habe diesen unvorsichtigen Befehl in einem Anfall unfürstlicher Schullehre gegeben.

Um aber jetzt einerseits die Rücknahme desselben weniger auffallend zu machen, anderseits die nun einmal zur Mode gewordenen Tiergelüste nach Ehrenfestigkeit nicht allzusehr zu stoßen, riet Reinecke dem König, zuerst im stillen die Grundsätze einer unübersteiglichen Demarkationslinie der hohen und allein realen Ehrart für die fleischfressenden Tiere unabänderlich festzusetzen; und dann, wenn dieses geschehen, für die niedern Tiere eine mit der Ehrlosigkeit gar nicht unverträgliche, eigne Krautfresserehre zu erschaffen und im ganzen Löwenreiche zu etablieren.

Das ist auch alles geschehen, und der im Löwenreich allgemein gewordene Hundestolz ist eine Folge dieser Maßregel.

*

Die Äußerungen dieser Rubrik, die beiläufig nichts weniger als eine Äußerung neuerer Zeit, sondern vierzigjährig ist, ist der Ausguß meiner innigsten Überzeugung, daß die Ehre des Menschengeschlechts in ihrer Reinheit, Wahrheit und Würde, eben wie seine Tugend, ein allgemeines göttlich gegebenes und tief im Innersten unsers Wesens allgemein und kraftvoll belebtes Bedürfnis unsers Geschlechts ist, das ohne den Ruin des ganzen Umfangs unserer Veredlungsbedürfnisse nicht mißkannt und nicht erniedriget werden darf. In dieser Rücksicht ist es unwidersprechlich, daß die wahre Ehre der Menschennatur auch in bürgerlicher Rücksicht als in ihrem Wesen hoch über jeden blendenden Schimmer der Weltehre und ihrer tausendfach trügenden Blendwerke emporstehend und bestimmt als göttlich über allen Trugschein erhaben anerkannt werden soll. Es ist unwidersprechlich, daß die Umtriebe unsrer verkünstelten Welt, insoweit sie dahin zielen, die wahre allgemeine, dem Verdienst und der Tugend aller Stände gleichgebührende, göttlich begründete Ehre hinter den Schimmer der trüglichen Weltehre zurück und in Schatten zu setzen, den wesentlichen Fundamenten eines beruhigten, gesellschaftlichen Zustandes tief ans Herz greifen und in dieser Rücksicht die ernste Aufmerksamkeit der menschlichen Gesetzgebungen verdienen. Wird der Modeton unserer verkünstelten Zeit alles dem Weltschimmer der äußern Ehre, dem Reichtum und Gewalt, und selber dem übel erworbenen und schlecht benutzten Reichtum und dem bösen, übel erworbenen und schlecht angewandten Gewalt eben wie dem guten Gewalt und dem wohl erworbenen und edelmütig benutzten Reichtum unbedingt zur willkürlichen Benutzung in die Hand zu legen, nicht durch gesetzliche Sorgfalt für die Sicherstellung des Spielraumes und des Segens der wahren Ehre in allen Ständen in die Schranken gesetzt, die das allgemeine Wohl wesentlich erfordert, so sind die Folgen davon auf die Minderung der ersten Segnungen des gesellschaftlichen Lebens nicht zu berechnen.

Ich erinnere mich auch immer lachend eines Mannes, der einen großen Teil von Europa durchreiste und gewöhnlich, wenn er in eine neue Gegend kam, sich vor allem aus erkundigte: »Was tut man in diesem Lande, zugunsten der allgemeinen Volks- und Landesehre, gegen die Büchse?« Die Frage war ihm so wichtig, daß er allemal, wenn man ihm das oder dieses mitteilte, was in einem Lande diesfalls Gutes und Zweckmäßiges geschehe, nachfragte: »Aber sind es nur vorübergehende, durch Augenblicksbegegnisse der Gegenwart veranlaßte oder gesetzliche, allgemein tief auf die Segensquellen des öffentlichen Wohlstands eingreifende Maßregeln?«

208.

Der Fuchs simplifiziert das System der Natur

Eben dieser Sprecher der sich so heißenden edlern Tiere behauptete einmal: alle Übel im Tierreiche entspringen nur daher, daß zu vielerlei Geschlechter und Arten derselben in der Natur seien; und wie ein Bäcker den zahllosen Mehlstaub zusammenknetet und daraus ein paar Brote macht, also knetete er die zahllosen Geschlechter der Tiere zusammen und backte aus ihnen zwei einzige Arten.

Die erste hieß er die Löwenklasse. Darein setzte er sich selbst, alle Tiere, welche die andern fressen und das Hundegeschlecht.

In die zweite setzte er alle Tiere, welche die andern nicht fressen, mit Ausschluß der oben benannten Hunde.

Dieses Fundament nun einmal angenommen, etablierte er dann, von Löwens wegen, eine allgemeine Reichs- und Landesordnung, darin freilich ein jedes Tier, das nicht Löwe, Fuchs, Schlange oder Hund war, zurückgesetzt ward, darin hingegen auch ein jedes in dem Grade als es hinterlistig, niederträchtig und gewalttätig ist, sich wohl versorget findet und wohl versorget finden muß.

*

Es ist heiter, diese Simplifikation des Natursystems ist nur ein einzelner bildlicher Beitrag zu den vielseitigen Umtrieben, deren sich viele im Verkünstlungsverderben unsers Geschlechts irrgeführte und durch dasselbe verblendete und dabei Einfluß habende Glieder des gesellschaftlichen Zustandes hie und da schuldig machen, daß sie die Ansprüche der wahren, göttlich begründeten Ehre unsers Geschlechts dem Trugschein der Weltehre und ihren das Heilige der Menschennatur oft so wenig schonenden Ansprüchen unterordnen und nachsetzen.

209.
Der Fuchs erklärt das Wort Usurpation

Als dieses Wort durch widerliche Umstände auch unter den größern Tieren zur Sprache kam, fragte König Löwe, was es auch eigentlich bedeute.

»Sire!« antwortete der Fuchs, »es ist in seinem Wesen nichts anderes, als eine abscheuliche Folge der irrigen und gefährlichen Lehre von einem Krautfresserrecht, dem man uns, die wir keine sind und keine sein wollen, wider unsre Natur und wider unsern Willen zu unterwerfen, sich freventlich anmaßet.«

*

Das ist freilich eine einseitige Zeiterklärung, derenthalben es ein großes Unglück wäre, wenn ihre Ursachen auf unserm Wohnplatze vergessen und solange die Welt steht, nicht mehr zur Sprache kommen würden. Das aber ist nicht zu fürchten. Die diesfälligen Irrtümer sind nur vorübergehende Zeitirrtümer, und ebenso ist die diesfällige Blindheit selber nur eine vorübergehende Zeitblindheit; und es ist Welterfahrung, eine Zeit sticht der andern den Star, und gottlob fallen die Schuppen von dergleichen Irrtümern den Völkern gar oft von den Augen, ehe es noch not tut oder auch nur noch zu wünschen wäre, daß die Vorsehung ihnen darüber den Star selber stechen möchte.

210.
Fuchs und Esel beurteilen den Löwen

Da einst ein Löwe, so gut er konnte, gerecht war; das heißt, da er die Tiere seines Waldes gar nie zu seiner Lust zu Tode jagte, sondern nur zu seiner Erhaltung auffraß, erhub ein Esel gegen den Elefanten ein großes Geschrei und sagte: »Du großer Baumnascher! Komm und siehe, ob es wahr sei, was du immer behauptest, daß die Löwen zu regieren nichts taugen?«

Der Elefant ließ ihn reden und pflückte Kokusnüsse von seinem Baume. Aber ein Fuchs, der eben jetzt nicht im Löwendienst war, antwortete ihm: »Wenn du nicht ein Esel wärest, so würdest du begreifen, daß Tiere, die nicht leben können, ohne andere zu fressen, ewig nie gegen eben diese Tiere gerecht sein können.«

»Das denk ich, du – aber Er ist doch gerecht, unser Herr«, erwiderte der Esel.

Und der Fuchs: »Ja, er hat eben gestern, ich denke, aus Vollmaß (ex plenitudine) seiner Gerechtigkeit ein Pferd zerrissen, weil es gesagt hat, er regiere um seiner selbst und nicht um des andern Viehs willen.«

Der Esel war unterrichtet, und anwortete: »Der Fall, wie du ihn erzählst, ist entstellt. Der Löwe hat das Tier nicht um der Gerechtigkeit willen zerrissen, er hat es um der opinion publique willen tun müssen.«

⋆

Der Fuchs, wenn er schon ein mitfressender Tierschalk war, hatte doch recht. Die Tiere haben keinen Frieden und keine Gerechtigkeit, weil sie Tiere sind und als Tiere nur tierisch fühlen, denken und handeln; und umgekehrt haben die Menschen nur insoweit Frieden unter sich und Gerechtigkeit untereinander, als sie wahrhaft menschlich denken, fühlen und handeln; insoweit sie aber tierisch fühlen, denken und handeln, ist er auch von ihnen so ferne, als er bei den Tieren undenkbar ist. Daß aber der Fuchs diese Wahrheit ausspricht, ist leicht dadurch zu erklären, daß er nicht mehr im Löwendienst war; denn man weiß ja, Tiere außer dem Dienst reden ganz anders als Tiere im Dienst. Weit unerklärlicher scheint mir die Antwort des unterrichteten Esels; man sollte fast denken, er wäre an des Fuchses statt im Löwendienst angestellt gewesen. Wie wäre sonst ein armer Distelfresser und der Unterricht zusammengekommen?

211.
Das Rechtsgefühl der Tiere

Der Löwe sagte: »Wenn ich mein rechtliches Mahl zu mir genommen habe, so bin ich die edelmütigste Tierheit unter der Sonne. Nur das Wort Schuldigkeit spreche niemand gegen mich aus. Es empört sich etwas hinter meinem Rachen, wenn ich dieses Wort höre.«

Der Stier sagte: »Ich bin nicht so, ich erkenne mich gerne schuldig, wenn ich etwas schuldig bin.«

Der Fuchs sagte: »Allenthalben in der Welt muß Rechnung und Gegenrechnung stattfinden; wenn der Löwe jemand etwas schuldig ist, so sage man es nur mir.«

Der Hund sagte: »Wer vor den Großen wohl kriecht und gegen die Kleinen laut bellt, der kommt gewiß zu seinem Recht.«

Der Affe sagte: »Narren sinds, die an Schuldigkeit glauben. Lange Arme sind ein großes Recht und lange Finger eine große Kommlichkeit.«

Die Schlange sagte: »Ich finde das Recht, dessen ich bedarf, nur durch das Verbergen meines Daseins, durch einen schleichenden Gang und durch Kraftsprünge, die ich, wenn ein Fang mir in der Nähe ist, auch ohne Füße und Klauen dem Fuchs und dem Tiger gleich zu machen imstande bin.«

Der Elefant hörte mit großer Verachtung, was Löwe, Stier, Hund, Affe und Schlange von der Gerechtigkeit sagten. Denn er fühlte sich in seiner hohen Kraft so anspruchslos als gutmütig und meinte, so sehr er sonst auch ein Tier ist und wie die andern gerne gute Sachen frißt, so habe er, weil das, was er fresse, niemand wehe tue und niemand nachteilig sei, alle Eigenschaften, die zur Gerechtigkeit notwendig, die aber allen fleischfressenden Tieren ebenso allgemein mangeln müssen.

★

Es ist merkwürdig, wie die Tiernatur in der Menschengestalt so gerne den Schein der Menschennatur und der menschlichen Gerechtigkeit an sich tragen möchte und wie die Gierigkeit, nach diesem Schein der Menschlichkeit zu haschen, beim Menschen selber auch den letzten Funken ihres Lichts in ihm auslöscht.

212.
Die Freiheitsbegriffe der Tiere

König Löwe verwunderte sich einmal, was doch die Tiere darunter verstehen möchten, wenn sie von Freiheit reden.

Der Stier, dem er es zu verstehen gab, antwortete ihm: »Nie ins Joch gespannt, aber wohl immer an vollen Bahren angebunden zu sein, das wäre mir eine wünschenswürdige Freiheit.«

Der Affe sagte: »Ich kann mich nicht frei denken, so lange ich Haare am Leib und einen Schwanz habe; wenn ich das nicht hätte, so wäre ich ein vollkommener Mensch und damit auch ganz frei.«

Das Karrenroß sagte: »Wenn mir mein Knecht alles vom Leibe schafft, was ich nicht selbst bin, so fühle ich mich frei.«

Das Prachtpferd sagte: »Wenn ich vom vollen Bahren weg den Prachtsattel auf meinem Rücken oder das Prachtgeschirr am Hals und den Prachtwagen zu einem kurzen Spaziergang hinter mir habe, so fühle ich mich freier als der Freiherr, der hinter mir im Wagen sitzt.«

Der Esel sagte: »Durch sein ganzes Leben keinen Korb und keinen Sack auf dem Rücken tragen zu müssen, das wäre ein großes Freiheitsleben.«

Das Faultier sagte: »Wenn mich jemand von dem Ast, den ich abgefressen, auf seinen Armen auf einen andern tragen und mir die Blätter, die ich liebe, mit seinen Händen vor das Maul hinlegen würde, so wäre ich frei.«

Der Fuchs sagte: »Wenn ich meinen Fraß ohne meine List, ohne meine Stille und ohne meine Furcht finden könnte, so wäre ich frei.«

*

Ein Mensch, der diese Viehäußerungen über die Freiheit hörte, sagte zu sich selber: »So darf doch nur das Vieh gelüsten, frei zu sein.« – Und er hatte recht. Jeder Gelust und jeder Anspruch an eine viehmäßige Freiheit tötet den einzigen wahren Begriff, den eine reine, menschliche Seele sich von ihr machen kann.

Indessen ist nichts weniger als wahr, daß die Menschen, wie sie wirklich sind, in irgendeinem Stand sich allgemein wahre, gereinigte Begriffe von der Freiheit machen. Auch ist ebenso gewiß, daß der Sinn des innern Wesens der wahren Freiheit sich in den ursprünglichen Urkunden aller positiven Rechte und Freiheiten der Völker durchaus nicht rein menschlich ausspricht. Es ist merkwürdig, daß sie durchaus nicht von allgemeinen theoretischen Grundsätzen von Freiheit, am allerwenigsten von dem Grundsatze ausgehen, alles tun zu dürfen, was nicht gesetzlich verboten ist, daß sie hingegen allgemein von den einseitig beschränkten Ansichten selbstsüchtiger Privatvorteile der einzelnen Stände und Örter, selber der einzelnen Handwerker- und Berufsvorteile ausgehen und dahin lenken, den Gliedern dieses Standes, dieses Ortes und dieser Innung die sinnlichen Lebensgenießungen der Glieder derselben leichter, bequemer und sicherer zu machen, als sie es den nämlichen Ständen ohne diese Privilegien nicht sind und nicht werden können.

Diese ursprünglichen, aus wahren, aber dunkeln und einseitig beschränkten und darum standesmäßig selbstsüchtig ausgesprochenen Ansichten von der Freiheit hervorgegangenen Urkunden der Rechte und Privilegien einzelner Stände, Örter und Innungen sind überhaupt von einer Natur, daß sie als eine Art von stiller, geräuschloser, gemäßigter und gesetzlich geregelter Fortsetzung des alten Naturkriegs aller gegen alle dastehen und geeignet sind, in unserer Mitte isolierte Gefühle und Begriffe von der Freiheit zu entfalten und zu nähren, die mit den Freiheitsbegriffen des Stiers, des Affen, des Esels und anderer Tiere in großer Übereinstimmung stehen, auch vielseitig und beinahe allgemein alles das mangeln, was den Besitzern dieser Privilegien die allgemeinen äußern und innern Bildungsmittel zu den Pflichten, Fertigkeiten und Kräften, die ein würdiger, menschlicher Gebrauch der wahren Freiheit von allem aus anspricht und voraussetzt, sichert, und die Individuen dieser bürgerlichen Vereinigungen fähig und geneigt macht, mit Anstrengung ihrer selbständigen Kraft ihre Rechte und Privilegien gegenseitig zum Segen aller Stände und aller Mitglieder derselben zu benutzen. Dieser Anfangsfehler der positiven Rechte und Freiheiten der Stände, der indessen seinen Ursprung in der Unschuld, Gutmütigkeit und im gegenseitig altchristlichen und altbürgerlichen Zutrauen gegeneinander zu suchen hat, ist in der Folge der Zeit und des durch unser Zivilisationsraffinement eingerissenen Verkünstlungsverderbens aller Stände und der allgemeinen Abschwächungsfolgen, die es auf dieselbe hatte, dem Menschengeschlecht zu unermeßlich großem Nachteil gereicht.

213.
Wie die Tiere überhaupt regieren würden

»Wenn wir jetzt auch Menschen wären, und wie sie die Erde regieren könnten, was würden wir auch tun?« Also sagte ein Affe zu einer Tierschar.

Der Löwe antwortete: »Ich würde tun, was mich gelüstete, und es denn darauf ankommen lassen, was daraus entstünde.«

Der Esel sagte: »Ich würde in eine Schule gehen, und was ich darinnen lernen würde, das müßten mir Menschen und Tiere dann alle auch lernen und betreiben.«

Das Schwein sagte: »Ich würde die ganze Erde mit Eicheln besäen und dafür sorgen, daß die gemästeten Tiere allenthalben Pfützen fänden, sich darin zu erquikken.«

Der Hund sagte: »Ich würde, denke ich, auch dann ein Hund bleiben und also dem dienen, der mich fütterte und streichelte, und den anbellen, an den er mich hetzte.«

Der Stier sagte: »Ich würde eine große Ratsstube erbauen; alles müßte mir beim offenen Mehr verhandelt werden und Recht sein, was das Mehr wollte.«

Der Fuchs sagte: »Die Stierenordnung würde mir recht sein; aber ich würde mich hinter den Ratsbänken hindurch in ein Geheimnest unter den Thron hinschleichen und dann da freilich nicht für das Stierenmehr, sondern für meine Fuchsgelüste zu arbeiten suchen.«

Die Schlange sagte, sie wolle der Tiere Teufel sein und sie durch Entsetzen zu allem dem hinführen, was ihre weisern Obertiere von ihnen fodern würden.

Der Rehbock fand den Antrag der Schlange abscheulich und trug seinerseits an, die Tiere von des großen Jupiters wegen und mit lauter Liebe zu eben diesem Endzwecke hinzuführen.

Der Affe sagte: »Bald denke ich, ich wollte alle Tiere

tun lassen, was sie gelüstete, und Freude haben am Spiel ihrer Freiheit; bald aber, ich wollte mich auf einen Thron setzen, der wie die Sonne glänzte, und alle Tiere der Erde müßten mir mit dem Schilde meiner Herrschaft auf eine Weise bezeichnet sein, daß man sie daran auf tausend Schritte hin als Untertanen meiner Hoheit und Herrschaft erkennen würde.«

Der Elefant wollte lange seine Meinung nicht sagen, da aber vom Löwen an bis zum Esel hinunter alles in ihn drang, sagte er: »Wenn ich regieren müßte, so würde ich glauben, in allewege nur insoweit gut zu regieren, als ich verhüten könnte, daß von allem dem, was ihr in diesem Falle tun würdet, gar nichts geschähe.

Ich würde also trachten, daß König Löwe gar nicht tun dürfte, was ihn gelüstete.

Ich würde dem Ratsherrn Esel bedeuten, die Eseleien seiner Schuljahre für sich selbst zu behalten und sie gar nicht zu Normalformen der allgemeinen Bildung des Viehreichs zu machen.

Ich würde dem Gemeinmann Schwein sagen, daß Menschen und Vieh nicht allein von Eicheln leben und daß die Pfützenordnung, die ihm so lieb sei, und seine wilden Borsten eigentlich nicht schlechter mache, als sie schon seien, den meisten andern Tieren ihr Fell verderben würde.

Dem Allerweltsknecht Hunde würde ich erklären, daß er kurzum nicht mehr Hund sein oder nicht regieren müsse.

Dem Innungsmeister Stier würde ich sagen, daß bei einem Gemeinmehr, bei welchem ein Stier präsidiere, der Stier selber auf seinem Präsidentenstuhl von den Füchsen unter dem Thron einem Metzger verkauft werden könnte.

Dem Geheimrat Fuchs würde ich seine Höhle unter dem Thron mit einer Glastüre beleuchten und ihm alle Schleichwege hinter den Ratsbänken verrammeln.

Dem infamen Affen würde ich das Viehmäßige, beides, seiner Freiheits- und seiner Regierungsgelüste mit der Knute auf seinem Hintern austreiben.

Die satanische Schlange würde ich fangen und würgen, wo ich sie fände.

Der geweiheten Einfalt des Rehbocks würde ich die Schädel aller wilden Tiere an seine Hörner aufhängen, damit er sich anatomisch und physiognomisch überzeugen lerne, wie groß die Torheit sei, Menschenwahrheit und Menschenrecht in Löwenschädel, in Stierenköpfe, in Hundsbäuche und in Schlangenhäute hineinpredigen zu wollen.«

Der ganze Tierkreis schnitt lange Gesichter, aber er schwieg. Nur der Löwe antwortete: »Ich weiß es schon lange, daß du den Adel aller Bluttiere verachtest und dich allein den schwachen, aber hinterlistigen Feinden unsers Geschlechts, den Menschen, gleich glaubst.«

Der Elefant versetzte: »Von mir sagte ich nichts, aber was ich über euch urteilte, das ist Wahrheit. Ihr seid alle an Hirn und Herz nicht so beschaffen, daß es gut gehen könnte, wenn ihr regieren würdet, den Fall ausgenommen, wenn ihr mit Gewalt gehindert würdet, nach eurem Herzen und nach eurem Kopfe zu regieren.«

»Aber das würden wir in keinem Falle leiden», schrie jetzt der ganze Tierkreis, und der Elefant antwortete: »Ebenso schreien auch unter den Menschen alle die, so euch gleichen, wenn Recht und Gesetze sie hindern wollen, gewalttätig, hinterlistig, niederträchtig, dumm, herzlos und affensüchtig, das heißt also zu regieren, wie ihr es allenfalls auch könntet, wie ich es aber in keinem Fall möchte.«

214.
Der Elefant motiviert sein Urteil über die Regierungsunfähigkeit der Tiere

Ein Mensch, der diese Elefantenäußerung hörte, sagte zu ihm: »Ich wünschte zu wissen, wie du dein Urteil über die Regierungsunfähigkeit der Tiere gegen sie einzeln begründen könntest.« Der Elefant erwiderte: »Beim Löwen sind, außer seinem in Blutsachen allen Verstand tötenden Rachengefühle noch seine allgemeine Verachtung der Tiere, sein stolzer Anspruch an ungestörte Ruhe und seine, den Mord wie ein Nichts vollbringende Organisation ein ewiges Hindernis der Teilnahme, ohne die keine Regierungsfähigkeit stattfindet.

Daß auch die Esel gerne regieren möchten, ist sehr natürlich, indem ihnen kein anderes Mittel übrigbleibt, sich einem elenden Leben zu entziehen, als dieses einzige. Aber ewig lebt unter einem abgeriebenen Fell die Beruhigung nicht, ohne die ebenfalls keine wahre Regierungsfähigkeit statthat.

Auch der Stier wird am Pfluge zu müde, als daß er sich zu einer ruhigen, von Selbstsucht freien Gemeinnützigkeit emporheben könnte. Der Hund ist zum Knechte geboren. Lecken und Bellen in einem Munde gehört ewig an die Kette.

Der Fuchs vereinigt, neben der Mordlust des Löwen, die ängstliche Besorgnis, selbst gefressen oder zu Tod geprügelt zu werden. Hieraus entspringt eine Gemütsstimmung, die die Teilnahme und die Zuverlässigkeit zugleich ausschließt.

Die Schlange ist nichts anderes als ein Fuchs ohne Beine mit noch tausendmal stillerer Mordkraft.

Der Rehbock kömmt durch die Eitelkeit, die neben seiner Gutmütigkeit, unter seinem Horn und hinter seiner Nase sitzt, alle Augenblicke in Gefahr, in seinem Einfluß auf die friedlichen Tiere ein Spiel der Fleischfressenden zu werden.«

215.
Das höchste Gesetz

Lehrer: »Irre dich nicht! Setze die Grundsätze fest und unterscheide genau: die Ruhe des Staats ist das höchste Gesetz. Dieser Ruhe ist der Gemeingeist entgegen, also sondere das Volk in Gemeinheiten. Das Übrige wird dann die Natur für dich selbst tun.«

Schüler: »Wie das?«

Lehrer: »Sie wird im geteilten Volk den Geist der Gemeinheiten (Esprit du Corps) erzeugen, und mit diesem wird der Gemeingeist dahinsein.«

Schüler: »Also pereat Gemeingeist! Vivant Gemeinheiten!«

Lehrer: »Ja, ja! Es kann nicht anders sein; der Gemeingeist muß dem Geiste der Gemeinheiten untergeordnet werden.«

Schüler: »Es ist doch etwas stark, pereat Gemeingeist, vivant Gemeinheiten.«

Lehrer: »Es versteht sich, psychologisch getrennte Gemeinheiten.«

Schüler: »Ich verstehe das nicht, ich meine: pereat Gemeingeist – vivant Gemeinheiten wollen nichts weniger sagen als vivat l'Esprit du Corps! Pereat Patriotisme!«

Lehrer: »Der Esprit du Corps kann psychologisch zum Patriotismus erhoben werden.«

Schüler: »Ist das wahr? Kann der Esprit du Corps wirklich so leicht zum Patriotismus erhoben werden? Und ist es tatsächlich und geschichtlich richtig, daß dieses vielseitig wirklich geschieht und daß man den Esprit du Corps gewöhnlich nur darum mit so viel Sorgfalt, Kunst und Gewandtheit kajoliert, damit man ihn dadurch zum Gemeingeist, zum Patriotismus erhebe?«

Lehrer (den Kopf schüttelnd): »Ich will das eigentlich nicht behaupten, aber gewiß ist immer: die Ruhe des Staats ist das höchste Gesetz.«

Der Schüler schüttelte jetzt auch den Kopf und sagte: »Sie meinen doch die wahre Ruhe und nicht eine bloße Scheinruhe.«

Lehrer: »Es versteht sich, daß ich das meine.«

Schüler: »Also wäre doch nur die wahre, in ihrem ganzen Umfang menschlich begründete Ruhe das höchste Gesetz des Staates.«

Lehrer: »Man darf sich in diesem kitzlichen Gegenstand nicht in Spitzfindigkeiten und metaphysische Abstraktionen hineinlassen.«

Schüler: »Ich sehe doch nicht, daß man den Grundsatz, die Ruhe des Staats, wenn sie als das erste Gesetz desselben anerkannt werden soll, müsse eine wahre und wohl begründete und nicht bloß eine Scheinruhe sein, als eine Spitzfündigkeit und metaphysische Abstraktion ansehen und also behandeln dürfe.«

⋆

Der arme Lehrer hatte große Mühe, die Natur im Kopfe seines Schülers durch seine Schulmeisterkünste so sehr zu verdrehen, als sie in dem seinigen verdreht und verkrüppelt dasteht.

Der Kampf der Unnatur mit der Natur, so wie der Kampf der Verkünstlung mit der Kunst, führt indessen in dieser Welt gar oft zu Erbärmlichkeiten, die ins Lächerliche fallen, aber dabei so enge mit Speise und Trank, mit Lob und Ehre zusammenhangen, daß bei weitem nicht ein jeder, der sie lächerlich findet, auch darob lacht.

215.
Die Staatswirtschaft

Sohn: »Papa! In Berlin will ich dann auch einen Kurs in der Staatswirtschaft machen.«

Papa: »Du kannst ja diesen Kurs in meinem Hause machen.«

Sohn: »Das ist nicht möglich! Es versteht bei uns diese Wissenschaft kein Mensch.«

Papa: »Einfalt! Deine Vorfahren von väterlicher und mütterlicher Seite haben alle aus Staatspfenningen gelebt; also wird, ob Gott will! die Staatswirtschaft unserm Hause kein fremdes Feld sein.«

Sohn: »Papa! Das ist die *praktische;* aber ich glaube, es könne uns jetzt auch etwas dienen, ein wenig in der *theoretischen* zu schnüffeln.«

⋆

Das Gespräch dieses Beamteten, das er als Papa und Hausvater so ganz konfidentiell mit seinem Sohne über die Bildung zur praktischen Staatswirtschaft hielt, die man durch die Ämterverwaltung in den Amthäusern selbst haben könne, ist im Grunde ein zwar einseitiges und beschränktes, aber sehr belebtes Beleg von dem Unterschied, der zwischen der tierischen und menschlichen, zwischen der selbstsüchtigen und selbstsuchtlosen Ansicht von Wahrheit und Recht in tausend andern Verhältnissen stattfindet.

Aber es ist traurig, daß des guten Papas, aus seinen eignen häuslichen Verhältnissen hervorgehende, einseitige und beschränkte praktische Kenntnis der Staatswirtschaft so allgemein zum Fundament alles dessen gelegt wird, was man von der theoretischen als allgemein anwendbar anzuerkennen geruht.

217.
Der Staatshoroskop

»Dieser Serbling wird bald sterben«, sagte Kunz. »Nein! Er wird noch lange leben«, erwiderte Heinz und bewies seinen Satz aus der Beschaffenheit der festen Teile eines Totengerippes.

★

Dieser Horoskop war wohl ein Narr; aber doch ist wahr, daß die Überreste kraftvoller und tiefgegründeter Staatseinrichtungen, auch wenn sie durch Alter und Abschwächung zu einem bloßen Knochengerippe geworden, den Staat dennoch auf eine Weise zusammenhalten können, die ohne die Segensfolgen, welche das Mark dieser Knochen ehmals ins ganze Leben des Staates verbreitete, nicht denkbar und nicht möglich wäre. Man hat desnahen unrecht, solche veraltete Knochen ohne Dankbarkeit für ihren ehmaligen Staatseinfluß ihres gesunden Marks unter das alte Eisen zu werfen.

218.
Der Staatsdienst

Mit Blut an der Schnauze warf König Löwe den Fürsten der Tiere die Frage auf: »Was ist der Staatsdienst?«

Der erste Hofschranze, der aber etwas dumm gewesen zu sein scheint, antwortete: »Daß deine mächtige Schnauze täglich ihr Mahl finden und es täglich in ihrem hohen Wohlsein verzehren möge, das ist Jupiters erstes Gesetz und die höchste, ewige Wahrheit der Tiere.«

»Was«, erwiderte wütend der Löwe, »das ist der Hyäne, der Leoparden, der Bären, aller meiner großen Gewaltstiere und ihres niedrigen Anhängsels, der Wölfe, der Luchsen, der Marder und Katzen erstes Gesetz und ihre einzige Wahrheit.« Er setzte hinzu: »Es ist aber auch für sie nicht Staatsgesetz, es ist ein Privatgesetz, das aus Privatbedürfnissen entsprungen, deren Befriedigung ich nicht zu hindern vermag und auch nicht zu hindern gedenke; aber mein Wille und mein Wohlgefallen ist es dennoch, daß keines von allen meinen Großtieren und ihrem Anhängsel das Freßrecht, das ihnen als eine Bewilligung und Erlaubnis für ihre Notdurft und nicht als ein Recht meines ganzen Forsts gegeben ist, durchaus nicht als ein allgemeines, ihm zu freier, unbeschränkter Benutzung gegebenes Recht ansehe.« – »Ja! ja, das erste Gesetz deines Reiches ist, daß Gerechtigkeit in demselben herrsche.« – Und alle Großtiere des Reiches und ihr ganzer Anhang schreien jetzt dem Fuchs nach: »Ja, ja, das erste Gesetz im Tierreiche und die Grundsäulen alles Rechts und alles Diensts in deinem Reiche ist, daß Gerechtigkeit unter uns herrsche; dafür bist du auch, o großer Löwe, unser König.«

*

Auch diese Rubrik ist ein redender Beleg der für das Menschengeschlecht so wichtigen Wahrheit, daß die tierische Natur, so sehr sie auch in ihrem Fühlen, Denken und Handeln zur Unmenschlichkeit versunken, sich dennoch allgemein bestrebt, den Schein der Menschlichkeit und Gerechtigkeit an sich zu tragen.

219.
Das Staatsrecht

Nicht an einem Festtage (ich glaube, es war in der widerlichen Stunde eines gefahrenden Aufruhrs) fragte dieser König eben diese Fürsten und Edlen: »Was ist das Staatsrecht?«

Allein der erste Hofschranze antwortete jetzt nicht. Er

fand in dieser Frage selbst einen Staatsfehler des Löwen, indem er dafürhielt, die fleischfressenden Tiere müssen dieselbe so wenig aufwerfen, als selbige von außen auf irgendeine Art an sich kommen lassen.

Also verlegen winkte er dem Kauze, der, weil sein Geschlecht Mäuse frißt, bei der Löwenaufwart auch Zutritt hat, er solle sich weislich bedenken und gut herausziehen.

Dieser hüpfte aus seinem Winkel hervor, stellte sich vor den König auf den Kanzleitisch, schüttelte das mächtige Haar von seinem dunkeln Gesichte und sagte: »Herr König! Das Staatsrecht ist eine Sammlung trefflicher, wirksamer Mittel einerseits deine heilige Macht zu sichern, daß du in der vollen Kraft deiner königlichen Tierheit immer und ewig bleiben kannst, wer du bist; anderseits uns, deinen getreuen und ungetreuen Untertanen, die erhabenen Tugenden der Menschen anzugewöhnen und uns mit Glimpf und Ernst dahinzubringen, unsrer ursprünglichen Natur nach deinem allerhöchsten Willen zu entsagen und nur insoweit Tiere zu bleiben nach unserer Art und Gattung, als es deiner heiligen Macht dienlich, ersprießlich und wohlgefällig sein mag.«

*

Der Kauz verstand es vollkommen, mit schlauer Schonung des edeln fürstlichen Löwenherzens die seinem Fleisch und Blut inwohnende Ansprüche seiner Tierheit und mit ihnen auch diejenigen aller fleischfressenden Gewaltstiere zu sichern und die letzten von den Gefahren zu schützen, denen sie hätten ausgesetzt werden können, wenn die Menschenfreundlichkeit des Löwen nicht in die dem Tierreich unumgänglich nötigen Schranken zurückgedrängt worden wäre.

220.
Das blinde Vertrauen

»Sei du jetzt unser Vater!« Also sprachen unerzogene Kinder zu ihrem ältesten Bruder vor dem Sarge ihres Vaters.

Dieser aber war ein fester Mann und antwortete ihnen: »Wenn ich euer Vater sein soll, so müßt ihr mir als meine Kinder gehorchen.«

»Das wollen wir gerne tun«, antworteten die Kinder. Er erwiderte ihnen: »Das ist bald gesagt. Aber es gibt Stunden, wo es schwerfallen könnte, euer Wort zu halten, und auch ich bin ein Mensch. Ich habe ein Weib und eigene Kinder und eigene Verhältnisse. Tausend Umstände könnten eintreffen, wo auch diese Verhältnisse selbst mich an meiner Pflicht gegen euch hindern und gegen meinen Willen zu eurem Schaden blind machen könnten. Wählet also aus den Freunden unsers Vaters zwei Männer, die mir auf der einen Seite euern Gehorsam und eure Mithülfe versichern; auf der andern Seite aber mich zu einer genauen Rechenschaft von allem, was ich in eurem Namen verwalten werde, anhalten sollen.«

»Wir trauen dir ja ohne alles dieses«, erwiderten die Kinder. Aber er antwortete ihnen: »Ich traue mir selbst nicht und bin überzeugt, der Mensch tut seine Pflicht in jedem Falle zehnmal besser, wenn er für dieselbe verantwortlich ist, als wenn er darüber, wie man zu reden pflegt, niemanden als dem lieben Gott Rechenschaft zu geben schuldig ist.«

*

Wie der Glaube und die Gottesfurcht beten, arbeiten und rechttun lehrt, also lehrt auch die Verantwortlichkeit unser Geschlecht das nämliche, aber der Mangel an ihrer Realität ist allenthalben, wo das Truggewand unserer Verkünstlungsformen sie allgemein so unübertrefflich bedeckt, so groß, daß das hohe Glaubenswort: »Verflucht ist wer auf Menschen vertraut« – täglich neue, das Menschenherz empörende Belege erhaltet. Ein Mensch darf den andern nur insoweit und in dem trauen, worin er sich bewährt hat, daß er Glauben verdiene. So wie niemand gut ist als nur einer, so verdient auch niemand Vertrauen als nur Gott; vorzüglich darf der Mensch auf sich selber nicht allgemein das Vertrauen setzen; darum ist aber auch jeder edle Mensch in dem, was ihm vertraut wird, gerne verantwortlich; und nur ein schwacher leichtsinniger Mensch nimmt das unbedingte Zutrauen der Gutmütigkeit, ohne in Verbindung mit der Pflicht der Verantwortlichkeit, gerne an.

221.
Leander und seine drei Söhne

Leander, der seinen drei Söhnen drei gleiche, aber verwilderte Höfe hinterließ, sagte auf seinem Totenbette zu ihnen: »Bauet sie wohl, und ihr werdet glücklicher werden, als ich es war.«

Aber der erste Sohn dachte in seinem Herzen: »Was will ich mit meinem verderbten Hofe machen? Ich will darauf wachsen lassen, was wächst, und übrigens warten, bis meine Kinder erzogen sind. Vielleicht ist es dann etwan mit ihrer Hülfe möglich, denselben in eine bessere Ordnung zu bringen.« – Aber er tat von dem gar nichts, was unumgänglich nötig gewesen wäre, um in seinen Kindern, durch eine gute Erziehung, die Kräfte und Fertigkeiten zu entfalten, die in ihnen den Willen und die Lust erzeugen konnten, ihm in ihren erwachsenen Tagen zur Verbesserung seines verwilderten Hofes mit Kraft und aufopfernder Hingebung an die Hand zu gehen.

Er hatte unrecht und bereitete sich selber großes Verderben. Da seine Kinder erwachsen waren, fanden sie, er sei kein Vater an ihnen gewesen, und gingen in ihrem Unwillen darüber so weit, daß sein ältester Sohn, der durch seine Verwahrlosung im äußersten Grade roh und derb geworden, ihm ins Gesicht sagte: »Du bist ein alter Lump und hast uns und den Hof, beide, gleich verwahrloset!«

Sein zweiter Sohn gab sich alle Mühe, ein paar Äcker seines Hofes in den höchsten Abtrag zu bringen und sagte darauf seinen Kindern: »Ihr könnet an diesen Äckern sehen, wie glücklich ihr sein werdet, wenn ihr einst den ganzen Hof also bearbeitet.«

»Lieber Vater!« antworteten die anwachsenden Kinder, »gib die Äcker, welche du nicht anbaust, uns in freie Hand zu bearbeiten und zu benutzen, so siehst du dann noch bei deinem Leben selber, wie du uns durch das Beispiel und die Lehre deiner zwei so unübertrefflich wohlbesorgten Äcker und durch die Freiheit, deinen ganzen Hof ebensogut zu besorgen, glücklich machen kannst.« Der Vater aber war ein ängstlicher, kleinlicher Mann. Er dachte bei sich selbst: »Es ist ein altes Sprüchwort, und ich habe es schon von vielen braven und klugen Vätern nachsprechen gehört: man muß den Löffel nicht eher aus den Händen geben, bis man selber gegessen hat.« – Er tat also das nicht, worum seine Söhne in herzlicher, kindlicher Gutmütigkeit ihn baten. Dadurch wurden nun aber diese auch mißmutig und fingen an, das Musterkartenleben des Vaters mit seinen zwei Äkkern und seine eigennützige Schwäche zu verachten und dasselbe ebenso mit selbstsüchtigen und eigennützigen Augen ins Auge zu fassen und untereinander sich in die Ohren zu flüstern: »Wenn er alles allein haben will, so kann er auch alles allein machen, und wenn er, wie der Junker, der seine Fische lieber im Teich von den Hechten fressen, als irgend jemand mitfischen lassen wollte, auch so einen Hof lieber unabträglich verwildern lassen, als uns erlauben will, ihn für ihn und uns abträglich zu machen, so müssen wir, weil er uns nicht, wie er wohl könnte, helfen will, trachten, uns selber zu helfen.« Zwei seiner Söhne verließen auch wirklich sein Haus und suchten sich jeder eine selbständige Laufbahn. Und der Vater hatte ein elendes Leben, er brachte es mit seinem Musterkartenleben nirgendwohin, und seine zwei unübertrefflich wohlbesorgten Äcker standen auf seinem verwahrloseten Hof wie ein künstlich in Marmor gehauenes Prachtpflaster in der zerfallenen Mauer eines verlumpeten Hauses.

Der dritte Sohn zog seine Kinder von Jugend auf, wozu er sie brauchte, um seinen Hof mit ihnen und durch sie so geschwind als möglich in eine gute abträgliche Ordnung zu bringen. Er freute sich jeder Kraft des Leibes und der Seele, die er in ihnen entwickelte. Sein höchster Stolz war, Söhne und Töchter vor seinen Augen zu sehen, die einst mehr als er wissen, verstehen und besitzen würden. Je mehr sie waren, je mehr vertraute er ihnen, und je mehr er ihnen vertraute, je weiter brachten sie es.

Er genoß ein frohes, glückliches Leben und brachte seinen Hof bei seinen Lebzeiten auf einen Ertrag, auf den er ihn ohne die freie und tätige Teilnahme und Mithülfe aller seiner, für dieselben wohlerzogenen Kinder, in Ewigkeit nicht hätte bringen können.

*

Es ist traurig, daß so viele Menschen, teils als Individuen im Privatstand, teils im öffentlichen Leben als Regierungsglieder und Regierungsbehörden den progressiven Fortschritt der menschlichen Kultur und den dadurch zu erzielenden Fortschritt des menschlichen Wohlstandes durch die mißmutige Unzufriedenheit unterbinden, die sie, wie der erste dieser Väter, darüber zeigen, daß das noch nicht in der Ordnung *ist,* was sie in Ordnung *machen sollten,* und dadurch mit ihm in eine Gemütsstimmung gelangen, die ihnen das Todeswort aller menschlichen Vorschritte auf die Zunge legt: das beste sei, bei ihrem Leben alles bleiben zu lassen wie es ist, in der Hoffnung, daß denn nach ihrem Tode vielleicht wohl jemand kommen könne, der das, was etwa einer immer gefährlichen Neuerung bedürfen möchte, dann zumal auf seine Rechnung und auf seine Gefahr versuchen und probieren könne.

Ebenso traurig ist das, was in Rücksicht auf den zweiten Vater wahr ist, wenn der erbärmliche Grundsatz »Man muß den Löffel nicht aus den Händen geben, bis man selber gegessen« schwache, kleinliche Eltern dahin bringt, aus unpassender Sparsamkeit das zu versäumen, was wesentlich notwendig wäre, ihre Kinder von Jugend auf zu einer selbständigen Mitwirkung in allem dem, was die Führung ihrer Haushaltungen wesentlich bedarf, kraftvoll und gebildet zu erziehen und ihnen, wenn sie erwachsen, aus Furcht, sie möchten ihnen über den Kopf wachsen, eine freie, selbständige Mitwirkung ihres Hauswesens zu versagen. Dieses kleinherzige Benehmen wird in seinen Folgen noch bedeutender und in die Störung des öffentlichen Wohls allgemein eingreifend; wenn diese kleinliche Selbstsucht sich selber in Regierungsgrundsätzen und Regierungsmaximen im Munde von Beamteten ausspricht und Personen von öffentlichem und bedeutendem Einfluß sich durch erbärmliche Sprüchwörter, Modenmeinungen und Kameradenäußerungen ihres Esprit du Corps dahin verleiten lassen, aus Furcht, ihre Untergebenen möchten ihnen einst über den Kopf wachsen, alles das zu versäumen, was sie als Präsidenten unumgänglich tun müssen, um für den Dienst des Vaterlandes tüchtige Mitglieder ihrer Kollegien und Tribunalien, als Chefs ihres Büros tüchtige Sekretärs, als Landvögte tüchtige Untervögte und überhaupt als Oberbeamtete tüchtige Unterbehörden sich zu bilden und zu erhalten und ihre Stellen nicht bloß als einen Besitz des utile und honorificum, das ihnen rechtlich beigefügt wird, sondern als ein Bedürfnis des öffentlichen Wohls und als ein Inbegriff heiliger Pflichten anzuerkennen, ohne deren Erfüllung sie das öffentliche Wohl nicht zu fördern, sondern vielmehr ihm entgegenzuwirken geeignet sind. Unser Verkünstlungszeitalter und die abschwächende Epidemie, zu der es seiner Natur nach allgemein hinführen muß, hat uns in allen Ständen und in allen Verhältnissen in dem, was zur Äufnung sowohl des Privat- als des öffentlichen Wohls diesfalls geschehen sollte, unaussprechlich zurückgesetzt.

Millionen Hausväter, deren Familienglück sowohl in Rücksicht auf die Sicherstellung ihrer Gegenwartsbedürfnisse als in Rücksicht auf diejenigen ihrer Nachkommenschaft größtenteils von einer Handlungsweise abhängt, durch welche der dritte dieser Väter sein Vaterherz befriedigt, seine Kinder wohlerzogen und das Glück seiner Nachkommenschaft vielleicht auf Jahrhunderte begründet, sind für alles das, was in ihnen selbst kraftvoll belebt sein sollte, abgestumpft und stehen im ganzen Umfang ihrer Umgebungen diesfalls verödet und unbeholfen in unserer Mitte.

Die Art und Weise, wie dieser Vater seinen Hof durch seine Kinder selber auf den größten Abtrag gebracht, indem er sie zu dem Geist und der Kraft einer Lebensweise erhoben, durch die sie hinwieder fähig werden, das nämliche an ihren Kindern zu tun, diese Art und Weise des reinen, kraftvollen, häuslichen Familienlebens ist im allgemeinen mit allen Segenskräften, die sie zur Folge hat, gleichsam aus unserer Mitte verschwunden; und wir dürfen uns nicht verhehlen, daß wir für alles dieses Geist und Herzens halber vielseitig, soviel als abgestumpft dastehen; und wie dieses wahr, und hinwieder, wie es unwidersprechlich ist, daß durch die Fehler und Schwächen des Privatlebens auch die guten Kräfte des öffentlichen Lebens gefährdet, untergraben und abgeschwächt werden, so ist ebenso wahr und unwidersprechlich, daß die in unserer Mitte tief erschütterten Fundamente des öffentlichen Wohlstandes hinwieder auf die immer steigende Abschwächung, Untergrabung und Erschütterung der Fundamente des Privatwohlstandes einwirken und daß, um geradeheraus zu reden, zum Exempel die Folgen eines verkehrten Benehmens der Präsidenten gegen die Mitglieder der Kollegien, der Chefs gegen ihre Subalternen, der Landvögte gegen ihre Dorfvögte auf die Untergrabung der Fundamente des Privatwohls der einzelnen Glieder des Staats einen nicht zu berechnenden Einfluß hat; und daß Millionen Menschen im Lande dadurch in den Mitteln, ihren Privatwohlstand und durch denselben auch den öffentlichen Wohlstand ruhig, kraft- und segensvoll zu fördern, gehemmt, stillgestellt und verwirrt werden.

Wenn die Oberbehörden in einem Lande durch die Folgen unserer Zeitverkünstlung und der ihrer Modenschwäche immer beiwohnenden, unpassenden Anmaßungen hierin den guten, alten Sinn ihrer Stellen gänzlich verlieren und die größere Anzahl der Präsidenten, Direktoren, Chefs und Oberamtleute dahin gebracht werden, alles Interesse, alle Übungen und alle Gewandtheit in allem dem zu mangeln, wofür sie in ihren höhern Stellen unumgänglich Takt, Interesse, Übung und Gewandtheit haben sollten, um durch ihren Einfluß ihre untergeordneten Mitglieder der Kollegien, Tribunalien, Sekretärs und alle Arten von Unterbeamteten im Innern ihrer Denkungsart und ihrer Bestrebungen in dem Geist leben und handeln zu machen, der allein geschickt ist, durch den Erfolg ihrer Stellen des Landes Wohl wirklich zu befördern und für diesen Zweck bildend und erhebend auf das Volk, d.h. auf jedermann, der durch ihre Stellung und durch ihren Einfluß mit ihnen in Berührung ist, einzuwirken, so sind die verderblichen Folgen dieses Abschwächungs- und Verkünstlungszustands im Lande in allen Ständen doch gewiß nicht zu berechnen. Möge doch die Wichtigkeit dieser Ansicht, für die uns das oberflächliche Leben unserer Verkünstlung fast allgemein blind gemacht, bald mit einem größern Interesse beherzigt und die Überzeugung allmählich in unserer

Mitte allgemein werden, daß das Volksheil und der Volkssegen einzig und allein aus der Volksführung hervorgehen und daß dieses hohe Resultat nur durch die Weisheit, Edelmut und Tugend des hohen Personals, in dessen Hand die wesentlichen Beförderungsmittel des öffentlichen Volksegens gelegt sind, vorzüglich zu erzielen gesucht werden müssen, und daß es nur durch die Sicherstellung des höhern Staatsgeists in den Oberbehörden im Lande möglich ist, den Staatsgeist der niedern Stände sowohl mit den wesentlichen Bedürfnissen der Menschennatur als mit denjenigen des Staats selber in eine wirkliche, segensreiche Übereinstimmung zu bringen.

Möge man doch bald und allgemein erkennen, daß im Staate, wie in einer Haushaltung, nur *ein* Geist herrschen soll, und daß der Gemeingeist aller Stände nur durch den Zusammenhang desselben erzielt werden kann. Möge doch die Überzeugung bald allgemein werden, wie wichtig die Folgen des Zustands in jedem Staate sind, wenn durch den Mangel des innern, geistigen und sittlichen Zusammenhangs der Ober- und Unterbehörden in einem Lande, d. h. durch den Mangel an intellektueller und sittlicher Einheit im Staatsgeist und im Staatsdienst die öffentlichen Behörden mit den wesentlichen Bedürfnissen des Volksegens nicht nur nicht in Übereinstimmung, sondern sogar sichtbar in offenem Widerspruche miteinander stehen.

222.

Leonor, Matthias, Selmar und Nilson
Vier Geistliche

Sie waren ehemals Schulfreunde, aber sie hatten sich jetzt dreißig Jahre nicht mehr gesehen; nun führte sie ein Zufall zusammen.

Sie freuten sich eine Weile ihres Zusammentreffens, dann aber sagte Leonor: »Wir waren alle vier brave Jungens und wollten das Gute, aber was haben wir nun in der Welt ausgerichtet?«

Matthias antwortete: »Ich habe mich durch eine einseitige Neigung zu vielerlei Wissen und durch ewiges, meistens oberflächliches und unverdautes Herumtappen in Büchern, Journalen bis auf die täglichen Zeitungen herab gleichsam aus der Welt herausgeträumt und alle Kraft eines wahrhaft belebten, wirklichen Zusammenhangs mit meinen Gemeindsgenossen durch dieselben verloren. Auch näherte ich mich schon den grauen Haaren, ehe ich merkte, daß alles mein Wissen und Kennen mich in meiner Stellung und meinem Beruf zum fünften Rad am Wagen gemacht, und daß ich durchaus nicht einmal im Stande sei, meinen Leuten in irgendeinem Fall einen Rat und eine Wegweisung zu geben, die auf ihre Umstände wirklich passend.« »Und ich hingegen«, erwiderte Selmar, »habe eben dadurch, daß ich mich der Geschäfte und Angelegenheiten meiner Leute zu sehr annahm und in allen Stücken ihnen mit gutem Rat beistehen wollte, den Namen eines Menschen erhalten, der sich in Sachen, die ihn nichts angehen, mischt. Indessen bin ich dadurch für sie der Mann des Tages geworden, dem sie nachliefen, wenn sie ihn brauchten, den sie aber auch stehenließen, sobald sie ihn nicht mehr nötig hatten. Es konnte wohl nicht anders kommen. Die guten Räte, die ich ihnen geben wollte, hatten in mir selbst kein solides Fundament und konnten in der Zerstreuung, in der ich lebte, keines in mir finden. Ich merkte aber auch erst in meinen grauen Haaren, wieviel mir fehlte, um meinen Pfarrkindern das wirklich zu sein, was ich ihnen hätte sein sollen und gerne gewesen wäre, wenn ich es nur hätte können.«

Nilson sagte: »Ich sahe frühe ein, daß für uns Geistliche bei aller Kunst des Einflusses auf das Zeitliche nichts herauskommt und daß überhaupt Leiden, Unrecht und böse Gewalt auf der Erde sein werden, solange die Menschen, wie unser Katechismus sagt, fortfahren, Gott und seinem Gesetze zu widerstreben und ihren Nächsten zu hassen. Ich suchte deswegen die Menschen zur Verachtung des ganzen irdischen Lebens und aller seiner Güter und Segnungen hinzuführen und selber von allem Glauben an die Möglichkeit einer irdischen Ruhe und Zufriedenheit abzulenken, und ich bin auch erst in meinen alten Tagen dahingekommen, einzusehen, daß meine Bestrebungen das Volk aus der Wahrheit dessen, was es in der Welt wirklich ist und wofür es wirklich dasein und leben soll, hinauszureißen und in dem Träumerleben, in dem es weder in sich selbst noch in seinen Umgebungen ein erhebendes und stärkendes Fundament fand, sein Heil zu suchen, ein Mißgriff war, durch den das Volk auf das, was wirklich göttlich, ewig und erhaben ist, durchaus nichts gewann, hingegen was es in Rücksicht auf sein zeitliches Dasein wirklich bedarf und was ihm Gott dafür wirklich gegeben, alles zu verlieren oder diesfalls in einen ewigen Widerspruch mit sich selber zu fallen gefahren. Ich richtete mit meinen Bestrebungen durchaus nichts aus. Die Gelüste meiner Gemeinde nach allen Genießungen, die sie kennen, und nach allen, selbst den unsinnigsten Rechten, die ihnen diese Gelüste zu verschaffen und sicherzustellen geeignet schienen, sind seit dreißig Jahren, da ich ihr Pfarrer bin, immer die nämlichen geblieben; indessen ist es mir jetzt zur innigsten Überzeugung klargeworden, und ich darf und soll es mir nicht verhehlen, ich habe mit meiner träumerischen Sönderung dessen, was der Mensch zum Segen, zur Äufnung und zur Ruhe seines zeitlichen Lebens wahrhaft bedarf, von dem, worauf das Heil seines ewigen Lebens ruht, und mit der daraus herfließenden Vernachlässigung zur Genugtuung, Bildung und Ergreifung des Volks zu dem, was es in der ersten Rücksicht bedarf, störend auf die allgemeinen Fundamente des Wohlstandes meiner Gemeinde eingewirkt, indem ich die Unschuld und das leichte Joch des unbefangenen Lebens in Liebe und Glauben in den Köpfen schwacher und gutmütiger Menschen in das Kettengewand von Meinungen über die Pflichten der Liebe und des Glaubens umgewandelt, das sie jetzt wie ein Gespenst, wo sie gehen und stehen, verfolgt, und ihnen weder Tag noch Nacht Ruhe läßt, indem es sie so aus sich selber und aus der Wahrheit ihrer Verhältnisse heraushebt, daß viele derselben aus lauter Eifer für die Erkenntnis und freundlich müßiggängerische Besprechung über diese Pflichten nicht mehr Zeit genug dafür finden, die wesentlichsten derselben auch nur halb so gut auszuüben, als sie es vorher taten.

Mehrere von ihnen sind dadurch sehr schlechte Hausväter und sehr schlechte Hausmütter geworden und nicht nur für den Augenblick in ihrem diesfälligen Wohlstande zurückgekommen, sondern eigentlich in sich selber unfähig geworden, zur weitern Beförderung, zur diesfälligen Wiederherstellung ihrer selbst mit den Kräften, mit der Anstrengung und mit dem Interesse zu arbeiten, mit dem sie es vorher taten. Es mußte mir sehr zu Herzen gehen, daß die Folgen dieser Verirrung auf die Umstände einiger Personen, die mir vorher sehr anhänglich waren, so verwildernd einwirkten, daß sie hernach ihre Anhänglichkeit an mich selber laut und öffentlich verwünschten und in der sich durch die Folgen meiner diesfälligen Unvorsichtigkeit zugezogenen Armut in Laster und Verbrechen hineinfielen, daß wirklich drei Kinder aus Haushaltungen, die mir lange anhänglich waren, jetzt im Zuchthaus stecken.«

Das alles ging dem guten Manne so sehr zu Herzen, daß er mit Tränen in den Augen zu seinen Freunden sagte: »Ich bin unter euch allen der Unglücklichste gewesen.«

Seine Freunde antworteten ihm: »Du dauerst uns sehr; wir kennen deinen Gang; du hast von dir reden gemacht; Freunde und Feinde geben dir das Zeugnis, du habest es gut gemeint, aber Freunde und Feinde sagen auch überall, du seiest die Unnatur selber. Wir widersprechen es auch nicht; aber wir fühlen dabei, daß auch wir den schlichten, einfachen Gang der Natur verfehlt haben, der in seiner Schwachheit und in seiner Kraft dahin lenkt, alles zu vereinigen und nichts getrennt und isoliert stehen und wirken zu lassen, alles mit sich selbst und mit seinen Umgebungen in Übereinstimmung zu bringen. Indessen ist gewiß, ob wir gleich, wie du, in unserm Tun und in unsern Bestrebungen nicht in Übereinstimmung mit unsern Umgebungen zu handeln vermochten, so gingest du in deiner Unnatur dennoch unendlich weiter als wir. Wir waren in unserm Einfluß auf das Volk unstreitig ungeschickt, eben wie du; aber wir gingen in unsrer Ungeschicklichkeit nur oberflächlich und äußerlich zu Werke; du aber wolltest tiefer wirken und brauchtest Gewalt, innerlich durch die Belebung der Einbildungskraft einen Schein dessen hervorzubringen, was wirklich nicht da war; du wolltest einen Schein des Göttlichen herrschen machen, wo durchaus die Wahrheit des Göttlichen noch nicht da war und wo sogar in dem Personale und in den Umgebungen deiner Anhänger alles das mangelt, was notwendig dasein und getan werden mußte, um die Kräfte, Fertigkeiten, Gesinnungen und Ansichten menschlich zu entfalten und menschlich zu beleben, die den wirklich göttlichen Kräften unsrer Natur immer notwendig beiwohnen, wo Natur und Gnade im menschlichen Leben sich im ganzen Umfang ihrer beiderseits göttlich gegebenen Kräfte und Segnungen wirklich vereinigen.«

Leonor sagte nach allem diesem: »Eure Erfahrungen sind alle wahr, aber ein Hauptgrund, warum wir Geistliche bei allen unsern Bestrebungen, etwas Gutes darin zu stiften, nicht dahin gelangten, wo wir wollten, ist auch dieser: wir werden in unsern Tagen immer mehr unter das Volk, ohne genugsame Kraft und ohne genugsame Mittel, auf dasselbe zu wirken, wie ein Angel ohne Lockspeise unter die Fische, hingeworfen. Wirt, Weibel,

Schulze, Schreiber, Werber, kurz alle Gewalt- und alle Geldmenschen angeln das Volk mit allem, was unser Geschlecht zu reizen imstande ist, und die Welt, wie sie jetzt ist, kennt gegen dieses Angeln beinahe kein wirksames Recht mehr und vielleicht noch weniger einen wirksamen Willen. Der Geist des Zeitalters ist ohne Gewissenhaftigkeit und ohne Kraft gegen seine sinnliche Selbstsucht.«

*

Das Schicksal dieser verschiedenen Geistlichen ist ein ebenso sprechendes als merkwürdiges Beleg von der Wahrheit, in welchem Grad das Verkünstlungsverderben unsrer Zeit unser Geschlecht in allen Ständen und Verhältnissen von dem Gange der Natur in der Entfaltung unsrer Kräfte abgelenkt, sie dadurch in sich selber entkräftet und jede segensreiche Anwendung derselben im allgemeinen soviel als unmöglich gemacht.

Die Individualität dieser vier Männer war, sie konnte nicht mehr, untereinander verschieden, und ihre Lebenszwecke waren, obgleich im Wesen allgemein die nämlichen, wohltätigen und sich dem Dienste ihrer Mitmenschen als aufopfernd und hingebend auszeichnenden, dennoch durch die Individualität des Charakters und der Bildung eines jeden äußerst ungleich und beinahe sich allseitig entgegenstehend bestimmt. Sie, diese Männer, waren im Grunde unter sich selbst so ungleich, als nur immer Menschen untereinander ungleich sein können. Der eine lebte in den Büchern, gleichsam außer sich selbst. Der andere verlor durch die Aufmerksamkeiten auf seine Umgebungen sich selbst in sich selbst, er wollte auf die Welt wirken, aber sein Wirken ging nicht aus ihm selbst hervor; darum wirkte er nicht auf die Welt, die Welt wirkte auf ihn. Der dritte wollte eine Gewalt brauchen gegen die Welt und trennte zu diesem Endzwecke, was Gott von Ewigkeit her in der Menschheit zusammengefügt. Der vierte wollte die Unschicklichkeit aller durch die Unpassenheit der Stellung, in der sie gegen das Volk gelassen wurden, erklären, und alle Schuld des Nichterfolgs ihrer Bestrebungen auf diesen Umstand hinschieben. Aber die Wahrheit von allem diesem ist: die Welt, die sie umgab und auf die sie Einfluß suchten, lebte, eben wie sie, in der höchsten Unnatur unsers Verkünstlungsverderbens, und die wahren Ursachen des allseitigen Mißlingens ihrer Bestrebungen müssen offenbar in dem Zusammentreffen des Verkünstlungsverderbens, das in ihren Umgebungen und in demjenigen, das in ihnen selbst lag, gesucht und anerkannt werden.

223.
Verderbte Rehe und ein Tierprädikant

Einer Göttin geweiht und von blutgefärbten Tieren und Menschen getrennt, lebte vormals eine Schar von Rehen glückliche Tage, Friede malte sich auf jeder Stirne, Ruhe in jedem Auge und Anmut auf jeder Lippe.

Aber ein wilder Berggott entweihte den heiligen Wald. Er verscheuchte die schüchterne Göttin von ihren geliebten Rehen; Löwen, Menschen und Hunde nisteten sich ein.

Jetzt sind die armen Tiere nicht mehr sich selbst gleich. Wer die Vorwelt gesehen hat, der jammert über ihr verderbtes Geschlecht. Ihre Stirnen sind voll Runzeln, ihre Augen trübe, und ihre Lippen hängen anmutlos und mißmutig gegen die Erde.

Ein Tierprädikant meinte, er könne ihnen helfen, und predigte ihnen, sie sollten desto ruhiger sein, je größer die Übel seien, welche sie leiden. Er meinte, sie müßten nur die Augenblicke ihrer Sicherheit und ihres Glückes mit desto mehr zusammengefaßter Kraft festhalten, je seltener sie seien.

Aber ein Reh, das die Vorzeit gesehen hatte, schalt den

predigenden Affen und sagte zu ihm: »Elender Träumer! Entweihe den heiligen Ast nicht länger mit deinem grundlosen Geschwätze. Die Tugend unsers Geschlechtes ist ein Geschenk der Gottheit, die wir verehrt haben. Solange ihr Altar brannte, war kein Verderben in den Herzen der Rehe. Aber jetzt ist unsere Tugend unwiederbringlich verloren. Ich weiß es noch wie wenn es gestern gewesen wäre, an einem Abend (die Sonne ging in Blut gefärbt unter) hörten wir den ersten jagenden Hund, und in der schrecklichen Nacht (Donner und Blitz verkündeten unser Unglück) hörten wir das erste Löwengebrüll. Am Morgen darauf war unsere Göttin verschwunden. Kannst du uns helfen, so vertilge die Hunde, töte die Löwen und die wilden, jagenden Menschen; dann wird die schüchterne Göttin wieder zu ihren geliebten Rehen zurückkehren und uns ihr hohes Geschenk, die Tugend unsers Geschlechtes, wiederbringen. Kannst du das nicht, so überlasse uns dem verderbten, verhärteten Zustande, den uns das tägliche Hetzen und Jagen zu unsrer Natur macht, und schweige lieber, als uns mit deinem Geschwätzwerke von Lastern, die mehr unser Unglück als unsere Fehler sind, noch das bißchen Kopf und Kraft zu rauben, das uns übrig geblieben ist und dessen wir so sehr bedürfen.«

*

Was soll ich zu diesem Bild sagen, als wer nichts taugt, um den Lauf der Übel und Leiden, durch die das Volk allen Reiz und alle Kraft zu dem, was sein Segen und sein Heil ist, verliert, in seinen Quellen zu hemmen, der tut übel, wenn er als Tröster unter ihm auftritt; die empörte Menschennatur kennt das öde, leere Wesen des Maulbrauchens und will nichts von ihm. Wer den Schaden Israels heilen will, der muß in Israel die Kräfte wiederherstellen, durch die Israel Israel geworden und durch die es allein wieder Israel werden kann.

224.
Hans und Benedikt

Benedikt: »Sei ruhig, lieber Hans!«

Hans: »Ich kann nicht, ich leide Unrecht.«

Benedikt: »Die Religion sollte dich trösten.«

Hans: »Sie sollte mir helfen?«

Benedikt: »Sie wird dir in deinem Innern helfen.«

Hans: »Das ist nicht wahr! Wenn sie mir in meinem Äußern nicht hilft, so ist sie für mein Inneres nicht da.«

Benedikt: »Du lästerst!«

Hans: »Ich rede die Wahrheit, *Gott ist nicht da, und der Glaube an Gott ist nicht da, wenn das Unrechtleiden nicht aufhört.*«

Benedikt: »Ich zittere.«

Hans: »Wenn du keine Kraft hast gegen das Unrecht, so lege deine Kutte ab, diene für feilen Gewinn und trage die Livree der Herrschaft, der du gehörst.«

Benedikt: »Das hätte sich freilich der Heiland und seine Apostel nicht sagen lassen.«

Hans: »Auch dein Großvater, der bei uns Pfarrer war, hätte sich das nicht sagen lassen.«

⋆

Das Wort des Hansen ist freilich ein Wort der Verzweiflung, aber es hängt dennoch mit einer großen, tiefen Wahrheit zusammen. Die Religion ist in ihrem Wesen eine Kraft Gottes zum Heil einem jeden, der da glaubt; und sie sollte auch in ihrem Äußerlichen kraftvolle Mittel besitzen, der Not und dem Elend der Menschen abzuhelfen, wo diese sich immer befinden. Und es ist unstreitig, da sie das Volk vorzüglich bei seinen Geistlichen sucht, so sollte sie auch vorzüglich bei ihnen zu finden sein, sie sollte ihnen auch vorzüglich gegeben sein, und zwar nicht durch äußern Reichtum, sondern durch innere, göttliche, heilige Kraft in ihrer Teilnahme am Leiden ihrer Brüder. Es läßt sich nichts Herzzerschneidenderes denken als die Erscheinung eines Geistlichen im Kreise armer, unrechtleidender Menschen, mit einem Schwall armseliger, eitler Trostworte Wunden zu heilen, die sich nicht vom bloßen Winde heilen lassen, sondern Öl und Essig für ihren Schmerz ansprechen. Ihr kennet den Eindruck noch, den es auf euch gemacht hat, als ein Geistlicher, den sein Pfarrkind um Gotteswillen bat, er solle bei dem Landvogt, der ihm Unrecht getan, einen Vorspruch einlegen, geantwortet: »Mutet mir das doch nicht zu, ich bin mit meinem gnädigen Herrn in Verhältnissen, daß ich das nicht tun darf.« Moralische Kraftlosigkeit kann in tausend Fällen Menschen zu Gefühlen und Ausdrücken bringen, die dem Wort des Hansen »Gott ist nicht da, und der Glaube an Gott ist nicht da, wenn das Unrechtleiden nicht aufhört« – vollkommen gleich sind. Denke doch ein jeder, den das Wort des Hansen empört, zu seiner Entschuldigung, man suche zarte, feine und wohlbesorgte Pflanzen in einem Garten umsonst, dessen Gärtner im Winter den Frost scheut und im Sommer die halbe Zeit des Tages unter Schattenbäumen auf der faulen Haut liegt. Der fromme, christlich gläubige Mensch trägt ein sanftes, mildes, liebendes Herz in seiner Brust. Er sieht den Armen und Leidenden als sein Kind an, das er von Gottes wegen auf alle Weise zu erquicken und zu behelfen verpflichtet ist. Wie Vater und Mutter einem kranken Kinde seine Schmerzen zu mildern suchen, also sucht er den Armen und Leidenden in seiner Not und in seinem Schmerz wirklich zu dienen. Er trocknet ihm den Schweiß von seiner Stirne. Er ermüdet nicht, jedes Labsal für ihn aufzusuchen, das in seiner Hand ist. Er bricht sich den Schlaf ab, für ihn zu wachen, und scheut die Lasten des Tages nicht in seinem Dienste. Er wirft sich in die Arme des Leidenden und benetzt des Kranken Angesicht mit seiner Träne. Aber der leidige Tröster, der zum armen Job kam und zu ihm sagte: »Du hast dein Unglück mit deinen Sünden verdienet und mußt jetzt den

Trost, den du bedarfst, in dir selber, in deiner Besserung suchen; es kann dir ihn niemand geben und niemand für dich suchen« – hat den Geist des wahren, christlichen Trosts nicht in seinem Herzen. Er braucht in der Härte seiner Gefühle Kunst- und Bücherphrasen einer Trostart, die niemand tröstet. Die Einfalt des christlichen, liebenden, schonenden und helfenden Sinnes braucht solche Phrasen, denen der wirkliche Geist des Evangeliums mangelt, nicht. Sie kennt sie nicht von sich selbst; sie kennt sie nur, wenn sie sie auswendig gelernt hat, und braucht sie in dieser Leerheit und Verödung nur im Nachsprechen dessen, was sie also wörtlich gelernt hat.

225.
Der Biber und der Marder

»Es ist ein ekelichtes Ding um deinen Zahn, und ich sehe nicht einmal ein, daß du ihn zu deinem Fraße nötig hast«, also sagte ein Marder zu einem Biber. Dieser antwortete ihm: »Ich kann freilich meine Fische so gut ohne meinen Zahn fangen und fressen, als du deine Eier und Vögel ohne einen solchen auch finden und fressen kannst. Aber mein Zahn ist ein Kunstzahn, und du und deinesgleichen wissen nicht einmal, was das für eine Lust ist, einen Kunstzahn in seinem Kiefel zu haben; ich aber weiß es, und will dir nur sagen: er ist mir fast mehr wert als mein ganzes Freßgebiß, und ich kann dich versichern, das Ausüben meiner Baukunst ist mir viel lieber als das Fischessen.«

★

Der Biber macht seiner Kunst eine Lobrede, die nicht alle menschlichen Künstler der ihrigen machen können. Die Menschenkunst ist weit mehr abhängig vom Menschenbrot als die Tierkunst vom Tierfraß. Auch ist nur der Mensch unersättlich im Jagen nach Brot, das Tier aber gar nicht.

226.
Ein Stier und ein Biber

Auch der Stier sagte zum Biber: »So ein Leben unter dem Wasser, wie du eins hast, möchte ich um aller Welt willen nicht haben.« Der Biber schwieg und antwortete ihm nicht. Aber der Stier fuhr fort und machte jetzt eine Lobrede seines bessern und glücklichern Lebens. »Mein Stall«, sagte er, »ist beinahe so viel wert als eine Menschenwohnung, und dann muß ich ihn nicht einmal bauen; der Bauer, der mich futtert, baut mir ihn selbst.« – Der Biber antwortete ihm: »Ich weiß wohl, daß es viele Stierenställe gibt, die besser aussehen und im Winter gar viel wärmer sind als tausend und tausend armer Leute Wohnstuben, und ich kann auch gar wohl denken, es gefalle dir wohl darin, wenn dein Bahren recht voll und dein Gras und dein Heu darin recht gut sind. Ich aber liebe die Wohnung, die ich mir selbst baue und in der ich frei bin, und möchte um alles in der Welt nicht eine Wohnung, die mir ein anderer baute, und mich nicht wie dich darin angebunden finden, wenn er dich anjochet und zum Pflug oder Wagen anspannen will.«

*

Ein wohl besorgter Stallstier hat freilich eine bequemere Wohnung als ein Biber unter dem Wasser. Aber der Biber hat auch recht, daß er lieber frei lebt als bequem schläft. Wem seine Freiheit und sein Recht nicht mehr ist als seine Bequemlichkeit, der ist in jedem Falle ein armseliger Tropf. Ich habe in meinem Leben unter allen Gefangenen, die ich sah, niemals ob keinem lachen müssen als ob einem an Händen und Füßen gefesselten Manne, der mit stolzer Behaglichkeit in seinem dunklen Loche saß.

227. Eine Kuppel Jagdhunde, ein Jäger und ein Junker

Eine Kuppel Jagdhunde beklagte sich einmal beim Meister im Hundsstall, beim Jäger, daß er alle Tage sich vollsaufe und sie dann im Rausche bald hungern, bald dursten lasse und des Strohes halber bei Frost und Nässe auch so halte, daß sie alle Kraft in den Beinen und allen Geruch in der Nase verlieren und sie dann, wenn sie in diesem Zustande nicht gut jagen, noch untreulich prügle, so daß sie, wenn dieses so fortdaure, abserben und unfehlbar sterben müssen. Der Jäger antwortete ihnen mit der Knute in der Hand: »Ihr Hunde, meint ihr, ich soll euch anders als Hunde behandeln? Nein, nein«, fuhr er fort, »wenn ihr auch alle verrecktet, ich will um deswillen kein Glas weniger trinken und keinen Augenblick weniger auf der faulen Haut liegen, als es mir gefällt.« – Aber endlich erkannte der Junker, dem die Hunde gehörten, ihren schlechten Zustand und kam den Ursachen desselben bald auf die Spur. Er ging selber in den Hundsstall, um mit eigenen Augen zu sehen, was an der Sache sei. Da erzählte ihm dann ein halblahmer Jagdhund, fast mit menschlicher Wehmut vor ihm kriechend, umständlich, wie sie sich beim Jäger darüber beklagt und was er ihnen geantwortet. Das empörte den Junker im höchsten Grad. Er ließ den Jäger auf der Stelle zu sich kommen, redte ihn roh an und sagte zu ihm: »Ich habe geglaubt, meine Hunde einem Menschen anvertraut zu haben, und du bist mehr Hund als sie alle. Meinst du, die Hunde seien in deinem Dienste? Nein, nein, du bist in ihrem Dienst, und du gehst mit ihnen um, daß es unter den

Hunden und nicht bloß unter den Menschen ein Greuel ist; wenn sie dein wären, du dürftest nicht so mit ihnen umgehen; aber es ist kein Haar, das auf ihrer Haut wächst, dein, geschweige denn die Hunde selber. Meinst du, ich bezahle dich, daß du dich täglich voll und toll saufest, auf der faulen Haut liegest und meine Hunde verrecken lassest? Das ist dem nicht so, ich bezahle, wie ich einen guten Hundsknecht nötig habe, und ich glaubte, du seiest einer oder könnest wenigstens einer werden; und jetzt gehst du mit meinen Hunden so um. Ändert sich aber das nicht auf der Stelle, so kann ich meinen Hunden gar leicht helfen, wie es dir aber dann dabei gehe, da sieh' denn du zu.« – Das war ein guter Tag für die Hunde. Der Jäger soff sich von nun an erst dann voll und legte sich von nun an erst dann auf die faule Haut, wenn seine Hunde besorgt waren, wie recht ist; auch besserte es ihnen an den Beinen, an der Nase und an der Jagdlust von Tag zu Tag; und der Junker sagte nach einigen Wochen dem Jäger, der ihm sonst lieb war, im Spaß: »Es dünkt mich, ich komme mit dir doch noch dahin, daß du mir am Ende noch etwas mehr wert werdest, als meine Hunde.«

⋆

Ach! daß solche Auftritte doch nur in Hundsställen Platz hätten. Aber der tierische Sinn der menschlichen Selbstsucht bringt unser Geschlecht in den verschiedensten Verhältnissen des Lebens, im Bauernstand, im Bürgerstand, im Kaufmannsstand, im Adelstand und selber im Stand der Beamteten und der öffentlichen Behörden gar oft dahin, die ihm untergeordnete Schwäche seiner Mitmenschen, eben wie dieser Jäger die Hunde, die nicht sein, sondern seines Herrn waren, zu behandeln. Es ist unwidersprechlich, es gibt in allen diesen Verhältnissen, ich weiß nicht, ob ich sagen darf, Menschen, oder ob ich sagen muß, Unmenschen, welche die in ihren Verhältnissen ihnen untergeordneten Menschen, wie dieser Jäger seine Hunde behandeln, wenn ihre Selbstsucht mit der Selbstsucht ihrer Untergebenen in Konflikt kommt. Es ist unwidersprechlich, daß es in allen diesen Verhältnissen Menschen gibt, die sich nicht schämen, das arme, niedere Volk, dessen Heil und Segen durch den Geist und die Sitten unsers Zivilisationsverderbens mit großer Kunst in die Hand harten Reichtums und harter Gewaltsmenschen gegeben ist, ein Hundepack (la canaille) zu nennen, und sie auf das Fundament dieses schönen Rechtstitels also zu behandeln, wie dieser Jäger die ihm anvertrauten Jagdtiere. Und das Allerbedauernswürdigste in dieser Lage ist denn noch, daß die Unglücklichsten unter diesem also betitelten Hundepack (la canaille) oft im höchsten, schreienden Unrechtleiden bei weitem nicht so leicht einen Mann aus einer höhern Behörde finden, der die diesfalls auch im höchsten Grad fehlenden Unmenschen zugunsten derselben mit der Kraft und Entschlossenheit zur Rede stellt, wie dieser Junker seinen Jäger zugunsten seiner Hund mit Kraft und Entschlossenheit zur Rede gestellt hat.

228.

Die Begriffe der Bienen von der Freiheit und der Gerechtigkeit

Die guten Bienen, die bei ihrem Honigsuchen in aller Welt herumschwärmen, hörten in allen Ecken die tierischen Begriffe, die sich die Löwen und Bären, die Füchse und Marder, die Ochsen und Esel, die Auerhähne und Spatzen, die Hunde und Katzen von der Freiheit und der Gerechtigkeit machten; aber obwohl sie diese großen Tiere alle für höhere Wesen ansahen als sich selber, so konnten sie, so klein sie sich auch immer gegen sie fühlten, doch nicht begreifen, daß irgend etwas von alledem, was diese Tiere für sich als Freiheit und Gerechtigkeit ansprachen, wirkliche Freiheit und Gerechtigkeit sei; und je mehr sie dieses Geschwatzwerk über diese zwei großen Menschenwörter hörten, je mehr freuten sie sich, stille, kleine Bienen und nicht so anmaßliche, große Tiere zu sein. Vorher, ehe sie ihr fades Geschwatz treiben hörten, fühlten sie sich in ihren Körben nur glücklich; sie wußten nicht, daß etwas in der Welt sei, das unter den Menschen Freiheit und Gerechtigkeit heißt, und von dem auch alle Tiere der Welt auf die verschiedenste Weise, jedes nach seiner Gattung, das Maul brauchen. In Polens Wäldern, wo sie, von Menschen gesondert, ihre Wohnungen selbst bauten und ihren Honig mehr mit den Bären als mit den Menschen teilten, wußten sie nicht, daß etwas in der Welt sei, das Freiheit und Gerechtigkeit heißt; aber in den zivilisierten Staaten, wo verkünstelte Menschen ihnen mit ihrer Hand Körbe und Häuser selbst bauten, auch den Honig jährlich mit ihnen teilten und dabei allerlei Arten von Unfug und Gewalttätigkeit mit großer Mordlust an ihnen ausüben, hörten sie in allen Ecken und Enden diese Wörter, die an den Orten, wo sie von den Menschen gesondert und ihrenthalben ihres eigenen Rechts sicher waren, nie vor ihren Ohren erschallten und nie über ihre Lippen hinausgingen. Aber jetzt sprachen sie es auch aus: »Unsere Brutzellen sind bequem für unsere Brut, und unsre Honigzellen für unsre Arbeit im Sommer und für unsere Nahrung im Winter. Jede einzelne Biene lebt befriedigt in unserm Korbe und ungestört in ihrer Zelle. Keine von den Tausenden und Tausenden, die nebeneinander aus- und einfliegen, hindert irgendeine andere weder an ihrer Brut noch an ihrer Arbeit. Alles, was wir sein sollen, die Kräfte und Fertigkeiten, die wir zum Honigsuchen, zum Wachsbereiten, zum Zellenbauen notwendig haben, liegen in uns selber zur höchsten Kunstvollkommenheit entwickelt und erhoben. Die Ordnung und die Rechte der Lebenstätigkeit und Lebensgenießung jeder einzelnen Biene sind durch Schranken gesichert, die die Selbstsucht keiner einzelnen Biene zum Nachteil der andern zu überschreiten vermag. Wir sind alle inner diesen Schranken gesegnet und frei, und sie, diese Schranken, sind selber das Wesen der Gerechtigkeit, die wir bedürfen; sie sind unser geliebtes, heiliges Recht. Wir sind durch sie selber glücklich und frei. Unsere Königin ist eine liebende Mutter. Jede einzelne unsrer Zellen ist durch sie gesegnet, und gegen die trägen, müßigen Hummel haben wir einen Stachel. Wir stoßen sie aus, und sumsen und lachen, wenn die Faulen vor unsern Zellen verfaulen.«

*

Ein Mensch, der von dem Mißbrauch, durch den seine Zeitgenossen in Rücksicht auf den ganzen Umfang ihrer bürgerlichen Begriffe so allgemein verkünstelten und in den Lobpreisungen und den Verwünschungen der einseitigen Ansichten derselben gegenseitig so hartnäckig wie erbitterte Stiere aneinander anstießen, seit langem mißmutig gemacht, jetzt in seinen alten Tagen weder zum Guten noch zum Bösen kein Wort mehr von irgendeiner Ansicht des bürgerlichen *Rechts* und der bürgerlichen *Freiheit* weiter hören wollte, freute sich, diese guten Tierchen von diesen zwei ehemals dem Vaterlande und der Menschheit so heiligen Begriffen auf eine Weise reden zu hören, wie er schon seit so langem im Kreise seiner Umgebungen keinen solchen Ton mehr vor seinen Ohren erschallen gehört.

Man weiß, der Übergang von lange gedauertem und tiefgewurzeltem Mißmut zu einem in irgendeiner Sache befriedigtern Zustand erzeugt zuzeiten, besonders in edeln, tieffühlenden Seelen, einen Aufflug eines hohen erhebenden Entzückens. In einem solchen sprach jetzt der Mann: »Heil, heil mir, daß ich jetzt die Bienen von Freiheit und Recht reden höre, wie ehemals die Menschen davon redeten.« Er stand von seinem Stuhl auf, ging wie in einem erneuerten Leben mit aufgerichtetem Haupte im einsamen Zimmer hinauf und hinunter, redte laut mit sich selber und sagte: »Ja, ja, alle edeln Männer des Vaterlands, alle seine edeln Söhne redeten ehemals von den Fundamenten der Freiheit und des Rechts im Land, eben wie diese guten Tierchen von ihrem durch Recht und Ordnung gesegneten, glücklichen und freien Leben in ihren Körben. Sie konnten nicht anders. Unsere Väter haben unsern Landessegen in seinem Umfang mit eben den Mitteln begründet, durch deren Genuß die guten stillen Tierchen Freiheit und Recht in ihren gesegneten Körben zu besitzen fühlen. Das hohe Ziel ihres Kampfs für das Vaterland, das hohe Ziel der kraftvollen Aufopferung ihres Guts und ihres Bluts für dasselbe war kein anderes, als die Sicherstellung ihres Haussegens in seinem ganzen Umfang, die Sicherstellung der wesentlichen Fundamente des sittlichen, geistigen und physischen Wohlstands ihrer Weiber, ihrer Kinder und ihrer Mitbürger. Sie erkannten in ihm, in ihm allein, im wohlgegründeten und wohlgesicherten Individualsegen der einzelnen Haushaltungen das einzige, wahre und allgemeine Fundament des öffentlichen Wohls. Und wie die Bienen in der einer jeden von ihnen einzeln gegebenen und instinktartig inwohnenden Kunstvollendung aller Kräfte und Fertigkeiten, die sie nötig haben, sich ihre Bedürfnisse und ihre Lebensgenießungen zu verschaffen, die Fundamente ihres gesegneten Rechts erkennen, so fanden auch unsere Väter in der Ausbildung der Anlagen und Kräfte ihrer Kinder zum allgemeinen Dienst ihrer Lebenspflichten und Lebensbedürfnisse wesentlich die Fundamente des Lebensglücks derselben, und förderten alles, was zur Äufnung der häuslichen Erziehung und der öffentlichen Schulen und zur Erhebung derselben zum höchsten ihnen bekannten Grad der Kunstvollendung, alles, was ihnen immer möglich und erreichbar war. Die Volkskultur, d.i. die Bildung der Individuen in allen Ständen zu den ihnen einzeln in ihren Lagen und Verhältnissen notwendigen und dienlichen Kenntnissen und Fertigkeiten sowie die Sicherstellung eines von keiner

Selbstsucht und keiner bösen Anmaßung gehemmten Gebrauchs dieser gebildeten, eigentlichen Hauskräfte und Hausfertigkeiten, war in ihren Augen der heilige Mittelpunkt alles Segens, den sie durch die Erhaltung und Beschützung ihrer Freiheit und ihrer Rechte zu erzielen suchten und das sie mehr oder minder Jahrhunderte durch in ihren kleinen Verbindungsstaaten, wie die guten Bienchen in ihren gesegneten Körben, genossen. Die Natur des Menschengeschlechts, die in ihrem Wesen nicht die Natur unsres Fleisches und Blutes, sondern die Natur unsers Geistes, unsers Herzens und unsrer Menschlichkeit ist, macht auch keine andern Ansprüche an Freiheiten und Rechte als solche, die aus dem Übergewicht des Geistes und Herzens über unser Fleisch und Blut herstammen, und dieses Übergewicht durch ihren Genuß immer mehr zu stärken, zu befestigen und zu heiligen geeignet sind.

★

Diese vorstehende, enthusiastische Lobrede der Bienenansicht über Freiheit und Recht befriedigte einen zweiten Mann, dem sie der erste erzählte, ganz und gar nicht. Er erwiderte ihm: »Diese Bienenansicht von Freiheit und Recht ist doch in ihrem Wesen durchaus keine rein menschliche, sondern im Wesen eine tierisch-sinnliche Ansicht; es liegt aber in der Natur aller sinnlich-tierischen Ansichten, daß ihnen die wesentlichen Fundamente der menschlichen Ansichten, die Menschlichkeit selber, mangelt. Das ist von den Ansichten des Esels bis zu den Ansichten des Löwen hinauf gleich wahr; selber der hohe Elefant kann sich nur insoweit zu menschlichen Begriffen von Freiheit und Recht nähern, als er das gegenseitige Schädigen, Morden und Auffressen der Tiere untereinander als ein Unrecht erklärt und der Eigenheit seiner tierischen Natur nach als ein Unrecht erklären muß; aber er hat in seiner Natur auch nicht die geringste Ahnung von dem Segenseinfluß, den die menschliche

Freiheit und die menschliche Gerechtigkeit durch gegenseitige Näherung, Handbietung und Teilnehmung unserm Geschlechte zu gewähren vermag. Auch er hat durchaus keinen Begriff von dem innern, göttlichen Wesen des eigentlich Menschlichen, das den Ansprüchen an Freiheit und Recht wesentlich zum Grunde liegt und durch seine Ausbildung und Belebung zum progressiven Wachstum der wahren Segnungen unsers Geschlechts und mit ihnen zur wirklichen Veredlung desselben hinführt, deren Stufen dasselbe bis zur Wiedergeburt und Heiligung emporheben.«

Er sagte ferner: »Die Zellenordnung der Bienen ist freilich eine bewundrungswürdige Kunsteinrichtung zur Sicherstellung der sinnlichen Lebensbedürfnisse und Ansprüche eines jeden dieser Tierchen im Gefolge ihres Rechts und Verdiensts an dieselbe; die Brutzellen sind unverletzliche Bollwerke für die Sicherheit ihrer Brut, und die Honigzellen sind unverletzliche Bollwerke des Eingriffes aller Bienen gegen das Eigentum und den Besitz einer jeden derselben, indem sie den Zugang einer jeden in die Zelle der andern unmöglich machen; aber die menschliche Freiheit und das menschliche Recht, sowie die wesentlichen Bedürfnisse des Segens von beiden, verwerfen solche Bollwerke in ihrem ganzen Umfange. Sie fordern beiderseits offenen und ungehemmten Zusammenhang der Segenskräfte der einzelnen Menschen und der einzelnen Stände gegeneinander. Sie müssen ihn fordern. Das wesentliche und eigentliche Fundament aller wahren menschlichen Freiheit und alles wahren menschlichen Rechts geht von Teilnahme und Liebe aus und wird nur durch Vereinigung der Wahrheit mit der Liebe – eine unser Geschlecht wahrhaft segnende Kraft. Ebenso ist auch das Bewundrungswürdigste, das in der Kunstkraft der Bienen liegt, durchaus nicht mit der Kunstkraft des Menschengeschlechts zu vergleichen. Die tierische Kunstkraft ist in ihrem Wesen, auch wie sie bei den Bienen, bei dem Biber und bei hundert andern Tieren unsere Bewunderung anspricht, nicht anders als ein in die Organisation des Tieres in der höchsten Vollendung seines Zwecks hineingelegter, der Menschennatur ganz unbegreiflicher und unerklärlicher Sinn, der in Rücksicht auf das Tier dem Sinn seines Augs, seines Ohrs und seiner Nase ganz gleich ist und wie dieser vom Willen des Tiers ganz unabhängender Sinn von ihm weder gebessert noch verschlechtert werden kann. Die menschliche Kunst hingegen ist eine unserm Geist und unserm Herzen und unserer Hand ganz untergeordnete Kraft, deren Wartung und Besorgung allgemein und speziell in die Hand eines jeden Individuums gelegt ist. Wir können den Keim unserer Kunstkraft, dessen gereifte Vollendung noch kein sterbliches Auge gesehen, dennoch durch diese Wartung seiner Reifung vielseitig näherbringen, und zwar kollektiv durch die Folgen, die die Gesamtheit der Teilhaber jeder einzelnen Kunst auf den progressiven Vorschritt derselben hat, als auch durch diejenigen Folgen, die der Individualeinfluß eines jeden einzelnen Künstlers auf diesen Vorschritt der Kunst hat. Der Keim der menschlichen Kunst ist, als aus dem Innersten unsers Wesens, aus dem tiefen Zusammenhang unserer geistigen, sittlichen und physischen Kräfte hervorgehend, eine in uns selbständig liegende Kraft. Und so wie es gewiß ist, daß kein Tier auf Erden auch nur einen Funken dieses menschlichen Kunstkeims in sich selber hat, so ist ebenso gewiß, daß jeder Mensch, der dem Tiersinn und der Selbstsucht unserer sinnlichen Natur unterliegt, dadurch auch das eigentliche Wesentliche seines Kunstsinns untergräbt und mitten im Besitz großer einseitiger Kunstfertigkeiten zu einem tierischen Handwerksknecht der Kunst herabsinkend das Göttliche und Menschliche der Kunst in sich selber abschwächen, verderben und sogar verteufeln kann.«

229.
Der Ursprung der Kronen

Im tiefsten Dunkel der Vorwelt umwand ein angebeteter König im Greisenalter seine Stirne mit einer Binde, die schwachenden Sinne fester beieinander zu halten.

Da er starb, umwand sein Sohn seine Schläfe mit der Binde des Vaters, und Jahrhunderte gehorchte das Volk dem Geschlechte williger, in welchem sich die Binde des angebeteten Königs erbte. Aber die Zeit, welche das Angedenken aller Dinge wie einen nichtigen Schatten auslöscht, machte den heiligen Ursprung der Binde verschallen. Die Enkel des Königs erkannten in ihr nichts mehr als das Symbol ihrer Macht. Sie legten das heilige Tuch in ein Totengewölbe und umwanden ihre Stirnen mit Bändern von Gold gestickt und mit Steinen besetzt.

Darauf verhärteten diese ihre Enkel das Symbol der Macht und trugen gegossene goldene Ringe um ihre Schläfe. Diese Ringe umwanden dankende Völker einem siegenden Könige mit Lorbeer, und Jahrhunderte trugen die Könige Kronen mit Lorbeer umwunden.

Aber ein geschlagener, mißmutiger König umwandelte die Blätter des Lorbeers in zackichte Spitzen, und Jahrhunderte trugen die Könige das Symbol der Macht mit harten, zackichten Spitzen, bis endlich im dunkelsten Alter des Weltteiles die Gewalttätigkeit und die Eitelkeit der Macht mönchisch verhärtet, sich in gotischen Verschnörkelungen zierte.

In diesem Zeitpunkte sind unsre Kronen, wie sie wirklich sind, und unsere Verfassungen, wie sie wirklich sind, ausgeheckt und verschnörkelt worden.

⋆

Das *Heilige* des Kronrechts ruhet auf der göttlichen Salbung. Die Religion salbet nicht den Gekrönten, sie krönt den Gesalbten, und der Christ kniet in Demut vor dem

Gekrönten, weil er in ihm den Gesalbten des Herrn erkennt.

230.
Der Schneidertraum

»Willst du mich heute nicht aufdingen?« Also sagte Jakobli Trüb zum Schneider Mellhorn.

Meister Mellhorn antwortete: »Jakobli! was hat dir geträumt?«

»Mir hat geträumt«, erwiderte Jakobli, »ich habe in eine Lotterie gelegt und vieles gewonnen.«

Der Meister versetzte: »Jakobli! Heute dinge ich dich nicht auf!«

Am andern Morgen fragte der Junge wieder das nämliche, und so fünf Tage nacheinander. Aber allemal, wenn er seinen Traum erzählte, antwortete ihm der Meister: »Ich dinge dich heute nicht auf.«

Am sechsten erzählte der Jakobli: »Heute träumte mir, ich sitze auf meinem Schneiderstuhl und schwitze den ganzen Tag bei meiner Arbeit, daß mir die Tropfen von Stirn und Wange auf meine Kleider hinabfielen, und am Abend, da ich meine Nadel endlich abgelegt hatte, fand ich sie ganz golden.«

»Gut!« sagte der Meister, »das ist der Schneidertraum, den jeder Junge träumen muß, ehe man ihn aufdingt.«

*

Ja! das war ein guter Meister, der also auf diesen Traum wartete, ehe er seinen Jakobli aufdingte; aber der Jakobli war auch ein für seinen Stand wohl erzogner Knabe, sonst hätte er diesen Traum nicht geträumt. Solche Träume träumten die Kinder aus dem Handwerksstand nur in der Zeit, als das Sprüchwort wahr war: »Das Handwerk hat einen goldenen Boden.« Und es war nur solange wahr, als der bürgerliche Mittelstand durch das Altstädtische der bürgerlichen Regierungsformen ein Ehrenstand war und durch die dem Handwerksstand sich nähernden, reichern und angesehenern Bürger den Handwerksmann als einen Mann von gleichem Stand mit ihnen anerkannte und seine Ehrliebe ihm durch ihre Sitten sicherte, wie sein häusliches Einkommen durch das Eigentümliche der Stadtgesetze und durch die Übereinstimmung des öffentlichen Lebens der reichern und angesehenern Bürger mit dem ursprünglichen Geist der städtischen Verfassungen im Einklang stand. Solche Träume konnten Kinder im Handwerksstand nur solange träumen, als der Mittelstand im Lande, der von jeher der Mittelpunkt der Segenskraft eines Volkes ist, im wohlhabenden und dadurch selbständigen und unabhängenden Handwerks- und Berufsstand anerkannt, gesucht und respektiert wurde.

231.
Der Patriotentraum

Als Agis den Schneidertraum hörte, sagte er zu Selkopf: »Was meinst du? was war der Patriotentraum der Söhne des Vaterlandes, seitdem wir das Vaterland kennen?«

Selkopf antwortete: »Die Söhne des Vaterlandes haben in seiner ersten Epoche von Überdrang der gesetzlosen Macht, von der Fürstendiener und des stolzen Adels bösem Gewalt, von ihrem großen und bösen Unrecht gegen ein unschuldiges und gutes Volk, vom Lachen des Hochmuts und vom Weinen der Demut geträumt.

In der zweiten Epoche von den einfachen Folgen ihrer Torheit, ihres Unrechts und ihres Irrtums, vom hohen Glauben des Volks an sich selbst und an sein Recht; vom Gemeingeiste der Freiheit; von Tellen- und

Winkelriedentaten, vom Vaterlandsrecht, von Vaterlandstreue und vom Heldentod für sein Weib, für sein Kind und sein Land.

In der dritten von der Ausartung der Freiheit in Übermut, vom Erobern von Land und Leuten, vom Mißbrauche des Volkes, vom Menschenhandel mit Königen und Fürsten.

In der vierten von einem neuen Hochflug des Geistes, vom Volksrecht über sein eigen Gewissen; von seiner Kraft, sich selbst aus den Sümpfen des Irrtums zu erheben, von Huttens und Zwinglins Tugend, vom Leben und Sterben für die Wahrheit und vom hohen Dienen des Staates um Gottes willen.

In der fünften vom Stillestehen dieses Hochflugs, vom Einlenken in den Karren der Routine, von dem seelenlosen Anbeten des Meisterworts, vom Erschlaffen der Volkskraft im Handeln und Denken, im Wissen und Wollen, von Wahrheit erstickenden Formen der Lehre, von Tugend tötenden Formen des Glaubens, von Wort und Treue tötenden Formen des Rechts, von Siegel und Briefe untergrabenden Formen des Herrschens, von Ehre tötenden Formen der Macht und von den Schleichwegen, in denen der böse Geist dieser Dinge im Lande herumspukt.

In der sechsten Epoche von den vielseitigen Folgen dieses Stillstehens des Guten, von Vorschritten in allem Bösen, von einem neuen Einflusse des Auslandes auf Oben und Unten, von einem neuen Lachen des Hochmuts, von einem neuen Weinen der Demut, von Kisten mit Geld, von goldenen Ketten, von Seiden, von Baumwolle, vom Poltern und Kriechen, von großen Perükken, kurz von einer alle Staatskraft auflösenden Loslassung einer zügellosen Selbstsucht, die die Abschwächung und innere Erniedrigung aller Stände und aller Verhältnisse notwendig zur Folge haben mußte.

In der siebenten vom Sichtbarwerden aller Folgen dieser Selbstsucht und der lange verborgenen Unpassenheit und Unverhältnismäßigkeit in allem Sein und Tun unsrer selbst mit der Wahrheit unsrer selbst und mit den Fundamenten unsrer Kräfte und unsers Segens, vom bösen Ratgeben der Not und mitunter etwas von dem Kessel, in welchem die Natur eine neue Ordnung der Dinge nun kochet.«

Also erzählte Selkopf, was von den ersten Zeiten der Vorwelt bis in unsern Tagen den Söhnen des Vaterlandes geträumt hat.

»Und Selkopf!« erwiderte hierauf Agis, »wenn wir jetzt könnten Träume machen, was meinst du? was würde den Söhnen des Vaterlandes jetzt träumen?«

»Es würde ihnen«, versetzte Selkopf, »wieder von der Tugend der Telle und Zwingli, von den Rechten des Landes und der Wahrheit, von dem Segen der Freiheit, vom Gemeingeiste der Liebe, vom Vaterlandswohl und Vaterlandstreue, vom hohen Vertrauen aufs Volk, von der frohen Liebe der Bürger, vom Dienen des Staats um Gottes willen und von nichts anderem träumen. Der Patriotentraum der Söhne des Vaterlandes wäre ein Volksfest, zur Ehre der hoch über Könige siegenden Ahnen und hoch über Vorurteile siegenden Väter. Es wäre ein Handschlag der Treue und der Freude einem jeden biedern, rechtlichen Manne, der im Lande wohnt, und der Wahlspruch des Patrioten wäre: *Das Vaterland wird seine Freiheit nur durch Wiederbelebung der Volkskraft, Volkserleuchtung und Volkstugend erhalten, durch welche es sich bei der Erwerbung und Gründung seines hohen Wohlstandes und Segens ausgezeichnet hat.*«

⋆

Ich hoffe, der Geschichtschreiber des Vaterlandes werde die Beschreibung der Träume unsrer Patrioten in allen seinen Epochen nicht im Widerspruche mit der wirklichen Geschichte jeder dieser Zeiträume finden; und hinwieder, die biedern Schweizer werden mit mir wünschen, daß jeder brave Mann im Land gegenwärtig mit seinen

Träumen über das Vaterland nicht mit dem in Widerspruche sei, was ich als den Patriotentraum der Gegenwart dargestellt habe.

232.
Der Seelenverkäufer

Er hatte sie jetzt alle am Bord; aber sie serbten auch alle. Das Unrecht, das sie litten, drohte den Edelsten unter ihnen den Tod.

Es ging dem Räuber selber ans Herz.

Er setzte sich unter sie hin, redete mit ihnen und sagte: »Ihr werdet an dem Orte, wo ich euch hinführe, glücklicher sein, als ihr zu Hause waret. Während der Reise will ich euch alles gestatten, was ich immer kann, und wenn sich einer über irgendetwas zu beklagen hat, so rede er, ich will ihm Recht schaffen.«

Die Sklaven bogen ihr Haupt; die meisten schwiegen, aber einer sagte: »Wir sind durch Unrecht und böse Gewalt in deiner Hand, und ich für mich will lieber sterben, als einen Mann, wie du bist, von Recht und Gerechtigkeit reden hören.«

Der Seelenverkäufer antwortete: »Du bist ein exaltierter Mensch und könntest mich in Zorn bringen, aber ich will deiner schonen und allen, die auf meinem Schiffe sind, zeigen, daß ihr es in der Tat besser haben sollet, als irgend jemand, der in eurer Lage ist.«

Der Sklave erwiderte: »Dem sei wie ihm wolle. Es bleibt gleich wahr, daß zwischen dir und uns kein Recht statthat und keines statthaben kann, solange wir auf deinem Schiffe und an deinen Ketten sind.«

Seelenverkäufer: »Aber warum sollte ich nicht zwischen Leuten, die allerseits in meiner Gewalt und auf meinem Schiffe sind, Recht und Gerechtigkeit ausüben können?«

Sklave: »Gott schenke dir Unrecht! Und in der Stunde

deines tiefsten Leidens wird er unauslöschlich das Wort in deine Seele legen: *Es hat kein Recht statt und kein Glaube an das Recht, solange das Unrechtleiden nicht aufhört.*«

Seelenverkäufer: »Mann! Du hast recht. Ich war ein Gefangener, und in der Stunde meines tiefsten Leidens hat Gott sein Wort, wie du es aussprachst, in meine Seele gelegt, aber ich habe es wieder vergessen. Steuermann! Kehre zurück! Die Gefangenen sind frei, und du, den ich nicht frei machen kann, weil dein Herz dich in meinen Banden frei läßt, edler Mann, wenn du auf dem Boden deines Landes angekommen sein wirst, so frage dich selbst, ob du mein Freund sein könnest.«

⋆

Große Gabe der Menschennatur! Scheidungspunkt meines innern, göttlichen Wesens von meiner tierischen Hülle! O du, mein Gewissen, wie erhaben drückst du dich aus, wenn du im Menschen mit deiner göttlichen Kraft durch die Hülle der Selbstsucht seines Fleisches und Blutes durchzudringen und ihn zum lebendigen Gefühl seines innern, heiligen, göttlichen Wesens zu erheben vermagst. Des Seelenverkäufers hart gebundenes Herz wird in dem Augenblicke frei, in dem deine göttliche Kraft in ihm selbst frei wird. Ob uns waltet ein höheres Wesen, ob uns waltet ein göttlicher Schöpfer; o du, mein Gewissen, er ist es, der die Hülle unsers Fleisches und Bluts in dem Augenblicke seiner Gnade in uns erschüttert, daß wir vor uns selber erzittern. Heil denen, die in diesen Augenblicken der göttlichen Gnade nicht von sich selber und von der Stimme entfliehen, die göttlich in ihnen sie zum Göttlichen hinruft. Heil! Ewiges Heil denen, deren steinernes Herz in den höchsten Augenblicken der göttlichen Gnade, wie das Herz dieses Seelenverkäufers, ein fleischernes Herz wird, daß sie vom reinen, göttlichen Sinn ihrer innern Natur ergriffen, dem Steuermann ihres alten, bösen Lebens zurufen: »Kehre zurück!« – Heil Ihnen! Ewiges Heil ihnen! Wenn sie Menschen, die sie durch Unrecht und böse Gewalt in tiefes Leiden und Elend gestürzt, plötzlich und ganz, wie der Seelenverkäufer, wieder daraus erlösen und so an ihnen handeln, daß sie nicht anders können, als sich als ihre dankbaren Kinder in ihre Vaterarme hinwerfen.

233.
Das liebe Leiden

Heinz: »Es ist schlimm, wenn in einem Lande die Herrscher nichts taugen.«

Kunz: »Es ist noch schlimmer darin, wenn die Beherrschten nichts taugen.«

Heinz: »Wenn sie aber beide nichts taugen, was ist dann zu machen?«

Kunz: »Zu machen ist dann eben nicht viel, wohl aber zu leiden.«

Heinz: »Aber was soll dieses Leiden? Wozu wird es dienen?«

Kunz: »Das Leiden dient immer, und es wird auch in diesem Falle dienen; es wird die einen dahin bringen, daß sie wieder besser regieren, und die andern, daß sie sich wieder besser regieren lassen.«

Heinz: »Wenn's so ist, liebes Leiden, so komm doch, und komm bald, damit du beide, die so regieren und die so regiert werden, *noch beieinander und womöglich mit Kopf und Herz vereiniget, beieinander antreffest.*«

Kunz: »Das gebe Gott! *Sonst gibt es Leute, die gehen werden.*«

*

Ich habe dieser Rubrik nichts beizufügen als dieses: Sie ist bald vor vierzig Jahren geschrieben worden, und doch muß ich noch jetzt fragen: Ist dieses liebe Leiden wirklich gekommen und war es in unserer Mitte geeignet, um mit

235.
Die Felsmasse

Sie stand plötzlich und schauerlich ihnen vorüber. Eine Weile schwieg alles. Doch jetzt begann ein Gerede.

Einer sagte: »Wenn sie jetzt auch noch mit Geschmack angelegt wäre.«

Ein anderer: »Ich kann nicht begreifen, was man Schönes daran sehen kann.«

Und noch ein anderer: »Ihre Wildnis ist schauerlich; man könnte in ihrem Anschauen zum Narren werden. Lasset uns von hinnen ziehen!«

*

Es ist mir, der Menschenmaler wolle zum Abschied die zu erwartende Kritik seiner Gemälde selber vorlegen, und ich denke wirklich, sie werden viele Leser finden, denen sie geschmacklos in die Augen fallen. Andre, die gar nicht viel Schönes darin sehen und allenthalben die Regeln der Ästhetik nicht beobachtet finden werden; und noch andre, die wie der Mann beim Anblick der Felsmassen eine schauerliche Wildnis darin finden und mit ihm unwillig aussprechen: »Man könnte beim Anblick dieser Figuren zum Narren werden, laßt uns Bücher in die Hand nehmen, die mit unserm Sein und Tun, mit unserm Fühlen, Denken, Handeln und Wandeln besser in Übereinstimmung stehen.« Doch das närrische Buch hat mit allem dem etwas Anziehendes an sich, und wir wollen, ehe wir es ganz auf die Seite legen, doch noch den Affen hören, wie er den Tiermaler ins Aug faßt und seine Gemälde kritisiert.

236.

Der Tiermaler und ein Affe

Der Tiermaler wies seine Tierzüge einem Affen. Dieser fand sie in seiner Gaukelseele bedenklich, runzelte die Stirne und sagte: »So! so! Wenn das nicht heißt, im Tierreiche alles gleich machen und dadurch Recht und Ordnung, wie sie in der Welt sind, aufheben, so weiß ich denn nichts mehr.«

Der Maler: »Aber Affe! Wie kann ich auch der Anerkennung der millionenfachen Ungleichheit unter den Tieren, wie kann ich dem Bedürfnisse einer friedlichen Ordnung im Tierreiche und eines verhältnismäßigen, aber ruhigen und ungewaltsamen Einflusses aller Vorzüge und Kräfte mehr das Wort reden, als ich es allenthalben durch die Vorliebe, die ich für den Elefanten zeige, getan habe.«

Affe: »Ja! Aber wenn die Gewalt im Tierreiche, wie sie wirklich ausgeübt wird, blutdürstig, ungerecht, hinterlistig und niederträchtig wäre, was sollte dann dein Elefant?«

Maler: »Habe keinen Kummer, Affe! Auch in diesem Falle wird er sich der Unordnung, der Gewalttätigkeit und allem Spiele der Leidenschaften mit aller seiner Kraft entgegenstellen.«

Affe: »Dummer Mensch! Du verstehst mich nicht; ich habe vor nichts in der Welt Kummer als vor eben diesem.«

Maler: »Warum doch das?«

Affe: »Meine Natur vermag es nicht, sich anderst als mitten im Treiben aller Leidenschaften zu beruhigen.«

Maler: »Dann ist freilich mein Reich nicht von dieser Welt.«

237.
Der Unterschied des Waldlebens und des gesellschaftlichen Zustands

Nerin und *Philo,* zwei Freunde, besuchten sich alle Jahre an dem nämlichen Tag und an dem nämlichen Ort, an dem sie sich zuerst kennenlernten, um das Band ihrer damals geschlossenen Freundschaft zu erneuern.

Am vierten Jahre hatten sie im Schatten der Bäume, mit welchen dieser Platz bewachsen war, folgendes Gespräch.

Nerin: »Bei allem, was ich bisher erfahren, ist mir doch noch nicht heiter, worin der Unterschied zwischen dem Waldleben und dem gesellschaftlichen bürgerlichen Zustande eigentlich bestehe; im Gegenteil, ich sehe täglich mehr, daß der Starke in dem einen Zustand eben wie in dem andern den Schwachen augenblicklich als Zange und Angel zu seinem Dienste braucht, sobald er etwas im Wasser oder im Feuer sieht, das er lieber mit einer fremden Hand als mit der seinigen daraus herausnehmen und herausfischen möchte.«

Philo: »Das ist allgemein so, wenn der Mensch im gesellschaftlichen Zustand nicht zur Erkenntnis einer höhern Wahrheit und eines höhern Rechts gebracht wird als diejenige ist, die er bei der sinnlich-tierisch befangenen Ansicht dieser Gegenstände schon im Waldleben besitzt.«

Nerin: »Und was ist denn diese höhere Wahrheit, die der Mensch im gesellschaftlichen Zustand erkennen muß, wenn ihn dieser Zustand wirklich höher heben soll, als er im bloßen Waldleben zu gelangen vermag?«

Philo: »Sie ist nichts anders als die Erkenntnis, daß der Segen des gesellschaftlichen Zustands, sowohl in seinem Einfluß auf das Privatleben seiner einzelnen Glieder als auf den öffentlichen Zustand des gesellschaftlichen Lebens überhaupt, nicht aus dem Fleisch und Blut unserer sinnlich-tierischen Natur, sondern aus dem Geist und Leben des innern, göttlichen Wesens unserer Menschlichkeit selber hervorgeht.«

Nerin: »Aber kann die Erkenntnis dieser Wahrheit aus dem Dichten und Trachten des gesellschaftlichen Zustands *als solchem* hervorgehen?«

Philo: »Nein, die reine Ansicht einer solchen höhern Wahrheit und eines solchen höhern Rechts kann nicht aus der Natur des gesellschaftlichen Zustandes als solchem hervorgehen, wohl aber kann der gesellschaftliche Zustand durch die Belebung des innern, göttlichen Wesens der Menschennatur in den Individuen der Gesellschaft durch Reinigung und Heiligung ihrer selbst in allen Ständen mit den Ansprüchen einer solchen höhern Wahrheit und eines solchen höhern Rechts in Übereinstimmung gebracht werden. Dieses aber kann nur dadurch und nur insoweit geschehen, als die einzelnen Glieder des gesellschaftlichen Zustands in allen Ständen sich über die Selbstsucht ihrer sinnlichen Natur und ihrer Ansprüche erheben.«

Nerin: »Das ist richtig. Das reine Wesen aller wahren Fundamente des Menschensegens, die Menschlichkeit selber geht durchaus nicht aus Gefühlen, Ansichten, Neigungen, die dem kollektiven Zustand unsers Geschlechts *als solchem* eigen sind, sondern einzig und allein aus Gefühlen, Ansichten und Neigungen hervor, die die individuelle Veredlung unsers Geschlechts und ihr festes Emporstehen über die Neigungen unserer sinnlichen tierischen Natur anspricht und sich eigen macht.

Das ist aber durchaus nicht die Sache des gesellschaftlichen Zustands; der Trieb dazu geht durchaus nicht aus der Natur dieses Zustands hervor und wird ebensowenig durch die Formen und Gestaltungen desselben in der Reinheit seines innern Wesens belebt. Wir können uns nicht verhehlen, das Streben, die Gefühle, Gesinnungen und Fertigkeiten, die der Individualveredlung unsers Geschlechts eigen sind, psychologisch so rein und tief zu begründen, als es notwendig wäre, wenn sie vom gesellschaftlichen Zustand selber als das oberste Gesetz seiner Vereinigung erkannt werden müßte, liegt durchaus nicht in dem Wesen des gesellschaftlichen Zustands. Es kann aber auch nicht darin liegen. Es ist im Gegenteil wahr, sowohl die wesentliche Natur des gesellschaftlichen Zustands als seine Formen und Gestaltungen wirken im Gefolge des Übergewichts ihrer kollektiven Ansicht und Behandlung des Menschengeschlechtes den wesentlichen Ansprüchen der Individualveredlung desselben mit großen Sinnlichkeitsreizungen entgegen und entfalten, nähren und beleben in der Menge des Volks, in allen Ständen, beinahe unwiderstehliche Neigungen, Gesinnungen, Ansprüche und Angewöhnungen, die den wesentlichen Bedürfnissen seiner Veredlung, das ist, des progressiven Wachstums der geistigen, sittlichen, häuslichen und bürgerlichen Kräfte, die der Menschlichkeit und allen ihren Segnungen zum Grund liegen und aus ihr hervorgehen, entgegen.

Es ist unwidersprechlich; es mangeln der Massakultur unsers Geschlechts und der einzig möglichen Massabehandlung desselben wesentliche Fundamente, deren festes, gesichertes Dasein die Individualkultur desselben wesentlich anspricht und ansprechen muß. – Noch mehr, sie, die Massakultur unsers Geschlechts ruht *als solche* wesentlich auf Fundamenten, die den Ansprüchen unsrer Individualkultur unwidersprechlich entgegenstehen. Die Massakultur, und mit ihr die wesentlichen Formen und Gestaltungen des gesellschaftlichen Zustands gehen unwidersprechlich überwiegend von den Ansprüchen unsers Fleisches und unsers Blutes aus. Die Individualkultur und die wesentlichen Bedürfnisse unserer sittlichen und geistigen Veredlung sowie unseres häuslichen Lebens und Wohlstands gehen *überwiegend* von den Ansprüchen unsers innern, höhern und göttlichen Wesens aus.«

Philo: »Wenn man diese Ansicht tiefer in ihrem psychologischen Zusammenhang mit dem Wesen der Menschennatur auffaßt, so erklärt es sich dann auch ganz heiter, warum der gesellschaftliche Zustand in unserer Mitte so vielseitig nur als eine künstliche Umwandlung der ekelhaften, rohen Außenseite der tierischen Verwilderung im Waldleben in eine das Ekelhafte, Rohe dieser Außenseite mildernde, aber das Innere ihrer Verwilderung fest erhaltende Kunstform dieser Außenseite erscheint, deren täuschendes Blendwerk sich oft bis zum Schein des Ästhetisch-Artigen erhebt und in Gewändern auftritt, die unserer Zeit-Schneider-Kunst nicht bloß bei eiteln Damen, sondern selber bei der stolzesten Armee unsers Weltteils Ehre machen könnten. Soweit indessen die Kunst dieser Umwandlung der tierischen Rohheit des Waldlebens in gefällige Formen des Zivilisationsverderbens getrieben ist; so ist unstreitig, daß ohne Erkenntnis der höhern Wahrheit, die aus den Tiefen des innern Wesens der Menschlichkeit selber hervorgeht, nicht einmal der einzelne Mensch, will geschweigen, die Masse des gesellschaftlichen Zustands sich über die selbstsüchtigen Gefühle, Ansichten und Neigungen der sinnlichen, tierischen Menschennatur und die ihr wesentlich beiwohnende Unrechtlichkeit, Lieblosigkeit und Unedelmut zu den Gesinnungen der wahren Menschlichkeit zu erheben vermag. Der tierische Sinn unsers Geschlechts kennt das Wesentliche der Menschlichkeit und seiner aus dem innern, göttlichen Wesen hervorgehenden Ansprüche nicht. Er kann sie nicht erkennen. Die Anerkennung ihres reinen, heiligen, selbstsuchtlosen Wesens ist keine Folge der Erfahrungen äußerer Dinge, sie ist keine Folge der Erfahrungen von Welterscheinungen in ihrer äußern Gestalt; sie ist eine Erfahrung meiner selbst in mir selbst und der Kraft meiner selbst über mich selbst und über mein sinnliches, tierisches Wesen. Aber der gesellschaftliche Zustand, der in seinem Wesen nicht aus den innern Individualerfahrungen meiner selbst in mir selbst, sondern aus den Erfahrungen äußerer Dinge und äußerer

Verhältnisse und ihres Eindrucks auf mich ausgeht, lenkt in allen Ständen an sich selbst durchaus nicht zur Entfaltung, Nahrung und Belebung der Erfahrungen meiner selbst in mir selbst, sondern vielmehr zur Belebung und Entfaltung von Erfahrungen äußerer Welterscheinungen, die aus der Selbstsucht unserer tierischen Natur hervorgehen.«

Nerin staunte. Diese Ansicht schien ihm im ganzen Umfang gleich wichtig und heiter, und Philo fuhr fort: »Alle sich auf ihren äußern, sinnlichen Erfahrungskreis einschränkende Menschen kommen deswegen auch allgemein dahin, den Zweck des gesellschaftlichen Zustandes in allen Ständen auf die Ausdehnung, Sicherstellung, und Beruhigung sich angewöhnter Sinnlichkeitsgenießungen einzuschränken; sie untergraben aber in sich selbst dadurch die Kraft unserer wirklichen Menschlichkeit.

Aus dieser Ansicht erhellet denn auch ganz klar, warum besonders in Tagen, in denen die sinnliche Selbstsucht aller Stände durch ihre gesteigerte Kunst, wo nicht so gewalttätig, doch gewiß so gierig und zaumlos ist, als sie beinahe je gewesen, so viele Menschen in den verschiedenen Ständen im gesellschaftlichen Zustand gegenseitig so leidenschaftliche Ansprüche an Menschlichkeit gegeneinander machen und sich hinwieder ebenso leidenschaftlich über die Verletzung der Menschlichkeit gegenseitig anklagen. Und hinwieder erhellet aus eben dieser Ansicht, wie leicht in unsern Tagen eine Menge Leute dahin kommen, sich vollkommen überzeugt zu halten, der Mensch könne im gesellschaftlichen Zustand gar nicht durch die Überzeugung des Rechts, er müsse unwidersprechlich nur durch Täuschung, Gewalt, Schrekken und Zerstreuung dahin gebracht werden, zu tun, was das oft nichtige und irrende Blendwerk äußerer Verhältnisse unabhängig von den innern Ansprüchen seiner Natur, selber mit Erdrückung und Verkrüppelung der Kraftanlagen, die die göttliche Vorsehung zur Begründung seiner sittlichen, geistigen und häuslichen Selbständigkeit in ihn gelegt hat, von ihm fordert.«

Die beiden Freunde fragten sich noch, ehe sie auseinandergingen, durch was für Mittel dem Vorschritt des Zivilisationsverderbens, das in unsern Tagen durch die zügellose Selbstsucht unsrer Zeit so allgemein verheerend auf alle Stände des gesellschaftlichen Zustands einwirkt, Einhalt getan werden könne – und fanden einstimmig, dieses könne nur durch Mittel geschehen, die geeignet seien, die sittlichen, geistigen und häuslichen Segenskräfte der Menschennatur in den Individuen unsers Geschlechts in der Tiefe unsers innern Wesens zu erneuern, um ihnen dadurch ein Übergewicht über das gesellschaftliche Verderben, das die Quellen des Menschensegens nach allen Richtungen untergräbt, zu verschaffen. Sie fanden, das einzige Heilmittel unsrer Tage bestehe in der sorgfältigsten Beförderung der Bildungsmittel der einzelnen Segenskräfte, die in allen Ständen des Landes wirklich da sind und vorliegen und deren erweiterten und geheiligten Spielraum, ich möchte sagen, die Not der Zeit so wesentlich fordert. Sie fanden ihn wesentlich in der Erhöhung der Wohnstubenkräfte des Volks in allen Ständen und sahen die Möglichkeit dieser Erhöhung nur in der Vereinfachung der Entfaltungs- und Bildungsmittel dieser Kräfte, sowie hinwieder in der Vereinfachung ihrer Anwendungsmittel, welches beides aber nur durch eine merkliche Rücktretung unsrer Stände zu der kraftvollern und bedürfnislosern Einfalt unsrer Väter möglich gemacht werden könne, indem dadurch allein die Mehrzahl unsrer abhänglichen, dienstbedürftigen und gnadensuchenden Landeseinwohner gemindert und die Zahl der kraftvollen, unabhängenden Mitbürger in allen Ständen vermehrt und so eine neue Basis einer solidern Selbständigkeit derselben in unserer Mitte gelegt werden könne. Mit einem Wort, sie glaubten, die Übel unsrer Zeit zu mindern, müsse man jeden Keim des Edeln, Guten und Schönen, wenn es auch nur noch ein halbes Leben zeigen sollte, mit edler Schonung warten und pflegen und besonders großen Landesübeln mehr bei ihren Quellen Einhalt zu tun suchen, als bei ihrem Ausfluß mit großem Geräusch eine überflüssige und nichtshelfende Mühe zur Schau tragen. Auch dieses meinten sie, man müsse vor der Wahrheit und vor dem Recht, wenn sie etwa in großherzigen Erscheinungen in unsrer Mitte hervortreten würden, zum voraus den Hut abziehn und auch, wenn sie sich in schwacher, ohnmächtiger Gestalt, ich möchte sagen, im Bettelkleide zeigen würden, ihnen nicht, wie asiatische Tiermenschen ihren Leibeigenen, ins Gesicht speien.

Ihr letztes, großes Wort war dieses, die Veredlung des häuslichen Lebens in allen Ständen und die Errichtung von Landesschulen, die das Beten, das Denken und das Arbeiten mit psychologischer Tiefe und in Übereinstimmung eines in allen Ständen mit den Bedürfnissen veredelten Hauswesens zu befördern geeignet seien, sei der einzige wahre Anfangspunkt echter und allgemeiner Hülfsmittel gegen die millionenfach ungleichen Erscheinungen des innern Wesens unsers Zeitverderbens, über welches die Welt in allen Ständen allgemein, schon seit so langem, ein so lautes Klaggeschrei erhebt, indessen aber nur wenige dieser Klagenden große Lust und große Gewandtheit zeigen, etwas tiefer in den Kessel hineinzugucken, in dem sich das innere Wesen dieses Verderbens siedend kocht und täglich mehr in unsrer Mitte emporsprudelt.

Nachschrift

Ich fühlte schon bei der ersten Ausgabe dieser Bögen, und man sagte mir es auch schon damals, wieviel es auf sich habe, als Menschenmaler, und besonders als Menschenmaler seiner Epochen aufzutreten, und man bemerkte besonders noch, daß ich durch mein ganzes Leben die Menschen und die Vorfälle meiner Umgebungen zwar sehr lebendig, aber auch sehr einseitig ins Aug gefaßt habe. Ich widerspreche auch dieses Urteil gar nicht, ich setze sogar noch hinzu: ich habe die Welt, ich möchte sagen, nur ein paar Schritte vor meiner Haustüre gesehen. Ich kenne sie und ihr millionenfach verschiedenes Sein und Tun nur in der Schweizertracht und in der Schweizerform, und es ist sogar wahr, ich kannte sie vor meinen zwanziger Jahren, in denen sich meine Hauptansichten über das Sein, Tun und Leiden des Menschengeschlechts in mir selbst bildeten, ich möchte fast sagen, fixierten, nur in ihrer Zürchertracht und in ihren Zürichformen, die aber auch noch dazu von ihrer jetzigen Tracht und Form in einem fast unbegreiflich großen Grad verschieden sind.

Ich habe durch mein ganzes Leben die Welt außer den Grenzen meines Vaterlands kaum betreten. Meine bildliche Darstellung von derselben muß also, sie kann nicht anders, in gewissen Rücksichten ebenso beschränkt sein, als es der Erfahrungskreis, von dem sie ausging, auch ist. Ich muß viele Dinge in der Welt sehr einseitig ins Aug gefaßt haben, aber ich bin auch nichts weniger als ein unbedingter Feind und Verächter einseitiger Ansichten, im Gegenteil, ich glaube, die Welt werde in allen Winkeln und in allen Ecken von einseitig beschränkten Ansichten regiert, und das Glück und der Segen von Millionen Menschen hänge wesentlich von der stillen Reifung und innern Vollendung einseitiger Ansichten ab. Ich bin vollkommen überzeugt, daß eine einseitige, aber von vieler Anschauungswahrheit unterstützte und belebte Darstellung des menschlichen Lebens und seiner Verhältnisse gar oft geeignet ist, ein tiefgreifendes Fundament einer richtigen und soliden Ansicht derselben zu gewähren, das eine vielseitige Darstellung desselben nicht selten in ihren wesentlichen Teilen zu erreichen vermag. Diese Wahrheit ist in diesen Bögen auffallend; ich habe das schon an sich in beschränkter Einseitigkeit ins Aug gefaßte Tun und Lassen unsers Geschlechts mit dem ganzen Umfang seiner Anlagen, Neigungen im tierischen Gewande auftreten zu machen gesucht. Dadurch habe ich die lebendige Ansicht meiner einseitigen Darstellung auf der einen Seite zwar verdoppelt, bin aber auch auf der andern Seite dahin gekommen, das Edle und Erhabene der Menschennatur, um deswillen ich das Schlechte, Tierische unsers Fleisches und Blutes allenthalben vorherrschend auffallen gemacht, mit lebendigerer Kraft durchschimmern machen zu können, als dieses mir möglich gewesen wäre, wenn ich nicht durch diese anscheinende Einseitigkeit meiner Darstellung Mittel gefunden hätte, den wesentlichen Ansichten meines Gegenstands einen belebten und dem sinnlichen Erfahrungskreis meiner Mitmenschen in allen Ständen einen sie lebendig ansprechenden Hintergrund zu geben.

Leser! Ich lege dir also diese Bögen als ein Bild meines Geschlechts vor, wie dieses meiner Individualität in einer für die Geschichte der Menschheit höchst bedeutenden Epoche, zwar freilich nur in dem beschränkten Erfahrungskreis, in dem ich lebte, und durch denselben begründet in die Augen fiel und sich in der Eigenheit meiner Lage und Verhältnisse in meiner Seele gestaltete. Ich denke indessen nicht daran, daß die Welterscheinungen meiner Epoche auf irgend jemand anders ganz und allgemein den gleichen Eindruck wie auf mich gemacht, und glaube auch ebensowenig, daß meine individuelle Ansicht der Welt und meiner Epoche gar große Vorzüge vor der Art und Weise haben möge, wie die Welt und diese Epoche hundert und hundert anderen meiner Zeitgenossen ins Aug gefallen sein mag; aber ich wünsche von Herzen, daß mehrere meiner, besonders vaterländischen Zeitgenossen ihre diesfälligen Ansichten mit eben der Einfachheit, Offenheit, Gradsinnigkeit und Unbefangenheit, wie ich es zu tun gesucht, und zwar mit einem den meinigen weit übertreffendern Pinsel darlegen mögen.

Was ich mir allein anmaße, ist, daß ich mich ernsthaft bestrebt habe, jedes Bild meines Gegenstands so darzustellen, wie es wirklich in meiner Seele lag. Ich weiß indessen auch wohl, daß das leichte Kleid, in dem ich meine Individualansichten mehr zum belebten Anschauen als zum künstlichen Zergliedern derselben dargelegt, die große Menschenzahl nicht befriedigen wird, die der Wahrheit nur dann huldigten, wenn sie ihr wenigstens dem Anschein nach künstlich zergliedert vor Augen gelegt wird. Aber dazu habe ich weder Lust noch Fähigkeit. Ich bin durchaus nicht gemacht, Leute, die das Leben der Wahrheit nur durch Zergliederung der Begriffe zu suchen und nur in zergliederten Begriffen zu erkennen gewohnt und geneigt sind, diesfalls zu befriedigen; und finde noch viel weniger Lust, Leuten, denen die Scheindeutlichkeit leerer Worte, wenn dieser auch schon sowohl der Hintergrund fester Anschauungen als die Fülle innerer Tiefe der Erkenntnis mangelt, alles in allem ist, Genüge zu leisten. Ich wäre aber auch, wenn ich schon wollte, unfähig, weder der einen noch der andern dieser mir auch einseitig scheinenden Forderungen einer solchen wirklichen oder bloß Scheinzergliederung der Begriffe zu entsprechen.

Ich bin mir selbst nicht durch die Bestimmtheit sorgfältig gewählter und bestimmt ausgesprochener Worte, ich bin mir selber nur durch die Lebendigkeit meiner mehr oder minder gereiften Anschauungen und Erfahrungen, der daraus hervorgegangenen Überzeugung von der Wahrheit meiner Anschauungen und Erfahrungen in mir selber klar.

Was ich nicht habe, das kann und will ich auch niemand geben, und ich will in diesen Bögen eigentlich nur im gemeinen Menschensinn, im bon sens unsers Geschlechts Anregungen zu Gedanken und Ahnungen veranlassen, deren Keime in der Menschennatur und in jedem Individuum derselben ebenso allgemein vorliegen, als sie durch belebte Darstellungen von Bildern, die mit dem Gang ihrer Lebenserfahrungen übereinstimmen und in ihm sich allgemein von selbst zu Tag fördern und frei und selbständig und folglich als ihnen eigentümliche Gedanken und Ansichten aus ihnen hervortreten.

So wie ich diese Bögen ansehe, sollen also auch die Gedanken, die sie anregen, und die Ansichten, die sie veranlassen, nicht so fast als *meine* Gedanken und als *meine* Ansichten, sondern als diejenigen der Individuen, deren Lebenserfahrungen mit der bildlichen Darstellung derselben übereinstimmend sind, angesehen werden.

Also, liebe Blätter! Geht in Gottes Namen noch einmal aus meiner Stille in die Welt, in der so viele Winde wehen und so viele Stürme brausen; wandert so weit ihr könnt den Weg meines Herzens, wandert auch diesmal so geräuschlos einher, als ihr dieses das erstemal tatet.

Liebe Blätter! Ich wünsche nicht mehr viel von euch zu hören, denn ich weiß, das wird nur in dem Fall geschehen, wenn ihr aus Mißverstand viel unnütze Worte veranlassen werdet, und, was am allerleichtesten geschehen könnte, aber für mich auch das Allerempfindlichste wäre, wenn meine, im leichten Gewand, ohne eine Pickelhaube auf dem Kopf, ohne ein Schwert an der Seite und ohne einen Prügelstab in der Hand hingeworfenen Bilder den leidenschaftlichen Produkten irgendeines Parteigeists unserer Tage gleichgestellt und mit denselben, wie wir Schweizer sagen, in einen Kübel geworfen würden.

Erklärung
einiger in diesem Buche vorkommender Provinzialwörter

Abtrag, das ist Ertrag.
Ärger, Unwillen, Verdruß.
Ankenballen, Butter in Form von ovalen Kugeln gebildet, womit an einigen Orten Geschenke gemacht werden.
Bare, das ist Krippe.
Bätz, ein Instrument von 2. 3. 5. und mehr Zentner schwer, von Eisen oder Metall verfertiget, das man braucht, Pfähle in die Erde oder in das Wasser hineinzuschlagen.
Besenfrau, hier ein Weib, welche mit dem Besen etwas auskehrt.
Emden, d. i. das Grummet abmähen.
Gauch, eine Art kleiner stinkender Käfer.
Gefahren, Zeitwort: heißt Gefahr laufen, in Gefahr kommen.
Gemeinmann, so heißen an einigen Orten die Vorgesetzte einer Stadt, Kommune oder Dorfgemeine.
Grien, d. i. Kieselsand.
Herbsten, d. i. Trauben lesen.
Heuen, d. i. Gras abmähen und zu Heu dörren lassen.
Hudeln, d. i. alte Lumpen von Leinwand.
Jucharten, ein Maß Landes, ohngefähr soviel als ein Morgen.
Kindsverderberin, nennt man an einigen Orten eine Kindsmörderin.
Kollern oder auch *Koldern,* zanken, schimpfen.
Kuder, ist eine Gattung schlechten Hanfes.
Lande, auch *Landeren,* die zwei Stangen des Vorzugs an einem einspännigen Wagen.
Mahlstein, d. i. Mühlstein.
Mehr, d. i. Mehrheit der Stimmen. *Offenes Mehr,* wo die Meinung, für welche man seine Stimme gibt, mit Emporhebung der rechten Hand zu Tage gelegt wird.
Nagelfluhe, ein Bergfelsen, besonders in den höchsten Alpen.
Obwelt, Oberwelt.
Rain, Abhang eines Hügels, auch dessen Rand.
Runz oder *Runs,* das Bett eines Bächleins oder kleinen Flusses.
Saarbache, Pappelweide.
Schädigen, d. i. beschädigen, Schaden zufügen.
Schaubhütlerin, heißt eine Person, welche Strohhüte verfertigt.
Schlüßler, Schlüsselbewahrer oder Torschließer.
Scholle, d. i. Erdscholle.
Schwachen, d. i. abnehmen, schwach werden.

Schweinung, d. i. Abgang, Verminderung.
Serben (von den Bäumen und Pflanzen sowohl als von dem Menschen gebräuchlich), das ist abdorren, ausdorren, abzehren.
Serbling, ein abzehrendes, schwaches Geschöpfe.
Siegerist, d. i. der Küster, Meßner.
Sothane (Kanzleistil), solche.
Sträußen, d. i. sich brüsten.
Tolen, heißt man kleine, unter der Erde angelegte Kanäle, welche das Wasser oder auch Unreinigkeiten abführen.
Trottbaum, Kelterbaum.
Vergehen, hier so viel als schmelzen.
Verleider, heimliche Auskundschafter und Angeber oder Ankläger.
Um den Weg sein, das ist gegenwärtig, an einem Ort sein, zugegen sein.
Weibel, d. i. Amtsbote, Gerichtsbote.
Weihen, eine Art Geier, gemeiniglich Hühnerweihen genannt.

Nachlese

der in der Wochenschrift für Menschenbildung und in den beiden Nachträgen Seyffarths schon veröffentlichten und einiger noch unveröffentlichter, in den Handschriften verstreuter Fabeln.

238.
Die magenkranke Stadt

Wie an einer Pest lag einst eine ganze Stadt an einer Magenkrankheit nieder, bei der die Kranken gleiche Schmerzen empfand[en], wenn der Magen leer und wenn man ihn anfing wieder zu füllen. Die Kranken konnten es nicht lange aushalten. Sie starben bald. Da ließ der Stadtarzt eine Stadtküche errichten, in der die Kranken von Viertelstund zu Viertelstund kleine und leicht bereitete Speisen abholen m[ußten]. Aber die Viertelstundspeis heilete niemand. Doch starben sie nicht mehr so schnell an der Krankheit. Die Krankheit, die vorher wie eine Pest rasete, war jetzt in ein schleichendes, aber ewiges Siechtum hinübergegangen. Die Frau des Präsident[en] der gelehrten Gesellschaft in der Stadt machte dem Arzt darüber [Vorwürfe]. Er antwortete: »Ich arbeite ganz im Geist der Stadt. Eure Lesbibli[othe]ken sind für Herz und Geist Krankenstadtküchen, wie meine eine Leibkrankenstadtkuchj ist. Auch sind sie wie die meine notwendig geworden, weil Seelenunverdaulichkeit und Seelenfreßlust eben wie die Magenkrankheit in der Stadt eingerissen und eben auch wie eine Pest gewütet. Und der Zweck der Lesbibliothek ist so wenig als der meinige, Leute, mit denen es so weit gekommen, wiederherzustellen. Er geht nur dahin, mit ihren Viertelstundsportionen ihren unheilbaren Seelenmagen von

Viertelstund zu Viertelstund zu *unterhalten;* das völlige, plötzliche, gänzliche Absterben der Kräfte des Geist und des Herzens zu verhüten oder wenigstens unscheinbar zu m[achen]; und die Pest, die eigentlich würklich da ist und gegen diese Kraft wütet, in ein weniger forchterliches Siechtum zu umwandlen.« Die Frau Präsidentin ward unmutig und sagte: »Ja, in Gottes Namen, diese Bibl[iothek] hat meinem Mann ein gutes Stück Geld [eingebracht], und wir haben Kinder, wir müssen machen, daß wir etwas daraus ziehen.«

239.
Baumeister und Narr

Ein Baumeister hatte den Namen, er mache die Fundamente der großen Palästen für die Ewigkeit dauren. Ein Narr sagte zu ihm: »Was braucht es so viel Kunst. Ich setze mein Haus auf einen Felsen.« Der Baumeister antwortete: »Und ich mache zuerst den Felsen und denn setze ich mein Haus auch darauf.«

240.
Die kranke Schafherde

Eine Schafherde ward räudig. Zwei Schafe waren es allein nicht. Der Schäfer sonderte sie mit Sorgfalt von der Herde. Als die andern Schafe das sahen, sagten sie untereinander: »Diese Tiere müssen nicht bloß eine ansteckende, sie müssen doch eine erschreckliche Krankheit haben, daß der Schäfer sie also von uns söndern muß.« Einige meinten sogar, bei einer so wichtigen Krankheit täte er doch besser, sie metzgen zu lassen.

Und als einst eine Partei Bestien zwei edle Menschen wegen ihren politischen Meinungen einsperrte, sagte der

Gesindelhaufen [des] Orts beinahe einstimmig: »Das müssen doch zwei entsetzliche Menschen sein, daß man sie von uns absondern muß.« Aber auch unter [den] Arbeitern meinten einige, man hätte besser getan, sie aufzuhängen, als sie nur also von den ehrlichen Leuten abzusondren.

241.
Die Quelle des Reichen und der arme Mann

Auf dem Gut des starrsinnigen Hartmans entsprang eine reiche, prächtige Quelle. Aber er konnte sie nicht benutzen. Wie wenn sie sich vor ihm forchtete, zeigte sie sich nur an den äußersten Grenzen seines Guts, und sowie sie sich zeigte, floß sie von ihm weg und wasserte den Boden [des] armen Manns, den Hartman natürlich nicht liebt. Denn noch nie hat ein starrsinnger Mann einen armen Nachbar geliebt. Es machte ihn wüt[end] zu sehen, daß die Quelle, die er nicht benutzen konnte, von ihm benutzt war. Er sagte, er wär durch sein Leben gewohnt, das, was mein ist, auch mein sein zu machen. »Wenn Menschen mein sind«, sagte er, »so brauche ich [sie], daß sie spüren müssen, daß sie mein sind; und sie können sich nicht klagen. Ich mache es mit meinen Hunden und mit meinen Pferden, die mir lieb sind, eben also. Aber mit der verfluchten Quelle kann ich es nicht.«

Man riet ihm, sie als Badeplatz und als eine Prachtquelle zu gebrauchen. »Das kann ich nicht, ich wäre gedopplet [unglücklich], wenn dies sein [würde] und [ich] sie in aller [Eile] von mir laufen und zu dem elenden Tropfen, meinem Nachbar, hinüber und in seinen Dienst laufen sehe.«

Er ließ mit großen Kosten einen Mühlenstein herbeifahren und auf die Quelle hinwälzen. Es half nicht. Wie die Quelle vorher auf einmal aus dem Boden hervorquolle, jetzo quoll sie in hundert und hundert kl[einen] Aderchen um die ganze Rundung des Mühlensteins aus dem Boden hervor. Er sah das Rieseln der kleinen Aderchen und sagte: »Ich muß ihm scheints doch das Wasser [lassen]. Aber es erquillt doch nicht mehr so prächtig hervor. Was mich am meisten ärgerte, war die *Pracht,* mit [der] es zu ihm hinüber in seinen Betteldienst ging.«

242.
Mensch – Mann – Bürger

»Der höhere Mensch war damalen auch leichter der höhere Bürger. Beides, das Haus und die Schule, machte das Kind zum Menschen. Es ward Mensch, eh es Mann, es ward Mann, eh es Bürger ward. Jetzt wird der schlechtere Mann leicht der höhere Bürger. Er wird Bürger, eh er Mann ist. Er wird Bürger, eh er Mensch ist. Niemand macht ihn zum Menschen. Das Haus hat ihn verlassen, und die Schule macht ihn zum Bürger.«

Das antwortete ein liebender, fühlender Mensch dem Rat Halbherz, der ihm klagte: »Die Bürger seiner Stadt, sie liegt in Europe, werden mit jedem Jahrzehnt unedelmütiger, selbstsüchtiger und, was das schlimmste bei anderweitig zunehmender Schw[äche] sei, in ihren älteren Roheiten und Derbheiten nur kraftvoller.«

Der Herr von Halbherz stutzte über die Antwort und sagte, nachdem er einen Augenblick an den Daumennagel seiner recht[en] Hand gekaut: »Schweiget, schweiget! Dergleichen Vergleichungen machen jetzt böses Blut.« Der Fühlende, Liebende lächelte und sagte: »Das Schweigen ist recht, aber denn, Herr Ratherr, müßt Ihr auch nicht klagen. Ihr müßt nur denn mit Schweigen das Beispiel geben.«

»Ich wollte doch gern, daß gehulfen würde«, sagte der

Halbherz. Der andere erwiderte: »Schweiget, schweiget, Herr Ratherr! So lang bürgerliche Brauchbarkeit und Dienstbildung für sie der menschlichen Tugend und der Menschenbildung [vorgezogen und] sogar von Euch aus die Erziehung also organisiert wird, daß äußerliche Härten der bürgerlichen Ausbildung der Kindheit *eingeübt* werden, eh das Menschliche, Heilge und Göttliche in ihm entfaltet wurde, so kann von einem guten, menschlichen und liberalen Volkscharakter so wenig die Red sein als von dem guten Zustand der Matten Euers Nach[barn], der den Waldbach ungehindert sie alle Frühling mit Grien und Steinen überdecken läßt und denn im Sommer sie über dieses Grien und Stein hinüberwässern will.«

»Ja, ja«, sagte endlich der Halbherz, »mit Euch über dergleichen Gegenstände ist nicht reden; Ihr meint immer, man könne und müsse alle Fünfe grad machen.«

»So wundert Euch nicht, daß Euere Bürger mit jedem Jahrzehnt unedelmütiger, selbstsüchtiger und in ihren alten Roheiten kraftvoller werden. Ihr handelt Erziehungs halber genau wie ein Mattennachbar.«

243.

Von gleichen und von verschiedenen Eiern

»So wie einer hier etwas tut, also, genau also tut es auch der andere. So wie eine Dame den Tee serviert, so servieren ihn auch die anderen. So wie ein Geistlicher predigt, so predigen auch die anderen. So wie ein Ratherr urteilt, also urteilen auch die anderen, und so wie eine Stubenmagd die Kleider ausbürstet, also bürsten sie auch die anderen aus. Kurz, ich mag hier gern wohnen. Was einer ist und was einer tut, sieht dem, was der andere ist und einer tut, so gleich [wie] ein Ei dem anderen.«

Das sagte der Bürger Munziger zum Bürger Ryfman.

Dieser antwortet ihm: »Wenn etwas gut ist, so mag ich auch gern, daß es alle gleich machen. Aber ich sehe doch auch gern, daß die Eier sich als Eier und nicht als Hühnereier gleich sehen, und wohne lieber an einem Ort, wo auch das beste Tun der Leute voneinander verschieden, wie Gänseeier, Schwaneneier, Taubeneier und Nachtigalleneier voneinander verschieden sind, als in einem Hühnerstall, wo die Eier sich gar zu gleich sehen.«

244.
Die Luft und das Fenster

»Ich lasse das Licht durch wie Gottes Luft«, sagte das Fenster. Die Luft antwortete ihm: »Aber wenn dein Meister dunkel haben will, so schließt er nur die Felladen.«

Das Glas ist hart und spröd. Es antwortete der Luft: »Ich bin mehr als du. Ich halte Wind und Sturm, die du erschaffest, von dem Gebiet ab, das ich schütze.« Die hohe Luft antwortete ihm lächelnd: »Aber das Mittel, das du hierzu brauchst, vergifte[t] den Winkel, den du schützest, und du brauchst mich sogar wieder selber, um die Menschendünste, die unter deinem Schutz zu Gift werden, aus deiner Herrschaft auszuziehen und in meiner Freiheit unschädlich werden zu lassen.«

245.
Die beiden Finanzräte

Erster Finanzrat: »Unser Volk will lieber ausgesogen, vervorteilt und verwahrteilt als kontrolliert sein.«

Zweiter Rat: »Du hast recht, aber du weißt nicht, was du damit beweisest.«

Erster: »Warum?«

Zweiter: »Weil man es eben darum kontrollieren muß.«

Erster: »Ich begreife es nicht.«

Zweiter: »Ich will vor dir auch keine Gründe dafür sagen als diesen einzigen, daß die Oberkeit in Ehrlosigkeit und alle Entwürdigung, deren die Menschennatur fähig ist, versinken muß, die diesen Zustand des Volks siehet und nutzet.«

246.
Die Unschuld und der gefangene Wolf

Die Unschuld fragte den gefangenen Wolf: »Warum *hassest* du auch Freiheit und Gleichheit?« Er sperrte das Maul auf und sagte: »Heilige Einfalt, sieh doch in meinen Rachen.«

247.
Eben diese Unschuld und die Haus- und Stalltiere

Eben diese Unschuld fragte später die Haus- und Stalltiere, worum sie die Freiheit und Gleichheit *nicht brauchen* können. Alle gestunden, die Stallfütterung mache sie naschhaft und träg und die Ketten- und Riegelordnung forchtsam und bringe gewüsse Handwerksordnungen und Sitten in ihr Hirn und in ihre Gebeine, die sich mit der Freiheit gar nicht vertragen.

Doch einige äußerten sich denn noch speziell.

Das Schwein allein nicht. Es grunzete, anstatt zu antworten, nur in seinen Trog.

Der Hund aber sagte, er liebe die Freiheit und habe an den Jagdtagen seine gute Portion, aber die Gleichheit sei wider sein Jagdrecht.

Die Katz sagte, sie liebe die Nachtfreiheit und fühle kein Bedürfnis für die Tagsfreiheit in ihrem Herzen. Ferner äußerte sie sich in Absicht auf die Gleichheit, sie halte es diesfalls mit dem Hund.

Der Ochs sagte: »Ich weiß eigentlich weder, was das einte, noch was das andere ist.«

Das Kalb sagte: »Ich gehöre zu der Kuh.«

Ein Goldschiller von Papagei sagte: »Die Früchte am Ganges sind freilich feiner als mein Pfründeinkommen im Turm. Aber man macht mir doch meine Tasse mehr als halb voll Zucker, eh man mir Wasser darein tut. Dafür kann ich doch wohl den Tag zun Zeiten meinen krummen Schnabel auf- und zutun und predigen, was man gern hört.«

Aber weit die merkwürdigsten Antworten vom Haus- und Stallvieh an die fragende Unschuld sind die des Schafs und des Hahns. Das erste sagte, sie haben in ihrem Geschlecht einen Tierkatechismus, der sie von Kindesbeinen auf lehre, die Menschennutzung von ihrer Haut und ihrem Fleisch sei in allen seinen Teilen rechtmäßig. Das Scheren sei ein billiger Lohn für das Hüten. Das Futter sei eine Wohltat, die sie noch obendrein von ihrer hochbeinigen Oberkeit erhalten, und das Metzgen sei ein Staatsdienst, dem ihr Geschlecht wie jedes andere mit vollem Recht unterworfen sei, weil ohne das der Staat nicht bestehen könne.

Der Hahn aber sagte, sein Gehirn, das auf einem hohen Hals stehe, sei höher und reiner als das Gehirn aller Tiere, und er glaube an eine Offenbarung, die die Geduld der Tiere und ihr leidendes Tragen alles Mords, aller Verstümmlung und aller Einsperrung ihnen als einen Verdienst der Werken anrechne, für den sie alle in einem besseren Tierleben belohnt werden sollen.

Der fromme Hahn war seines Glaubens so sicher, daß er sich einbildete, er sei von den Göttern auch für die Menschen zum Propheten und Prädikanten des Dienstglaubens bestimmt, und es sei seine Schuldigkeit, die Knechte und Mägde alle Morgen vor Sonnenaufgang für ihren Dienst auf und aus dem Bett zu krähen, damit sie täglich früh anfangen zu dienen.

248.
Die Unschuld und die Fische und die Vögel

Auch die Fische im Wasser und die Vögel im Himmel fragten die Unschuld, worum sie mehr Freiheit haben als andere Tiere.

Die Unschuld antwortete: »Das ist nur darum, weil der Freiheitsfeind, der Mensch, im Wasser ersäuft und aus der Luft herunterpurzelt.«

249.
Herr von Derbhans

Weil nun alle Tiere die Unschuld also mit Fragen über die Freiheit überliefen, fragte sie auch ein Bürger, warum der Herr Derbhans die Freiheit, die er sich gegen alle Bürger herausnehme, so mit Unlieb denn auch an ihnen trage.

Die Unschuld antwortet: »Der Herr Derbhans hat Gefühl und die Wahrheit und das Recht, das gegen ihn ist, tut ihm weh. Aber er denkt denn freilich nicht, daß du auch Gefühl hast und daß die Lügen und Unrecht, die wider dich sind, eben so weh tun als ihm Wahrheit und Recht.«

250.
Eine Erklärung zu dieser Antwort

Bald darauf fragte ein Mensch, der diese Antwort gehört, einen andren: »Weißt du jetzt, woher die großen Fehler der Polizei und der Zensurordnungen entspringen?« Und beide waren einig, es komme nur daher, daß hie und dort solche Herren von Derbhans die gesetzgeberische und die exekutive Gewalt über diese sonst guten Mittel der bürgerlichen Ordnung in Händen haben.

251.
Unterschied des Standes und der Tugend

Einst, da die Sonne ihren Weg noch nicht recht kannte, ward ein warmes Land durch ihre Verirrung plötzlich kalt und alle Tiere verloren von ihrer Größe, ihrer Farb und ihrer Tugend. Aber die Edlen unter den Tieren behaupteten dennoch, diese Revolution habe nur das niedere Vieh schlechter gemacht, sie aber gar nicht.

252.
Der Schaden des Mitregierens

Da der Elefant den Tieren den Affengelust des Miteinanderregierens mißriet, malten ihm diese die Laster der jetzt regierenden Tiere mit schwarzen Farben und bejammerten zugleich die Gedankenlosigkeit ihrer sonst so tugendhaften und gutmütigen Voreltern. Aber der Elefant antwortete ihnen: »Was werdet ihr gewinnen, wenn die Laster der Bären und Füchsen in Tiere fahren werden, deren Tugend vorher nur Gedankenlosigkeit war?«

Er hatte recht. Die Übel aller Revolutionen bestehen wesentlich darin, daß sie Amts- und Regierungslaster unter Menschen bringt, deren Tugend vorher nur Gedankenlosigkeit war.

253.
Katze und Hund

Auf den Armen der Sylvia verlümdete ihre Schoßkatz den Schoßhund. Aber dieser stand kaum wieder auf ihrem Tisch, so raunte sie ihm ins Ohr, was die Katze von ihm sagte. Es empörte den Hund. Sylvia wollte ihn besänftigen und sagte: »Du weißt doch, lieber Hund, wie natürlich die Verlündung dem tierischen Herzen ist. Denke nur auch, wie oft sie wider ihr Herz einen guten Bissen mit dir teilen muß, den sie sonst allein kriegt.«

Der Hund erwiderte: »Ich weiß es wohl, daß die Verlündung dem Katzenherzen natürlich ist, aber ich weiß denn auch, wenn ich ein Mensch wäre, so würde ich ein solches Tier nicht auf meinen Schoß nehmen.«

»Guter Hund, du weißt gar nicht, was ein Mensch ist, und nicht, was er oft muß. Aber glaub mir, wenn man auf einem hohen Posten ist, so kann man nicht anders als Verlünder neben sich haben.«

»Ich bin doch keiner?« erwiderte der Hund.

»Aber eben darum bist du mir auch nur halb brauchbar.«

Der Hund erstaunte. Er wußte bis jetzt würklich noch nicht, daß Hundetreu in der Menschenschätzung so weit hinter Katzenbrauchbarkeit zurücksteht.

254.
Menoni vern und Menoni heüer.

Menoni teilte seinen Mundvoll mit jedem gern, der einen Spaß dazu sagte, wenn er ihn hinunterschluckte. Kurz, er war ein Mann wie die lieb Stund, bis er Ratsherr war. Aber jetzt, es ist kaum sechs Wuchen, drei Tagen, du kennst ihn nicht. Es freut ihn kein Mundvoll mehr, den er neben einem gemeinen Menschen ins Maul stößt. Es muß ein Ratsfreund sein, wenn er dazu lacht.

Er ist wie aus den Menschen herausgekommen. Er kennt jetzt nur Herren und Volk. Der Namen Herr ist ihm lieblich wie der Gesang seiner Sirenen, aber beim Namen Volk macht er Augen rund und groß wie die Nachteule. Ein Geschäft, das er mit Kunz und Hinz in Spaß abtat, macht ihn jetzt ernst. Solang der Mann redt, steht er vor ihm, wie wenn niemand um den Weg wäre, sieht mit den Augen, wo die Vögel herumfliegen und tändelt mit der Badinen. Nur wenn er zwischen einen für einen Augenblick anblickt oder ihm ein Wort zuwirft, so liegt wegwerfende Anmaßung auf seiner Stirn, derbe Lieblosigkeit in seinen Augen, verbissener Argwohn auf seinen Lippen. Wenn es gut geht, [so lohnt es] einen Handwerksschnitt; wenn es aber bös geht, so ist er verfänglich.

Über das alles hechelten ihn jetzt ein Tisch voll Leute aus, bei denen er, da man noch 99 zählte, so oft und so freundlich wie die lieb Stund saß.

Die meisten sagten: »Es ist erstaunlich, wie sich ein Mensch ändern kann.« Und alle waren einig, wenn er die Ratsstube nie gesehen, so wäre es noch wie vorhin.

»Es ist uns noch mit allen also gegangen, die davon schmeckten«, sagte John Offen. »Einmal mit dem Schreiber Kniffpikker«, sagte Hans Grad, »und mit dem Weibel Walkerschlegel«, sagte ein anderer, »und mit dem Vogt Ziehseil«, ein dritter, »und mit Amtrat Haniglecker.«

»Wollet ihr sagen«, unterbrach Hans Kurzfasser, »es wird euch mit allen so gehen, die dahin kommen, am heilgen Recht und seinen Papieren zu meistern, zu pfuschen oder zu handlangen?«

»Das wird doch nicht Gotts Will sein«, sagte der Leerkopf Hobelspahn.

»Du Narr! Es ist nicht anders möglich«, sagte die Schmoknase Pfiffig.

»Aber worum das?« fragten viele.

Er antwortete bedächtlich: »Auch die zarteste Hand wird dir beim Schmieden, Drehen, Schlagen, Binden und Pressen härten, und je fleißiger du so einen Beruf treib[s]t, je schneller wird dir die Hand so, wie sie sein muß, wenn dir die Arbeit nicht weh tun soll.«

Der gutmütige Siebengradglauber sagte: »Es ist doch auch nicht, daß alle Amtsarbeit nur aus Schlagen, Binden, Drehen und Pressen bestehe.« Aber die Schmoknase antwortet: »Das ist wahr, aber auch der Schmied schmiedet nicht immer, und der Dreher drehet nicht immer. Aber das, was du viel tu[s]t, macht aus dir, was du bist. Und das, was du wenig tust, läßt dich denn, wie du bist.«

Der Siebengradglauber konnte es doch noch nicht über das Herz bringen, daß es also sei. Er sagte noch: »Es gibt doch auch Leute im Dienst, die nicht so unfründlich und grob sind; und wenn es sein muß, so kann ich sie namsen.«

Er namsete würklich den freundlichen Überlegschnabel, den lachenden Pfennigsucher, den handdrückenden Stankgehalter.

»Schweig, schweig«, sagten jetzt viele, »wenn du keine bessren kennst, so bhüt uns Gott die Unfreundlichen und Groben.«

Der bravste Mann am Tisch endete das Gespräch mit den Worten: »Ich fange an zu begreifen, worum Sektierer glauben, man könne kein Christ sein und bürgerliche Ämter besitzen.«

Und ein[er] setzte hinzu: »Ich glaube, es sei in dem Spruch ›Es ist leichter, daß ein Kamel‹ etc. ein Druckfehler und sollte anstatt Reicher Richter heißen.«

255.

Des Bären Anspruch an ein unabhängendes Strafgericht im Tierreich

Der Löwe war noch krank. Dennoch hatte er die wütende Hyäne und einige Küh und einige Esel aus seiner Regierungshöhle vertrieben.

Zahllose Vieharten beglückwünschten ihn jetzt für den großen Tiertag, an dem er dieses bewerkstelliget.

Unter ihnen erschien auch der Bär. Allein dieser stellte sich vor seiner Majestät auf seine hintern Füße, zeigt dem

König die ganze Umfassung seiner Vorderfüße, die breite Kraft seiner Tatzen und seiner eingreifenden Klauen.

Dann sprach er in dieser Stellung zum Löwen: »Gott erhalte die Tage und die Alleinherrschaft des Königs in Ewigkeit. Amen. Unseren Dienst mit Tatzen, Klauen, Zähnen und Armen zum voraus. Wir stehen, Sie sehen es, wir stehen, wie kein Vieh mehr steht. So stehen wir noch. Aber wir begehren vor Eurem Thron; denn auch unser Geschlecht ist von [der] verworfenen Mitherrschaft der Hyänen, der Esel und Kühe um seinen rechtmäßigen und dem Dienst des Königs so wesentlichen alten Besitzstand gedrängt worden. In allen Landen, Herr König, in allen Landen, wo es viel schneit und wenig Tag ist, stand unser frommes, von Honig und Heuschrecken lebendes Geschlecht von jeweilen her im rechtlichen Besitz, nicht bloß mit täglichem Brummen, stillem, nächtlichem Schleichen und mit Gespengstererscheinungen beim Mondschein alle Waldesbewohner in ihrem Tierglauben und in ihrer Tiertugend zu stärken und zu befestnen, sondern auch das ungläubige, widerspenstige und sittenlose Vieh mit unseren Klauen und Zähnen zu packen und vor unseren eignen, von deiner Herrschaft ganz unabhängenden Gerichten mit unseren Tatzen nach Pflicht und Gewüssen zu treffen und zu strafen. Diese unsere alte Rechte reklamieren wir in dieser Stunde von deiner Gerechtigkeit.«

Der kranke Löwe war im Anfang erstaunt. Die stehende Stellung des Bären erregte in ihm ein Herzklopfen, von dem der Arzt ihm gesagt, es werde ihm den Tod bringen. Er bat also den Bären, diese vor seinem Thron unanständige Stellung zu änderen und sich gefälligst auf seine alle viere herabzulassen.

Aber der Bär antwortete, er stehe aus Ehrforcht auf seinen zwei hinteren und werde sich in dieser stehenden Stellung zu erhalten wüssen, bis es seiner Maj[estät] gefalle, über sein rechtliches Ansuchen abzusprechen.

Diese Antwort verdoppelte das Herzklopfen des

schwachen Königs. Es träumte ihm vom Tod und Begräbnis, und er säumte [nicht], mit dem zahnlosen Mund und mit zitternder Zunge auszusprechen und zu erkennen:

Das fromme Geschlecht der honigfressenden Bären solle in allen Landen, wo es viel schneit und wenig Tag ist, in seinem alten Recht, den Glauben und die Tugend des waldbewohnenden Viehs nicht bloß mit Schleichen, Brummen und Gespenstererscheinen zu stärken und zu befestnen, sondern auch das widerspenstige, ungläubige Vieh mit Zähn und Klauen vor seine eigne, von der Löwenherrschaft unabhängende Gericht zu ziehen und daselbst mit ihren eignen Tatzen nach Pflicht und Gewüssen zu bestrafen, bestens beschützt und beschirmt sein.

256.

Der Zeugnisgeber über die Wirkungen der Elementarbildung. Keine Fabel

Ein Schalk, der einen Baum, der ihm vor den Fenstern stand, haßte, sammelte unter ihm abgefallene und unreife Äpfel und zeigte sie den Nachbarn als Früchte dieses Baums. Aber diese fanden: mutwillig abgerissene, von Wind und Wetter herabgeworfene, eingeschrumpfte, vom Wurm angefressene und halbfaule Äpfel beweisen nichts gegen den Baum, und man müsse die Schlechtheit seiner Früchte mit ausgereiften und frischen Äpfeln beweisen.

257.
Der Stundenrufer

Der Stundenrufer hatte [mit] dem Uhrenmacher Streit. »Was wärest«, sagte er zu ihm, »was wärest, wenn ich dich nicht verkündigte.« Der Uhrenmacher antwortete: »Aber was verkündigtest du, wenn ich nicht.«

258.
Die Weisheit des Widerspruchs gegen die Elementarbildung

»Ich muß unters Dach! Mach doch, daß ich unters Dach komme!« Also sagte ein Bauer zu einem Zimmermann, der ihm ein Haus bauen sollte. Dieser antwortete ihm: »Es ist noch keine Rede vom Dach machen; das Fundament mangelt ja noch.« Der Bauer erwiderte: »Das will ich hintennach machen, wenn ich nur einmal unterm Dach bin.« »Aber dann kriegst du sicher Risse und Spälte in alle deine Wände und ein baufälliges Haus.« »Oh«, sagte der Bauer, »die Risse und Spälte will ich verkleistern, das verstehe ich, und ob das Haus in dreißig oder fünfzig Jahren baufällig wäre, das ist mir gleichviel, wenn ich es nur jetzt bald habe.« »Wenns so ist«, sagte der Zimmermann, »so hast du ganz recht«, und bauete ihm das Haus, wie er es gern haben wollte.

259.

Das Unglück des Landes, in welchem die Erziehungsgewalten die einen taktlos begünstigen und die andern taktlos beschränken und doch glauben, dass sie im Besitz der Vernunft seien, wie sie im Besitz der Gewalt sind

Ein Junker verachtete die Kühe und liebte die Pferde. Wenn er in Stall kam und schönes fettes Gras im Kuhbaren sah, sagte er allemal zum Knecht: »Es ist schade für das Gras, du mußt das schöne Gras den Pferden geben, das magere ist gut genug für die Kühe.« Der Knecht tat, was ihm der Herr befahl; dafür aber wurden seine Pferde schwach, und seine Kühe verloren die Milch. Der Junker kam in Stall und sahe das gedoppelte Unglück und sagte: »Es ist doch ein Elend in der Welt, je vernünftiger man handelt, je unglücklicher wird man. Aber es ist eine heilige Sache um die Vernunft, wenn man einen guten Grundsatz hat, so muß man nicht von ihm weichen.«

260.

Auch in der Erziehung ist es wahr, wo viel darauf angelegt wird zu scheinen, da ist das Betrogenwerden beinahe unausweichlich

Ein Mann besaß eine Matte, die, weil sie groß war und viel Gras trug, den Ruf hatte, daß sie von großem Wert sei. Indessen trug sie im ganzen wenig ab und war von eben dem Wasser, das sie an einigen Orten abträglich machte, in ihren großen Teilen verdorben. Das wußte der Philister, der sie besaß, und um ihrer los zu werden, führte er einen gutmütigen Reichen in den Morgen- und Abendstunden auf ihr herum, wo die schiefe Richtung der Sonnenstrahlen die Stellen, auf denen auch das dünnste Gras wuchs, dicht scheinen machte. Der reiche Mann ließ sich führen und glaubte, die Matte genau gesehen zu haben. Er hatte sie wirklich an vielen Stellen gesehen und untersucht, sie trug an allen den Stellen viel Gras und schien an allen, an denen sie viel Gras trug, noch mehr zu tragen als sie wirklich trug. Doch wollte er noch seinen Augen nicht trauen; er fragte die Nachbarn. Sie sagten, es seie ein seltenes Stück Matte in Gras und Abtrag. Da kaufte er die Matte. Die Heuernte fiel schlecht aus. Als er auf den großen Weiten die dünnen Mahden sah, schlug er die Hände ob den Kopf zusammen und sagte einmal über das andere: »Wie mich auch die Matte betrog.« »Nein«, sagte ihm sein Freund, »die Matte hat dich nicht betrogen, das Herumführen und das Zeugnisgeben hat dich betrogen.« »Es ist wahr«, sagte endlich der Mann, »ich habe die Matte nicht mit meinen, ich habe sie mit andrer Leute Augen angesehen.«

261.
Das Kleinod

Ein armer Mann kam durch ein Erb zu einem verrosteten und unscheinbaren Kleinod. Er trug es zu einem Goldschmied und bat, es ihm zu schätzen und zu reinigen. Dieser bot ihm etwas wenigs dafür und widerriet ihm das Reinigen. »Man sieht dann erst recht«, sagte er, »daß es von schlechtem Metall und daß die Steine daran nichts wert sind.« Darauf trug es der Mann hin und her zu den reichen Leuten in der Stadt. Es schien allen ein sonderbares Stück. Aber der einte meinte, es müsse nichts wert sein, weil es in dieses Menschen Hand sei. Der andere sagte: »Ich kenne den, von dem er es geerbt hat. Wenn es etwas Rechtes wäre, er hätte dazu Sorg getragen und es nicht so verrosten lassen.« Einige, die seinen Wert erkannten, dachten, es kennt das Stück hier niemand, es ist auch niemand da, der ihm bei fernem dafür gibt, was es wert. »Wann wir nur warten, so sind wir sicher, das Stück fallt uns für einen toten Pfeng in die Hand.« Er trug seinen Schatz Monate so umher, und monatelang wird ihm dafür kein besser Wert. Aber einmal rieb ein Stein oder Eisen, das in dem Sack war, in dem er sich mit dem Kleinod umhertrieb, dieses rieb ihm an einem Ecken den Rost ab; und es glänzte an dem Ecken wie der schönste Kelch in einem Domkirche. Der Arme schöpfte wieder Mut und ging wieder zum Goldschmied und wollte jetzt durchaus, daß er es reinige, damit es allenthalben werde wie an diesem schönen Ecken. »Tue das nicht«, sagte der Goldschmied wieder und setzte hinzu: »Ich muß das besser verstehen. Es ist nicht alles Gold, was glänzt. Wenn das Stück einen [Wert] hat, so ist es, daß es alt ist, und wenn der Rost davon weg ist, so ist es ja denn auch nicht einmal mehr alt.« Aber indem er das sagte, hielt die Frau Goldschmiedin das Kleinod so fest in den Händen, als wenn sie es nicht wieder daraus lassen wollte, und gab mit den Augen dem Goldschmied einen Wink. Der Arme sah den Blick. Er stärkte seinen Glauben an das Kleinod mächtig. Er sagte zur Frau Goldschmiedin: »Gebt mir in Gottes Namen mein Stück wieder.« Sie gab es. Er ging und nahm den Entschluß, es selber zu reinigen.

Es geriet über sein Erwarten und ward herrlich. Rost und Kot hatten selber die Steine daran kleiner scheinen gemacht, als sie waren. Es war das reinste, feinste Gold. Er hatte es jetzt selber probiert und seinen Strich mit dem Strich eines entlehnten Dukaten verglichen. Er zweifelt jetzt nicht mehr an seinem Glück. Aber er zeigte es auch keinem von allen den Menschen mehr, die ihm gesagt hatten, es sei nicht viel wert, keinem einzigen mehr. Er machte sich, wie wenn er gestohlen hätte, am Morgen vor Tag auf den Weg zu Goldschmieden, die nicht seine Nachbaren und nicht seine Mitbürger waren. Diese zahlten ihm den vollen Wert des Golds und der Steine. Er kam über Morgen heim und war jetzt reich. Die Nachbaren und Mitbürger wünschten ihm jetzt Glück. Viele sagten: »Das hätten wir doch nicht geglaubt.« Aber der Goldschmied und ein paar andere, die geglaubt haben, wenn sie nur warten, so falle ihnen das Kleinod von selbst in die Hand, kratzten sich hinter die Ohren. Die Frau Goldschmiedin aber sagte dem Herrn Goldschmied: »Hab ich dir's nicht gesagt? Wenn man zu viel will, so wird einem zu wenig.« »Ja, ja«, sagte der Goldschmied, »ich besinne mich gar wohl, es war ein teurer Wink. So einen teuren Wink hast du mir in meinem Leben nicht gegeben.« »Es tat mir so weh«, sagte sie, »ich habe es fast nicht wieder aus meinen Handen lassen können.«

262.
Künstler und Narren

Ein Narr sah einen Künstler an einem rohen Stein arbeiten. »Schade, schade«, sagte [er], »daß der nicht poliert.« Der Künstler: »Nein, Guter, wir Steinkünstler machen es nicht wie die Menschenkünstler, die neuen Erzieher. Diese geben den Kindern eine vollendete Politur, eh sie auch nur daran denken, sie zu bearbeiten.« »Ja, ja«, sagte der Narr, »das ist recht, das ist ganz so. Eben so solltet auch ihr es machen.«

263.
Die neuesten Poetischen und Kunstschönen in der Erziehung

»Wenn man einmal die Bäume in der Blüte gesehen, so ekelt einem ihr Anblick in jeder andern Gestalt.« So redete ein Mann, den das Blühen seines Baumgartens zum Halbnarren gemacht. »Kannst du«, sagte er zu seinem Gärtner, »meine Bäume so schneiden und besorgen, daß sie auch den Sommer und Herbst über blühen?« »Bei einigen ist's möglich«, sagte der Gärtner, »ich schneide ihre Äste alle zurück und lasse nur wenige übrig, diese treiben dann mit einer für die Baumart übernatürlichen Kraft, und ich breche dann alle Fruchtknospen des Baumes, sobald sie verblühet, augenblicklich ab; darnach treiben sie wieder Knospen und Blüten, und so wie diese verblüht, breche ich sie wieder ab, und das mache ich so lange, als sie nur wieder Blüten treiben. Aber freilich«, setzte er hinzu, »das schwächt den Baum, daß er früh stirbt, und so lang er lebt und also behandelt wird, trägt er keine Früchte.« »Das hat nichts zu bedeuten«, antwortete der Junker. »Es ist ein göttliches Ding um die blühenden Bäume, ich will mir dasselbe in meinem Hause und vor allen Fenstern, soviel als immer möglich, verschaffen.« »Das ist alles gut«, erwiderte der Gärtner, »aber wenn alle Leute wie Ihro Gnaden dächten, so würde ja alles Obst von der Erde verschwinden und nicht einmal Samen zu künftigen Bäumen reif werden.« »Ja, Gärtner«, sagte der Junker, »es gibt noch gemeine Leute, die lieber Äpfel essen als Apfelblüte sehen, und solange es dergleichen gibt, kann es an Samen für künftige Bäume nicht fehlen.« »Sie haben ganz recht«, bemerkte der Gärtner, und der Junker setzte hinzu: »Man muß sich Samens und der Sorgfalt halber für das dritte und vierte Geschlecht künftiger Bäume an gemeine Leute halten; wer über diese erhaben in meiner Lage ist, den göttlichen Blütenduft über das Äpfelessen hinaufsetzen zu dürfen, der hat sich so wenig für die dritte und vierte Generation zu bekümmern als eine Mutter, die alle Tage ins Schauspiel geht, sich für das dritte und vierte Geschlecht ihrer Nachkommenschaft bekümmert.« Er fügte hinzu: »Es gibt auch diesfalls immer gemeine Leute, die dafür da sind, und das ist ganz recht. Was wollte man sonst mit den Leuten tun, die kein Geld haben, wenn es nicht wäre, daß eine Hand die andere waschen muß, und damit werden ja beide sauber.« »Das ist gewiß wahr«, sagte der Gärtner, »wenn nicht beide zu waschen vergessen werden.«

264.
Mensch und Hund

In einem fernen Gestirn erhebt sich ein Feenpalast, ausgeschmückt mit allem, was Kunst und Pracht Herrliches und Kostbares darbieten. Es ist der Wohnsitz einer Fee, die durch ihre himmlische Anmut, durch ihren Verstand, ihre Talente alle Herzen fesselt. Zu diesem Palaste wallfahrtete ein Pilgrim, ein Freund der Sache des Volkes und der Volkserziehung. »Mögte doch«, so sprach er zu sich selbst, als er die Stufen des Palastes betrat, »mögte doch diese treffliche Bewohnerin sich der guten Sache annehmen, mögte der Himmel mir Kraft verleihen, auf daß meine Worte Eingang fänden in diesem edlen Herzen. Mögte ich der Wahrheit und Menschenbildung den Triumph bereiten können, daß auch dieses überirdische Wesen das Werk, das mit mehr als irdischer Liebe in der Schweiz begann, ihrer Aufmerksamkeit würdigte!« – Schüchtern und ungern hatte er schon so manches Feenschloß betreten. Hoffnungsvoll und mutig erstieg er diesmal die Stufen des Palasts. Im Beisein zahlreicher dienstbarer Geister sprach er zu ihr mit einem Eifer, mit einer Wärme, die er unter solchen Umgebungen sich selbst nicht zugetraut hätte: einen treuen Untertanen herab auf die Erde zu senden, um die Sache, für die er sprach, sich zuzueignen, damit man sie prüfe und nach jenem Gestirn verpflanzen könne, das war seine Bitte.

Mit herablassender Güte erwiderte die Fee: »Fremdling! Düstere Gewitterwolken steigen an unserm Horizonte empor – alles, was ich vermag, muß ich jetzt bewahren für die nahen Zeiten der Not. Wärest du in glücklichern Zeiten gekommen, vielleicht hätte ich deine Bitte gewährt, aber so kann ich nur bedauern, daß es nicht in meiner Gewalt stehet.«

Trauernd entfernte sich der Pilgrim – der Ruf dieser Fee, ihr himmlisches Antlitz haben mich getäuscht, sprach er zu sich selbst; doch vielleicht sind meine Augen verblendet, und es ist die höchste Weisheit, die aus ihrem Munde sprach.

Er stieg mit diesem Gedanken beschäftigt die Stufen des Palastes herab. Der dienstbaren Geister erster begleitete ihn, ein zartes Hündchen kommt ihnen freundlich entgegen. »Fremdling«, sprach sein Begleiter lächelnd zu ihm, »betrachte dieses Hündchen – siehst du nichts Außerordentliches an ihm?« Gleichgültig erwiderte der Pilgrim: »Ist es doch nur ein Hund, wie viele Hunde sind.« »Mitnichten«, erwiderte jener, »es ist der Liebling der Fee; goldene Glöckchen spielen an seinem Halsband; er kam aus weiter Ferne; ein dienstbarer Geist trug ihn auf schnellen Fittichen zu uns und tausend Drachmen kostete die Reise.« »Götter«, dachte der Pilgrim, »es ist das Dreifache der Summe, die ich soeben für einen edlen Zweck erflehte.«

Unerforschliche Weisheit! doch, es ist ja ein Hund, den schon viele Beherrscher der Vorwelt höher achteten und besser versorgten als ihre Untertanen.

265.

Der Landedelmann und sein Schulmeister

Landedelmann: »Aber unsere Bauernjungen sind dazu wohl zu dumm; werden sie den Rechenunterricht (nach Pestalozzi) begreifen?«

Schulmeister: »Sie *müssen* es begreifen, sie können nicht anders.«

Pendant zu obigem aus einer Schweizerschule.

Einige Fremde besuchten eine Schule, in der die Pestalozzische Methode von dem braven Schulmeister aus eignem Antrieb eingeführt war. Dieser, um jenen die Fortschritte der Kinder im Rechnen zu zeigen, legte ihnen zuerst einige Aufgaben vor, dann aber hörte er auf einmal auf und ließ sie selbst einander Aufgaben geben. Die Fremden darüber verwundert, fragten den Schulmeister, warum er nicht fortfahre? »Ja«, sagte er, »weil die Buben weiter sind als ich.«

266.
Die Weisheit des Lebens

Den einten führte drangvolle Not zur Weisheit des Lebens, der andere bildete sich selbst mitten im Glück diesen Vorzug der Menschen. Wenn du mich fragest, wessen Weisheit ist zuverlässiger, so sag ich: des ersten. Wenn du mich aber fragest, wessen seine ist verdienstvoller, so sage ich: des zweiten.

Und hinwieder wenn du mich fragest, wessen seine ist allgemein, so sag ich: des ersten; und wessen ist selten, ich sage: des letzten.

267.
Der Löwe aviliert einzelne und danket der Massa

Ein deutscher Werber fürs Fußvolk richtete mit allem seinem Pfiff im Krautzabren gegen den englischen gemeinen Mann, der auf das Schiff warb, nichts aus.

Glücklicherweise ging eben ein Trupp Matrosen, die auf der See verunglücket und fast nach Hunger gestorben. Da rief der Deutsche die Geme[i]nd und die Bürger zusammen und sagte: »Laßt euch von diesen Männern die Lust des Seedienstes beschreiben und urteilt, wie schändlich euch die Schurken betrogen, die euch von der Freiheit des Matrosenlebens und seinen Vorzügen über den Landdienst die Ohren voll geschwätzt haben.«

Also betrog zur Reform[ations-]zeit ein Kapuziner die Stadt Leuengarten. Er führte einige …

268.
Was das Gedeihen der Pflanzen und der Menschen fördert

Die Früchte der Felder gedeihen nicht ohne einen gehörigen Spielraum der Freiheit.

Die Schmarotzerpflanzen und alle größeren antworten: »Man kann auf dürren Heiden sehen, was der Spielraum der Freiheit den Pflanzen hilft.«

Die Besseren erwiderten: »Muß dann die Pflanze im Heidesand stehen, um frei zu sein?«

Aber ein Gärtner, der den Streit hörte, sagte ihnen: »Schweiget, die Wahrheit des Drittmanns geht nicht in eine Schmarotzerseelen. Sonst würden die größeren Pflanzen am besten wissen, daß die kleine nur dadurch frei wird, wenn ihr treuer Gärtner für sie tut, was die Großen mit der Gewalt ihrer Wurzeln erreichen und um sie herum herausrauft, was sie hindert zu wachsen.«

269.
Ein misskanntes Herz

»Warum bist in Gallen getunkt?«

»Ich hab mich nicht selber darein getunkt. Es schmerzte, da du mich tunktest.«

»Es ist schade.«

»Ja, es ist, daß du mir nicht die Hand gibst und daß ich dann nicht an deinem Arm wandlen kann.«

270.
Der Ofen und das Feuer

Der Ofen sagte zum Feuer: »Ich bin für die Menschen der Statthalter der Sonne.«

Das Feuer antwortete: »Du bist ein toter Deckel, durch den ich etwas Sonnenähnliches, das in meiner Natur liegt, nur durchschicke.«

271.
Lips Killian lehrt seinen Hund Gehorsam und Liebe und Treu

272.
Erziehungsweisheit

Drei Bauren hatten drei Schweinställe.

Aber der erste baute den Stall im Sumpf und ging denn alle Morgen und peitschte die Schweine und fluchte mit ihnen, daß sie sich nicht im Sumpf wälzten.

Auch der andere baute den Stall in den Sumpf; und dieser ging alle Morgen und bat sie freundlich, daß sie doch nicht sich immer im Sumpf wälzen sollen, und stellte ihnen vor, wie sie glückliche Schweine werden können, wenn sie sich nicht im Kot wälzen und fein ordentlich bei Tag und bei Nacht in den Ecken auf der trocknen Streue liegen.

Der dritte aber peitschte die Schweine nicht, fluchte nicht mit ihnen, machte ihnen auch keine Vorstellungen über das, was ihr Heil, und über das, was nicht ihr Heil sei, aber er baute den Stall trocken. Er allein metzgete feiste Schweine. Die anderen metzgeten magere und klagten und klagten, daß sie ungefolgige und ungelehrlichige Schweine gehabt habeten, und daß ihr Ungehorsam und ihre Hartnäckigkeit sei der einzige Grund, warum sie so mager und elend gestorben.

Gesetzgeber der Welt! Also entschuldiget auch ihr euch, wenn eure Leute mager und elend leben und sterben.

273.
Der Bienenstock

Ein Freund der Bienen stund in der Mittagsstunde immer vor ihren Körben und tötete alle Hummeln, die ihnen in den Korb flogen. Das war den Hummeln natürlich zur Last, sie gaben desnahen den guten Bienen an, der Mann, der in der Mittagsstund vor ihren Körben stehe, sei ihr allgemeiner Feind und töte beides, die Bienen und die Hummeln. Diese glaubten es ihnen und ließen sich bereden, einen allgemeinen Ausfall auf den guten Mann zu tun und zu Hunderten ins Gesicht und die Haare zu fliegen.

Zornend erdrückte er die Bienen im Haar und verkaufte denn die Körbe dem einen Lumpen, der sich nicht um die Hummeln bekümmerte, aber ihnen den ganzen Sommer über ihren Honig von den Hummeln aufzehren und denn im Winter sie selber mitsamt den Hummeln von den Ratzen fressen ließ.

274.
Das Feld, der Weg und ein gebogen zertretener Mensch

Von beiden Seiten höhnte das Feld den zertretenen Weg. Das empörte einen Mann, der gebogen und einsam den Weg entlangging. Er sagte dem Feld: »Der Weg ist um deinetwillen zertreten.« »Wie du ihn auch lobst«, erwiderte das Feld, »der zertretene Weg ist eine an sich selbst getötete, ewig unfruchtbare Erde.« Dieses Wort ging dem zertretenen gebogenen Mann ans Herz. Er mußte zu sich selber sagen: »Der zertretene Mensch ist nicht selten also eine sich selbst getötete, ewig unfruchtbare Erde.« Er mußte zu sich selber sagen: »Auch ich bin also eine in mir selbst getötete, ewig unfruchtbare Erde.« Und eine Träne fiel von seinen Augen in den Staub des Wegs, dem er entlangging. Aber jetzt erhub sich an dem Ort, wo sie in den Staub hinfiel, eine Wulke, und der zertretene Weg antwortete dem weinenden Mann: »Mein aufgelöster Staub dünget die Felder, die meine Leiden nicht kennen und meiner nur spotten.« Da erheitert sich der weinende Mann wieder und sah gen Himmel und sagte: »Auch mein aufgelöster Staub dünget Felder, die meine Leiden nicht kennen und meiner nur spotten.«

275.
Der Junker und zwei Dörfer

Graf von Suchhaus hatte nahe an seinem Edelsitz die zwei Dörfer Steinegg und Wasserhofen. Die Steinegger hatten längst ihre alten Rechte vergessen, versessen, verloren. Die von Wasserhofen aber hüteten ihre alten Briefe wie ihre Kühe in Stall.

Dafür ließen auch die Junker von Suchhausen den Bach, der ehmal nach Wasserhofen hinfloß, nach ihrem lieben Steinegg fließen. Da machte der Bach die Steinegger reich. Sie legten an seinem Port Wiesengründe an; sie bauten an ihn Mühlen und Kunsträder zu vielen Gewerben.

»Aber wenn der Geiß zu wohl ist«, sagen die Bauren, »so scharret sie.« Da sie jetzt weit reich[er] waren als die Wasserhöfler, wollten sie auch im Rechten nicht weniger sein als die Wasserhöfler und sprachen mit Geld im Sack und mit Pfiff und Kniff selber gegen den Junker die Rechte wieder an, die sie schon so lang vergessen und versessen. Der Junker staunte, aber ein Mann im Schloß, pfiffiger als alle Bauren, sagte: »Laßt *mich* mit ihnen sprechen, und Ihr müsset gewinnen. Also wies Graf Suchhaus die Steinegger an Drillmeister Knüpper, und dieser ließ den armen Wasserhöflern unter der Hand sagen: »Es liegen Briefe im Schloß, die beweisen, daß der Suchhäuser Bach nach Wasserhofen gehöre, und der Junker sei gegenwärtig nicht ungeneigt, ihnen diesfall zu ihrem Recht zu verhelfen, wenn sie wegen gewisser elenden Briefe, bei denen sie ewig arm bleiben würden, sich mit ihm verstehen.« Und in weniger als sieben Wuchen hatte Drillmeister Knüpper die Sach dahin gebracht, daß das Dorf Steinegg seinen halben Bach und das Dorf Wasserhofen alle seine Rechte freiwillig aufgaben.

276.

Es ist nichts daran gelegen

»Es ist nichts daran gelegen, wenn die Leute, die nicht zufrieden sind, aus dem Land gehen«; also sagte [ein] Mann, der es unendlich besser verstand, sich auf seinem Posten zu behaupten als zu regen.

Einem Landesvater, dessen Herz an seinem Volk hanget wie dem Pelikan an seinen Jungen, wenn er das Blut aus seiner eigenen Brust in ihr Nest fließen läßt, ein solcher Mann, da er das entsetzliche »Es ist nichts daran gelegen!« aus dem Mund des Geschäftmanns hörte, umhüllte sein Angesicht, kleidete sich in Trauer und versiegelte sinther alle seine Briefe mit dem Motto: O mein Vaterland!

277.
Zu meinen Fabeln gehörend

Ein *Weiser* lehrte, daß die *Wahrheit* nur in ihrem Mittelpunkt ganz rein und ganz wahr und außer ihrem Zentrum auf allen Seiten, auf der linken wie auf der rechten, mit Unwahrheit und Lügen vermischt und umringt sei.

Ein *Narr* hörte das und warf von nun an in seinem Forschen nach Wahrheit seine Augen aus Furcht vor dem Irrtum von links und vor den Lügen von rechts so steif, so unverwandt gradaus auf einen Lichtpunkt *von* Wahrheit, den er für den Mittelpunkt *der* Wahrheit ansah, daß er dadurch allmählich die Kraft, links und rechts zu sehn, selber verlor und sogar endlich auch die Ahnung in seiner Seele verschwand, daß neben den Irrtümern von rechts und neben den Lügen von links, die dem Mittelpunkt der Wahrheit zur Seite stehn und ihn wirklich gefährden könnten, auch Wahrheiten links und Wahrheiten rechts neben diesem Mittelpunkt stehn, die er nötig hat und ohne die er selber nahrungslos dastehn und serben müßte. Von diesen, dem Mittelpunkt der Wahrheit notwendigen Nahrungswahrheiten konnte nun aber jetzt auch keine Spur in die Seele des steifsehenden unverwandten Aufsehers auf das heilige Zentrum des Wahren hineinkommen, und der *Lichtpunkt* von Wahrheit, den er für den Mittelpunkt der Wahrheit ansah, stand nun in ihm ganz ohne mitwirkende Unterstützung von allen Wahrheiten, die als Lebens- und Erfahrungswahrheiten an seiner Seite standen, selber wie in der Luft da, und je eifriger er nunmehr den Lichtpunkt seiner Wahrheit ins Aug faßte, je mehr verschrob und beschränkte sich seine Kraft, nach Wahrheit zu forschen, in ihm selber, und je mehr durch sein Tun und Streben er in den Mittelpunkt dieser Wahrheit hineinzudringen glaubte, je mehr entfernte er sich von ihm; und der Lichtpunkt von Wahrheit, den er für den Mittelpunkt der Wahrheit ansah, ward nach und nach in ihm zu einer Narrenwahrheit und zu einem Luftschloß, in dem ihm nur wohl war und nur wohl sein konnte, solange er träumte.

278.
Der Fuchs und die Schafe

Es lebte einst ein schlauer und kluger Schafhirt, der den Sommer über manchen Fuchs in die Falle lockte und sogar einst einem alten Fuchs bloß mit seinem Schäferstabe ein Auge ausschlug. Dieser alte Fuchs konnte dem Schäfer diesen Steinwurf nicht verzeihn und faßte einen grimmigen Haß selber gegen alle Schafherden. »Das sind verfluchte Tiere, die Schafe«, sagte er nun zu jedem Fuchs, den er antraf, »wir müssen machen, daß alles Weidvieh auf Erden unsern Haß gegen die bösen Schafe mit uns teile; wir können es leicht; wir müssen dem dummen Vieh nur einflüstern, die räudigen Schafe vergiften alle Weiden und bringen alle Arten von Seuchen und Krankheiten in ihre Herde.« Sie hatten dieses kaum getan, so nahmen ganze Scharen von Eseln, Kühen und Stieren Teil an dem Haß des alten Fuchsen gegen die guten Schafe; selber die ekeln Schweine grunzten in ihrem Kot: »Die räudigen Schafe stecken durch ihre Unreinlichkeit das Gras ihrer Weiden an.« Und alles, was eselmäßig, kuhmäßig und stierenmäßig dachte und fühlte und selber schweinmäßig grunzte, drückte jetzt seinen Haß gegen die armen Schafe in Eseltönen, Stiertönen,

Kuhtönen und selber mit dem Grunzen der Schweine aus. Doch solche Kunstvereine des Viehs haben keinen Gehalt. So laut ihre Klagetöne gegen die armen Schafe eine Weile tönten, ebenso schnell wurden sie vom lieben Vieh wieder vergessen. Selber der alte, einäugige Fuchs spielte diese Klagkomödie gegen die armen Schafe nicht lange fort, sondern fraß sein Gras wie alle andern Weidtiere wie vorhin unbesorgt und gierig; keines, keines von allen dachte einen Augenblick mehr daran, daß es sie mit allen möglichen Tierkrankheiten anstecken und selber ganz um ihr liebes Viehleben bringen könnte.

279.
Fragment

... wenn in den Schulen dem Unverstand seiner Mitchristen und ihrer Schwäche im Erkennen alles dessen, was recht ist vor Gott, im Geist und in der Wahrheit entgegengearbeitet werde.

Wenn er mit seinem Junker gutsteht, so predigt er gewöhnlich über einen Text wie diesen: Jede Seele sei untertan dem oberkeitlichen Gewalt, alle Gewalt, die da ist, die ist von Gott verordnet. Wenn er aber übel mit ihm steht: Man muß Gott mehr gehorsamen als den Menschen oder wohl gar: Saget diesem Fuchs ... oder: Ihr Schlangen- und Nattergezücht, wer hat ...

Anhang

Nachwort

I

Ins Bewußtsein der Nachwelt eingegangen ist Johann Heinrich Pestalozzi als der Schöpfer der Elementarmethode, als der in Theorie und Praxis unermüdlich tätige, rastlose Verfechter der Volksbildungsidee und darüber hinaus als Inbegriff und Urbild des fürsorglichen, selbstlos-liebevollen Erziehers. Im Vergleich zu dieser Leitfigur pädagogischen Handelns und Denkens ist das Bild des *Dichters* Pestalozzi merklich verblaßt. Wenn von ihm überhaupt noch etwas sichtbar geblieben ist, dann erhält es seine Konturen wohl nur noch aus dem ab 1781 in vier Teilen erschienenen Roman ›Lienhard und Gertrud‹, der seinen Autor für eine gewisse Zeit in ganz Europa berühmt werden ließ. Die Vorstellung jedoch, daß Pestalozzi als Verfasser von *Fabeln* in einem Atemzug genannt werden könnte mit Namen wie Triller, Hagedorn, Gellert, Lichtwer, Gleim, Pfeffel oder gar Lessing, dürfte auch manchem, der sich in der deutschen Literatur sehr gut auskennt, fremd erscheinen. Zwar sollen seine Fabeln in der Schweiz viel gelesen worden sein[1], zwar sollen etliche von ihnen in Frankreich »in alle Blätter« übertragen worden sein und die Franzosen ihren Autor »den Fabeldichter ihrer Zeit« genannt haben[2] – in Deutschland jedoch haben sie keine nennenswerte Resonanz hervorgerufen. Dieses bedauerliche Faktum ist sicherlich nicht begründet in einem grundsätzlichen Mangel an poetisch-artifizieller Perfektion, an gedanklicher Klarheit und Tiefe oder an gesellschaftskritischer Brisanz. Im Gegenteil – von den wenigen Lesern, die sie genauer zur Kenntnis genommen haben, werden Pestalozzis Fabeln trotz einiger kritischer Vorbehalte in der Regel durchaus positiv beurteilt: So werden sie vom Herausgeber der ersten Gesamtausgabe der Werke Pestalozzis, L. W. Seyffarth, wegen »des psychologischen Scharfblicks und der sittlichen Tiefe«, die der Verfasser in ihnen bekunde, zu den »besten geistigen Produkten Pestalozzis« gerechnet.[3] Die Bearbeiter der Fabeln in der

›Kritischen Ausgabe‹ seiner Werke nennen sie seine »eigenartigste Schöpfung«.[4] Weiterhin heißt es, mehreren von ihnen fehle »zur Vollendung auch nicht ein Strichlein«[5], und jede einzelne von ihnen sei »ein von Pestalozzi wieder und wieder gefeiltes und umgeformtes Kunstwerk im kleinen«.[6] Außerdem findet man in der »beißenden Satire«, die nicht wenige von ihnen kennzeichne, »ihren größten Reiz« und bewundert ihren Verfasser als einen »auf energische Weltumwandlung gerichteten Kämpfer«, dessen Werke einerseits »durch weitgehendes Entgegenkommen der Revolution vorbeugen« wollten und andererseits »doch selbst bis in die Tiefe vom Revolutionsgeist durchdrungen« seien.[7] Das in den Fabeln zum Ausdruck kommende gegenwarts- und gesellschaftskritische Engagement des Verfassers läßt sie gar als »die wichtigste Schrift Pestalozzis über das *ancien régime* in der Schweiz vor der Helvetik« erscheinen.[8]

Die geringe Nachwirkung, die Pestalozzis Fabeln im Verlauf des 19. und des 20. Jahrhunderts gehabt haben, liegt, wenn man Stimmen dieser Art Glauben schenken darf, offensichtlich nicht in einem Mangel an künstlerischem Wert oder an kritischer Aussagekraft begründet. Die Ursachen dafür müssen anderswo gesucht werden. Sie scheinen paradoxerweise gerade in dem zu liegen, was sie auszeichnet: in der Originalität und Eigenständigkeit nämlich, die sie aufweisen. So ist zum Beispiel von ihnen gesagt worden: »Ein Einfluß berühmter Fabelsammlungen, wie der von Gellert oder Lessing, ist bei Pestalozzi nicht festzustellen; wie gewöhnlich braucht er eine beliebte Form der Volksaufklärung in unabhängiger Weise.«[9] Pestalozzis Fabeln repräsentieren anscheinend erzählerische Formen, die von den durch die klassische Fabeldichtung des 18. Jahrhunderts gesetzten Normen abweichen und deshalb den Erwartungen späterer Leser nicht entsprechen.

Die Fabel als lehrhaft-didaktische Erzählform erreichte im Verlauf des 18. Jahrhunderts einen, wenn nicht *den* Höhepunkt ihrer gattungsgeschichtlichen Entwicklung innerhalb der deutschen Literatur. Das betrifft einerseits den Gültigkeits- und Wahrheitsanspruch der in ihr vermittelten Lehre oder Moral, der aus dem vom Vernunftvertrauen bestimmten Weltbild der Aufklärung hervorgeht. Das betrifft andererseits jedoch auch die sprachliche und ästhetisch-formale Eleganz sowie die erzählerische Profilierung und Pointierung, in der sie als Vers- und – vor allem bei Lessing – als Prosafabel das sinnvolle Allgemeine in der Besonderheit des Einzelfalles zur Anschauung und zur Geltung bringt. Aufgrund dieser ihrer Sinngewißheit und ästhetischen Vollkommenheit wird die Fabel des 18. Jahrhunderts im Verlauf ihrer Rezeptionsgeschichte zum Paradigma der Gattung überhaupt.

Der Fabeldichter Pestalozzi jedoch verfügt über eine solche Sinngewißheit, wie sie seine Vorgänger oder seine Zeitgenossen in ihren Werken zur Sprache bringen, aus mancherlei Gründen nicht mehr. Die auf eine allgemeingültige Lehre oder Moral zielende Fabel ist deshalb für ihn nicht mehr fraglos die poetische Form, die seinem Bewußtseinsstand entspricht. Sie wird für ihn vielmehr zum Ausdrucksmittel einer generellen *Ungewißheit;* sie wird zumindest zeitweise zum Medium der Wahrheits- oder Sinn*suche*. Das bedeutet, daß Pestalozzi entweder den traditionellen Formen der Fabel neuartige Ausdrucksmöglichkeiten abgewinnen muß, oder aber, daß er sich von den tradierten Vorbildern lösen und neue, eigene erzählerische Ausdrucksformen entwickeln muß. Weil seine Fabeln damit den Charakter des Experimentellen oder gar des Innovativen erhalten, wirken sie gegenüber der sprachlichen und ästhetischen Perfektion sowie der gedanklichen Sicherheit, die die Werke seiner Zeitgenossen aufweisen, inhaltlich und formal in gewisser Weise unvollkommen oder befremdlich. Mit dieser Anders- und Eigenartigkeit mag es zusammenhängen, daß sie im Vergleich zu den klassischen Fabelsammlungen des 18. Jahrhunderts abgewertet und in der Rezeptionsgeschichte der Fabel an den Rand gedrängt worden sind. Den im Selbst- und Wirklichkeitsverständnis Pestalozzis liegenden Voraussetzungen und Inhalten, die zu dieser eigenartigen Form- und Funktionsänderung seiner Fabeldichtung geführt haben, soll im folgenden näher nachgegangen werden.

Pestalozzis zunächst noch tastend-unsichere Haltung in bezug auf die Gattungszugehörigkeit seiner Erzählungen kommt bereits in den unterschiedlichen Titeln zum Ausdruck, die er seiner Sammlung im Verlauf von rund zweieinhalb Jahrzehnten gegeben hat. Die erste Ausgabe erschien im Jahre 1797 bei Flick in Basel unter dem Titel ›Figuren zu meinem ABC-Buch oder zu den Anfangsgründen meines Denkens‹. Mit dem – möglicherweise der Geometrie entlehnten – Begriff *Figuren* setzt er sich bereits deutlich von der Gattungsgeschichte der Fabel ab und weist seinen Erzählungen die Funktion der illustrativen Veranschaulichung seiner gedanklichen Versuche, Entwürfe oder Konstruktionen zu. Erst bei der zweiten Auflage seiner Sammlung, die im Jahre 1804 ebenfalls bei Flick in Basel erscheint, greift er – sicherlich nicht ohne Einwirkung kommerzieller Erwägungen – auf den konventionellen Titel ›Fabeln‹ zurück. Pestalozzi behält ihn jedoch nicht endgültig bei: Die innerhalb der Ausgabe letzter Hand als Band 10 in ›Pestalozzi's sämmtliche Schriften‹ enthaltene, erweiterte und überarbeitete Fassung, die 1823 bei Cotta in Stuttgart und Tübingen erscheint, erhält wiederum den Titel der Erstausgabe. Damit weist er seiner Sammlung jetzt nachdrücklich einen festen Platz in seiner Lebensgeschichte zu, von dem aus sie ein neues Gewicht und eine buchstäblich fundamentale Bedeutung erhält.

Mit diesem endgültigen Verzicht auf die Gattungsbezeichnung *Fabeln* und dem Rückgriff auf den Titel der Erstausgabe hebt Pestalozzi erneut die formale und inhaltliche Eigenständigkeit und Neuartigkeit seiner Sammlung hervor: Sie besteht nämlich aus rund 240 sehr unterschiedlichen Erzählungen, die nach der gebräuchlichen Terminologie zwar zu einem großen Teil als Fabeln, zu einem beträchtlichen Teil jedoch auch als Parabeln, Gleichniserzählungen, Beispielgeschichten oder als Kurzdialoge sentenzenhaft-aphoristischer Art zu bezeichnen sind. – In der Cotta-Ausgabe von 1823 hat Pestalozzi »fast einer jeden dieser Figuren einen meist ganz kleinen Zusatz« beigefügt, um »den Leser wenigstens von einer Seite auf das Wesentliche des Gesichtspunkts«, den er »bei jeder Figur selber im Auge hatte, aufmerksam zu machen«.[10] Vor allem in der zweiten Hälfte der Sammlung nehmen diese Zusätze gelegentlich den Charakter grundsätzlicher gesellschaftsphilosophischer Betrachtungen an. Möglicherweise ist diese Verwendung verschiedenartiger erzählerischer Kurzformen ebenso wie die essayistische Erweiterung bereits als Indiz für den Vertrauensschwund zu werten, dem die Fabel als vernunft- und sinnorientierte didaktische Erzählform des 18. Jahrhunderts par excellence bei Pestalozzi unterliegt.

Die Entstehungszeit des Werkes liegt nach Pestalozzis eigener Aussage zwischen 1780 und 1790[11]; die fertige Sammlung dürfte bis zu ihrem Erscheinen jedoch bei bestimmten Anlässen durch neue Stücke aufgefüllt worden sein. Seit Beginn der neunziger Jahre hat Pestalozzi den gesammelten Geschichten ihre endgültige literarische Form gegeben; wie die Handschriften zeigen, hat er sie wieder und wieder umgearbeitet und bis ins einzelne Wort hinein verändert.[12]

Mit dem umständlich anmutenden, an die Fibelliteratur erinnernden und deshalb im Sinne der Elementarerziehung mißverständlichen Titel ›Figuren zu meinem ABC-Buch‹ gibt Pestalozzi einen Hinweis darauf, wie er seine Sammlung eingeordnet, bewertet und verstanden wissen will: Als *ABC-Buch* bezeichnet er zunächst nur seinen Roman ›Lienhard und Gertrud‹.[13] Er mag zwischen seinen ›Figuren‹ und dem Roman zunächst auch einen Zusammenhang gesehen haben.[14] Ein wohl im Februar 1795 geschriebener Brief an Hans Conrad Escher von der Linth zeigt jedoch deutlich, daß er sie jetzt in den großen Zusammenhang seines damaligen Denkens einordnet und ihnen eine eigene Funktion zuzuweisen beabsichtigt. In diesem Brief weist er darauf hin, sein ›ABC-Buch‹ fange an, »ganz etwas anderes zu werden, als (er) im Anfang selbst gedacht habe«. Er sehe eine Möglichkeit, so heißt es weiter, »die ganze Philosophie der Staatskunst oder wenigstens die wesentlichen Gesichtspunkte derselben durch Erregung von Gefühlen, die den gewöhnlichen Grundsätzen a diametro entgegen sind, den Menschen näher ans Herz zu bringen, als es die kalte Philosophie unsrer Zeit nie wird tun können«.[15] Mit der »Philosophie der Staatskunst« spielt er auf seine 1797 erschienenen ›Nachforschungen über den Gang der Natur in der Entwicklung des Menschengeschlechts‹ an. Die ›Figuren‹ stehen denn auch den ›Nachforschungen‹ in thematischer Hinsicht wesentlich näher als dem Roman; in den Vorarbeiten zu ihnen taucht dann die Bezeichnung ›ABC-Buch‹ auch für diese bereits seit etwa 1785 in Angriff genommene Arbeit auf (KrA XI, 380). Mit dem Untertitel seiner Sammlung – ›oder zu den Anfangsgründen meines Denkens‹ – gibt Pestalozzi einen deutlichen Hinweis auf den Zusammenhang, der zwischen den ›Figuren‹ und den ›Nachforschungen‹ besteht. Die ›Nachforschungen‹ entfalten in fundamentaler Weise die anthropologischen, geschichts- und sozialtheoretischen sowie die rechtlich-ethischen

»Anfangsgründe seines Denkens«, die er parallel zur Niederschrift seiner ›Figuren‹ von der ersten Hälfte der neunziger Jahre an entwickelt hat. Sie zeigen den Menschen als ein von seiner tierisch-natürlichen, seiner gesellschaftlich-rechtlichen und seiner sittlich-selbstlosen Natur geprägtes Wesen. Der Mensch im Spannungsfeld dieser in ihm wirkenden Kräfte ist gleichzeitig auch Gegenstand der ›Figuren‹. Sie schildern, wie es in der ›Vorrede zu der neuen Ausgabe dieser Bögen‹ heißt, die »tierischen Ansichten und Ansprüche der Menschennatur, in welcher großen oder kleinen Tiergestalt sie zum Vorschein kommen« (KrA XI, 93). Mit keiner anderen Schrift hängen sie inhaltlich so nahe zusammen wie mit den ›Nachforschungen‹ und können ohne sie kaum verstanden werden.[16] Von Pestalozzi selbst sind sie »wohl auch als ein Kommentar zu den ›Nachforschungen‹ aufgefaßt« worden.[17] Die bildhaft-poetische Welt der ›Figuren‹ soll die in begrifflich-diskursiver Sprache entworfene Gedankenwelt der ›Nachforschungen‹ in anderer Konsistenz »den Menschen näher ans Herz bringen«. Pestalozzi selbst betont in seinen ›Bemerkungen zu gelesenen Büchern‹ aus dem Jahre 1785 in spontanen, sehr deutlichen Formulierungen die redestrategische Notwendigkeit, Abstrakt-Gedankliches in sinnlicher Anschaulichkeit zur Sprache zu bringen, wenn es den Menschen erreichen und ihn als ganzheitliches Wesen ansprechen soll:

> Gott in der Welt! Es werden dem kultivierten Menschen zu viele abstrakte Sätze beigebracht. Hindernis seines Menschenglücks. Mehr Materialität und eigene Erfahrung des Ganzen unserer Natur, dessen Befriedigung uns allein glücklich macht. [...] Der Unterschied, den sinnliche Darstellung gegen Räsonnement hat, ist der Grund, warum die Lehren der Weisheit ohne Erfahrung keine Wirkung auf uns machen (KrA IX, 310f.).

II

Den zeitlichen Rahmen, in dem sich Pestalozzis anthropologischer und sozialphilosophischer Bewußtseinshorizont nach dem Scheitern seiner Armenanstalt auf dem Neuhof im Jahre 1780 neu konstituiert, bilden etwa die beiden letzten Jahrzehnte des 18. Jahrhunderts. Sie gelten bei nahezu allen Interpreten als der entscheidende Zeitraum, in dem sich die »Anfangsgründe« seines dann bis zu seinem Lebensende gültigen Denkens in einem mühsamen und oft qualvollen Prozeß entwickelt und gefestigt haben. Als Eckpunkte dieses Zeitraums werden in etwa das Jahr 1780 als das Erscheinungsjahr der ›Abendstunde eines Einsiedlers‹ – Pestalozzis erster bedeutender anthropologischer Schrift – und das Jahr 1797 als das Erscheinungsjahr der ›Nachforschungen‹ angesehen.

Die Veränderungen, die sich während dieser Zeit in seinem Denken vollziehen, betreffen in starkem Maße sein persönliches Lebens- und Selbstverständnis; noch stärker aber betreffen sie die Grundinhalte seines Denkens in philosophisch-theoretischer Hinsicht. Die Intensität und die gedanklich-existentielle Reichweite, die diese Veränderungen für ihn haben, lassen diese Phase zu einer tiefen Lebenskrise werden. Die ›Nachforschungen‹ sind als der Versuch bezeichnet worden, diese Lebenskrise zu bewältigen.[18] Auch die ›Figuren‹ sind zutiefst von den in ihr stattfindenden Umbrüchen geprägt.

Pestalozzi ist zu Beginn der achtziger Jahre trotz der widrigen Erfahrungen der Neuhofzeit in seinem Lebens- und Selbstverständnis – wohl aufgrund seiner tiefen Religiosität – nicht wesentlich beeinträchtigt oder erschüttert. Die 1780 erschienene ›Abendstunde‹ ist noch ganz geprägt von religiösem Enthusiasmus; sie spiegelt das Bild einer idyllischen Ungebrochenheit der Welt, in die der Mensch, organisch wachsend und reifend, eingeordnet ist. – Seit etwa 1783 drängt sich jedoch in immer stärkerem Maße eine Vorstellung in den Vordergrund, in der in monistischer Einseitigkeit in der *tierischen Natur* des Menschen das *Zentrum der menschlichen Natur überhaupt* gesehen wird.[19] Der Mensch ist demnach in seinem individuellen wie in seinem sozialen Wesen und Verhalten vorwiegend, wenn nicht ausschließlich, aus der physisch-sinnlichen Seite seines Wesens zu verstehen und zu erklären. Zugleich löst Pestalozzi ihn mit dieser Reduktion auf seine animalische Natur aus allen Rückbindungen an den transzendental-metaphysischen Bereich und damit auch aus der Einflußzone der theologisch vermittelten Ethik heraus. Seine Verhaltensformen und Verhaltensmotive können infolgedessen nicht mehr als Erfüllung religiöser, aus der Ganzheit der Schöpfung und des göttlichen Heilsplans begründeter Normen und Werte oder als Verstöße gegen sie interpretiert und bewertet werden. Sie erhalten mit ihrer Bindung an die organisch-sinnliche Bedürfnis- und Triebstruktur der menschlichen Natur und der Notwendigkeit, ihr Befriedigung zu verschaffen, ein neues Motivationsreservoir, aber auch ein neues, normatives System der Verhaltensregelung, das nur und ausschließlich in eben dieser Natur selbst verankert und durch sie legitimiert ist.

Pestalozzis Lebenskrise darf jedoch nicht nur als eine Bedrohung und Gefährdung seines individuellen Selbstverständnisses gesehen und seine Akzentuierung der tierischen Natur des Menschen nicht nur als eine gefühlshafte Reaktion auf private Frustrationen oder soziale Demütigungen verstanden werden. Sie ist, auch wenn sie sich immer wieder in resignativer Skepsis und tiefem Pessimismus äußert, wesentlich weitreichender und tiefer. Mit dem Verlust der Möglichkeit für den Menschen, sich als autonomes Subjekt für das Gute um seiner selbst willen zu entscheiden, mit der Preisgabe seiner sittlichen Natur schrumpft nämlich nicht nur er selbst auf die animalische Seite seines Wesens, sondern auch die Wirklichkeit verliert die Dimension des absoluten Sollens und verflacht zum eindimensionalen, auf sich beschränkten triebhaft-physischen Wollen. – Pestalozzi selbst empfindet diesen Verlust des in der absoluten Vernunft gegründeten Wahrheitsbegriffs und damit der transzendental verankerten Sittlichkeit sowie die damit einhergehende Beschränkung seines eigenen Denk- und Bewußtseinshorizonts auf das Empirisch-Materielle als das Zentrum seiner Lebenskrise. Die bildhaft-metaphorischen Umschreibungen, die er zur Kennzeichnung seiner Lage in seinem Brief vom 1. Oktober 1793 an Nicolovius verwendet, zeigen an, daß seine gedanklich-theoretische Verstrickung in die Zwänge und Notwendigkeiten der konkreten empirischen Wirklichkeit und die auf sie beschränkten Denkkategorien materialistischer Art es ihm unmöglich machen, zu einer distanzierten, spekulativtheoretischen Überschau über das Ganze der Wirklichkeit zu gelangen, um sie auf Wahrheit und immanenten Sinn befragen zu können. »Freund«, so heißt es in dem genannten Brief,

> so stand ich in dem Sumpf, in den ich gefallen war, eine Weile ganz still. Indessen entwickelten der Drang dieses Zustandes und die Erfahrungen, die ich in demselben täglich machte, in mir eine fast leidenschaftliche Angelegenheit, die Ordnung, die das Kot dieser Welt, in welches ich mich vertieft, hat, heiter zu machen und die Art und Weise ins Licht zu setzen, wie der Mensch, ohne wie ich darin zu versinken, sich durch dasselbe hindurcharbeiten könnte. Dieser nach meinem eigenen Gefühl beschränkte Gesichtspunkt ward nunmehr das Einzige, wofür ich in meinem Innersten ein festes, lebhaftes und ununterbrochenes Interesse empfand. Die Art der Wahrheit, der ich mich also widmete, oder vielmehr, von der ich all mein Interesse verschlingen ließ, ist also nicht eigentlich das höchste Ziel der innern reinsten Veredlung des Menschen, es ist vielmehr bloß seine gute Bildung für die wesentlichen Bedürfnisse seines Erdenlebens. – Ich kann und soll also nicht verhehlen: Meine Wahrheit ist an das Kot der Erde gebunden und also tief unter dem Engelgang, zu welchem Glaube und Liebe die Menschheit zu erheben mag (B III, 300).

Was Pestalozzi hier als die Bindung seiner »Wahrheit« an das »Kot dieser Welt« kennzeichnet, ist Ausdruck einer fundamentalen Umwertung seines Wirklichkeitsverständnisses: An die Stelle der einen reinen Wahrheit, an die Stelle der einen allgemeingültigen Moral drängt sich die vielgestaltige, Unwahres wie Häßliches, Unsittliches wie Unrechtes einschließende Wirklichkeit selbst mit ihrem Gültigkeits- und Wahrheitsanspruch. Was er als sein Versinken in »Kot und Moder«, als »Verzweiflung« und »Rasen«, als »unbeschreibliches Elend«, als Gefahr der »Zerrüttung der Sinnen« und der »äußersten Kopfverwirrung« (B III, 267), als ein Verschlungenwerden von »tiefer Mißstimmung«, als ein »Versinken seiner selbst« (KrA XIII, 185), als »entsetzliche Leere« (KrA XIII, 380) und als »Menschenverachtung« (B III, 279f.) beschreibt, sind zwar Symptome einer tiefen psychophysischen Erschütterung. Die sprachlichen Wendungen jedoch, in denen er diese Erschütterungen kundtut, verweisen auf Zusammenhänge, die über seinen biographischen Erfahrungsraum hinausreichen: Sie repräsentieren ein psychopathographisches Vokabular, mit dem seit dem Ende des 18. Jahrhunderts die Erfahrung des *Nihilismus* sich als die Erfahrung eines fundamentalen, den Menschen religiös, geistig und seelisch-gemüthaft tief betreffenden Vorgangs artikuliert. Diese Erfahrung des Nihilismus hat nichts anderes als den Zusammenbruch des metaphysisch-absoluten Wert- und Sinnhorizontes zum Inhalt – ein Vorgang, der sich bereits gegen Ende des 18. Jahrhunderts anbahnt, sich mit dem Beginn des 19. Jahrhunderts ausbreitet, jedoch erst gegen dessen Ende von Nietzsche exakt diagnostiziert und in seiner bewußtseins- und kulturgeschichtlichen Tragweite beschrieben wird. Nietzsche formuliert:

> Der radikale Nihilismus ist die Überzeugung einer absoluten Unhaltbarkeit des Daseins, wenn es sich um die höchsten Werte, die man anerkennt, handelt; hinzugerechnet die *Einsicht,* daß wir nicht das geringste Recht haben, ein Jenseits oder ein Ansich der Dinge anzusetzen, das ›göttlich‹, das leibhafte Moral wäre.[20]

In ähnlicher Weise heißt es in seinem Aphorismus ›Hinfall der kosmologischen Werte‹:

> Was ist im Grunde geschehen? Das Gefühl der Wertlosigkeit wurde erzielt, als man begriff, daß weder mit dem Begriff ›Zweck‹ noch mit dem Begriff ›Einheit‹ noch mit dem Begriff ›Wahrheit‹ der Gesamtcharakter des Daseins interpretiert werden darf. Es wird nichts damit erreicht; es fehlt die übergreifende Einheit in der Vielheit des Geschehens.[21]

In Pestalozzis Lebenskrise, mit der Erfahrung des Bruches zwischen der empirischen Realität und dem Bereich des Absoluten, manifestiert sich geradezu paradigmatisch die Krise des idealistisch-metaphysischen Wirklichkeitsverständnisses überhaupt, die schon einsetzt, bevor dieses Denken sich als gesamtgesellschaftliches, allgemeines Bewußtsein im 19. Jahrhundert überhaupt etabliert hat.

Dennoch ist Pestalozzis Entwicklung von der ›Abendstunde‹ bis zu den ›Nachforschungen‹ keineswegs »einsträngig«, sondern ist von einer paradox anmutenden Spannung gekennzeichnet: Einerseits insistiert er in seinem Denken mit konsequenter Hartnäckigkeit auf dem Problem der Tiernatur des Menschen und deren Auswirkungen im gesellschaftlichen Zusammenleben, ohne den Gedanken der Korrespondenz der menschlichen Natur mit einem absoluten Sittengesetz weiterhin in den Blick zu nehmen. Andererseits empfindet er selbst diese Reduktion seines Menschenbildes auf die tierische Natur und seine Loslösung von der absoluten Wahrheit und Sittlichkeit als Ergebnis eines nach seinem »eigenen Gefühl beschränkten Gesichtspunkts«. Sein scheinbar so festgefügtes monistisches Bild von der Tiernatur des Menschen steht – offenbar noch über dieses »Gefühl des beschränkten Gesichtspunkts« hinausgehend – für ihn in Widerspruch zu der tief in sein Inneres abgesunkenen Überzeugung, daß das Wesen des Menschen nicht auf die animalische Triebnatur und die phylogenetisch wie psychophysisch bedingte Selbstsucht beschränkt sein kann. Jenseits aller negativen anthropologischen und ontologischen Denkkategorien bleibt ihm die Sensibilität für die ursprüngliche Unschuld und Unverdorbenheit des Menschen erhalten. Diese ursprüngliche Reinheit und Unschuld des menschlichen Lebens bleibt ihm erfahrbar im *Dasein des Kindes:* In ihm wird »die Wonne der Menschennatur und ihrer heiligen Unschuld« transparent, in der er auch sich selbst wiederfindet. »Also«, heißt es dann weiter, »rettete mich ein innerer liebender Sinn, der stärker war als alles, was äußerlich rund um mich her mich empörte, von meinem äußersten Verderben« (KrA XIII, 218). Im *Kind* erfährt er offenbar die Manifestation eines die empirisch-materielle, geschichtlich-gesellschaftliche Existenz des Menschen transzendierenden Urbildes – die Idee des ursprünglichen, reinen, unschuldigen Menschen. In sich selbst wird er zugleich im »inneren liebenden Sinn« des Organs gewahr, das ebenfalls über alle Verdorbenheit und Beschränkung der tierisch-selbstsüchtigen Natur hinaus dem Menschen die Wahrnehmung des Absoluten ermöglicht. Der logisch-diskursiven Erkenntnis und der empirischen Erfahrung, die ihn ganz an die materielle Welt binden, treten damit quasi mystisch-intuitive Wahrnehmungsformen gegenüber, die ihm eine *Ahnung* oder eine *Erinnerung* an die eigentliche, die *sittliche* Natur des Menschen vermitteln. Dieser innere Widerspruch – so läßt sich mit Arthur Brühlmeier sagen –, »das Höchste zu erahnen, ja zu wissen, es aber gedanklich und existentiell nicht verarbeiten zu können, ist vielleicht der zentrale Zug der Pestalozzischen Lebenskrise«.[22] In dieser widerspruchsvollen, tragischen Erfahrung der unüberbrückbaren Divergenz von Sinnlichkeit und Sittlichkeit, von Wahrheit und Wirklichkeit, von Nihilismus und Sinngewißheit antizipiert Pestalozzi die existentielle Gebrochenheit des Lebensgefühls, wie sie das 19. Jahrhundert zwischen Kleist und Nietzsche immer wieder hervorgebracht hat. Mit seinen ›Nachforschungen über den Gang der Natur in der Entwicklung des Menschengeschlechts‹ versucht er, diese unüberwindbar scheinende Kluft zwischen der tierischen und der sittlichen Natur des Menschen zu überbrücken. Die ›Nachforschungen‹ sind in diesem Sinn ein todernstes Buch, tatsächlich die »Geschichte eines großen Kampfs«, wie Herder schrieb[23], eines »Kampfes um Leben und Tod«, wie es ein moderner Interpret formuliert.[24]

III

Pestalozzi läßt die ›Nachforschungen‹ mit einer Erzählung beginnen, die sprachlich und thematisch an ein biblisches Gleichnis erinnert: Zwei Männer suchen unablässig auf unterschiedliche Weise nach der »Wahrheit fürs Volk«; beide bleiben jedoch trotz eines gegenteiligen äußeren Anscheins im Irrtum befangen: Mit der Frage nach den Gründen dafür wie nach den Möglichkeiten, die Wahrheit überhaupt zu erkennen und nach ihr zu leben, läßt Pestalozzi den Leser allein und versetzt ihn damit in dieselbe Situation der Ungewißheit, in der er selbst sich befindet. – Auch der Schluß des Werkes besteht aus einer biblisch anmutenden, parabelartigen Erzählung. Sie enthält Anspielungen auf Christus und stellt ihn als den Menschen dar, der die Wahrheit der menschlichen »Natur« in reiner Weise verkörpert und sie durch sein Leben Wirklichkeit werden läßt: »In ihm lag die Wonne der Unschuld und ein Glauben an den Menschen, den wenige Sterbliche kennen; sein Herz war zur Freundschaft geschaffen, Liebe war seine Natur und Treue seine innigste Neigung. – Aber er war kein Werk dieser Welt, er paßte in keine Ecke derselben« (KrA XII, 166).[25]

Beide Erzählungen verhalten sich zueinander wie Frage und Antwort: Der offene Schluß der ersten aktualisiert mit aller Dringlichkeit die Frage nach dem Vorhandensein der Wahrheit sowie nach den Möglichkeiten, sie zu erkennen und im Leben zu realisieren. – Die zweite hat eine resümierende Funktion: Sie verdichtet das Resultat der ›Nachforschungen‹ in der Evokation der Christus-Figur zu einer Imagination von heilsgeschichtlicher Weite und tragischer Tiefe: Christus ist der Bürge für die Existenz der Wahrheit in absoluter Reinheit; er ist zugleich jedoch auch der Zeuge für die von Pestalozzi in seiner Lebenskrise erfahrene prinzipielle Unvereinbarkeit von »Wahrheit« und »Welt«: »Er ist nicht mehr, du kennst ihn nicht mehr, was von ihm übrig ist, sind zerrüttete Spuren seines zertretenen Daseins« (KrA XII, 166). *Wahr ist nur,* so ließe sich die bittere Essenz dieser Schlußerzählung mit einem Wort Adornos zusammenfassen, *was nicht in diese Welt paßt.*

Mit diesen gleichnishaft-biblischen Erzählungen qualifiziert Pestalozzi die ›Nachforschungen‹ als ein Unternehmen, das existentielle Bedeutung für das *Ich* und heilsgeschichtlich-religiöse Reichweite und Dignität für das *Menschengeschlecht* besitzt: Sie gelten der Frage nach dem Verhältnis – oder Mißverhältnis – von absoluter Wahrheit der menschlichen Natur und der Unwahrheit ihrer gesellschaftlichen, historischen Erscheinung; sie gelten der Frage nach der Relation zwischen der teleologisch ausgerichteten Sinnfülle und der undurchschaubar dunklen Chaotik des Geschichtsprozesses. Die beiden Rahmenerzählungen sind Imaginationen dieser Widersprüchlichkeit der Welt – und der Ambivalenz, die den Menschen als einzelnen wie die Menschheit als Gattung prägt: Der Mensch als einzelner bleibt in seiner individuellen Lebensgeschichte wie die Menschheit als ganze in ihrer Gattungsgeschichte mit der »Wahrheit« konfrontiert, ohne sie zu erkennen oder ihren Anforderungen zu genügen. Diese Widersprüchlichkeit scheint ihren Grund »in der menschlichen Natur« selbst zu haben (KrA XII, 6); sie ist das Agens, das Pestalozzi dazu treibt, eben diesem ›Gang der Natur in der Entwicklung des Menschengeschlechts‹ nachzuforschen.

Die existentielle Reichweite, die diese Fragen für ihn besitzen, und die Intensität der Ungewißheitserfahrungen, aus denen sie hervorgehen, läßt Pestalozzi in dem mythischen, auch für Formen existentialistisch-moderner Selbst- und Welterfahrung immer wieder verwendeten Motiv des *Labyrinths,* in dessen Zentrum er sich gefangen fühlt, bildhaften Ausdruck finden: Er muß, um aus dem »chaotischen Dunkel der unerforschten Natur« (KrA XII, 47) dem ›Gang der Natur in der Entwicklung des Menschengeschlechts‹ folgen zu können, »den Faden finden, von dem dieses Gewinde von Elend und Wohlstand, von Weisheit und Torheit, von Wahnsinn und großer Erhebung des Geistes ausgeht« (KrA XII, 49). An diesem Faden will er »dem Pfad der Natur in jeder Entwicklung des Menschengeschlechts mit Sicherheit nachspüren, und ihn von seinem Anfang an, bis zu seiner Vollendung, verfolgen« (KrA XII, 7).

Pestalozzi findet den Ariadnefaden darin, daß er den traditionellen, »einsinnigen« Begriff der menschlichen Natur auflöst und ihn durch einen differenzierten, »dreisinnigen« Naturbegriff ersetzt. Die Begründung dafür liegt in der durch Selbstbeobachtung gewonnenen Einsicht in die Fähigkeit des Menschen, die Welt in dreifacher Weise wahrzunehmen. In dieser Fähigkeit sieht Pestalozzi eine Konstante der menschlichen Natur selbst: »Die Widersprüche die in meiner Natur zu liegen scheinen, finden in der dreifach verschiedenen Art alle Dinge dieser Welt anzusehen, deren meine Natur fähig ist, allgemein ihren Aufschluß« (KrA XII, 129). Diese Differenzierung der Wahrnehmung führt zu einem in entsprechender Weise triadisch strukturierten Begriff von der Wahrheit der menschlichen Natur:

> Ich nahm also an, der Mensch, oder vielmehr ich selbst, stelle mir die Welt auf drei verschiedene Arten vor, und deswegen sei die Vorstellung von Wahrheit und Recht in mir selbst, im Gefolge dieser dreifachen Gesichtspunkte wesentlich verschieden; ich erschaffe mir durch einen jeden derselben, in mir selbst eine für denselben ausschließend passende Vorstellung von Wahrheit und Recht. Also habe ich in mir selbst eine tierische Wahrheit, das ist, ich habe in mir selbst eine Kraft, alle Dinge dieser Welt als ein für mich selbst bestehendes Tier anzusehen. Ich habe eine gesellschaftliche Wahrheit, das ist, ich habe eine Kraft, alle Dinge dieser Welt als ein mit seinem Nebenmenschen in Vertrag und Verkommnis stehendes Geschöpf anzusehen. Ich habe eine sittliche Wahrheit, das ist, ich habe eine Kraft, alle Dinge dieser Welt unabhängig von meinen tierischen Bedürfnissen und von meinen gesellschaftlichen Verhältnissen gänzlich nur in dem Gesichtspunkt, was selbige zu meiner Veredelung beitragen, ins Auge zu fassen (KrA XII, 67).

Wenn auch in Pestalozzis Begriff der Natur im Hintergrund noch die Vorstellung einer einheitlichen bewegenden Kraft mitschwingt, die allen Entwicklungen von niederen zu höheren Daseinsformen zugrunde liegt, so manifestiert sich der »Gang der Natur« bei der »Entwicklung des Menschengeschlechts« nach außen hin sowohl in genetisch-evolutionärer als auch in systematisch-anthropologischer Hinsicht als eine triadische Gliederung, für die sich die Bezeichnungen *tierischer, gesellschaftlicher* und *sittlicher* Zustand eingebürgert haben. Man kann diese drei Kategorien mit Eduard Spranger die *naturrechtlichen* nennen.[26] Mit dem Begriff *Zustand* ist nicht in erster Linie ein für sich existierender, trennscharf abgrenzbarer zeitlicher oder substantieller Teilbereich gemeint, sondern eher eine qualitativ unterscheidbare Ausprägung, eine Akzentuierung des Besonderen innerhalb der Kontinuität des Ganzen. »Es ist der Grundgedanke des Kontinuitätsprinzips, daß sich alle ›höheren‹ Daseinsformen des Menschen – gleichsam die manifeste höhere Natur – im Laufe der Phylogenese wie auch der Ontogenese allmählich aus der tierischen Basis herausentwickeln. Dieses Enthüllen der Tiernatur nennt Pestalozzi häufig ›Bahn der Natur‹ oder ›Gang der Natur‹«.[27] Er versucht also, die Frage nach dem Wesen des Menschen nicht durch ein definitorisches Kategorialsystem zu beantworten, sondern er sucht das Individual- wie das Gattungswesen als naturhaft-organisch sich entfaltende Größen ontogenetisch und phylogenetisch zu verdeutlichen. Bei diesen Fragen geht es zwar am Rande auch um die »Natur« dessen, was das Ich bzw. den Menschen überhaupt trotz aller äußeren Verschiedenheiten zum Menschen macht; im Kern handelt es sich jedoch um die Frage nach der Bestimmung des Ich und der Bestimmung der Menschheit. Das aber sind keine Fragen anthropologischer, sondern es sind Fragen geschichtsphilosophischer bzw. -teleologischer Art. Pestalozzi ordnet sich hier mit seinem genetisch-dynamischen Naturbegriff in eine Tradition ein, in der – etwa bei Voltaire und Rousseau, bei Lessing und Herder, bei Fichte und Schiller, bei Schelling und Hegel und schließlich noch bei Feuerbach und Marx – die Frage nach der ursprünglichen, wahren Natur des Menschen, nach den Gründen für seine Entfremdung von seiner wahren Natur und nach den Möglichkeiten der Aufhebung dieser Entfremdung immer wieder gestellt wird. Das dieser Frage zugrunde liegende dreiphasige, in chiliastisch-utopische Endzeitvorstellungen einmündende Geschichtsbild ist dabei letztlich eine Denkfigur geschichtsphilosophischer oder gar -mythologischer Art, die als methodische Verstehenshilfe dient.

Mit seiner Differenzierung der Menschennatur in gattungsgeschichtlich-genetische und zugleich anthropologische Kategorien entzerrt Pestalozzi aus methodischen Gründen die Komplexität der menschlichen Natur, indem er sie auf die zeitliche und die räumliche Ebene projiziert und so ihr Ineinander im Bild des Nacheinander zu veranschaulichen sucht. Die drei »Zustände« entwickeln sich somit zu Unterschieden der Vorstellungsart, von denen Pestalozzi durchgehend aus der Ich-Perspektive spricht: »Ich nahm also an, der Mensch, oder vielmehr ich selbst, stelle mir die Welt auf drei verschiedene Arten vor [...]« (KrA XII, 67). Begriffe wie *tierische Wahrheit, gesellschaftliche Wahrheit, sittliche Wahrheit* oder *Werk der Natur, Werk meines Geschlechts, Werk meiner selbst* sind unter diesem Aspekt also heuristische Kategorien, d. h. Wahrnehmungsweisen oder eben »Vorstellungsarten«, die auf das Ganze der menschlichen Natur bezogen bleiben. Pestalozzi selbst besteht nachdrücklich auf dieser Kohärenz aller Einzelaspekte, wenn er erklärt, es gehöre zur »Wahrheit« der menschlichen Natur, daß in ihr »die tierischen, die gesellschaftlichen und die sittlichen Kräfte nicht getrennt, sondern innigst miteinander verwoben erscheinen« (KrA XII, 109f.).

Die drei »Zustände« verlieren im Verlauf der ›Nachforschungen‹ zwar ihre anfangs noch deutlich spürbaren Anklänge an Bezeichnungen für den Anfang, den Verlauf und das Endziel der Menschheitsgeschichte; dennoch bleibt dieses dreiphasige Geschichtsbild im Hintergrund latent immer vorhanden und wirkt als Denkfigur mythologisch-imaginativer Art nachdrücklich auf ihren Ablauf ein und präformiert ihr Ziel. Die aus den Erfahrungen seiner Lebenskrise erwachsene Intention, die Pestalozzi mit den ›Nachforschungen‹ verfolgt, liegt ja gerade darin, das im Kind noch erahnbare Urbild des ursprünglichen, unschuldig-reinen Daseins – »die Wonne der Menschennatur und ihrer heiligen Unschuld« – durch die vom »Kot dieser Welt« verunreinigte Phase der geschichtlich-gesellschaftlichen Entfremdung hindurch mit dem Inbild der sittlich-selbstlosen Natur des Menschen zu versöhnen, das in der überirdischen

Reinheit und Selbstlosigkeit Christi – der »Wonne der Unschuld« – für ihn Gestalt gewonnen hat. Es geht ihm ja gerade darum, die Kohärenz zwischen der ursprünglichen und der zukünftigen Wahrheit des Jenseits durch die Unwahrheit des Diesseits hindurch als kontinuierlichen »Gang der Natur in der Entwicklung des Menschengeschlechts« sichtbar zu machen. Der rationalen Analyse zugänglich ist dabei allein der Mensch im gesellschaftlichen Zustand. Zugleich jedoch stellen sich über die rationale Analyse hinaus im diffusen Ineinander der gesellschaftlichen Wirklichkeit die verlorene, unschuldig-unbewußte Reinheit des vorgeschichtlichen und vorgesellschaftlichen natürlich-tierischen Daseins sowie die durch selbstlose Hingabe an den Mitmenschen wiedergewonnene Reinheit des sittlichen Daseins als erahnbare, aber nicht erkennbare Inhalte der *Anschauung* wieder ein:

> Ich besitze eine Fähigkeit, mich selbst im Genuß der vollen Kraft meines Instinkts und der ganzen Reinheit meines Wohlwollens zu denken, wie ich mich, wenn ich einen Arm oder ein Bein im Mutterleib verloren hätte, dennoch im Besitz dieses Gliedes denken könnte. – Durch diese Fähigkeit erzeuge ich in mir selbst das Bild der Unschuld, die ich verloren, das ist: eine Vorstellung von der Beschaffenheit meiner selbst, außer meinem Verderben (KrA XII, 72).

Diese fiktive Vorstellung der menschlichen Unschuld kann unter zwei Aspekten betrachtet werden: auf die Frage, »wie ich beschaffen sein würde, wenn der Eindruck des Übels gar nicht auf mich gewirkt hätte«, erscheint das Bild der ursprünglich-natürlichen, vorgesellschaftlichen Unschuld; auf die Frage, »wie ich beschaffen sein würde, wenn der Eindruck des Übels wieder in mir ausgelöscht wäre«, erscheint das »Bild der Unschuld« als »das Ziel der Vollkommenheit, wonach ich strebe« (KrA XII, 73). Pestalozzi erweitert mit diesen hypothetisch angesetzten Denkkategorien seine *einseitig* auf die empirische Realität gerichtete Perspektive in den mythischen Raum des Vor- und Endzeitlichen hinein. Neben die durch die vernunftbestimmte Analyse der Wirklichkeit gewonnenen Einsichten treten *Ahnung* und *Erinnerung* als mythologisch geprägte Wahrnehmungsweisen, die auch das Bild des Menschen in der Gesellschaft mitbestimmen: Der Mensch bleibt unter dem Einfluß dieser *dreiseitigen* Betrachtung mit seinem ganzen Wesen gebunden an seine vorzeitliche sinnliche Herkunft und zugleich mit seinem ganzen Wesen ausgerichtet auf seine endzeitliche sittliche Bestimmung, ohne an ihnen jemals ganz teilhaben zu können:

> Der Unschuld unbeflecktes Eigentum ist nicht das Teil des sterblichen Mannes, er hat sie beim ersten weinenden Laut, an dem Schoß seiner Mutter verloren und stirbt, ehe er sie in seiner Brust wieder hergestellt hat. – Er sieht sie an den Grenzen seines Daseins und lebt in ihrer Mitte, umhergetrieben vom Sturm seiner Schuld (KrA XII, 111).

Die Unschuld des naturhaft-tierischen Zustands wie die Reinheit des sittlichen Zustands bleiben in diesem Sinn hypothetische oder fiktive Kategorien von erkenntnisleitendem, funktionalem Wert; Realitätsgehalt kommt allein dem gesellschaftlichen Zustand zu. Dennoch sind sie die Eckpunkte, die Pestalozzis Glauben an eine ganzheitliche Welt auch in der Aporie der Erkenntnisungewißheit und in der Not der Sinnsuche möglich machen: Vom Punkt der »Unschuld [...], den wir freilich [...] nur ahnen, aber nicht kennen« (KrA XII, 71), gehen seine ›Nachforschungen‹ aus; auf die sittliche Vollkommenheit dessen, der »kein Werk der Welt war« und in »keine Ecke derselben paßte«, führen sie zu. – Pestalozzis *dreisinnige* Vorstellung von der Natur des Menschen erweist sich so als ein fragiles, paradox anmutendes gedankliches Gebilde, das in sich heterogene Elemente verbindet: In ihm treten Mythos und Geschichte, Ideal und gesellschaftliche Realität, Vernunftorientierung und »innerer liebender Sinn«, Sinnlichkeit und Sittlichkeit in ein spannungsvolles Gegen- und Miteinander. Zwischen diesen Polen erstreckt sich das Spannungsfeld von Traditionsgebundenheit und Modernität, das Pestalozzis Lebenskrise umgibt.

IV

Auch für die ›Figuren‹ bilden diese drei »Zustände« und das sie tragende Spannungsfeld den Denk- und Vorstellungshintergrund, aus dem heraus sie ihre didaktisch-appellative Funktion erhalten. Ebenso wie die ›Nachforschungen‹ von einem ganz auf das Ich konzentrierten erkenntnistheoretischen Ansatz und einer durchgehend an das Ich gebundenen Darstellungsperspektive ausgehen, haben auch sie ihren Ausgangspunkt in der Individualität des sich nur auf die eigene Erkenntnisfähigkeit verlassenden Ichs; auch sie sind empirisch fundierte »Individualansichten« (KrA XI, 329). Diese subjektzentrierte, strikt empirisch-induktiv ausgerichtete Erkenntnis- und Darstellungsperspektive liegt Pestalozzis Denken generell zugrunde: Er selbst beschreibt und begründet sie folgendermaßen: »Historische Menschenkenntnis von unten auf, nicht von oben *ab*. Menschenkenntnis ruhet auf genauer Kenntnis des einzelnen. Der nächste einzelne Mensch ist der Fuß, nach welchem das Kind zu Adam hinauf durch Stufenfolgen muß geführt werden [...]« (KrA IX, 357).

Pestalozzis »von unten auf« ausgerichteter Erkenntniswille setzt voraus, daß »die Welt immer sich selbst gleich« ist, daß sie der Erkenntnis des Menschen jedoch immer nur partiell, nämlich in standort- wie subjektgebundener Weise – von seiner *Individuallage* aus – zugänglich wird: »Der Stier siehet sie anders an als das Pferd, der Hund anders als der Esel, der Fisch anders als der Vogel und das Gras anders als der Stein« (KrA XII, 91). Erst in der sittlichen, von keiner tierischen oder gesellschaftlichen Erfahrung und Einflußnahme getrübten Entscheidung überwindet der Mensch diesen Erkenntnisrelativismus; erst in der Erfahrung des *Sollens* fällt ihm die Wahrheit »also in die Augen, wie sie keinem Vieh darein fallen kann« (KrA XII, 91). In dieser Transzendierung seiner tierischen und gesellschaftlichen Natur wird der Mensch zum *humanen* Wesen. Die ›Figuren‹ haben die Funktion, in ihm die zu seiner sittlichen Selbstwerdung notwendigen, aufbauenden Kräfte zu mobilisieren. In der Hand des Menschen selbst liegt es also, sich zu dem »edleren Geschöpf« zu vervollkommnen, als dies seine bloß sinnliche Natur oder sein bloß gesellschaftliches Wesen könnten.

Auf etwa dieser Ebene liegt die anthropologisch-pädagogische Konzeption, die der späte Pestalozzi vor Augen hat, als er für die Cotta-Ausgabe des Jahres 1823 fast einer jeden dieser ›Figuren‹ einen kommentierenden kleinen Zusatz beifügt, um den Leser auf »das Wesentliche des Gesichtspunkts«, den er »bei jeder Figur selber im Auge hatte, aufmerksam zu machen« (KrA XI, S. 94). In dieser *kontinuierlichen* Entwicklung des Menschen vom tierisch-selbstsüchtigen zum sittlich-selbstlosen Wesen liegt auch nach Ansicht der herkömmlichen, größtenteils ideen- oder problemgeschichtlich orientierten Interpreten der ›Nachforschungen‹ das Zentrum der anthropologischen und pädagogischen Vorstellungen, zu denen Pestalozzi – bei aller Eigenständigkeit – aufgrund seiner Auseinandersetzung mit Shaftesbury, Rousseau, Kant, Herder und Fichte gelangt ist.

Gegenüber dieser harmonisierenden Selbstdeutung, die der späte Pestalozzi mit und in den essayistischen Zusätzen zu seinen ›Figuren‹ vornimmt, aber auch gegenüber dem idealistisch vorverstandenen Pestalozzi der beiden letzten Jahrzehnte des 18. Jahrhunderts, wie er sich in der traditionellen Rezeptionsgeschichte darstellt, wird in der neueren, soziologisch und sozialpsychologisch ausgerichteten Forschung stärker die *Diskontinuität* von tierischer Natur und sittlicher Bestimmung des Menschen hervorgehoben, die Pestalozzi in seinen ›Nachforschungen‹ eher überdeckt als überbrückt. So heißt es beispielsweise bei Adalbert Rang: »Darin aber, wie in den ›Nachforschungen‹ neben dem Prinzip der *Kontinuität* auch das der trennenden *Polarität* als Denkform benutzt wird, dokumentiert sich nicht so sehr die gelungene Vermittlung beider Prinzipien, als vielmehr Unsicherheit und Schwanken. ›Sittlichkeit‹ war denn auch schon für den Autor selbst der schwierigste Begriff«.[28] An anderer Stelle weist Rang dem Begriff der Sittlichkeit gar die Aufgabe des »Lückenbüßers« zu, dessen Funktion bei Pestalozzi darin bestehe, »der labilen Existenz des sozialisierten Naturwesens Mensch als Stütze zu dienen« und ihm »die Disharmonie der gesellschaftlichen Lebensform [. . .] erträglich zu machen«.[29]

Unter diesen Aspekten ist auch der Autor der ›Figuren‹ keineswegs der sinngewisse, zielgerichtete Pädagoge, als der er vor allem durch seine etwa seit dem Beginn des 19. Jahrhunderts entwickelte Methode der Elementarerziehung ins allgemeine Bewußtsein eingegangen ist: Es ist vielmehr der Pestalozzi, der sich während seiner von etwa 1783 bis 1797 dauernden Lebenskrise aus allen vorgegebenen Denkinhalten und Bewußtseinsformen löst und sich in den ›Nachforschungen‹ ein eigenständiges Welt- und Menschenbild aufbaut, das ganz auf empirisch-historischen, geradezu materialistischen oder – wie er selbst immer wieder betont – »einseitigen« Prämissen beruht. Für diesen Pestalozzi bleibt offenbar die *Kontinuität* der drei genannten »Zustände« im Sinne einer sachlogisch-organischen, evolutionären Entwicklung zutiefst problematisch: Die vormenschlich-tierische, nur noch erahnbare Unschuld und Unverdorbenheit des menschlichen Wesens geht beim Eintritt ins Dasein – mit dem ersten Schrei des Kindes – ein für allemal verloren. Pestalozzi beschreibt den Menschen des noch vorgesellschaftlichen, aber bereits »verdorbenen« Naturzustandes und dessen *Willen zur Macht* mit Worten, die Gedanken Nietzsches vorwegzunehmen scheinen:

> Allenthalben trieft er von dem Blut seines Geschlechts, er schützt seine Höhle wie ein Tiger, und tötet sein eigen Geschlecht, er spricht die Grenzen der Erde als sein an, er tut unter der Sonne was er will. – Er kennt kein Recht, er kennt keinen Herrn; sein Wille ist sein einziges Gesetz, und von der Sünde fragt er, was ist sie? [. . .] Wenn ich im Besitz der Macht Löwenkräfte in meinen Gebeinen fühle, was soll mir das Recht der kleinen Tiere, und der kindische Wahn, sie haben mich zum Löwen gemacht? Gehen ihre Scharen zu Grunde, ich bin der Löwe, meine Zähne und meine Klauen sind mein. Also denke ich im Besitz der Macht, nicht weil ich ein Narr bin, oder ein Sonderling, oder ein vorzüglich ungerechter Mann, ich denke also, weil ich den Kopf gern in den Lüften trage [. . .]. Ich bin [. . .] kein trauliches kraftloses Haustier, das unter den Füßen eines Stärkern ruhig gaukelt und frißt; im Gegenteil ich gehöre vielmehr zu den gewaltsamen, unruhigen [. . .] Raub- und Waldtieren (KrA XII, 44; 14; 26).

Im gesellschaftlichen Dasein bleibt der Mensch mit der »ganzen Schiefheit und Härte seiner verstümmelten und unbefriedigten Natur« (KrA XII, 79) vom »Verderben« des Egoismus geprägt. Als ein solches »verdorbenes« Wesen ist er prinzipiell unfähig zur reinen Sittlichkeit, die jenseits von Recht und Staat liegt. Sittlichkeit ist zwar »innigst mit seiner tierischen Natur und mit seinen gesellschaftlichen Verhältnissen verbunden«; sie geht jedoch nicht daraus hervor, da sie ganz das Werk des freien Willens des einzelnen ist: »Die Sittlichkeit ist ganz individuell, sie bestehet nicht unter zweien« (KrA XII, 106). Weil der Mensch als soziales Wesen seine ursprüngliche Unschuld nur noch zu erahnen vermag, gibt es reine Sittlichkeit für ihn lediglich als unerfüllbares Postulat, als utopisches Ziel. Die Möglichkeit einer unschuldig-unverdorbenen Existenz sieht Pestalozzi demnach für den Menschen nur außerhalb seines *wirklichen* Daseins: In Geburt und Tod leuchten für einen Augenblick die Unschuld und die Unverdorbenheit seines Wesens auf – als eigentliche, wenn auch utopische Wahrheit. In der Ich-Gebundenheit seiner gesellschaftlichen Existenz bleibt er jedoch ein »verwirrtes, verdorbenes Mittelding zwischen tierischer Schuldlosigkeit und sittlicher Reinheit« (KrA XII, 127), das sich vergeblich abmüht, sich seiner sittlichen Bestimmung zu nähern, ohne sie jedoch je erreichen zu können: »Wir kennen von der Sittlichkeit unserer Natur eigentlich wenig außer dieser Arbeit an unserm verschütteten Selbst« (KrA XII, 112).

Jeder Erziehung, jeder didaktischen Anstrengung haftet somit ein Moment der Vergeblichkeit, der Resignation, der tragischen Verzweiflung – ja sogar ein Moment der Verstellung, der Täuschung, der Lüge an: Sie beruht

> auf der Kunst, die innersten Gefühle meiner tierischen Natur zu Gunsten des gesellschaftlichen Rechts und der gesellschaftlichen Ordnung umzustimmen und zu verstümmeln. – Die Kunst dieser Verstümmlung aber ruhet ganz auf den Gesetzen meiner tierischen Täuschung. – Der Tiersinn deiner Natur muß es nicht ahnden, daß du ihn schwächst, er muß glauben, du gebest ihm, was du ihm nur läßt, er muß nicht wissen, was du ihm nimmst; er muß dir nicht zuschreiben, was du ihn leiden machst, er muß das selber wünschen, wozu du ihn hinlenkst, und das was du ihm zur andern Natur machest, kaum von dem unterscheiden, was in seiner ersten schon da war (KrA XII, 93).

In der Erziehung wird dem heranwachsenden Menschen vorgetäuscht, die Regulierung seiner sinnlichen Natur lasse seine eigentliche Natur zum Vorschein kommen. Diese Täuschung ist notwendig, weil der Mensch unter den Notwendigkeiten und Beschränkungen der bürgerlichen Gesellschaft nicht ohne Verstümmelung seiner vollen Naturkraft zu leben vermag. Die einzige Frage, die dabei übrig bleibt, ist, ob diese Verstümmelung »nach den Gesetzen meiner tierischen, oder nach denjenigen meiner sittlichen Natur erzielet werden« kann (KrA XII, 94). Erziehung als ein gesellschaftlich notwendiges Moment müßte sich paradoxerweise selbst überwinden, wenn der Mensch zur sittlichen Autonomie gelangen soll, die als rein individuelles Vermögen mit seinem gesellschaftlichen Wesen nicht vereinbar ist.

Unter diesen Aspekten wird die Möglichkeit, das gesellschaftliche Wesen des Menschen mit seinem sittlichen Wesen zu versöhnen, mehr als problematisch. Der Gefahr des drohenden Sinnverlusts glaubt Pestalozzi dadurch entgehen zu können, daß er sich der verlorenen Unschuld »träumend« erinnert, ihr Fehlen im gesellschaftlichen Leben durch kompensatorische Tugendstrategien zu überbrücken sucht, ihre Wiedergewinnung als ahnungsvolles Versprechen in Aussicht stellt. Dieselben Funktionen, die er der Erziehung und der Gesetzgebung zuschreibt, sollen *mutatis mutandis* auch die ›Figuren‹ übernehmen:

> Sie müssen dem Menschen als tierischem Wesen, durch die Erhaltung seines tierischen Wohlwollens, das Bild seiner Unschuld in Kindesschwäche, und gleichsam träumend, vor Augen halten.
>
> Sie müssen in ihm als gesellschaftlichem Wesen durch Treue und Glauben die gesellschaftliche Zuversicht entwickeln, durch die er sich den Mangel der Unschuld, von der ihn der gesellschaftliche Zustand so gewaltsam entfernt, in demselben erträglich zu machen bestrebt.
>
> Sie müssen ihn endlich durch Selbstverläugnung zu der Kraft emporheben, durch die er allein imstande ist, das Wesen der Unschuld in sich selbst wieder herzustellen, und sich selbst wieder zu dem friedlichen, gutmütigen und wohlwollenden Geschöpf zu machen, das er in der Unverdorbenheit seines tierischen Zustandes auch ist (KrA XII, 126f.).

Pestalozzi setzt offenbar ein fast verzweifeltes Vertrauen in Recht, Gesetz und Erziehung, mit denen er dem Menschen helfen will, über die Bodenlosigkeit seiner gesellschaftlichen Existenz hinwegzukommen – aber auch in die Fähigkeit des einzelnen, in der Einsamkeit der gesellschaftsfernen, nur aus ihm selbst hervorgehenden, augenblicksgebundenen sittlichen Entscheidung mit der absoluten Wahrheit seines Wesens in Berührung zu bleiben, ohne sie jedoch auf Dauer in sein Leben einbringen zu können. – Mit dieser Dichotomie von tierischer und sittlicher Existenz, von Sinnverlust und Sinnvertrauen, von *Ahnung* und *Erinnerung* markiert Pestalozzi genau den Wendepunkt des Prozesses, an dem in der zweiten Hälfte des 18. Jahrhunderts die Parabel als nach Sinn fragende Form die Fabel als Sinn tragende Form ablöst. »Das Wesen der neueren Poesie«, heißt es bei Heinrich Heine, »spricht sich vor allem in ihrem parabolischen Charakter aus. Ahnung und Erinnerung sind ihr hauptsächlicher Inhalt«.[30]

Hier dürfte auch der Grund dafür zu suchen sein, daß Pestalozzi unter der Sammelbezeichnung ›Figuren‹ Fabeln, Parabeln, Gleichnisgeschichten, aphoristische Sentenzen etc. in ungewöhnlicher Weise mischt. Mit dem Entschwinden des allgemeinen moralischen Satzes verliert für ihn auch die Fabel als traditionelle Form der Wahrheitsvermittlung ihre genuine Funktion. Pestalozzi greift zu anderen, im Sinne der klassischen Gattungspoetik und -ästhetik bisweilen formlos oder befremdlich wirkenden Ausdrucksmitteln, weil er existentiell und gedanklich über ein Wirklichkeitsverständnis hinausgewachsen ist, das sich mit den traditionellen Formen der Versfabel oder der pointiert auf die Lehre hinstrukturierten Prosafabel problemlos transportieren ließ. Für ihn gibt es keine aus einer allgemeinen Moral deduzierbare Tugendlehre, sondern nur eine tief im Menschen verborgene Anlage, eine entelechische sittliche Bestimmung, deren Zielpunkt im Unendlichen liegt. Dies ist wohl auch der Grund dafür, daß seine ›Figuren‹ oft einen irritierenden Eindruck hinterlassen. Auch wenn sie auf eine moralische Lehre im Sinn Lessings zu verweisen scheinen, lauert in ihnen ein hintergründiger Sinn, der die ihm übergestülpte Form von innen her aufzulösen oder zu sprengen scheint und den Leser nicht ohne weiteres zur Ruhe kommen läßt. Ein Beispiel mag das Gesagte veranschaulichen:

Das zerrissene Herz

> Als ein Hahn ein Küchlein aufs Blut pickte, und die Mutter dem Hahn ohne Gegenwehr zusah, entfloh das verwundete Küchlein unter einen Holzstoß und kam nicht mehr hervor; so sehr auch die Henne ihm lockend rief, blieb es doch unbewegt unter dem Holzstoße, und starb voll gleichen Entsetzens über das Picken des Vaters und über das Zusehen der Mutter (KrA XI, 195).

In der Fabel führen Tiere herkömmlicherweise innerhalb eines narrativen Minimalrahmens als Rollenfiguren dramatisch-dialogisch oder monologisch Handlungen oder Verhaltensformen vor, aus denen eine auf den Menschen bezogene Wahrheit oder Lehre der Anschauung zugänglich wird. – In Pestalozzis kurzer Erzählung fehlt demgegenüber alles Dialogische und Dramatische: Die Akteure – der Hahn, die Henne, das Küchlein – erscheinen nicht als dramaturgisch präparierte oder durch die »Bestandheit ihrer Charaktere« fixierte Rollenfiguren, die in szenischer Präsentation etwas über sie selbst Hinausweisendes, Allgemeines in seinem Wahrheitsgehalt veranschaulichen und zur Geltung bringen sollen. Pestalozzi verzichtet vielmehr auf alles Inszenierende und auf jedes zielgerichtete Figurenarrangement, indem er die in alltäglicher, nur zeichenhaft angedeuteter Umgebung spielende Handlung aus der Perspektive eines distanzierten Erzählers vermittelt und sie aus ihr deutet. Aus dieser Perspektive erscheinen die Tierfiguren in dem ihrer Natur gemäßen, instinktiv motivierten, animalisch-fühllosen Verhalten zunächst nur als sie selbst. Dennoch bleibt der erzählte Vorgang nicht auf die naturalistische Rekapitulation oder Demonstration biologischer Verhaltensmechanismen beschränkt: Unter dem Blick und in der Sprachgebung des Erzählers werden in der Schicht des Triebhaft-Instinktiven Grundlinien des Menschlichen sichtbar. Sie werden der intuitiven Wahrnehmung bereits durch den Titel zugänglich gemacht, der menschliches Leiden und Mitleiden alludierend vorwegnimmt. Im Verlauf der Erzählung werden sie vollends eingeführt durch anthropomorphisierende Sprachwendungen wie *Mutter, Vater,* durch die teilnahmsvolle und Teilnahme heischende Diminutivform *Küchlein* und das tiefe seelische und schließlich tödliche Erschütterung kennzeichnende Substantiv *Entsetzen.* Die unbewußte tierische Instinktgebundenheit wird dadurch transparent für Menschliches, Familiäres, Gesellschaftliches und für das, was darin vorherrscht: für kalte Grausamkeit, für brutale Unterdrückung, für mitleidloses Desinteresse und für stummes, kreatürliches Leiden. – Dennoch werden in dieser Negativität des selbstbezogenen animalisch-tierischen Wollens auch Grundstrukturen eines positiven, selbstlos-ethischen Sollens sichtbar: Unter dem Blick des Erzählers geht der Bereich des Animalischen, Instinktiven nicht nur über in den Raum des

Menschlichen oder des Gesellschaftlichen überhaupt, sondern in der natürlichen Zuordnung von Vater, Mutter, Kind und der in ihr liegenden Forderung nach Liebe, Zuwendung und Fürsorge wird auch die Dimension des sittlichen Sollens geöffnet – aber nicht so, daß das eine als »Bildhälfte« auf das andere als die eigentlich gemeinte »Sachhälfte« verweist: Tierisches und Menschliches bleiben durch und in der beiden gemeinsamen Grundkategorie *Leben* prinzipiell miteinander verbunden. Der Erzähler sieht es als Einheit. In ihm zeigen sich seiner Anschauung in substantieller Gleichartigkeit, aber gradueller Unterschiedlichkeit offene, noch nicht erfüllte Notwendigkeiten und noch nicht zu Ende geführte Möglichkeiten, die auf etwas anderes verweisen als das, was ist – und die damit die Faktizität des scheinbar Unabänderlichen transzendieren: Inmitten des sprachlosen Leidens und der kalten Mitleidlosigkeit des Gegen- und Nebeneinander der erzählten Figuren erscheint als utopisches Gegenbild die Möglichkeit, ja die Notwendigkeit des teilnahmsvollen, warmherzigen Miteinander, die auch dem Schwachen und Wehrlosen – dem *Küchlein* – einen Lebensraum sichert, in dem ihm nicht vor *Entsetzen das Herz zerreißen* muß.

Pestalozzis aus episch-subjektiver Perspektive vermittelte *Figur* ist keine vom Vertrauen auf die Vernunft getragene Fabel, wie sie im Sinne der Aufklärungsphilosophie während des 18. Jahrhunderts in großer Zahl hervorgebracht wurden. Sie enthält keinen auf ihren besonderen Fall zurückgeführten moralischen Satz, der in ihr anschauend erkannt und dessen Handlungsappell unmittelbar in kasuistisches oder situatives Tun und Lassen umgesetzt werden könnte. Sie ist überhaupt keine Fabel herkömmlicher Art, sondern eine zum Parabolischen tendierende epische Miniatur, die in einem scheinbar banalen, alltäglichen Wirklichkeitsausschnitt das Ganze des Lebens zur Anschauung bringt: seine ursprüngliche, verletzliche, hilf- und wehrlose Reinheit, seine leidvolle, grausame und mitleidlose, heilsbedürftige Wirklichkeit und seine geahnte, für den an seine tierische Natur gefesselten Menschen jedoch nie ganz erreichbare sittliche Vollkommenheit. Ihr Appellcharakter geht aus dieser Ganzheit hervor: Im *So-Sein* der in ihr vermittelten Welt umschließt sie – um noch einmal ein Wort Adornos abzuwandeln – ein *Es soll anders sein*.

Mit dieser von ihm selbst wohl nur mühsam bewältigten

Vorstellung von einem Ziel, zu dem es keinen Weg zu geben scheint, erhält Pestalozzi eine ebenso überraschende Modernität wie mit seiner anthropologischen Grundannahme, daß der Mensch als *verwirrtes und verdorbnes Mittelding* eingespannt ist in das Spannungsfeld des bewußtlosen Glücks seiner vorgeburtlich-tierischen Existenz einerseits und der schrankenlos-utopischen Autonomie sittlicher Freiheit andererseits. Unter diesen Aspekten scheint er mit seinen ›Figuren‹ Kafka näher zu stehen als Lessing.

Diese Skepsis Pestalozzis gegenüber einer objektiv vorgegebenen Wahrheit oder Moral führt zu der angedeuteten Lösung der ›Figuren‹ aus der Formtradition der Fabel; ihre Form wird statt dessen mitbestimmt durch den hohen Anteil der in sie eingegangenen Subjektivität ihres Autors. Sie haben ihren Ursprung ja nicht in einem wahrheitsgewissen, von seinen Lehren überzeugten Ich, sondern in einem zweifelnden, forschenden Ich, das seinen Blick auf den einzelnen, dann – in perspektivischer Erweiterung – auf die Gesellschaft und schließlich auf die Geschichte richtet, um nach dem zu suchen, was ihnen als Allgemeines, Gesetzmäßiges – als Logik, als Moral, als Teleologie – zugrunde liegen könnte. Die ›Figuren‹ vermitteln, wie Pestalozzi in der Nachschrift zur Cotta-Ausgabe von 1823 sagt, »ein Bild meines Geschlechts, wie dieses meiner Individualität in die Augen fiel« (KrA XI, 329); die Wahrheit der in sie eingegangenen »Anschauungen und Erfahrungen« (KrA XI, 330) beruht somit ausschließlich auf der Authentizität der auf die empirische Realität gerichteten Wahrnehmungskraft des Subjekts. Pestalozzi sieht in dieser »beschränkten Einseitigkeit« (KrA XI, 329) Möglichkeiten, die mit einer »künstlich zergliedernden«, diskursiv abwägenden oder multiperspektivisch differenzierenden Darstellung nicht gegeben wären:

> Ich bin vollkommen überzeugt, daß eine einseitige, aber von vieler Anschauungswahrheit unterstützte und belebte Darstellung des menschlichen Lebens, und seiner Verhältnisse, gar oft geeignet ist, ein tiefgreifendes Fundament einer richtigen und soliden Ansicht derselben zu gewähren, das eine vielseitige Darstellung desselben nicht selten in ihren wesentlichen Teilen zu erreichen vermag (KrA XI, 328f.).

Das Anschauungsvermögen des Subjekts läßt die der empirischen Wirklichkeit zugrunde liegende Wahrheit durch ihre äußere Hülle hindurch, durch das »Schlechte, Tierische unsers Fleisches und Blutes [...] mit lebendigerer Kraft durchschimmern« (KrA XI, 329), als es durch eine »künstliche Zergliederung der Begriffe« möglich wäre – allerdings so, daß sie in der Regel in schillernder Mehrdeutigkeit, kaum aber als eindeutig fixierbare Lehre sich darbietet.

Pestalozzis ›Figuren‹ bleiben somit durch das einzelne hindurch auf ein Ganzes bezogen. »Die Eigenart der Fabeln«, betont bereits Paul Haller,

> beruht nicht zum wenigsten auf dem Inhalt ihrer Lehre. Während die anderen Fabeldichter sich mehr oder weniger an die hergebrachten Stoffe halten, geht Pestalozzi seine eigenen Wege. Und während bei jenen zwischen den einzelnen Lehrgedanken kein Zusammenhang besteht, *will Pestalozzi eine einzige große Wahrheit vertreten, der sein ganzes Denken gewidmet ist.* An die Stelle einzelner moralischer Sätze tritt eine persönliche, bestimmte Lebensauffassung.[31]

In den ›Figuren‹ schlägt sich – ebenso wie in den ›Nachforschungen‹ – Pestalozzis anthropologisches und sozialphilosophisches Gesamtverständnis nieder. Auch die ›Figuren‹ sind ein *Buch vom Menschen,* dem eine *Philosophie der Politik* zugrunde liegt. In der Besonderheit der erzählten Begebenheiten bricht sich in verfremdeter, irritierender Façettierung das Erscheinungsbild des *Menschengeschlechts* überhaupt, das in seiner Vielfalt und Einfalt, in seiner Absonderlichkeit und Erhabenheit vergegenwärtigt wird, dessen Geschichte und soziale Struktur auf den Status des *Kraut-* und des *Fleischfressers* reduziert und dessen latente oder manifeste Amoralität und Bestialität zur Anschauung gebracht wird, dessen – wenn auch utopische – Humanität und Moralität jedoch dennoch im Blick bleibt. Pestalozzi betont diese ganzheitlich ausgerichtete Intention durch ein Wort aus Ciceros Schrift ›De legibus‹, das er seiner Sammlung voranstellt und das eben diese Homologie zwischen dem Individuell-Besonderen und dem Gattungsmäßig-Allgemeinen formuliert: *Sui nemo tam similis est, quam omnes sunt omnium. Itaque quaecumque est hominis natura, una in omnes valet.*[32] In der Terminologie der Fabel- bzw. der Parabeltheorie bedeutet das: Der jeweilige individuell-besondere Einzelfall fungiert als *Bild-*

hälfte, die auf eine *Sachhälfte* verweist – auf etwas Allgemeines, Gesetzmäßiges also. Dieses ist jedoch keineswegs in jedem Falle der logisch-diskursiven Erkenntnis zugänglich oder gar verwertbar in der Praxis des individuellen oder des gesellschaftlichen Lebens. Es kann dem Menschen bestenfalls als ein geahntes oder erinnertes Bild seines wahren Wesens zugänglich werden.

Ahnung und *Erinnerung* sind, um in einem Bild Goethes zu bleiben, die »Fühlhörner«, mit denen Pestalozzis Subjektivität »ins Universum tastet«, um ihm einen möglicherweise darstellbaren Sinn abzugewinnen. *Ahnung* und *Erinnerung* sind gleichzeitig auch die Sensorien, mit denen sich das rezipierende Subjekt diesem Sinn zu nähern vermag. Sie werden jedoch nur dann aktivierbar, wenn es sich von allen Begierden, Trieben, Wunschvorstellungen und Ansprüchen freimacht, die ihm als gesellschaftlich-geschichtlichem Wesen, als »verwirrtem und verdorbnem Mittelding«, den Blick verstellen. Es muß diese seine gesellschaftliche Natur – und das heißt: sein *wirkliches Ich* – hinter sich lassen und sich in unmittelbarer Zuwendung dem Anspruch dieser Wahrheit öffnen: »Unmittelbares Empfinden Urquell aller anschauenlichen Erkenntnis«, notiert sich Pestalozzi selbst in seinen ›Bemerkungen zu gelesenen Büchern‹ (KrA IX, 397). Ausdrücke wie »Individualansichten«, »Wahrheit meiner Anschauungen«, »Anschauungswahrheit« u. ä. werfen ein deutliches Licht auf die bewußtseinsgeschichtliche Tradition, in die sich Pestalozzi mit seinen ›Figuren‹ einordnet: Begriffe wie *Anschauung* und *anschauen* sind ursprünglich Bezeichnungen für Erkenntnisformen der Mystik. In der ersten Hälfte des 18. Jahrhunderts etwa werden sie zu Zentralbegriffen der vom Vertrauen auf die Erkenntniskraft der menschlichen Vernunft getragenen *Philosophia practica universalis* Christian Wolffs; Begriffe, die Lessing sich für die Neuformulierung seiner Fabeltheorie zu eigen macht. In Pestalozzis Begriff der *Anschauung* gehen jedoch wohl noch andere Inhalte ein: »Anschauung heißt im alten Sinne das nahe, leibhaftige Verbundensein mit der *Umwelt.* In der Anschauung erschließen sich oder *offenbaren* sich die nächsten Gegenstände, sei es durch die Sinne, sei es im Gefühl und Grundinstinkt«[33], heißt es bei Eduard Spranger. Pestalozzi selbst beschreibt diesen mystisch anmutenden Offenbarungscharakter der *anschauenden Erkenntnis* in seiner Anmerkung zu Nr. 2 seiner ›Figuren‹ folgendermaßen:

> Wenn du die Wahrheit suchst, so jage ihr nicht nach, hasche nicht nach ihr, warte ihrer in Liebe, Ruhe und Geduld. Tust du dieses, sie kommt selbst zu dir; sie klopft an deiner Türe an und will Wohnung bei dir machen; besonders aber jag' ihr nicht nach, wenn sie vor dir in den Lüften schwebt, und von dir weg fliegt. Jagst du ihr dann nach, so zertrittest du mit deinen Jagdsprüngen nach ihr Segenswahrheiten, die du schon im Besitz hast, und die dir ohne alles Maß mehr wert sind als die, denen du nachjagst (KrA XI, 103).

Solche Worte können nur von jemandem gesprochen werden, der das vordergründige, vom »Kot dieser Welt« verunreinigte Wissen hinter sich gelassen und sich dem *wirklichen* Menschen zugewandt hat, um in ihm die Wahrheit, *seine* Wahrheit zu finden: das Inbild des ursprünglich-reinen Menschen, das den Umriß des künftigen, sittlich-humanen Menschen als utopische Bestimmung in sich trägt. Diese selbstlose, selbstvergessene Anschauung des Menschen ist wohl auch für Pestalozzi selbst zur Grundlage einer Entwicklung geworden, die ihn zu dem hat werden lassen, als der er in die Geschichte eingegangen ist: als der große Menschenfreund und Erzieher.

Anmerkungen

1 Hans Ganz: Pestalozzi, Leben und Werk, Zürich 1966, S. 86.

2 Adolf Haller: Pestalozzis Fabeln, in: Die Ernte, Schweizerisches Jahrbuch, 1941, 2, S. 158.

3 J. H. Pestalozzi: Sämtliche Werke, hg. von L. W. Seyffarth, 12 Bde., Liegnitz 1899f., Bd. VI, S. 223.

4 Emanuel Dejung und Hinrich Knittermeyer. In: Pestalozzi, Sämtliche Werke, hg. von Artur Buchenau, Eduard Spranger, Hans Stettbacher, Berlin und Leipzig 1933, Bd. XI, S. 381. – Nach dieser Kritischen Ausgabe (KrA; röm. Ziff. = Band, arab. Ziff. = Seite) wird im folgenden aus den Werken Pestalozzis im laufenden Text zitiert.

5 Adolf Haller, S. 157.

6 KrA XI, 381.

7 Paul Haller: Pestalozzis Dichtung, Zürich 1921, S. 10; 96; 108.

8 Paul Wernle: Pestalozzi und die Religion, Tübingen 1927, S. 91.

9 Käte Silber: Pestalozzi – Der Mensch und sein Werk, Heidelberg 1957, S. 90.

[10] KrA XI, 94.
[11] Ebda., S. 94.
[12] Vgl. zur Entstehungsgeschichte im einzelnen KrA XI, 377 ff.
[13] Pestalozzi hat zu verschiedenen Zeiten verschiedene seiner grundlegenden Werke ABC-Buch genannt: zunächst ›Lienhard und Gertrud‹, dann die ›Nachforschungen‹, und schließlich nannte er auch sein Elementarbuch von 1803 ›ABC-Buch der Anschauung‹.
[14] Vgl. die Vorrede, KrA XI, 94.
[15] Johann Heinrich Pestalozzi: Sämtliche Briefe, hg. vom Pestalozzianum und von der Zentralbibliothek in Zürich, Dritter Band, bearb. von Emanuel Dejung und Hans Stettbacher, Zürich 1949, S. 342 f.; nach dieser Ausgabe (B; röm. Ziff. = Band, arab. Ziff. = Seite) wird im folgenden im laufenden Text zitiert.
[16] Vgl. Paul Haller, Pestalozzis Dichtung, S. 96.
[17] Adalbert Rang: Das Erbe des politischen Pestalozzi – Die politische Anthropologie der ›Nachforschungen‹, in: Johannes Gruntz-Stoll (Hg.), Pestalozzis Erbe – Verteidigung gegen seine Verehrer, Bad Heilbrunn 1987, S. 50.
[18] Vgl. dazu die eingehende Darstellung von Arthur Brühlmeier: Wandlungen im Denken Pestalozzis – Von der ›Abendstunde‹ bis zu den ›Nachforschungen‹, Diss. phil. Zürich 1976.
[19] Pestalozzi schließt sich mit dem Begriff der tierischen Natur der in der Anthropologie und Philosophie des 18. Jahrhunderts üblichen Bezeichnung für das physisch-sinnliche Wesen des Menschen an.
[20] Friedrich Nietzsche: Werke, 6 Bde, hg. von Karl Schlechta, München 1980, Bd. 6, S. 567.
[21] Ebda. S. 678.
[22] Brühlmeier, Wandlungen im Denken Pestalozzis, S. 182.
[23] Johann Gottfried Herder: Sämtliche Werke, hg. von Bernhard Suphan, Bd. 20, Hildesheim 1968, S. 291.
[24] Jürgen Oelkers: Wie kann der Mensch erzogen werden? – Pestalozzis ›Nachforschungen‹ als ein Hauptstück der modernen Pädagogik, in: Johannes Gruntz-Stoll (Hg.), Pestalozzis Erbe, S. 28.
[25] Diese Charakteristik Christi entspricht bis in den Wortlaut der »Wonne der Menschennatur und ihrer heiligen Unschuld«, die Pestalozzi im Kind erfährt.
[26] Eduard Spranger: Pestalozzis Denkformen, Heidelberg ^{2}1959, S. 42.
[27] Brühlmeier, Wandlungen im Denken Pestalozzis, S. 99.
[28] Adalbert Rang: Der politische Pestalozzi, Frankfurt/M. 1967, S. 78.
[29] Rang, Das Erbe des politischen Pestalozzi, S. 51.
[30] Heinrich Heine: Sämtliche Werke, hg. von Oskar Walzel, Bd. 10, Leipzig 1915, S. 261.
[31] Paul Haller, Pestalozzis Dichtung, S. 94; Hervorhebung im Original.

[32] Cicero, De legibus I, 10: Niemand ist sich selbst so ähnlich, wie alle untereinander es sind. Daher hat das Wesen des einzelnen Menschen, wie es auch beschaffen sein mag, Gültigkeit für alle.

[33] Spranger, Pestalozzis Denkformen, S. 52.

Das Nachwort ist die redaktionell überarbeitete Fassung eines Vortrags, den der Herausgeber im Mai 1992 auf dem Internationalen Symposion *Fabel und Parabel – Kulturelle Prozesse im 18. Jahrhundert* unter dem Titel *Vom Menschen als verwirrtem und verdorbnem Mittelding – Traditionsgebundenheit und Modernität in Johann Heinrich Pestalozzis ›Figuren zu meinem ABC-Buch oder zu den Anfangsgründen meines Denkens‹* in Wolfenbüttel gehalten hat. Die Beiträge dieser Tagung werden in einem von Theo Elm und Peter Hasubek herausgegebenen Sammelband im Wilhelm Fink Verlag München erscheinen.

Literaturhinweise

Ausgaben

Pestalozzi's sämmtliche Schriften. 15 Bde. Stuttgart und Tübingen 1819–1826 (Bd. 10: Figuren zu meinem ABC-Buch oder zu den Anfangsgründen meines Denkens).

Pestalozzis sämtliche Werke. Hg. von L. W. Seyffarth. 12 Bde. Liegnitz 1869f.; ²1899–1902 (Bd 6: Figuren zu meinem ABC-Buch oder zu den Anfangsgründen meines Denkens [Fabeln]).

Pestalozzi: Sämtliche Werke. Hg. von Artur Buchenau, Eduard Spranger, Hans Stettbacher. Berlin 1927f. (In Bd. XI: Figuren zu meinem ABC-Buch oder zu den Anfangsgründen meines Denkens).

Pestalozzi, Heinrich: Gesammelte Werke in zehn Bänden (Schweizerische Klassikerausgabe). Hg. von Emilie Bosshart, Emanuel Dejung, Lothar Kempter, Hans Stettbacher. Zürich 1944f. (In Bd. 4: Die Fabeln).

Pestalozzi, Heinrich: Werke in acht Bänden (Gedenkausgabe zu seinem zweihundertsten Geburtstage). Hg. von Paul Baumgartner. Erlenbach/Zürich 1946 (In Bd. 5: Figuren zu meinem ABC-Buch oder zu den Anfangsgründen meines Denkens [Fabeln 1797 und 1823]).

Pestalozzi, Johann Heinrich: Aus den Fabeln (Figuren zu meinem ABC-Buch oder zu den Anfangsgründen meines Denkens). Hg. von Curt Englert-Faye. St. Gallen 1936.

Pestalozzi, Johann Heinrich: Fabeln. Mit Holzschnitten von Fritz Buchser. Bern 1940.

Pestalozzi, Johann Heinrich: Das kleine Fabelbuch (Figuren zu meinem Abcbuch [Ausz.]) Textgestaltung von Adolf Haller. Zeichnungen von Jakob Nef. Zürich 1941.

Pestalozzi, Johann Heinrich: Fabeln. Ausgewählt und mit einem Nachwort von Heinz Weder. Zürich 1992.

Bibliographien

Israel, A.: Pestalozzi-Bibliographie. In: Monumenta Germaniae Paedagogica. Bd. 25, 29, 31. Berlin 1903–1904.
Klink, J. G. und Klink, L.: Pestalozzi-Bibliographie 1923–1965. Weinheim u. a. 1968.
Kuhlemann, G.: Pestalozzi-Bibliographie 1966–1977. In: ›Pädagogische Rundschau‹ 34, 1980, S. 189–202.

Weiterführende Literatur

Borer, Martin: Anthropologische Grundlagen zum Staatsverständnis Johann Heinrich Pestalozzis. Diss. phil. Winterthur 1986.
Brühlmeier, Arthur: Wandlungen im Denken Pestalozzis – Von der ›Abendstunde‹ bis zu den ›Nachforschungen‹. Diss. phil. Zürich 1976.
Buchenau, Artur: Pestalozzis Sozialphilosophie. Leipzig 1919.
Delekat, Friedrich: Johann Heinrich Pestalozzi. Der Mensch, der Philosoph und der Erzieher. Leipzig 1926; erw. ²1928; Heidelberg ³1968.
Froese, L. (u. a.): Zur Diskussion: Der politische Pestalozzi. Weinheim/Basel 1972.
Ganz, Hans: Pestalozzi. Leben und Werk. Zürich ²1966.
Gerner, Berthold (Hrsg.): Pestalozzi – Interpretationen zu seiner Anthropologie. München 1974.
Gruntz-Stoll, Johannes: Pestalozzis Erbe. Verteidigung gegen seine Verehrer. Bad Heilbrunn 1987.
Hager, Peter: Pestalozzi und Rousseau. Bern/Stuttgart 1975.
Haller, Adolf: Pestalozzis Fabeln. In: ›Die Ernte‹ 22, Schweizerisches Jahrbuch, 1941, S. 152–166.
Haller, Paul: Pestalozzis Dichtung. Zürich 1921.
Liedke, Max: Pestalozzi in Selbstzeugnissen und Bilddokumenten. Reinbek bei Hamburg 1989.
Litt, Theodor: Der lebendige Pestalozzi. Heidelberg 1952.
Offermann, Josef: Das Element des Politisch-Religiösen in seiner Grundbedeutung für das Pädagogische im Werke von Pestalozzi und Fichte. Ratingen 1965.
Rang, Adalbert: Der politische Pestalozzi. Frankfurt/M. 1967.

Reinert, Gerd-Bodo/Cornelius, Peter: Johann Heinrich Pestalozzi: Anthropologisches Denken und Handeln – ein pädagogisches Konzept für unsere Zeit. Düsseldorf 1984.

Roth, Heinrich: Pestalozzis Bild vom Menschen. Zürich 1985.

Seidmann, Peter: Die Geschichtsauffassung Pestalozzis. Zürich/Schlieren 1946.

Silber, Käte: Pestalozzi. Der Mensch und sein Werk. Heidelberg 1957.

Stein, Arthur: Pestalozzi und die Kantische Philosophie. Tübingen 1927.

Wernle, Paul: Pestalozzi und die Religion. Tübingen 1927.

Editorische Nachbemerkung

Pestalozzis ›Fabeln‹ sind zu seinen Lebzeiten in drei Fassungen erschienen: Die Erstausgabe erschien unter dem Titel ›Figuren zu meinem ABC-Buch oder zu den Anfangsgründen meines Denkens‹, Basel 1797. Die 1803 notwendig gewordene zweite Auflage des Werkes trug demgegenüber den Titel ›Fabeln‹. Sie weicht bis auf wenige Ausnahmen nur in der Rechtschreibung von der Erstausgabe ab. Die dritte Fassung erschien als Bd. 10 der Ausgabe letzter Hand in ›Pestalozzi's sämmtliche Schriften‹ unter dem Titel ›Figuren zu meinem ABC-Buch oder zu den Anfangsgründen meines Denkens‹, Stuttgart und Tübingen, in der Cotta'schen Buchhandlung 1823. Sie unterscheidet sich von der Erstausgabe zum einen durch eine auf inhaltliche Verallgemeinerung und sprachlich-stilistische Glättung zielende Überarbeitung, zum anderen durch die etlichen Fabeln beigefügten Zusätze Pestalozzis, die das »Wesentliche des Gesichtspunkts« erläutern und die »Ausdehnung« oder »Beschränkung« des Blickfeldes klären sollen. – Diese dritte Fassung ist die Vorlage für die von Emanuel Dejung und Hinrich Knittermeyer bearbeitete Ausgabe der ›Figuren‹ in Bd. XI der von Artur Buchenau, Eduard Spranger und Hans Stettbacher unter dem Titel ›Pestalozzi – Sämtliche Werke‹ herausgegebenen ›Kritischen Ausgabe‹.

Die Textfassung dieser ›Kritischen Ausgabe‹ ist die Grundlage der vorliegenden Ausgabe. Die Entscheidung für sie und damit für die dritte zu Lebzeiten Pestalozzis erschienene Fassung und nicht für die Erstausgabe hat ihren Grund darin, daß sie Pestalozzis genannte, zum Teil sehr umfangreiche Zusätze zu zahlreichen Fabeln enthält, die für ein tieferes Verständnis unverzichtbar sind. »Eine Beschäftigung mit den Fabeln, die nicht an der Freude über ihre gewiß auch ›essentielle Oberfläche‹ sich genügen läßt, sondern in ihr pädagogisches und kulturpolitisches Verständnis einzudringen sucht, wird kaum fruchtbar sein ohne die Berücksichtigung der Zusätze« – diese

Aussagen der Bearbeiter der Fabeln in der ›Kritischen Ausgabe‹ haben nach wie vor ihre Berechtigung.

Gegenüber der Textfassung der ›Kritischen Ausgabe‹ ist der Text der vorliegenden Ausgabe unter Wahrung des Lautstandes generell den heute gültigen orthographischen Regeln angepaßt worden. In der Interpunktion sind die Texte ebenfalls sehr behutsam den heute geltenden Regeln angenähert worden; Pestalozzis Interpunktion wurde beibehalten, sofern Angleichungen zu einer deutlichen Veränderung des Satzrhythmus' und damit zu einer Beeinträchtigung des Ausdruckswillens des Autors geführt hätten.

Inhaltsverzeichnis der Fabeln

Seite

1. Der Menschenmaler 13
2. Der Raupenfänger 15
3. Der Regentropfen 16
4. Der Kiesel und der Fels 16
5. Der Berg und die Ebene 17
6. See und Fluß 18
7. Das Meer und alle Wasser der Erde 19
8. Schwamm und Gras 19
9. Sonne und Mond 20
10. Noch einmal Sonne und Mond 21
11. Der Strahl und der Graswurm 21
12. Der Sturm und die Schneeflocke 22
13. Das Himmelblau und die Wolken 22
14. Die brennbare Erde 23
15. Die wasserreiche Erde 23
16. Die Brücke und der Weg 24
17. Der gebrochene Marmor 24
18. Die Quelle und der Berg 25
19. Die Entstehung der Berge 26
20. Ebenisten- und Naturstärke 26
21. Der Vogelsang 27
22. Das Feuer und das Eisen 27
23. Handlangerwert 28
24. Die Anbetung des Teufels 28
25. Der Zyklopenschutz 29
26. Zwei Füllen 30
27. Die zwei Bären 31
28. Die Flamme und die Kerze 34
29. Das ewige Licht 34
30. Ein mit großer Kunst verfälschter Wein 35
31. Das inwendige Toben 35

32. Die Philosophie des Auerhahns 36
33. Der Heerochs 36
34. Der alte Turm 37
35. Die goldene Mittelstraße 38
36. Der Ursprung der Glocken 38
37. Das Hahnengeschrei 39
38. Der Toren Recht 39
39. Das Trinkglas und der silberne Becher 40
40. Der Stern mit der Rute 41
41. Der Krötentrost 41
42. Die aufgeopferten Steine 42
43. Aufmerksamkeiten 44
44. Nur noch jetzt nicht 44
45. Die Affenbeichte 45
46. Was der Affe bei der Schlange gelernt hat 46
47. Der Hunde Bescheidenheit 46
48. Der Plünderer und das Klostergut 47
49. Der Tor, der Feuer sucht 48
50. Der Schiffer ohne seinesgleichen 48
51. Der Tor, der Feuer löscht 49
52. Der Kutscher, wie es deren viele gibt 49
53. Stoffels Brunnen 50
54. Löwe und Reh 51
55. Roßfliege und Horniss 51
56. Kauz und Adler 52
57. Gauch und Käfer 52
58. Löwenschwäche, Stierenart und Fuchsenlist 53
59. Der Richter in der Sache seines eigenen Bratens 54
60. Der Gutsherr und sein Erblehnsträger 54
61. Hirschenhorn 56
62. Die undankbare Henne 57
63. Die reiche Quelle 58
64. Das Veilchen und die Stinkblume 59
65. Der Esel, der vom Fuchs herkommt 59
66. Der Luchs 60
67. Der Nebelmacher 60
68. O du heilige Einfalt 61
69. Die alte Mauer und das Bürgerhaus 62
70. Der Löwe, die Schlange und der Teufel 62
71. Das Gras unter der Eiche 63

72. Wieder die Eiche und das Gras 64
73. Noch einmal die große, harte Eiche 64
74. Der veraltete Kuhfelsen 65
75. Zwo Weiden 66
76. Der unglückliche, verirrte Mensch 66
77. Der Stein aus der Höhe 68
78. Hühner, Adler und Mäuse 68
79. Bach und Garten 69
80. Die verdorbene Straße 70
81. Der alte Bär auf der Tanne 71
82. Zwei Schäfer 72
83. Der Tolenmacher Toffel 73
84. Von Zäunen mit faulem Holze und von schlechten Dorfvorgesetzten 73
85. Die Waage und der Trottbaum 74
86. Das Inwendige des Hügels 76
87. Der unbekannte Ausweg 77
88. Des Hansen Rock 77
89. Stoffel und seine Uhr 78
90. Graf Albo 79
91. Nero 79
92. Die Linde und der König 80
93. Noch einmal die Linde und der König 81
94. Faule Eichen und junge Tannen 81
95. Das Recht der Heuerlinge 82
96. Die Erfahrung, wie sie ein Narr braucht 83
97. Noch einmal die Erfahrung, wie sie ein Narr braucht 84
98. Das Storchenland 84
99. Die jauchzende Hölle 85
100. Das Rachenrecht und seine Folgen 86
101. Sprüchwörterfolgen 87
102. Das Erdbeben, ein Traum 88
103. Bajazet und sein König 89
104. Wallo und ein anderer Bajazet 90
105. Das kranke Bäumchen 91
106. Die frierenden Kinder 92
107. Die Schaubhütlerin und das Samenkorn 93
108. Eine Tanne, die der Stolz tötet 93
109. Der Bauer und die Eiche 95

110. Der Ursprung des Blutdursts 95
111. Was ist der Mensch? – Blatt oder Stamm? 96
112. Alte Zeit, gute Zeit 97
113. Die Unverschämtheit des unbrauchbaren Mannes . . 97
114. Die Armbrust und der Degen 98
115. Das ungleiche Obdach 98
116. Das unauslöschliche Gleichheitsgefühl 99
117. Das Schuhmaß der Gleichheit 99
118. Das Katzenseelenmachen 100
119. Der gefrorne See 100
120. Der Schöppe Plumb 101
121. Die mürben Stricke 102
122. Der seltene Pfirsich 103
123. Die Feldmusik 103
124. Die unheilbarste aller Krankheiten, das schleichende Mittelmäßigkeitsfieber 104
125. Das Spatzenschießen 105
126. Ein Amtmann, der blind an dem Bauern ist, den er liebt, und sehend an dem, den er haßt 106
127. Die Welle und das Ufer 106
128. Der Maurer und sein Junge 107
129. Ein Esel und ein Löwenschädel 107
130. Der Löwe und sein Ratgeber 108
131. Wo wird es sich enden? 108
132. Noch einmal – wo wird es sich enden? 108
133. Eis und Eisen 110
134. Zwei Dorfmeister 111
135. Das ungleiche Gefühl eines Pfarrers und eines Bauern über den Schaden, den ein Waldbach ihrem Dorfe tat 112
136. Eine Dame, zwei Kammerfrauen und ein Justizbeamter 113
137. Zwei Pferde und die Deichsel 114
138. Die verwandelten Schafe 114
139. Gemeingeist und Gemeinkraft 117
140. Eine Kindsverderberin – und ein Narr 118
141. Die ungleichen Herren 118
142. Mauschelhofen 119
143. Ein Fuchs und ein Esel 120
144. Der Halbfuchs und der Ganzfuchs 121

145. Fifi und Hallo 122
146. Ein Sprachfehler in der Beurteilung der Wolle 123
147. Das Menschenvertilgen 123
148. Das hohe Roß und der Zwerg 125
149. Meinungen über die beste Welt 125
150. Ein großes Bedenken 127
151. Das Wallen und Weben der Menschen 127
152. Der Geist der menschlichen Entschuldigungen 129
153. Noch einmal der Geist der menschlichen Entschuldigungen 131
154. Untreue Schafhirten im Sumpflande 133
155. Von des Hansen Hause und von schwerem Holze . . . 134
156. Noch einmal der Geist der menschlichen Entschuldigungen 135
157. Wie Edwich sein Vaterherz verliert 136
158. Spitalordnung 137
159. Das zerrissene Herz 138
160. Junker Fritz und seine Bauern 138
161. Er wieder – und ein Geistlicher, wie es viele – und ein Pfarrer, wie es wenige gibt 140
162. Das Pflanzenversetzen 142
163. Großdumm und Kleindumm 143
164. Der Unrat im Fischteich 144
165. Der gute Rat 144
166. Die Tugend des Todbettes 145
167. Ulos Gesang 146
168. Die Biberegger Liebhaberei 147
169. Veraltete Ehre 148
170. Milos Fischerordnung 149
171. Verirrungen eines Schaf- und eines Roßhirten 150
172. Bürgereinfalt und Kabinettsweisheit 151
173. Teufelssorgen 152
174. Der Schmiedjunge und die Zange 152
175. Der Löwe und der Tiere Erleuchtung 153
176. Die unglückliche Halbaufklärung 154
177. Die Bärenaufklärung 157
178. Der Wind und der Schiffer 158
179. Meine Angst vor dem Hunde (Ein Traum) 159
180. Der Hirt und das Schaf 161
181. Der Zankapfel 162

182. Ein alter Elefant 163
183. Der Streit über die Elle, das Pfund und den Eimer . . 164
184. Heidensorgen 166
185. Der Streit einer Bande 169
186. Herr Frommann und ein Zuchthäusler (Keine Fabel, sondern eine Wahrheit) 172
187. Der Tiere Gerechtigkeitspflege 176
188. Die Affengerechtigkeit 177
189. Die Gerechtigkeit im Waaghause 178
190. Die Spinnengerechtigkeit 179
191. Die Baukunst in Nollingen und ein Hansmichel, der sie beurteilt 180
192. Die Freßordnung im Hühnerstalle 182
193. Das Zutrauen der Tiere 184
194. Milka und Emma 186
195. Die Lobrede des Maulbrauchens und der Frechheit vom Mephistopheles 188
196. Der Junker Milichius 190
197. Eben dieser Junker Milichius 191
198. Der Steg ohne Lehnen 192
199. Ein Klub im Tierreiche 197
200. Die Katzengerechtigkeit 210
201. Auszug aus der Anrede der T. T. Maus, welche von aller Mäuse wegen die T. T. Katzengesandtschaft bekomplimentiert hat 214
202. Der große Tierkrieg mit seinen Ursachen und Folgen 222
203. Die Menschengerechtigkeit 231
204. Der allgemeine Tiervorschritt in der Gerechtigkeit . . 233
205. Die Löwengerechtigkeit 234
206. Der Fuchs arbeitet gegen das goldene Zeitalter 235
207. Der Fuchs arbeitet noch mehr gegen die Ehrliebe . . . 236
208. Der Fuchs simplifiziert das System der Natur 239
209. Der Fuchs erklärt das Wort Usurpation 240
210. Fuchs und Esel beurteilen den Löwen 240
211. Das Rechtsgefühl der Tiere 242
212. Die Freiheitsbegriffe der Tiere 243
213. Wie die Tiere überhaupt regieren würden 246
214. Der Elefant motiviert sein Urteil über die Regierungsunfähigkeit der Tiere 249

215. Das höchste Gesetz 250
216. Die Staatswirtschaft 252
217. Der Staatshoroskop 253
218. Der Staatsdienst 253
219. Das Staatsrecht 254
220. Das blinde Vertrauen 256
221. Leander und seine drei Söhne 257
222. Leonor, Matthias, Selmar und Nilson. Vier Geistliche 263
223. Verderbte Rehe und ein Tierprädikant 269
224. Hans und Benedikt 271
225. Der Biber und der Marder 273
226. Ein Stier und ein Biber 274
227. Eine Kuppel Jagdhunde, ein Jäger und ein Junker . . . 275
228. Die Begriffe der Bienen von der Freiheit und der Gerechtigkeit 277
229. Der Ursprung der Kronen 284
230. Der Schneidertraum 285
231. Der Patriotentraum 286
232. Der Seelenverkäufer 289
233. Das liebe Leiden 291
234. Es gibt Leute, die gehen werden 292
235. Die Felsmasse 294
236. Der Tiermaler und ein Affe 295
237. Der Unterschied des Waldlebens und des gesellschaftlichen Zustands 296
Nachschrift 302

Nachlese

238. Die magenkranke Stadt 309
239. Baumeister und Narr 310
240. Die kranke Schafherde 310
241. Die Quelle des Reichen und der arme Mann 311
242. Mensch – Mann – Bürger 312
243. Von gleichen und von verschiedenen Eiern 313
244. Die Luft und das Fenster 314
245. Die beiden Finanzräte 314

246. Die Unschuld und der gefangene Wolf 315
247. Eben diese Unschuld und die Haus- und Stalltiere . . 315
248. Die Unschuld und die Fische und die Vögel 317
249. Herr von Derbhans 317
250. Eine Erklärung zu dieser Antwort 317
251. Unterschied des Standes und der Tugend 318
252. Der Schaden des Mitregierens 318
253. Katze und Hund 318
254. Menoni vern und Menoni heüer 319
255. Des Bären Anspruch an ein unabhängendes Strafgericht im Tierreich 321
256. Der Zeugnisgeber über die Wirkungen der Elementarbildung. Keine Fabel 323
257. Der Stundenrufer 324
258. Die Weisheit des Widerspruchs gegen die Elementarbildung 324
259. Das Unglück des Landes, in welchem die Erziehungsgewalten die einen taktlos begünstigen und die andern taktlos beschränken und doch glauben, daß sie im Besitz der Vernunft seien, wie sie im Besitz der Gewalt sind 325
260. Auch in der Erziehung ist es wahr, wo viel darauf angelegt wird zu scheinen, da ist das Betrogenwerden beinahe unausweichlich 325
261. Das Kleinod 326
262. Künstler und Narren 328
263. Die neuesten Poetischen und Kunstschönen in der Erziehung 328
264. Mensch und Hund 330
265. Der Landedelmann und sein Schulmeister 331
266. Die Weisheit des Lebens 332
267. Der Löwe aviliert einzelne und danket der Massa . . . 332
268. Was das Gedeihen der Pflanzen und der Menschen fördert 333
269. Ein mißkanntes Herz 333
270. Der Ofen und das Feuer 334
271. Lips Killian lehrt seinen Hund Gehorsam und Liebe und Treu 334
272. Erziehungsweisheit 334
273. Der Bienenstock 335

274. Das Feld, der Weg und ein gebogen zertretener Mensch 336
275. Der Junker und zwei Dörfer 336
276. Es ist nichts daran gelegen 337
277. Zu meinen Fabeln gehörend 338
278. Der Fuchs und die Schafe 339
279. Fragment 340

Klassiker der deutschen Literatur

Ludwig Bechstein:
Sämtliche Märchen
Mit 187 Illustrationen von Ludwig Richter
Hrsg. v. Walter Scherf
2 Bände in Kassette
dtv 2207

Georg Büchner:
Werke und Briefe
Neuausgabe
Hrsg. und kommentiert von Karl Pörnbacher, Gerhard Schaub, Hans-Joachim Simm und Edda Ziegler
dtv 2202

Theodor Fontane:
Effi Briest
Hrsg. v. Walter Keitel u. Helmuth Nürnberger
dtv 2117

Der Stechlin
Kommentierte Ausgabe
Herausgegeben von Walter Keitel und Helmuth Nürnberger
dtv 2184

H. J. Chr. v. Grimmelshausen:
Der Abenteuerliche Simplicissimus Teutsch
Hrsg. v. Alfred Kelletat
dtv 2004

Wilhelm Hauff:
Sämtliche Märchen
dtv 2050

Gottfried Keller:
Der grüne Heinrich
(Erste Fassung)
dtv 2034

Heinrich von Kleist:
Sämtliche Erzählungen und Anekdoten
Herausgegeben von Helmut Sembdner
dtv 2033

Heinrich von Kleist:
Sämtliche Werke und Briefe in zwei Bänden
Herausgegeben von Helmut Sembdner
dtv 5925

Des Knaben Wunderhorn
Alte deutsche Lieder
Gesammelt von L. Achim von Arnim und Clemens Brentano
Dreibändige Gesamtausgabe in Kassette
dtv 5939

Lenz, Jakob Michael Reinhold:
Werke
Dramen, Prosa, Gedichte
Aufgrund der Erstdrucke herausgegeben und kommentiert von Karen Lauer
Mit einem Nachwort von Gerhard Sauder
dtv 2296

Moritz, Karl Philipp:
Anton Reiser
Ein psychologischer Roman
Mit den Titelkupfern der Erstausgabe
Herausgegeben und erläutert von Ernst-Peter Wieckenberg
dtv 2286

Johann Gottfried Seume:
Spaziergang nach Syrakus
Vollständige Ausgabe
Herausgegeben von Albert Meier
dtv 2149

Georg Trakl:
Das dichterische Werk
Hrsg. v. Walther Killy und Hans Szklenar
dtv 2163

Klassiker der französischen Literatur

Abaelard:
Die Leidensgeschichte
und der Briefwechsel
mit Heloisa
dtv 2190

Henri Alain-Fournier:
Der große Meaulnes
dtv 2308

Charles Baudelaire:
Les Fleurs du Mal
Die Blumen des Bösen
Vollständige zweisprachige Ausgabe
dtv 2173

Alexandre Dumas:
Die Kameliendame
dtv 2315

Gustave Flaubert:
Madame Bovary
dtv 2075

Französische Dichtung
Zweisprachige Ausgabe
in vier Bänden

Band 1:
Von Villon bis
Théophile de Viau
dtv 2288

Band 2:
Von Corneille bis
Gérard de Nerval
dtv 2289

Band 3:
Von Baudelaire
bis Valéry
dtv 2290

Band 4:
Von Apollinaire
bis heute
dtv 2291

Kassettenausgabe
der vier Bände
dtv 59019

Joris Karl Huysmans:
Marthe
Geschichte einer Dirne
dtv 2316

Guy de Maupassant:
Die Liebe zu dritt
Geistreiche Plaudereien
über das Leben und die
Kunst
dtv 2317

Jules Renard:
Natur-Geschichten
Von Katzen, Fröschen
und allerlei Getier
dtv 2297

Jean-Jacques
Rousseau:
Julie oder
Die Neue Héloïse
dtv 2191

J. H. Bernardin
de Saint-Pierre:
Die indische Hütte
dtv 2318

George Sand:
Ein Winter auf Mallorca
dtv 2197

Sie sind ja eine Fee,
Madame!
Märchen aus Schloß
Nohant
dtv 2197

Nimm Deinen
Mut in beide Hände
Briefe
dtv 2238

Nanon
Roman
dtv 2282

Sie und Er
dtv 2295

Mauprat
Geschichte einer
Liebe
dtv 2300

Lelia
Roman
dtv 2311

Jeanne
Roman
dtv 2319

Stendhal:
Die Kartause von Parma
dtv 2293

Alexis de Tocqueville:
Der alte Staat
und die Revolution
dtv 2204

François Villon:
Sämtliche Werke
französisch / deutsch
dtv 2304

Emile Zola:
Nana
dtv 2008

Klassiker der italienischen Literatur

Dante Alighieri:
Die Göttliche Komödie
Aus dem Italienischen übertragen von Wilhelm G. Hertz
Nachwort von Hans Rheinfelder und Anmerkungen von Peter Amelung
Dünndruck-Ausgabe
dtv 2107

La Divina Commedia – Die Göttliche Komödie
Italienisch und deutsch
Herausgegeben, übersetzt und kommentiert von Hermann Gmelin
Vollständige Ausgabe
6 Bände, 2900 Seiten
dtv/Klett-Cotta 5916

Vita nova
Das neue Leben
Nach der revidierten Übersetzung von Karl Federn herausgegeben und kommentiert von Anna Coseriu und Ulrike Kunkel
Zweisprachige Ausgabe
dtv 2199

Alessandro Manzoni:
Die Verlobten
Mit 440 Illustrationen
Mit einem Essay von Umberto Eco
Übersetzt und mit einem Nachwort versehen von Ernst Wiegand-Junker
Dünndruck-Ausgabe
dtv 2142

Die Nonne von Monza
Aus dem Italienischen übersetzt und mit einem Nachwort versehen von Heinz Riedt
dtv 2192

Die Schandsäule
Romanchronik
Mit einem Vorwort von Leonardo Sciascia
Herausgegeben und aus dem Italienischen übersetzt von Wolfgang Boerner
dtv 2205